国家社会科学基金重点项目：面向企业技术创新的专利大数据挖掘与分析研究（编号：16ATQ008）
湖南省社会科学基金“百人工程”项目：专利信息计量学的构建及其应用研究（编号：15BR04）
中南大学教师基金项目：专利信息计量及其可视化展示研究（编号：2013JSJJ058）
中南大学人才引进基金项目：专利知识计量及其应用研究（编号：2013010）
中南大学开放式精品示范课堂项目：信息分析与预测（编号：2014019）

专利信息计量学

Patentometrics

文庭孝/著

科学出版社
北京

图书在版编目（CIP）数据

专利信息计量学/文庭孝著. —北京：科学出版社，2017.3

（计量学研究丛书）

ISBN 978-7-03-052173-6

Ⅰ. ①专…　Ⅱ. ①文…　Ⅲ. ①专利文献-文献计量学　Ⅳ. ①G250.252

中国版本图书馆 CIP 数据核字（2017）第053840号

责任编辑：邹　聪　张翠霞 / 责任校对：杨　然

责任印制：李　彤 / 封面设计：无极书装

编辑部电话：010-64035853

E-mail:houjunlin@mail. sciencep.com

科学出版社 出版

北京东黄城根北街 16 号

邮政编码：100717

http://www.sciencep.com

北京凌奇印刷有限责任公司 印刷

科学出版社发行　各地新华书店经销

*

2017 年 3 月第　一　版　开本：720 × 1000　1/16

2022 年 1 月第五次印刷　印张：19 1/2　插页：4

字数：400 000

定价：98.00元

“计量学研究丛书”编委会

总 序

20 世纪 60 年代以来，在图书馆学、文献学、科学学、情报学领域相继出现了三个类似的术语：Bibliometrics、Scientometrics 和 Informetrics，分别代表着三个十分相似的定量性分支学科，即文献计量学、科学计量学和信息计量学（情报计量学）（简称“三计学”）。经过几十年的努力研究和推动，“三计学”都不同程度地取得了一定进展，得到了学术界的广泛承认。“三计学”之间的关系十分密切，尽管它们的研究对象和目的有所不同，但三者的起源相同，并且享有共同的原理、方法和工具，而且随着科学技术的发展和“三计学”的不断拓展，它们之间出现了合流的趋势，还产生了共同的国际学术组织——国际科学计量学与信息计量学学会（International Society for Scientometrics and Informetrics，ISSI）。20 世纪 90 年代以来，随着计算机技术、网络技术的迅速发展和广泛普及，以及知识经济与知识管理的兴起，数字化、网络化和知识化成为信息社会与知识经济时代的显著特征，“三计学”研究的广度和深度不断扩展，信息管理领域又相继出现了以网络信息和数据为计量对象的网络信息计量学或称网络计量学（Webometrics）和以知识单元为计量对象的知识计量学（我们译为 Knowledgometrics），与“三计学”一起并称为“五计学”。“五计学”分别以文献、数据、信息（包括网络信息、情报）、知识和科学活动为研究对象，既有共同基础、交叉融合，又各有侧重、自成体系，成为信息管理领域计量研究的五朵奇葩。“五计学”的形成和发展历程反映了信息管理领域定量研究的不断创新及随着时代和社会背景的变化而不断演变的轨迹，既是文献计量学和科学计量学研究的继承和发展，也是信息管理领域定量研究的拓展与创新。

文献计量学（Bibliometrics）是以文献体系和文献计量特征为研究对象，采用数学、统计学等的计量方法，研究文献情报的分布结构、数量关系、变化规律和定量管理，并进而探讨科学技术的结构、特征和规律的一门分支学科。早在1969年，英国计算中心的普里查德（A. Pritchard）开创性地提出用文献计量学（Bibliometrics）这一新名称来代替统计书目学（Statistical Bibliography）一词，并认为文献计量学是“将数学和统计学的方法运用于图书及其他交流介质研究”的一门学科。文献计量学概念提出后就得到了图书、情报、信息界的积极响应。经过半个世纪的努力，文献计量学已经形成为一门独立的科学学科，并得到了国际学术界的广泛承认。

科学计量学是以社会环境为背景，运用数学方法计量科学研究的成果，描述科学的体系结构，分析科学系统的内在运行机制，揭示科学发展的时空特征，探索整个科学活动的定量规律的一门学科，被人们称为“科学的科学”。科学计量学是以科学本身作为对象进行定量研究的学科。这里所指的“科学”，不仅指作为知识体系的科学，而且也包括作为社会活动的科学。科学计量学是伴随着科学学在现代科学技术革命的历史背景下孕育形成的。人类对科学本身的定量研究，可以上溯到19世纪下半叶，到20世纪60年代得到广泛的发展。1961年美国科学史家普赖斯发表了《巴比伦以来的科学》，为科学计量学的诞生奠定了基础。他通过对科学杂志、文献等的统计研究，论证了科学知识指数增长律。由此他被认为是“科学计量学之父”。1963年，美国费城科学信息研究所的加菲尔德博士创立“科学引文索引”（SCI），为科学计量学研究提供了数据基础。前苏联学者弗·纳利莫夫在1969年提出了“科学计量学”（Наукометрия）这一术语，转译为英文Scientometrics。20世纪70年代，我国的科学学工作者开始全面、系统地将国外有关科学计量学的研究成果介绍到国内，使科学计量学研究在我国蓬勃发展起来。它在促进科学学理论研究和影响国家科学政策方面，已经初显身手，并且正在发挥着越来越大的作用。

信息计量学是采用定量方法来描述和研究信息（情报）的现象、过程和规律的一门学科。它是数学和统计学与情报学广泛结合而形成的情报学的一个新兴的定量性分支学科。“信息计量学”（原称“情报计量学”）名称最早出自德文Informetrie一词，是由德国学者昂托·纳克（Otto Nacke）最先提出的。在其后的文献中很快就出现了与之对应的英文术语Informetrics。1980年9月，在德国法兰克福召开了第一次情报计量学（含科学计量学）研讨会，纳克在会上宣传了他提出的“情报计量学”概念。1981年，在我国期刊上也出现了信息计量学的德文和英文术语，并将其译为情报计量学。Informetrics一词不仅在英语国家中迅速流传开来，而且还得到了国际文献联合会（FID）的认可，标志着一门新兴分支学科的兴起。早在1980年，FID就设立了情报计量学委员会（FID/IM）。1987年，第一届文献计量学与情报检索理论国际研讨会在比利时举行，著名情报学家布鲁克斯在会上提议，应将Informetrics术语补充到拟于1989年在加拿大召开的第二届国际学术会议的名称中去，得到了与会学者的普遍赞同和支持。但直到1995年6月，在美国芝加哥召开的“第五届科学计量学与情报计量学国际会议”上才更名，情报计量学替代文献计量学出现在会议名称中，现名为“国际科学计量学与信息计量学学会”（ISSI）。由于在1987年以来的有关国际学术会议出版的论文集上都有Informetrics标题，因此，国外一些著名情报学家都把1987年看成是Informetrics被国际情报学界正式承认的一年。

我国学术界对Informetrie（德文）和Informetrics（英文）术语及其所代表的学科也及时地作出了反应，并给予了应有的关注和重视。早在1981年就有相关论文发表。1988年正式出版的《文献计量学》不仅详细论述了“三计学”的关系，而且还较早系统地提出了情报（信息）计量学的内容框架。只是到了1992年，我国有关部门将Information对应的译名“情报”改译为“信息”之后，我们对Informetrics的译名“情报计量学”也作了相应的改变，译成为“信息计量学”。

网络信息计量学，也称网络计量学，英文为Webometrics或Cybermetrics。它是采用数学、统计学等定量分析方法，对网上信息的组织、存储、分布、传递、相互引证和开发利用等进行定量描述和统计分析，以揭示其数量特征和内在规律的一门新兴分支学科。网络信息计量学研究始于20世纪90年代后期，最初表现为文献计量学在网络中的应用。自1997年阿曼德等在Journal of Documentation上发表了《万维网上的信息计量分析：网络信息计量学方法探讨》一文，首次提出了Webometrics一词，这一概念很快得到了国际学术界的积极响应，迅速掀起了网络信息计量学研究的热潮，并引起了社会各界的广泛关注。

1997 年，以研究网络信息计量学为核心的网络电子期刊 *Cybermetrics* 在西班牙马德里创刊，标志着网络信息计量学作为一门独立的新兴学科从传统的信息计量学研究中独立出来。随后以 Cybermetrics 和 Webometrics 为主题的研究大量出现。早在 2000 年，在一次国际会议上我们率先发表了“网络信息计量学及其应用研究”一文，首次论述了该学科的由来、概念、产生背景、研究对象、目的、意义、范围和内容等基本问题，后来被学术界广泛认同和引用，在国内外都产生了广泛的学术影响。

网络信息计量学的研究对象是网络信息。可以分为三个层次：一是以“比特”形态存在的最基本的网络信息单元，其类型包括数字信息、文字信息，以及集文字、图像和声音于一体的多媒体信息等；二是关于网上文献（如数字论文、电子期刊、电子图书等）的信息及其相关特征信息；三是关于网络结构单元的信息，包括以网站、网页、链接、数据库等结构为信息单元的信息资源。网络计量学主要是由网络技术、网络管理、信息资源管理与信息计量学等相互结合、交叉渗透而形成的。其研究的根本目的是通过对网上信息的计量研究，为网上信息的有序化组织和合理分布、为网络信息资源的优化配置和有效利用、为网络管理的规范化和科学化提供必要的定量依据，从而改善网络的组织管理和信息管理，提高其管理水平，促进其经济效益和社会效益的充分发挥。

知识计量学是以整个人类知识体系和知识活动作为研究对象，采用计量学方法对知识载体、知识内容、知识活动及其影响等进行定量研究的一门交叉性学科。20 世纪 90 年代以来，随着科学技术的飞速发展，知识化已成为当前科技、经济和社会发展的重要因素和显著特征。知识经济和知识管理在全球范围内普遍兴起，知识作为社会竞争中一种重要的战略资源和经济资源受到了人类前所未有的重视和关注。从不同的角度和不同的层面出发对知识本身及各种知识活动进行广泛的研究成为知识社会关注的焦点，而其中有关知识及其影响的测度、计量也成为重要的研究课题。虽然许多学科领域都从不同的角度出发间接或直接地对知识计量进行了研究，取得了一定的研究成果。但由于各自研究的目的和角度不相同，从而使得知识计量研究零碎、分散且不系统。创建知识计量研究这一相对独立的交叉学科，可以集中有关学科的优秀研究成果，从“知识单元”这一共同的角度入手，对不同领域、不同形态的知识计量进行系统的研究和分析，从而在更深的层次上解决知识计量研究的难题。研究表明，从基于知识载体的计量转移到对知识本身的计量，包括知识体系的宏观计量和知识内容本身的数量、质量、价值和关系的计量，成为发展的必然趋势。

从文献计量学引入我国开始，我们研究团队从1980年以来长期、持续地关注信息管理领域的计量学研究，并且率先发表了一系列在国内外都有重要影响力的学术论文，出版了一套反映信息管理领域定量研究成果的“计量学研究丛书”，这不仅在国内信息管理领域是首例，而且在国际上也未见报道。

我们团队在我国率先开展“三计学”的教学与研究，取得了丰硕的研究成果。在过去多年文献计量学教学和研究的基础上，笔者编著的《文献计量学》于1988年在科学技术文献出版社正式出版。该书首次从理论、方法和应用相结合的角度构建了文献计量学的内容体系，是我国出版最早的、为数不多的文献计量学经典著作之一，受到学术界同行的热烈欢迎和好评。它不仅被多所高校采用，作为图书馆学、情报学和信息管理学等学科领域的核心教材，而且被引率至今一直名列前茅，经久不衰。这“无疑是对我国情报学研究和情报学教育的积极贡献，具有开创性的意义”（著名情报学家杨沛霆语）。

之后，我们团队又开展了大量有关“三计学”方面的研究，在国内外产生了重大影响。随着信息技术和信息科学的迅速发展，信息资源电子化、数字化和网络化日益普及，给人类社会、经济、科技和文化等各个领域的发展都带来了巨大的影响和深刻的变革。在这种新的社会环境和技术条件下，文献计量学研究出现了许多新的发展方向和趋势。面对这一新形势、新趋势和新课题，我们团队又在国内率先开展了信息计量学和网络信息计量学研究，并于2000～2001年以“信息计量学”和“网络信息计量学”为题在《情报理论与实践》杂志上发表了系列研究论文，在国内外学术界产生了巨大反响，被引率一直居高不下，成为开展信息计量学和网络信息计量学研究必看的经典系列文章。2007年1月，《信息计量学》一书在武汉大学出版社出版。该书是我们团队长期从事“三计学”教学与研究的结晶，是反映网络信息时代“三计学”发展特征，面向图书馆学、情报学和信息管理学及相关学科领域教学与研究现实需要的产物，被列入“教育部面向21世纪课程教材”和“高等学校信息管理类核心课教材”，被遴选为国家精品课程和国家级“十二五”规划教材。2010年7月，在三项国家自然科学基金项目和两项教育部基金项目资助及大量前期原创性成果积累的基础上，国内第一本以《网络计量学》命名的著作在科学出版社出版，弥补了国内网络计量学领域研究的不足。至此，我国网络计量学研究开始进入系统研究和快速发展时期。

我们团队早在20世纪80年代初就开始关注国外知识计量和知识网络方面的研究动向，并发表了一系列研究成果。著名科学计量学学者赵红州、蒋国华在1995年曾指出：科学计量学和经济计量学两门姊妹学科问题，对于迎接知识经济时代，开展知识经济学研究具有特殊意义。看来很有必要将科学计量学拓展到知识计量学，并与经济计量学结合起来，从宏观和微观上对知识生产和应用、知识投入和产出、知识存量和流量、知识分配和转移、知识价值和价格等，进行广泛的跨学科的综合研究。但是令人遗憾的是，知识计量学在此后很长一段时间并没有得到深入研究和进一步发展。直到2009年，在国家社会科学基金项目“基于知识单元的知识计量研究”（CTQ009）和国家自然科学基金项目“基于作者学术关系的知识交流模式和规律研究”（70973093）的资助下，我们团队在国内发表了一系列具有影响力的原创性研究成果，完成了一系列项目研究报告，并在此基础上有了2014年《知识计量学》一书在科学出版社的出版，填补了国内知识计量学研究的空白。

完成“五计学”的系统研究并形成信息管理领域计量学研究的完整体系，一直是我们团队的共同愿望和奋斗目标。在文献计量学、信息计量学、网络计量学和知识计量学研究的雄厚基础之上，《科学计量学》一书的出版被提上研究议程。经过近五年的精心酝酿、组织、研究和写作，《科学计量学》于2016年在科学出版社出版。至此，信息管理领域的“五计学”系列著作的出版已画上了一个圆满的句号。

“计量学研究丛书”的显著特点主要是：①连续性和系统性强。从文献、科学活动的计量，到信息、网络信息的计量，再到知识及知识活动的计量，是一个连续的和不断深入研究的过程，我们为此连续研究了30多年。现在完成和出版的五个计量学的专著形成了一套系列丛书，构建了信息科学领域计量学研究的完整体系。②创新性和原创性强。五个计量学的著作都是以“著”或“编著”形式出版的，都是在多项国家级项目研究成果和发表大量原创性论文的基础上，经过系统化、规范化的总结、归纳、提炼和升华而成的。《文献计量学》是笔者个人专著，是我国早期出版的几部经典著作之一；《信息计量学》《网络计量学》和《知识计量学》都是以这些学科命名的国内的第一部专著；《科学计量学》也是国内计量学领域为数不多的重要著作之一。五个计量学的专著既有某些共同的交叉的内容，也有具有个性特色的内容体系。它们都有各自不同的计量研究对象，计量研究的目的和内容也不一样，有些类似的规律或定律的表现形式和数值大小各有差异和特色。既融入了作者自己的研究成果，形成各自的特色，又反映了国内外的前沿研究成果，构成了一个统一的计量学研究体系。③水平高、学术性强。“计量学研究丛书”的著者都具有博士学位或高级职称，都是教学、科研第一线的骨干教师或学科带头人，既具有较高的学术水平和雄厚的科研基础，又有撰写著作的经验，从而为打造高水平、高质量的系列著作提供了人才保障。同时，丛书按照理论、方法、应用三结合的思路构建各个著作的内容体系，体现内容上的前瞻性、创新性、科学性、系统性和实用性；注重整套丛书的规范化建设，采用统一版式、统一风格，表现出较高的规范化水平。

从文献计量学、科学计量学到信息计量学，再到网络计量学，最后到知识计量学，既是学科发展深化演变的创新过程，也是我们追随学科发展轨迹孜孜探求的旅程。但愿我们所做的这些科研成果和贡献，能够深入推动“五计学”的不断发展和繁荣。我们站在前人的肩膀上，也愿意成为后人的肩膀。

“计量学研究丛书”的顺利完成和正式出版，首先要感谢各位副主编和编著者的积极参与和配合，还要感谢科学出版社领导的支持和责任编辑邹聪女士的辛勤工作。由于计量学研究的艰巨性、复杂性，“计量学研究丛书”中的不足或偏颇之处在所难免，恳请同行专家和读者批评指正。

邱均平

2014 年 3 月于武汉大学

前　言

专利既是科技创新的成果，也是保护科技创新的利器，尤为重要的是，专利文献中蕴含着大量的科技、经济、法律和战略信息，是科技创新的信息来源和知识基础，是科技创新的动力和源泉。全世界 95% 的发明成果可以在专利文献中找到，80% 的发明创造只在专利文献中记载。同一发明成果出现在专利文献中的时间比出现在其他媒介上的时间平均早 1 ～ 2 年。因此，如何利用专利信息宝库开展专利信息计量研究，为国家科技创新、产业发展、企业竞争和科学研究服务，是世界各国科技创新、企业竞争情报和专利分析等研究中的重要课题，受到世界各国的高度重视。

专利信息计量也称专利计量、专利文献计量、专利分析、专利统计分析、专利定量分析、专利信息分析或专利情报分析等，它是信息计量研究、专利分析、专利情报分析和竞争情报分析的重要形式，是在对专利文献进行筛选、鉴定、整理的基础上，利用文献计量学方法，对其所含的各种专利信息要素进行统计、排序、对比、分析和研究，从而揭示专利文献的深层动态特征，了解技术、经济发展的历史及现状，进行技术评价和技术预测。专利信息计量学的产生和发展经历了长期的过程。1949 年，塞德尔（Seidel）最早提出了专利引文分析的概念，但在当时并未引起足够的注意。20 世纪 70 年代，美国知识产权咨询公司（CHI Research，Inc.）和美国国家科学基金会（National Science Foundation）合作研究了评价国家科学（文献）与技术（专利）之间关系的系列指标，并用于评估公司价值。1985 年，帕维特（Pavitt）较早注意到专利统计与创新活动的关系。1994 年，纳林（Narin）发表了题为 Patents Bibliometrics（专利文献计量学）的论文，并且提出了 Patentometrics（专利计量学）的概念，最早把专利信息计量作为一个独立的领域进行研究，专利信息计量逐渐从文献计量学、信息计量学、科学计量学中独立出来发展成为一个新的研究领域，引起了专利研究和信息计量研究领域的共同关注。Narin 也因此被称为“专利信息计量和专利分析的鼻祖”“专利信息计量之父”。在 Narin、Verbeek（维贝克）等学者的持续推动下，专利信息计量的相关研究不断拓展和深入。2007 年，在西班牙马德里举行的第 11 届科学计量学与信息计量学国际研讨会上，“专利信息计量指标”也成为会议的重要议题之一，专利信息计量及其应用研究受到科学计量学和信息计量学领域的特别关注。随着世界科技竞争和经济竞争的加剧，专利信息计量研究越来越受到政府部门、科技领域、产业领域、公司企业和研究者的重视，应用范围日益广泛。与此同时，专利检索、专利分析、专利地图、竞争情报、知识产权等领域的相关研究积累了丰富的成果，大大促进了专利信息计量学研究的发展。

本书的出版源于以下原因：一是“五计学”（科学计量学、文献计量学、信息计量学、网络计量学、知识计量学）、专利分析、竞争情报、知识产权等领域经过长期发展，取得了丰富的研究成果，为专利信息计量学研究奠定了坚实的理论基础。但专利信息计量学尚未成熟，还没有形成完善的内容体系、理论体系和学科体系，需要整合这些领域的研究成果，构成专利信息计量学，使其成为独立的学科研究领域。二是笔者长期以来从事专利信息计量方面的教学和科研，积累了丰富的研究成果，为专利信息计量学的出版打下了良好的基础。三是本书的出版得到了国家社会科学基金重点项目、湖南省社会科学基金“百人工程”项目、中南大学教师基金项目、中南大学人才引进基金项目和中南大学开放式精品示范课堂项目的支持。

本书在写作过程中参考了大量的国内外相关文献，融入了刘晓英、杨忠、李维、刘璇、肖梦丽等研究生的相关研究成果，另外，本书在出版过程中得到了笔者的博士生导师、武汉大学邱均平教授和科学出版社邹聪女士的大力支持和帮助，将其列为“计量学研究丛书”出版，在此一并表示衷心的感谢。

由于专利信息计量学是一个新兴的交叉研究领域，加上笔者研究能力所限，书中疏漏之处在所难免，恳请广大专家、学者和读者批评指正。

文庭孝

2016 年 8 月 30 日于中南大学

目　录

第一章 绪论

围绕专利而产生的专利文献、专利信息和专利情报是国家、企业和研究机构竞争的重要战略资源和制胜法宝，是专利信息计量分析和竞争情报研究的重要内容，对于个人、企业、产业和国家等的发展都具有重要的战略意义，受到社会各界普遍关注和高度重视。

专利信息计量与分析作为一个交叉研究领域，引起了科技创新、科技管理、知识产权和信息管理等学科领域的高度关注。经过长期的发展，国内外专利信息计量研究在专利信息计量理论、指标、方法、工具、应用等方面的研究已经取得了一定程度的进展，为专利信息计量学的形成和发展奠定了坚实的理论基础。

1.1 研究背景和意义

1.1.1 专利信息计量研究的背景

当今世界的竞争是以科技和经济为核心的综合实力的竞争，而科学技术是第一生产力，因此科技竞争是国际竞争的焦点。科技竞争的核心是科技创新，科技创新的核心是知识产权，知识产权的核心是专利，因此专利成为世界科技和经济竞争的核心和焦点。

1. 科技创新和知识产权已经成为发达国家的国家战略

世界主要发达国家，包括美国、英国、日本、法国、德国、芬兰、韩国等，都相继提出了科技创新立国和知识产权立国的国家战略。这些国家在科技创新投入、创新产出及创新能力等方面远高于其他国家，从而跻身于创新型国家行列。这些国家的研发经费占 GDP 的比重一般都在 2% 以上，拥有的发明专利总数占到全世界的 99%，在世界科技竞争和经济竞争中占据明显优势。世界主要发达国家一直重视对专利数据资源的分析和利用，特别是第二次世界大战后的日本，通过对各类专利数据的分析，制定了“包围型”的专利发展战略，使日本迅速崛起成为科技强国。

2. 中共中央、国务院高度重视科技创新和知识产权

2006 年，中共中央、国务院做出了“建设创新型国家”的战略决策，并提出：“建设创新型国家，核心就是把增强自主创新能力作为发展科学技术的战略基点……；就是把增强自主创新能力作为调整产业结构、转变增长方式的中心环节……；就是把增强自主创新能力作为国家战略……大力推进理论创新、制度创新、科技创新。”为提升我国知识产权创造、运用、保护和管理能力，建设创新型国家，2008 年 6 月 5 日，国务院印发了《国家知识产权战略纲要》。为进一步加快推进创新型国家建设，全面落实《国家中长期科学和技术发展规划纲要（2006—2020 年）》，中共中央、国务院于 2012 年 9 月又印发了《关于深化科

技体制改革 加快国家创新体系建设的意见》（中发〔2012〕6号），明确提出了："加强知识产权的创造、运用、保护和管理，到'十二五'期末实现每万人发明专利拥有量达到3.3件的目标，建立国家重大关键技术领域专利态势分析和预警机制。"2012年11月，党的十八大报告又进一步明确指出："科技创新是提高社会生产力和综合国力的战略支撑，必须摆在国家发展全局的核心位置……加快建设国家创新体系，着力构建以企业为主体、市场为导向、产学研相结合的技术创新体系。"国务院办公厅2014年颁布了《深入实施国家知识产权战略行动计划（2014—2020年）》，并特别指出："指导有关行业建设知识产权专业信息库，鼓励社会机构对知识产权信息进行深加工，提供专业化、市场化的知识产权信息服务，满足社会多层次需求。"2014年，李克强总理在政府工作报告中再次明确了知识产权在科技创新和科学发展中的重要地位，要求继续加强知识产权保护和运用。

3. 专利信息计量分析是科技创新的加速器

随着全球科技竞争和市场竞争的加剧，关键技术和核心专利已成为衡量国家、产业、机构、企业和个人科技创新能力与核心竞争优势的重要标志。实践证明，通过专利信息计量分析和了解竞争对手和自身所掌握的关键技术与核心专利是科技创新的前提和基础，专利信息计量分析是科技创新的加速器和推进器已成为一种全球共识。同时，专利信息计量分析已贯穿技术研发和市场竞争全过程，与人才选拔、研发方向选择和布局、技术攻关、技术引进、成果转化、产品开发、市场营销、国际贸易、侵权纠纷解决等密不可分。

4. 专利信息已成为具有重大价值的大数据

据世界知识产权组织（World Intellectual Property Organization，WIPO）统计，从1995年开始，全球专利申请量以4.7%的年均增长率攀升，2005年突破160万件。截至2005年年底，全球共计约560万件有效专利。世界知识产权组织《2008年专利报告》显示，2006年全球专利申请量高达176万件，比2005年增长了4.9%，主要原因是中国、韩国和美国专利申请量快速增长。2006年全球授权专利约72.7万件，比2005年增长了18%，授予中国和韩国申请人的专利数量增长尤为迅速。目前全世界累积可查的专利文献已超过8000万件。且自2006年以来，全球各专利机构每年共公布约300万件专利文献[1]。目前，全球有160多个国家、地区及组织以多种文字出版专利文献，每年以300万件左右的数量递增，约占世界图书期刊年出版总量的1/4[2,3]。如此丰富的专利信息资源是一个巨大的宝库，蕴含着重要的科技、经济、法律和战略信息，专利信息已成为具有重大价值的大数据。因此，加强专利信息计量研究，深入挖掘专利信息价值，有效展示专利文献隐藏的信息，是大数据时代专利信息计量分析的必然要求。

1.1.2 专利信息计量研究的意义

专利文献和专利信息是商业经营、科学研究和技术创新最重要的信息源和情报源之一，专利信息数量庞大，价值凸显，来源广泛。世界上每年发明创造成果的90%～95%能在专利文献中查到，且有近80%未在其他文献中出现，仅能在专利文献中查到。同一发明成果出现在专利文献中的时间比出现在其他媒体上的时间平均早12年。充分有效地利用专利信息资源，可以平均缩短研发时间60%，节省研发费用40%[4,5]。因此，如何有效开发利用专利信息，引起了业界和学术界的高度关注，专利信息计量研究应运而生。

有关专利信息计量、专利分析、专利情报研究等的研究成果已不少，但是缺乏系统性。从学科构建和理论构建的角度开展专利信息计量学及其应用研究，有利于整合情报学、知识产权、经济学、管理学和技术创新等学科领域的研究，初步形成以理论、指标、方法、工具与应用为主线的、统一的专利信息计量研究框架和理论体系，使专利信息计量研究从零散走向系统，从经验走向科学，成为一个独立的学科研究领域，具有重要的科学意义和学术价值。

1. 有助于专利信息资源的有效开发与综合利用

据统计，全球平均每10秒钟就产生一份专利申请，每20秒钟就出版一份专利文献，世界各国每年出版的文献总量超过300万件，电子专利、数字专利和专利信息数据库难以计数[6]。专利信息资源是一个亟待开发的巨大资源宝库且全世界绝大部分专利信息都可以免费使用。因此，善于利用专利文献和专利信息开展专利信息计量分析可以缩短60%的研发时间和40%的研发经费，避免重复研究。

2. 有助于专利信息分析与服务产业健康快速发展

专利信息计量研究的作用不仅在于专利查新检索、专利性检索、技术跟踪检索、侵权防御性检索、专利有效性检索等，也不仅在于规避在先技术、防范侵权风险、抢占市场份额、节约研发时间和经费等。更重要的是，专利信息计量分析与服务已经成为一个非常庞大的产业。据估计，美国专利信息计量分析和服务产业有 1000 亿美元的市场份额。目前，这一行业已经造就了一些年产值超过 10 亿美元，甚至 70 亿美元的专利信息服务企业[7]。

3. 有助于专利管理政策与专利发展战略的科学制定

专利信息计量研究不但对发明人、企业、实验室、大学等主体有极大的应用价值，而且对产业、政府部门也有极为重要的应用前景。例如，CHI 公司是美国一家知名的专利信息分析机构，目前拥有 DuPont、IBM、Intel、Kimberly-Clark、Kodak、Philips Electronics、Seiko-Epson 等大企业客户，拥有澳大利亚联邦科学与工业研究组织（Commonwealth Scientific and Industrial Research Organization，CSIRO）和澳大利亚研究理事会（Australian Research Council，ARC）、欧盟、MITI/MET、日本通产省、美国国家航空航天局（NASA）、美国国立卫生研究院（NIH）、美国国家科学基金会、经济合作与发展组织（Organization for Economic Co-operation and Development，OECD）、美国海军部、美国空军部、美国海军研究办公室、美国空军实验室等政府客户[8]。这些大企业和政府客户利用 CHI 公司的专利信息计量分析报告和规划进行专利管理并指导其拟定中长期专利发展战略。

因此，如何利用专利信息宝库开展专利信息计量研究，为国家科技创新、产业发展、企业竞争和科学研究服务，是世界各国科技创新和企业竞争情报研究中的重要课题。专利信息计量研究受到世界各国的高度重视。

1.2 国内外研究现状

专利信息计量研究的产生和兴起有其特定的社会背景和学科背景，社会需求和专利信息计量研究的广泛应用及其现实价值与社会意义为专利信息计量研究提供了动力。专利信息计量研究的产生和发展经历了一个长期的发展过程。

1.2.1 专利信息计量研究的兴起

在国外，1949 年，Seidel 最早提出了专利引文分析的概念[9]，但在当时并未引起足够的注意。20 世纪 70 年代，美国 CHI 公司和国家科学基金会合作研究了评价国家科学（文献）与技术（专利）之间关系的系列指标，并用于评估公司价值。1985 年，Pavitt 较早注意到专利统计与创新活动的关系[10]。1994 年，Narin 发表了题为 Patents Bibliometrics（专利文献计量学）的论文，并且提出了 Patentometrics（专利计量学）的概念，最早把专利信息计量作为一个独立的领域进行研究，专利信息计量逐渐从文献计量学、信息计量学、科学计量学中独立出来发展成为一个新的研究领域[11]，引起了专利研究和信息计量研究领域的共同关注。Narin 因此被称为专利信息计量和专利分析的鼻祖。在 Narin、Verbeek 等学者的持续推动下，专利信息计量的相关研究不断拓展和深入[12-20]。其有关专利信息计量研究的成果主要集中发表在 *Scientometrics* 和 *Research Policy* 两种国际性刊物上。2007 年，在西班牙马德里举行的第 11 届科学计量学与信息计量学国际研讨会上，“专利信息计量指标”也成为会议的重要议题之一，专利信息计量及其应用研究受到科学计量学和信息计量学领域的特别关注。随着世界科技竞争和经济竞争的加剧，专利信息计量研究越来越受到政府部门、科技领域、产业领域、公司企业和研究者们的重视，应用范围日益广泛。

在我国，专利信息计量研究起步较晚，始于 20 世纪 80 年代，虽然研究还不成熟，但已经引起了国内图书情报信息、科技管理和法学领域学者的高度关注。近年来发表了一系列相关研究论文，出版了一批相关研究著作。总体来看，我国的专利信息计量研究主要集中在以下几个方面：①专利信息计量理论研究，如邱均平、栾春娟、叶鹰等对国内外专利信息计量研究的现状进行了分析[17-20]。②专利信息计量指标与方法研究，如黄庆、曹津燕、刘洋、高继平、陈琼娣等对专利指标、专利评价指标体系和方法进行了系统研究[21-25]。③专利信息计量工具和软件研究，如张静、王敏、刘桂锋等对国内外专利分析工具进行详细介绍和比较[26-28]，马海群、陶辅文、杨祖国等探讨了专利引文和专利引文数据库建设问题[29-31]，肖沪卫、刘颖等研究了专利地图及其应用[32, 33]。④专利信息计量应用与实证研究。不少学者研究了专利信息计量在技术创新、技术贸易、专利保护、专利制度、专利战略、知识转移、技术行业领域和公司企业竞争等方面的应用[5, 7, 34-42]。中国台湾也有一批学者在从事专利分析、专利咨询和专利检索等研究，其中陈达仁、黄慕萱等学者开展的相关研究系统且实际。

1.2.2 专利信息计量研究的发展

1. 专利信息计量研究的发展阶段

根据专利信息的可获得性及其在经济社会发展中的影响程度可以把专利信息计量研究大致分为四个发展阶段[7]。

（1）20 世纪 40 年代：专利信息计量研究的起步阶段。早在 20 世纪 40 年代 Seidel 与哈特（Hart）就已经提出用计量方法分析专利信息[9, 43]，但是专利信息难以获得，使得专利信息计量研究难以顺利进行。

（2）20 世纪 70 年代后期：专利信息计量研究的缓慢发展阶段。随着专利信息可获性提高，专利信息的特殊性凸显。20 世纪 70 年代后期，研究者们开始关注专利信息和专利信息计量研究，推动了专利信息计量和专利分析相关研究[44]。

（3）20 世纪 80 年代：专利信息计量的系统研究阶段。专利数据库不断成熟并逐步商业化，专利价值日益显现。20 世纪 80 年代，CHI 公司将文献计量学从科学文献延伸到专利文献，开展了专利信息计量研究。荷兰学者较早系统地开展专利信息计量研究，并于 1979 年和 1981 年率先在 *Scientometrics* 上发表了两篇相关研究文献[45, 46]。专利信息计量的英文翻译一般写作 patent bibliometrics 或 patentometrics，从其产生起就附上了文献计量学、科学计量学的影子。Narin 最早开展专利信息计量的系统研究，用文献计量方法分析专利信息，确立了专利信息计量研究的方法，被认为是专利信息计量研究的先驱，其有关专利信息计量的系列研究奠定了专利信息计量研究的基础[11, 47]。

（4）20 世纪 90 年代以后：专利信息计量研究进入快速发展阶段。随着知识经济和知识管理的兴起，专利成为企业无形资产和核心竞争力的源泉。特别是随着专利信息检索和专利信息分析系统的日益成熟，专利信息计量分析与研究的作用日益显现。20 世纪 90 年代以前，专利信息计量研究未被重视，相关研究成果很少。而在 20 世纪 90 年代以后，专利信息计量研究备受关注，相关研究成果呈明显增长趋势。不仅如此，一些重要的专利信息计量研究代表人物及其核心文献几乎都是在这一时期产生的，并且产生了专利信息计量研究这一交叉研究领域。

2. 专利信息计量研究的主要方向和代表人物

Scientometrics 是国际科学计量学和信息计量学研究领域的权威期刊，是刊载专利信息计量研究论文的重要刊物，其刊载的相关研究论文代表了国际专利信息计量研究的发展趋势。数据统计显示，1975 ～ 2012 年 *Scientometrics* 共发表专利信息计量相关研究论文 328 篇。将这些研究论文进行聚类分析后发现，国际专利信息计量研究领域先后形成了以 Narin、迈耶（M. Meyer）、埃茨科威兹（H. Etzkowitzh）、雷迭斯多夫（L. Leydesdorff）、弗里曼（C. Freeman）、纳尔逊（R. Nelson）等为代表的“专利信息计量与技术创新”研究学术群体和高斯托福（R. N. Kostoff）、加菲尔德（E. Garfield）和格伦采尔（W. Glänzel）以为代表的“科研绩效评价指标和专利引文分析”研究学术群体[7, 17, 48]。

1.2.3 专利信息计量研究的内容

1. 从研究对象来看专利信息计量研究的内容

从研究对象来看，目前专利信息计量研究主要集中在专利数量分析、专利引用分析和专利关联分析三个重要方面。也有学者根据专利信息计量研究的对象将其分为专利数量分析、专利质量分析和专利价值分析。

1）专利数量分析

有关专利数量分析研究得较多，大多从专利数量统计的角度分析专利技术在主要国家、机构与个人的分布状况[12, 49-51]，以便全面了解相关专利的时空和主体分布特征，并结合时间因素、专利分类、专利技术主题和专利数量特征分析某一技术领域或某一主体的技术研发趋势[52, 53]。

2）专利引用分析

专利引用分析多是将引文分析法用于专利分析，从被引用专利国家、申请人、发明人及专利技术本身，掌握专利技术的重要价值、发展轨迹与扩散路径，同时结合引用时间推测技术的生命周期[54, 55]。专利引用分析也常被用于评价企业的竞争力，以了解产业发展轨迹和技术状况。

3）专利关联分析

专利关联分析包括专利技术关联分析和专利学科关联分析，专利关联分析是在专利引用分析研究的基础上探讨科学与技术之间的关系，以了解学术机构的基础研究对于产业技术发展的影响[56-58]。专利地图和专利引文耦合分析是反映专利关联的有效方法，可用于寻找一项技术发明的出处，并作为知识扩散的测度指标，也可以衡量一项技术发明的价值[59]。专利引用和专利关联分析一直是专利信息计量研究的重要课题[60, 61]，CHI 公司是较早利用专利引用指标进行专利评价的代表性机构之一。

2. 从研究层次来看专利信息计量研究的内容

从研究层次来看，目前专利信息计量研究的内容主要集中在国家、机构和发明者三个层面。

1）国家（地区）层面的专利信息计量研究

专利信息计量用于国家（地区）层面的宏观分析一直以来备受关注，研究成果也十分丰富。20 世纪 70 年代初期 CHI 公司就与美国国家科学基金会合作对国家的科技表现进行专利文献计量[62]。1994 年，Narin 比较了美、日、德、法、英等 18 个国家（地区）在美授权专利量与其 GDP 产值[12]。2003 年，Narin 又通过专利信息计量分析可视化展示了全球 22 个主要发达国家（地区）1998 年在美专利授权量与其 1996 年 GDP 产值的关系[63]。之后，用专利申请量、专利授权量、专利被引量、专利活动指标、技术强度、技术变迁图、专利地图等专利信息计量指标和方法研究国家（地区）及其行业领域的相关研究成果大量涌现[52, 64-71]。专利信息计量和统计分析指标与方法还被广泛用于评价国家创新能力[72-76]。

2）机构层面的专利信息计量研究

机构层面的专利信息计量研究主要是指企业、大学、科研机构、政府部门及其他社会组织，其中企业是主体，大学和科研机构也备受关注。

有关企业的专利信息计量研究。乌克兰科学院的马克乌茨卡娅（O. Makovetskaya）和贝尔纳德斯基（V. Bernadsky）最早开展企业专利信息计量研究[77]。1995 年，Narin 探讨了专利引文指标和方法在专利投资组合、专利交叉许可和专利侵权诉讼等领域发挥的作用[12]。2003 年，Narin 又研究了科学论文、技术专利和公司股票业绩的关系[63]。相关研究还有公司专利技术指标与公司股票市值的关系[78]、公司核心科学家与创新的关系[79]、500 强企业投资与专利申请分析[80]、企业专利与技术创新和技术竞争活动[16, 81]、专利分析与公司成长[82]等。

有关大学和科研机构的专利信息计量研究。大学和科研机构是专利申请的重要主体，相关研究成果涉及大学专利的来源及去向[83]、大学发明者从事专利活动的动机、激励和障碍等[84]、专利分析与“大学·产业·政府三螺旋创新模式”研究[85-86]、专利绩效与大学、企业、政府和个人间的技术关联[87]等。

3）发明者层面的专利信息计量研究

发明人是专利信息计量研究的重要对象，专利发明人分析对于企业研发团队组建和优秀技术人才挖掘、发现、引进、合作等作用巨大。1986 年，麦克唐那（S. MacDonald）最早研究了个体发明者的科研活动[88]。1995 年，Narin 等对发明者的技术发明生产率进行了计量分析[89]。之后，专利发明人分析受到关注。相关研究还有个体发明者与企业家的作用[90]、发明者与论文作者关系及科学与技术转化[91]、专利与发明者测度[92]等。

3. 从研究主题来看专利信息计量研究的内容

从专利信息计量研究的主题领域来看，目前国外专利信息计量研究的核心主题主要集中在技术、科学、指标、创新、模式、体制、三螺旋、产业、知识、公共科研、工业、大学、企业、绩效、基础研究、R&D、溢出效应、专利信息、统计分析、引文分析等领域，主要围绕“技术、科学、指标、创新”等主题进行，形成了“科学－技术－知识－创新”这一核心知识群，以及“科学、技术、研发、理论研究、基础研究等”和“创新、产业、技术转移、绩效、溢出效应、经济增长等”两个相关知识群[17]。而国内专利信息计量研究的内容主要集中在专利信息、因特网、专利分析、专利文献、专利检索、专利数据库、专利情报、专利地图、专利战略等领域[20]。

1.2.4 专利信息计量指标与方法研究

专利信息计量分析分为定量分析和定性分析两种。专利定量分析主要是利用一些专利定量指标和方法对专利的质和量进行分析与评价，专利定性分析主要是利用一些定性指标和方法对专利的质量和价值进行评价。

1. 专利定量分析指标和方法研究

专利信息计量是专利定量分析的基础，主要是利用数学和统计学方法对专利文献或专利信息的数量特征、分布规律和结构关系进行分析。定量分析即专利信息计量或专利统计，也就是通过专利文献上所固有的项目如申请日期、申请人、专利类型、专利分类、申请国家、专利法律状态、专利引文等信息来识别有关专利文献，然后将这些专利文献按有关指标如专利申请数量、专利授权数量、同族专利数量、专利引文数量等来进行统计分析，并从技术、经济和法律的角度对有关统计数据的变化进行分析和解释。

专利信息计量和统计分析的指标较多，不同的专利信息计量和统计分析指标在专利信息的揭示中具有不同的作用。许多国家和知识产权机构都建立了自己的专利信息计量和统计分析指标体系，如美国摩根研究与分析协会（Mogee Research & Analysis Association，MRAA）、美国 CHI 公司等。产生最早且影响最大的专利信息计量和统计分析指标体系是 20 世纪 70 年代早期 CHI 公司与美国国家科学基金会一起研发的专利指标体系，并被随后的《美国科学与工程指标》所采用，同时受到经济合作与发展组织科技指标系列手册（即弗拉斯卡蒂系列手册）《专利手册》的重视，研究者认为其不仅适用于公司，也适用于国家或地区专利信息计量分析[93]。

这些专利信息计量指标通常被分解为宏观专利信息计量指标、中观专利信息计量指标和微观专利信息计量指标三个层次[20, 24-25]：宏观专利信息计量指标有历年专利授权量、技术集中度、技术生长率、技术成熟系数、技术衰老技术、技术强度、美国授权专利量、三方专利量、专利合作协定（Patent Cooperation Treaty，PCT）申请量等；中观专利信息计量指标有专利授权率、专利增长率、即时影响指数、技术力量、相对研发能力、企业研发重点、企业活性因子、技术独立性、专利效率、专利实施率、技术影响力指标、专利平均被引用次数、相对专利被引证率、引用频率、科学关联度、科学强度、发明专利率、专利第 n 年的存活量和存活率、专利平均寿命、h 指数等；微观专利信息计量指标有科学关联性、技术覆盖范围、权利要求数、前向引文量、后向引文量、专利名称和摘要、同族专利数量、专利申请和授权时间间隔、发明人数、第一次被其他企业所引用的时间等。这些专利信息计量指标可用于不同层面的专利信息计量分析与研究。

2. 专利价值评估指标和方法研究

专利价值评估一直是专利信息计量的重要研究领域，国内外学者和机构都给予了高度关注。我国在专利价值评估的指标和方法方面取得了一定的研究成果[94-99]。

专利价值评估是专利运营的核心环节，专利价值评估的基础是建立科学的评价指标体系和确定科学的计算方法。专利价值的影响因素主要有专利类型、专利属性、专利功能、法律因素、技术因素、经济因素、风险因素等[100]。在专利信息计量研究中一般用市场占有率、同族专利数和专利被引次数等指标来大致衡量专利的价值[101]。2012 年，我国国家知识产权局为了在全国推广专利价值评估，提高专利市场转化和利用效率，制定了一套专利价值评估指标体系和计算方法，具有可操作性。这个指标体系分为两个层面：第一层指标从专利自身属性的角度，分为法律、技术和经济三个指标；第二层指标从专利功能的角度，将第一层的三个指标分解成 18 个支撑指标[102]。

1.2.5 专利信息计量工具与软件研究

专利信息计量分析与研究工具的主要作用在于专利数据采集、处理和统计分析并提供可视化的分析结果。专利信息计量研究工具根据其功能和特征可大致分为专利统计分析工具、专利引证分析工具、专利聚类分析工具和专利地图分析工具四大类[26, 28]。

所有的专利信息计量工具都具有专利统计分析功能，但专利信息计量工具在结果呈现方式和统计分析维度上存在较大的差异，专利统计分析工具的结果呈现方式有报表（reports）、图表（charts）、矩阵（matrices）和网络（networks）四类，统计分析维度有一般统计、专利权人、发明人、IPC 专利分类号、存活期分析、区域分析和引证统计七类[26]。国内外专利引证分析工具目前主要有 Aureka、Delphion Citation Link、East Linden Doors（东方灵盾）、保定大为、中国国家知识产权出版社引证分析系统、Patentguider 2.0 试用版和 HIT_恒库等，能可视化展示引证分析结果，但在数据来源分析、引证结果显示、专利信息呈现等方面存在较大差异。目前国外专利聚类分析工具较少，仅有 Aureka、Delphion Text Clustering 和 Thomson Data Analyzer 等少量专利信息计量工具具备此功能，国内尚无成熟的专利聚类分析工具可用。

从广义上来看，所有专利信息计量工具都是专利地图工具，能提供不同形式的可视化图表展示功能。专利地图是专利信息分析结果的一种可视化表达和展示，是一种综合性专利信息计量工具，也称技术路线图[32]。专利地图分为专利管理图和专利技术图两种。专利管理图包含专利件数分析、国家分析、公司分析、发明人分析、引证率分析、IPC 分析、UPC 分析等。专利技术图包括专利技术分布鸟瞰表、专利技术领域累计图、专利技术 / 功效矩阵表、公司技术分布表等[32]。目前市场上流通着大量的专利地图制作软件，就连许多专利检索数据库和专利信息检索平台也附带了专利地图制作功能。Microsoft Excel 具有强大的图表制作功能，可用于一些常见的专利地图制作。上述各类专利信息计量工具都具有数据分析和可视化图表展示功能。

1.2.6 专利信息计量应用与实证研究

专利信息计量研究的目的是将专利分析、文献计量学和信息计量学的原理与方法用于专利文献和专利信息的定量分析，并为从事专利活动、科技创新、市场竞争、管理与决策等提供服务。

从研究领域来看，专利信息计量研究主要体现在专利量的统计分析与应用、专利引用的统计分析与应用、专利关联的统计分析与应用三个方面[18, 103]。每个研究领域的应用都有一系列专利统计分析指标和方法，可用于观察、判断和分析不同专利主体在不同领域、不同项目上的专利活动及其动向。

从研究主体来看，专利信息计量在政府、企业、研究机构和个人等主体上具有广泛的应用。专利信息计量在国际技术贸易、国家技术引进、政府专利管理和战略制定等方面具有重要作用，在企业技术研发、技术引进、竞争对手识别和合作伙伴选择等方面具有决定性影响，在科研机构的科学研究、技术开发、专利申请等方面具有极为重要的意义，在个人从事科学研究、技术开发、产品设计等方面具有重要的指导作用。此外，专利信息计量是从事技术创新、专利分析、专利竞争、专利制度、专利地图、专利战略、专利预警、专利人才选拔等研究活动的基础[104-110]。

从研究层次来看，专利信息计量在专利信息开发与利用、专利信息分析与服务、专利管理与专利战略制定三个层次中具有广泛的应用[2-5, 7]。而这些都与各主体层面的科技创新和利益竞争密切相关。

1.3 专利信息计量基础

围绕专利而产生的专利文献、专利信息和专利情报是国家、企业和研究机构竞争的重要战略资源和制胜的法宝，是专利信息计量分析和竞争情报研究的重要内容，受到社会各界普遍关注和高度重视。专利、专利文献、专利信息和专利情报在科学研究、技术研发、经济投资及法律维权等方面的影响日益显著，在国民经济发展和企业科技创新中发挥着重要作用，尤其是在光纤、通信、生物科技、制药等高科技产业和战略性新兴产业领域。因此，深入挖掘和分析专利信息、合理利用专利情报、有效开发专利资源、及时制定专利战略，是一个企业、一个产业乃至整个国家实现科技和经济长期快速发展的有力保障。

1.3.1 专利

专利是保护发明和推动技术创新的产物，也是专利制度和专利保护的产物。专利制度是国家为了促进技术创新和刺激经济增长而制定的社会法律与政策制度。我国于 1985 年建立并实施专利制度，专利法历经三次修改并逐步完善。

1. 专利的产生

专利（patent）一词来源于拉丁语 Litterae patentes，意为公开的信件或公共文献，是中世纪的君主用来颁布某种特权的证明。1474 年，威尼斯共和国制定了世界上第一部专利法，距今已有 500 多年历史。但对于哪些智力成果属于专利保护的对象，各国的专利法律规定不一。我国的专利包括发明专利、实用新型专利和外观设计专利三种。美国专利商标局（United States Patent and Trademark Office，USPTO）将专利定义为一种发明，是发明人知识产权的许可，其《专利法》则将实用新型包含在发明之内。但就大多数国家而言，专利保护的对象主要是发明，专利与发明几乎是同义词。《巴黎公约》中所指的专利，实际上也只是发明专利。一些国家，如日本、德国等，特别通过设立专门法对实用新型和外观设计授予专利并实施保护。

2. 专利的内涵

对于“专利”这一概念，目前尚无统一的定义，其中较为人们接受并被我国专利教科书所普遍采用的一种说法是：专利是专利权的简称。它是由专利机构依据发明申请所颁发的一种文件。这种文件叙述发明的内容，并且产生一种法律状态，即该获得专利的发明在一般情况下只有得到专利所有人的许可才能利用（包括制造、使用、销售和进口等），专利的保护有时间和地域限制。

专利，简单地说就是受专利法保护的发明。完整地说，就是在法律的保护下，单位或者个人为其发明创造提交的申请文件通过专利局的审查和批准，承认其技术发明的发明权和所有权的发明和创造。专利通常有三层含义[32]：①专利权（patent rights），是指国家授予发明创造申请人在一定时间内对发明创造拥有的专有权利；②受到专利法保护的发明创造（innovations），是指符合专利法的规定，经法定程序确认、受专利法保护的发明创造；③专利文献（patent documents），专利文献广义上包括专利申请书、专利说明书、专利公报、专利检索工具，以及与专利有关的一切资料，狭义的专利文献仅指各国（地区）专利局出版的专利说明书或发明说明书。

从我国的司法实践来看，专利的准确含义是指经专利行政部门依照法定程序进行审查，认定符合专利条件的发明创造。具有以下三个基本特征：①专利是特殊的发明创造，是专利权的基础；②专利是符合专利条件的发明创造；③发明创造必须经过专利行政部门依法认定，否则任何发明创造都不成为专利。

3. 专利权

1）专利权的内涵

专利权是一个法律名词，是专利的核心内容。专利权是指国家专利主管部门依据专利法授予发明创造人或专利权人在法律规定的有效期内，对其发明所享有的专有权，或者垄断权、独占权，未经专利权人许可，他人不得利用该专利技术。专利权是一种专有的、排他的权利，这种权利受到时间和空间的限制，即在一个（或多个）国家或地区取得的专利，仅在那个（或那些）国家或地区有效的时间（通常为 5 ～ 20 年）内有效。其他人未经专利权人的同意或许可，不得随意使用其技术发明成果。

专利权的原意是指由国王亲自签署的带有御玺印鉴的独占权利证书。在没有成文法的时代，国王的命令就是法令，只有国王才能授予这种独占权。所以，这种特殊的权利证书带有法律色彩。国王的这种证书不像通常的证书那样是密封的，而是一种“敞开的证书”，没有封口，任何人都可以打开看，所以，这种证书的内容是公开的，patent 的本意即公开的意思。上述两大特点构成了专利的两个最基本的特征[111]——“垄断”和“公开”。

所谓垄断，就是法律授予技术发明人在一定时期内享有独占使用的权利。专利权的具体内容有制造权、使用权、许诺销售权、销售权、进口权、转让权和许可使用权。此外，专利权还包括放弃权、标记权、署名权等。

所谓公开，是指发明人作为对法律授予独占使用权的回报，将自己的技术公之于世。专利制度的特征之一是要求申请和授权的专利公开通报，即对专利技术进行详细描述并将内容公之于众。专利技术的内容被详细记录在专利说明书中。专利说明书既是一种法律文献，又是有价值的技术信息。申请和授权专利通常由各国政府专利管理机构统一编辑出版并公开发行。

2）专利权的特征

专利权具有知识产权最基本的特征[34]：①专有性。也称独占性、排他性、垄断性。它是指同一内容的发明创造，国家只授予一项专利权。未经专利权人许可他人不得制造、使用、销售、进口专利产品，也不得使用专利方法或使用、销售、进口依照该专利方法直接获得的产品。②地域性。它是指一个国家授予的专利权，仅在该国地域内有效，在其他国家没有法律效力。专利权的地域性是由专利法的国内法性质决定的。一件发明若要在其他国家得到保护，必须依该国专利法办理有关专利申请。③时间性。专利权有法定的保护期限，在这一期限内，专利权人享有独占权，一旦期限届满或因故提前中止，任何人都可以无偿利用其发明创造。专利一般具有 20 年的法定寿命，生命周期结束后进入公共知识领域。但是，由于保护成本的压力，在没有足够收益的情况下，专利持有人往往会提早放弃专利所有权，这就导致了专利提前进入公共知识领域。

1.3.2 专利文献

专利文献中包含了大量的技术信息、经济信息、法律信息和战略信息，是专利竞争情报的重要来源，也是专利信息计量分析的基础。

1.3.2.1 专利文献的产生

专利文献的起源，可以直接追溯到现代专利制度的诞生。1852 年英国建立了专利局，并颁布《专利法修正法令》，规定：发明人必须充分陈述其发明内容并予以公布，专利在申请后无论是否授权都要公开出版。这项规定体现了现代专利制度的基本理念——“以技术公开换法律保护”。这是专利文献首次在专利法中有了明确的规定，它标志着专利文献的正式诞生，也代表着具有现代特点的专利制度的最终形成。从 1852 年起，英国专利局开始正式出版专利说明书，并向前追溯出版早期的专利说明书，配给专利号。另外，英国还出版了人名索引及分类文摘等专利文献。现存的第一份英国专利文献号码是 1/1617（即 1617 年的第一件专利）。美国现存的第一件有正式编号的专利说明书是 1836 年 7 月 15 日颁发的专利。我国的第一件专利文献出版于 1985 年 9 月 10 日，是一份发明专利申请审定说明书。

1.3.2.2 专利文献的内涵

1. 专利文献的概念

世界知识产权组织于 1988 年编写的《知识产权教程》阐述了专利文献的概念：专利文献是包含已经申请或被确认为发现、发明、实用新型和工业品外观设计的研究、设计、开发和试验成果的有关资料，以及保护发明人、专利所有人及工业品外观设计和实用新型注册证书持有人权利的有关资料的已出版或未出版的文件（或其摘要）的总称。并进一步指出：专利文献按一般的理解主要是指各国专利局的正式出版物。

我国知识产权局将专利文献定义为：各工业产权局（包括专利局、知识产权局及相关国际或地区性组织）在受理、审批、注册专利过程中产生的官方文件及其出版物的总称。

专利文献从狭义上讲是指与专利有关的专利文件，包括专利申请说明书、专利说明书、专利证明书，以及申请、批准专利的其他文件等；从广义上讲还包括专利局和有关机构出版的各种专利文献检索工具，如专利公报、专利索引、专利分类表等。

2. 专利文献的含义

专利文献一般包括三层含义：一是专利文献所承载的内容是提出专利申请

或批准为专利的发明创造；二是专利文献是关于申请或批准为专利的发明创造的资料；三是专利文献所包含的资料有些是公开出版的，有些则仅为存档或仅供复制使用。

3. 专利文献的类型

专利文献主要包括专利说明书、各种专利检索工具，如专利公报、专利分类表、专利分类索引、专利年度索引等。作为公开出版物的专利文献主要有专利申请说明书、专利说明书、实用新型说明书、工业品外观设计说明书、专利公报、专利索引等。

专利文献按内容性质和加工深度分为三类，即一次专利文献、二次专利文献和专利分类资料。一次专利文献是指各工业产权局、专利局及国际（地区）专利组织出版的各种专利说明书，包括授予的发明专利、发明人证书、医药专利、植物专利、工业品外观设计专利、实用证书、实用新型专利、补充专利或补充发明人证书、补充保护证书、补充实用证书的授权说明书及其相应的申请说明书。一次专利文献统称专利说明书。专利说明书的作用主要是两个方面：一是技术公开，清楚、完整地公开新的发明创造；二是法律保护，请求或确定法律保护的范围。二次专利文献是指各工业产权局出版的专利公报、专利文摘出版物和专利索引。二次专利文献的作用主要在于：帮助用户快速、有针对性地从一次专利文献中寻找、选择所需要的文献，了解发明创造的主要内容，避免可能的侵权行为，跟踪有关专利申请的审批状况等动态法律信息。专利分类资料是按发明技术主题对专利申请进行分类和对专利文献进行检索的工具，主要包括专利分类表、专利分类表索引、工业品外观设计分类表等[112]。

专利文献按作用和功能分为三类：信息通报类，如专利公报、专利文摘；检索工具类，指用于检索专利信息的专利索引或专利分类资料；原始资料类，指在专利申请、授权程序中所包含的一切原始文件资料，如说明书，申请时提交的权利要求书、申请过程中修改过的权利要求书或授权审定后的权利要求书，意见陈述书，专利证书等[107]。

中国的专利文献有以下几种形式[34]：①专利说明书（纸件）；②专利说明书（缩微制品），其中，胶卷型（microfilm）依文献顺序号排列，平片型（microfiche）按国际专利分类号排列；③中国专利文献光盘；④中国专利英文文摘（计算机磁盘）；⑤专利公报；⑥专利索引，如《中国专利索引》等。

一般在专利文献利用过程中将专利文献分为三种类型[104]：一是各工业产权局公开出版的描述发明创造内容和限定专利保护范围的专利文件，如专利申请说明书、专利说明书、实用新型说明书、外观设计说明书等；二是各工业产权局出版的公告性定期连续出版物，如专利公报、专利文摘、专利索引等；三是上述文献的电子形式出版物。我国的专利分为发明、实用新型、外观设计专利三类，相应的专利文献也分为三类。专利说明书和专利公报是专利文献的核心，其中包含着大量最有价值的专利信息。

1）专利说明书

专利说明书属于各工业产权局出版的一种专利文件，是用以描述发明创造内容和限定专利保护范围的一种官方文件或出版物。专利说明书一般由说明书扉页、权利要求书、说明书正文、附图组成。有些国家的专利说明书还附有检索报告[32]。

（1）说明书扉页相当于专利说明书的信息一览表，标识着整篇专利文献的外形特征信息，有统一的编排体例，结构基本相同，包括著录事项、摘要或权利要求。著录项目是各工业产权局为揭示专利申请或其他工业产权保护种类申请的技术、经济、法律特征信息，以及可供进行综合分析的信息线索，是专利文献中技术、经济、法律信息特征的集合。包括专利及补充保护证书著录项目、工业品外观设计著录项目。通常用一套世界知识产权组织颁布的著录数据识别代码（Internationally Agreed Numbers for the Identification of Bibliographic Data，INID）表示。各专利说明书扉页中使用的基本著录项目有：①文献标志：（11）文献号、（13）文献类型代码、（19）国家或组织代码。②专利或补充保护证书申请数据：（21）～（26）申请号、申请日期等。③优先权数据：（31）～（33）优先申请的国家、日期及申请号。④文献公布日期：（43）～（45）各种说明书的出版日期。⑤技术信息：（51）～（58）专利分类、发明题目、发明文摘、权利要求、检索领域等。⑥与文献有关的人事引证：（71）～（74）专利申请人、发明人姓名（或设计人姓名）。⑦除巴黎公约之外的国际公约有关数据：（81）根据专利合作条约指定的国家、（84）根据地区专利合作条约指定的国家。

（2）权利要求书是专利申请人请求专利保护的范围，是确定该发明创造专利权范围的依据，也是判断他人是否侵权的依据，权利要求书具有直接的法律效力。

（3）说明书正文是清楚完整地描述发明创造技术内容的文件，是对技术信息揭示的主要体现。说明书具有法定的文本结构，从发明创造名称、所涉及的技术领域和背景技术，到发明内容、附图说明和具体实施方式等，每项内容都有具体的撰写要求和固定的顺序，并严格限定已有技术与发明内容之间的界线。专利说明书是专利文献的核心部分，含有对技术或发明的详细描述：名称、文摘、说明书；发明者姓名、地址、国籍；专利权人名称、地址、国家；技术所属的类别、分类号；对相关科学文献和专利的引用情况、专利申请与授权时间等。专利文献中包含的这些专利信息提供了非常有价值的有关发明的时间的、地理的、国家的、行业的、机构的、技术的分布情况。

（4）附图用于补充说明文字部分。附图和说明书一起构成权利要求的基础。附图包括示意图、顺序图、流程图、数据图表、线路图和框架图等。

（5）检索报告是专利审查员通过对现有技术进行检索，反映检索结果的文件。相当于一份与专利申请所述发明创造有关的相关文献清单，通常与专利申请说明书一起出版或单独出版。检索报告对于评价发明创造的新颖性和创造性，决定是否授予专利权十分重要。申请人可根据检索结果对权利要求进行修改。竞争对手可依据检索结果预测该专利申请能否授权[113]。

2）专利公报

专利公报是各工业产权局报道最新发明创造专利申请的公开、公告和专利授权情况，以及其业务活动和专利著录事项变更等信息的定期连续出版物。专利公报以其连续出版、报道及时、法律信息准确而丰富的特点，成为一种可靠的工业产权信息源。因此，专利公报既可用于了解近期有关工业产权申请和授权的最新情况，也可用于进行专利文献的追溯检索，还可掌握各项法律事务变更信息及各国工业产权保护方面的发展动态。专利公报的内容主要包含专利申请的审查和授权情况、专利索引及其他相关专利信息。

1.3.2.3 专利文献的特点

整体来看，专利文献具有数量巨大、内容广博、领域广泛、内容详尽、技术新颖、格式统一、结构规范、报道迅速等特点[104, 111, 112]。

1. 专利文献数量巨大

专利文献是一种数量巨大的战略性信息资源。美国汤姆森公司认为，专利文献是商业经营、科学研究和技术发展最重要的信息来源之一，80% 可得技术信息都出现在专利出版物中，并且常常不会在其他地方再现。据世界知识产权组织统计，截至 2007 年全球有 6300 万篇专利，90% ～ 95% 的技术能在专利文献中检索到，并且其中 70% 只能在专利文献中检索到，充分利用专利信息资源，可以帮助研发人员节约 60% 的开发时间和 40% 的开发经费。随着科学技术的迅猛发展，专利活动日益活跃，专利数量迅猛增长。据统计，世界上平均每 10 秒钟就产生一件专利申请，每 20 秒就出版一份专利文献。据统计，从其诞生起至今，全世界累积可查阅的专利文献已超过 8000 万件。各国专利机构每年公布出版的专利文献呈逐年上升趋势，2008 年以后每年出版专利文献接近 300 万件，如表 1-1 所示。

表 1-1　1990 ～ 2009 年全世界专利文献公布数量

年份	公布的专利文献量 / 件	年份	公布的专利文献量 / 件
1990	1 255 389	2000	1 681 162
1991	1 273 835	2001	1 767 119
1992	1 397 963	2002	1 941 971
1993	1 338 708	2003	2 009 453
1994	1 351 415	2004	2 240 421
1995	1 230 366	2005	2 608 593
1996	1 248 575	2006	2 815 501
1997	1 311 178	2007	2 853 904
1998	1 424 488	2008	2 952 277
1999	1 558 352	2009	2 975 258

注：数据来源于 EPODOC 数据库。

专利文献是数量巨大的信息源，其中电子版本的专利说明书至少超过 1 亿件，如欧洲专利局（European Patent Office，EPO）的 WorldWide 数据库就有 6500 万件。我国自 1980 年 1 月经国务院批准成立专利局起，就陆续出版、发行专利文献。我国自 1985 年起实施专利制度，1985 年 4 月至 2010 年 4 月，已受理的发明专利有 2 037 742 件、实用新型专利有 2 103 689 件和外观设计专利有 1 954 518 件。至 2010 年 6 月，国家知识产权局网上数据库公开可查的发明专利有 1 724 250 件、实用新型专利有 1 503 034 和外观设计专利有 156 129 件。

2. 专利文献内容广博

专利文献集技术、法律、经济、战略信息于一体，全面反映人类实用技术领域的智力活动。专利文献对发明创造的揭示完整而详尽。首先，专利文献是技术文件，包含大量技术信息。根据专利法的有关规定，专利权人必须在专利说明书中对发明创造做出清楚、完整的说明，并且这种说明以所属技术领域的技术人员能够实现为准。专利的新颖性要求使得专利文献中公布的技术必须是该领域以前未出现过的技术。一般来说，为了获得市场的独占权，越是具备领先地位的技术就倾向于选择专利保护。因此，可以说专利文献涵盖了最新先进技术的知识宝库。专利文献不仅详细说明本发明的内容，还要对该技术领域的已知技术做简要介绍，并参照现有技术指明其发明点及说明具体实施方式和有益效果，有些国家在出版专利文献时还附带检索报告或在文献的首页上以著录项目的形式记载相关文献。因此，专利文献提供了一个对特定技术的发展进程进行探索的独特视角，通过阅读专利文献，人们就可以在较短时间内对某一技术领域的发展历史及最新进展有概括性的了解。其次，专利文献也是法律文件，包含大量法律信息。其中的权利要求书清楚而简要地表述了该专利可请求保护的范围，经审查授权后的权利要求书是判断是否侵权的法律依据。专利文献还对专利的有效性和地域性即时报道，包括专利的申请、复审、授权、驳回、撤回、视为撤回、著录项目变更、无效宣告等，以及专利权的放弃、撤销、终止、转移、恢复等，都是专利实施法律保护的可靠依据。最后，专利文献还与经济活动紧密相连，大量经济信息蕴含其中。公开的发明创造因其应用性强和价值高且易于实施和市场化而受到法律保护。通过对专利文献进行分析和研究，可以在国际贸易和技术引进中规避侵权、掌握主动，还可以了解竞争对手在国内外市场上所占的市场份额、核心技术竞争力、专利战略和技术发展动态等。

3. 专利文献报道迅速

专利文献传播最新技术信息。专利制度的先申请制原则、新颖性要求、专利申请早期公开制度三个特点决定了专利文献是一种出版周期短、报道速度快的文献。首先，大多数国家专利局采用先申请制，即专利权只授予最先申请的人。因此，申请人在一项发明创造完成后总会以最快的速度申请专利，以防竞争对手抢占先机。其次，新颖性和创造性是专利申请的首要条件，因此发明创造者总是以专利文献而非其他文献的形式向外界公布。最后，由于大多数国家都实行了专利申请早期公开制度，专利申请的公开时间大大提前，更加快了技术信息向社会传播的速度。

4. 专利文献高度标准化

专利文献具有格式统一规范（专利文献是依据专利法规和有关标准撰写、审批、出版的文件资料）、文体结构标准（专利说明书具有法定的文体结构）、分类体系统一（各专利机构出版的专利文献都开始标注国际专利分类号，即 IPC 分类号）等特点。专利文献的格式统一规范、高度标准化，并且具有统一的分类体系，便于检索、阅读和实现信息化。首先，专利文献是依据专利法规和标准撰写、审批和出版的文件资料。其扉页的著录项目，有统一的编排体例，并采用国际统一的专利文献项目识别代码，有利于克服语言障碍，便于阅读。其次，扉页中的文摘和附图，便于读者直接快速地了解一项发明创造的大致内容，节省阅读时间。最后，专利说明书具有法定的文体结构和统一的撰写风格。专利说明书的撰写从发明创名称、所涉及的技术领域和背景技术，到发明内容、附图说明和具体实施方式等，每项内容都有具体的撰写要求和固定的顺序，并严格限定已有技术与发明内容之间的界线。其独立权利要求从整体上反映发明创造的技术方案，记载解决技术问题的必要技术特征。统一的格式使专利文献的阅读更加方便易懂。

1.3.2.4 专利文献的作用

专利文献是专利活动的完整记录。它不仅阐述发明的具体内容、实施方案，描述该发明所在领域的现有技术及问题，而且专利文献中包含大量产权信息，明确了专利技术的归属、保护范围及专利权人信息。此外，专利文献中的经济信息，即对专利技术所产生的经济效益和未来市场的论证预测也是企业进行专利开发的前提。因此，专利文献是进行专利信息计量分析的最重要依据，在国家经济发展、企业技术研发等方面具有极为重要的作用。专利文献中包含了丰富的技术信息、法律信息、经济信息和战略信息等多种重要信息。因此，获取技术信息有利于促进科技进步，获取法律信息有利于保护自身权益，获取经济信息有利于分析经济发展方向，获取战略信息有利于为战略制定与决策服务[114]。

具体来说，专利文献具有以下作用[1, 104]。

（1）专利文献支持国家政策制定。专利文献具有规范市场竞争秩序、制定宏观科技发展规划、制定经济对策和预警制度、指导产品技术进出口贸易等作用。通过查阅专利文献，可以帮助我们在日益频繁的国际贸易中确定货物贸易或技术贸易的目的地，避免专利侵权纠纷，获取最大利益；或者在技术引进过程中，正确选择、准确评估所引进的专利技术，避免吃亏上当，造成不必要的经济损失。此外，通过对专利文献的战略性分析，可以为政府机构制定宏观经济、科技发展计划，进行重大战略决策以及各层面知识产权战略制定与实施等提供依据。

（2）专利文献引导企业专利战略制定与实施。具有推动企业的战略制定、以专利申请体现技术创新能力、以专利商品化体现市场运作能力、增强贸易竞争能力、增强挖掘技术创新人才能力等作用。专利文献可以帮助企业了解竞争对手、分析市场趋势，并为企业经营决策和知识产权战略制定提供可靠依据。

（3）专利文献推动科技研发。在我国，科教兴国战略、人才强国战略、知识产权战略已并列为国家实现创新型奋斗目标的三大国家战略，专利文献可以起到鼓励企业研发、引导科研机构研发、促进高校研发的作用。专利制度的根本目的是推动科学技术进步，这一目的的实现是通过在法律保护下公开通报新发明创造体现出来的，公开通报新发明创造的媒介就是专利文献。专利文献传播专利信息，利用专利文献可以帮助科研人员制定科研计划及确定科研课题，明确研究方向，提高技术创新活动的起点，避免盲目性和重复性研究。通过查阅专利文献还可以开阔思路、激发灵感、启迪思路，在前人的基础上进行发明创造。因此，从专利制度和企业用户的角度来看，专利文献可以起到传播发明创造、促进科技进步、提供技术参考、启迪创新思路的作用。

（4）专利文献是对专利实施法律保护的依据。专利制度以公开为条件，依法给发明创造以法律保护，并以专利文献作为印证发明创造受法律保护的文件即通过每件特定的专利文献确定每项发明创造的权利保护范围及法律效力，从而体现其法律保护功能。因此，一旦发生法律纠纷，专利权人需要以专利文献为依据提出诉讼，司法机关或行政执法部门要依据专利文献来审查。专利文献传播发明创造、增强知识产权保护能力，可以起到在专利纠纷中积极应战和专利研发中主动布局的作用。因此，从专利权人和竞争对手的角度来看，专利文献可以起到双重作用：一方面专利权人可以警示竞争对手、保护知识产权，另一方面可以借鉴权利信息、防止侵权纠纷。

（5）专利文献是专利机构审批专利的基础和保障。专利机构在对发明创造授予专利权之前所进行的专利性审查是建立在对已有技术充分检索的基础上，而对现有技术进行检索的工具主要是各国拥有的专利文献检索数据库和电子文档。通过对在先公布的专利文献的检索保证了专利审查的科学性和可靠性。

1.3.2.5 专利文献的趋势

专利文献呈现出三大发展趋势，即标准化、数字化和网络化[112]。

（1）专利文献的标准化。专利文献是依据专利法规和有关标准撰写、审批、出版的文件资料，具有规范性和系统性。专利文献格式统一规范、高度标准化，并且具有统一的分类体系。具体表现在：专利说明书格式的标准化、著录项目的标准化、专利文献类型标识的标准化、对比文献标识的标准化、专利分类的标准化。

（2）专利文献的数字化。世界各国的专利机构、国际性专利组织，如 EPO、USPTO、JPO 和 SIPO，都先后开展了一系列针对自己馆藏专利文献进行数字化的项目，并建立了相应的专利文献数据库和专利信息检索平台。

（3）专利文献的网络化。通过网络共享专利信息资源主要有三种方式：一是数据库生产商有偿提供；二是商业性服务机构有偿提供；三是通过互联网免费获取。通过互联网共享和免费获取专利信息是国际专利文献服务发展的基本趋势和主要方式。例如，1998 年，世界知识产权组织成员国大会决定建立各知识产权局之间的全球信息网络，即 WIPONET。1997 年，世界知识产权组织开始启动知识产权数字图书馆（IPDL）建设，1998 年 4 月正式通过其互联网主页对外开放。我国知识产权局非常重视专利信息网络化传播与利用。从 2006 年开始陆续制定了国家知识产权局《信息化建设“十一五”计划》，加大力度推进“全国专利信息服务平台”“全国专利信息管理平台”和“知识产权远程教育平台”等信息化平台建设。

1.3.3 专利信息

1. 专利信息的产生

专利信息是专利活动的产物，与专利活动密切相关。专利信息是专利活动的全面反映，因此，专利信息是专利现象的表述，是人们认识专利的中介。

专利信息的产生与发展，依赖于人类认识能力的提高；专利信息的传播与作用，反过来又影响着人类的认识范围和认识深度。人们借助于专利信息，可以充分认识技术发展的新进展和技术水平的提高对社会的重大意义；可以充分了解人类对自然界和对人类自身认识已达到的深度和广度；可以借鉴他人的智力成果，促进新智力成果的研究、开发。

2. 专利信息的内涵

广义上的专利信息是对专利权发生、发展过程中产生的信息的抽象规定，泛指人类从事一切专利活动所产生的相关信息的总和。狭义上的专利信息是指所有可以从专利局所出版的文件中获得的技术信息、经济信息、法律信息、战略信息及其他有关权利人的任何信息。专利权的范围、专利的申请日期、专利权归属、专利的技术内容、专利的状态和专利的法律状况等信息，大都包含在专利文献中。

专利信息是表征专利属性的信息，这种属性既包括专利作为整体的属性，又包括专利内各种具体智力成果权的属性。同时，专利信息又是表征专利保护客体的内涵信息。专利信息的概念有两层含义：首先，表征专利保护客体的内涵信息。专利文献所包含的信息，以及专利开发、交流、传播中的信息，都是这种客体的内涵信息。其次，表征专利的信息主要是指专利的产生、发展、变更中所发生的信息。

3. 专利信息的类型

专利信息根据官方性质和出版状态可分为文献型专利信息和非文献型专利信息。而大部分专利信息以文献信息形式存在。专利文献是专利信息的载体，专利信息是专利文献所承载的内容。狭义地来说，专利信息即为文献型专利信息，即由专利文献所反映的专利信息。作为公开出版物的专利文献主要有专利说明书、专利公报、专利文摘、专利索引和专利分类表等。非文献型专利信息是指官方的非正式出版物和非官方出版物等形式传播的专利信息，如产品样本、广告宣传、科技书刊、产品实物等。

专利信息根据内容性质和加工层次可分为一次专利信息（如专利说明书等）、二次专利信息（如专利公报、文摘、索引、专利分类、专利数据库等）和三次专利信息（如专利图表、专利地图、专利挖掘信息等）。

4. 专利信息的特征

专利信息的特征主要包括两个方面：专利信息的外在特征和内容特征[1, 32, 112]。

（1）专利信息的外在特征。专利信息既有信息的一般特征，又有其独特特征。一般特征表现为共享性（信息的利用和价值的发挥不具有排他性）和载体性（主要以专利文献为载体）。独特特征表现在专利具有法律性、地域性和时效性。

（2）专利信息的内容特征。专利信息集技术、法律、经济和战略信息于一体，是一种复合型的信息源。技术信息一般在专利说明书、权利要求书、说明书附图和摘要等予以披露，专利文献所附的检索报告或相关文献间接提供相关的技术信息。法律信息主要包含了发明创造的权利保护范围、专利权生效日期和保护日期、优先权及其保护地域范围、专利权是否效、获得许可证情况等，还包括在权利要求书、专利说明书扉页、专利公报及专利登记簿等专利文献中记载的与权利保护和权利生效性有关的信息。经济信息主要是指专利文献中记载着与国家、行业或企业经济活动密切相关的信息。例如，专利申请人和专利权人的名称、专利国家标识、专利申请提供等，反映出专利主体的经济利益和市场占有趋势。专利信息是重要的商业情报源和竞争情报源，与政府、产业、企业和科研机构进行竞争对手分析、竞争战略制定和发展战略制定密切相关。

从专利文献中可以获得许多真实、准确而详尽的专利信息，如关于发明的年代（优先权时间）、技术的分类、受让人（申请公司），以及发明人等诸多不同类型的信息。专利信息还可以在许多方面被组合、聚集和分析，基本信息包括以下几个方面：①专利申请人或专利发明人，公司或公司群；②一个或多个技术领域；③国家或地区的专利活动；④随时间变化的专利数量。

参考文献

[1] 国家知识产权局专利局专利文献部. 专利文献与信息检索［M］. 北京：知识产权出版社，2013.

[2] 郭吉安，李学静. 情报研究与创新［M］. 北京：科学出版社，2006.

[3] 卢慧生，何艳霞，任晓玲，等. WIPO 动态——WIPO《2007 年专利报告》［EB/OL］. http：//www. cutech. edu. cn/cn/rootfiles［2015-04-28］.

[4] 李建蓉. 专利文献与信息［M］. 北京：知识产权出版社，2002.

[5] 李建蓉. 专利信息与利用［M］. 北京：知识产权出版社，2006.

[6] Iversen E J. An excursion into the patent-bibliometrics of Norwegian patenting [J]. Scientometrics，2000，49（1）：63-80.

[7] 栾春娟. 专利信息计量与专利战略 [M]. 大连：大连理工大学出版社，2012.

[8] 王续琨. 交叉科学结构论 [M]. 大连：大连理工大学出版社，2003.

[9] Seidel A H. Citation system for patent office [J]. Journal of the Patent Office Society，1949，(31)：554-567.

[10] Pavitt K. Patent statistics as indicators of innovative activities：Possibilities and problems [J]. Scientometrics，1985，7（1-2）：77-99.

[11] Narin F. Patents bibliometrics [J]. Scientometrics，1994，30（1）：147-155.

[12] Narin F. Patents as indicators for the evaluation of industrial research output [J]. Scientometrics，1995，34（3）：489-496.

[13] Narin F，Olivastro D. Linkage between patents and papers：An interim EPO/US comparison [J]. Scientometrics，1998，41（1-2）：51-59.

[14] Verbeek A，Debackere K，Luwel M，et al. Linking science to technology：Using bibliographic references in patents to build linkage schemes [J]. Scientometrics，2002，54（3）：399-420.

[15] Verbeek A，Debackere K，Luwel M. Science cited in patents：A geographic "flow" analysis of biobliographic citation patterns in patents [J]. Scientometrics，2003，58（2）：241-263.

[16] Chen D Z，Lin W Y Z，Huang M H. Using essential patent index and essential technological strength to evaluate industrial technological innovation competitiveness [J]. Scientometrics，2007，71（1）：101-116.

[17] 栾春娟，王续琨，刘则渊，等. 专利信息计量研究国际前沿的计量分析 [J]. 科学学研究，2008，(2)：334-338，310.

[18] 邱均平，马瑞敏，徐蓓，等. 专利信息计量的概念、指标及实证——以全球有机电激发光技术相关专利为例 [J]. 情报学报，2008，27（4）：556-565.

[19] 乐诗思，叶鹰. 专利信息计量学的研究现状与发展趋势 [J]. 图书与情报，2009，(6)：63-66，73.

[20] 邱均平，李慧. 国内外图书情报领域专利信息计量研究的对比分析 [J]. 图书情报工作，2010，(10)：83-87，91.

[21] 黄庆，曹津燕，瞿卫军，等. 专利评价指标体系（一）——专利评价指标体系的设计和构建 [J]. 知识产权，2004，(5)：25-28 .

[22] 曹津燕，肖云鹏，石昱，等. 专利评价指标体系（二）——运用专利评价指标体系中指

标进行数据分析［J］. 知识产权，2004，（5）：29-34.
［23］刘洋，瞿卫军，黄庆，等 . 专利评价指标体系（三）——运用专利评价指标体系进行的地区评价［J］. 知识产权，2004，（5）：35-38.
［24］高继平，丁堃 . 专利信息计量指标研究述评［J］. 图书情报工作，2011，（20）：20-43.
［25］陈琼娣 . 专利信息计量指标研究进展及层次分析［J］. 图书情报工作，2012，（2）：99-103.
［26］张静，刘细文，柯贤能，等 . 国内外专利分析工具功能比较研究［J］. 情报理论与实践，2008，（1）：141-145.
［27］王敏，李海存，许培扬 . 国外专利文本挖掘可视化工具研究［J］. 图书情报工作，2009，（24）：86-90.
［28］刘桂锋，王秀红 . Aureka 专利分析工具的文献计量分析［J］. 现代情报，2011，（7）：106-110.
［29］马海群 . 论“专利引文索引”的情报功能［J］. 图书馆建设，1995，（2）：47-49.
［30］陶辅文 . 专利引文索引数据库［J］. 情报理论与实践，1995，（4）：50-51.
［31］杨祖国，李兰文 . 中国专利引文分析研究［J］. 情报科学，2005，（5）：700-703，707.
［32］肖沪卫 . 专利地图方法与应用［M］. 上海：上海交通大学出版社，2011.
［33］刘颖，唐永林，曾媛 . 我国专利地图研究的文献计量分析［J］. 现代情报，2008，（10）：154-157.
［34］杨中楷 . 专利信息计量与专利制度［M］. 大连：大连理工大学出版社，2008.
［35］唐健辉，叶鹰 . 3G 通讯技术之专利信息计量分析［J］. 图书与情报，2009，（6）：70-73.
［36］刘小凤，罗勇，傅俊英 . DNA 测序技术的专利信息计量研究［J］. 现代生物学进展，2010，（6）：1173-1181.
［37］栾春娟，侯海燕 . PCT 专利申请的计量与中国专利的国际保护［J］. 技术与创新管理，2009，（2）：157-160.
［38］栾春娟，侯海燕 . 国内外主要公司专利外部合作的计量与比较——以数字信息传输技术为例［J］. 科学管理研究，（5）：86-88.
［39］栾春娟，侯海燕 . 全球纳米技术领域专利信息计量分析［J］. 科技与经济，2008，（4）：38-40.
［40］栾春娟，侯海燕 . 世界生物技术领域专利信息计量研究（2007）［J］. 科技管理研究，2009，（9）：338-340.

［41］刘云，夏民，武晓明．中国最大 500 家外商投资企业在华专利及影响的计量研究［J］．预测，2003，（6）：19-23.
［42］赵黎明，高杨，韩宇．专利引文分析在知识转移机制研究中的应用［J］．科学学研究，2002，（3）：297-300.
［43］Hart R. Citation system for patent office［J］. Journal of the Patent Office Society，1949，（31）：714.
［44］Alien J，Oppenheim C. The overlap of US and Canadian patents literature with journal literature［J］. World Patent Information，1979，（2）：77-80.
［45］Kunz M. Time distribution of patent information［J］. Scientometrics，1979，1（3）：275-282.
［46］Brunk G G，Jason G J. The impact of warfare on the rate of invention：A time-series analysis of United States patent activity［J］. Scientometrics，1981，3（6）：437-455.
［47］Narin F. Inventing out future：The link between Australian patenting and basic science［EB/OL］. http：//www. arc. gov. au/pdf/00_02/pdf［2015-06-28］.
［48］栾春娟．专利文献计量分析与专利发展模式研究——以数字信息传输技术为例［D］．大连理工大学博士学位论文，2008：6.
［49］Karki M M S. Patent citation analysis：A policy analysis tool［J］. World Patent Information，1997，33（4）：269-272.
［50］Nafin F，Olivastro D，Stevens K A. Bibliometric theory practice and problems［J］. Evaluation Review，1994，18（1）：65-76.
［51］Banerjee P，Gupta B M，Garg K C. Patent statistics as indicators of competition：An analysis of patenting in biotechnology［J］. Scientometrics，2000，47（1）：95-116.
［52］Ramani S V，de Looza M-A. Using patent statistics as knowledge base indicators in the biotechnology sector：An application to France，Germany and the U. K.［J］. Scientometics，2002，54（3）：319-346.
［53］López-Muñoz F，Alamo C，Rubio G，et al. Bibliometric analysis of biomedical publications on SSRl during 1980-2000［J］. Depression and Anxiety，2003，18（2）：95-103.
［54］Armando A，Plaza L M. The transfer of knowledge from the Spanish public R&D system to the productive sectors in the field of biotechnology［J］. Scientometrics，2004，59（1）：3-14.
［55］Moed H F. Bibliometric indicators reflect publication and management strategies［J］.

Scientometrics，2000，47（2）：323-346.

［56］Gittelman M，Kogut B. Does good science lead to valuable knowledge? Biotechnology firms and the evolutionary logic of citation patterns［J］. Management Science，2003，49（4）：366-382.

［57］Malo S，Gcuna A. Science-technology linkages in an emerging research platform：The case of combinatorial chemistry and biology［J］. Scientometrics，2000，47（2）：303-321.

［58］McMillan S G，Hamilton R D. Using bibliometrics to measure firm knowledge：An analysis of the US pharmaceutical industry［J］. Technology Analysis & Strategic Management，2000，12（4）：465-475.

［59］Cho T S，Shih H Y. Patent citation network analysis of core and emerging technologies in Taiwan：1997–2008［J］. Scientometrics，2011，89（3）：795-811.

［60］His Y Y，Yi S S，Hsiao W Y，et al. The bibliographic coupling approach to filter the cited and uncited patent citations：A case of electric vehicle technology［J］. Scientometrics，2012，92（1）：1-19.

［61］Yoon J，Park H，Kim K. Identifying technological competition trends for R&D planning using dynamic patent maps：SAO-based content analysis［J］. Scientometrics，2012，92（3）：1-19.

［62］CHI Research，Inc. Corporate history［EB/OL］. http：//www. chiresearch. com/about/history. php3［2015-10-28］.

［63］Narin F. From Science Papers to Technology Patents to Company Financial Performance［R］. Washing D. C.，2003.

［64］Tijssen R J W，Buter R K，Leeuwen T N. Technological relevance of science：An assessment of citation linkages between patents and research papers［J］. Scientometrics，2002，47（2）：389-412.

［65］Marinova D，McAleer M. Trends and volatility in Japanese patenting in the USA：An analysis of the electronics and transport industries［J］. Scientometrics，2002，55（2）：171-187.

［66］Netherlands Observatory of Science and Technology. Science and technology indicators 2000：Summary［OE/BL］. http：//www. minocw. nl/English/doc/2002/nowt2000 summary. PDF［2016-02-28］.

［67］Albert M B，Yoshida P G，van Postal D. The new innovators：Global patenting trends in five sectors［OE/BL］. http：//www. ta. doc. gov/reports/09111998_contant. pdf［2016-02-28］.

[68] Lacasa I D, Grupp H, Schmoch U. Tracing technological change over long periods in Germany in chemicals using patent statistics [J]. Scientometrics, 2003, 57 (2): 175-195.

[69] Bhattacharya S. Mapping inventive activity and technological change through patent analysis: A case study of India and China [J]. Scientometrics, 2004, 61 (3): 361-381.

[70] Suzuki J, Gemba K, Tamada S, et al. Analysis of propensity to patent and science dependence of large Japanese manufacturers of electrical machinery [J]. Scientometrics, 2006, 68 (2): 265-288.

[71] Luo S C. Patent analysis of genetic engineering research in Japan, Korea and Taiwan Province of China [J]. Scientometrics, 2007, 70 (1): 183-200.

[72] Schubert T. Assessing the value of patent portfolios: An international country comparison [J]. Scientometrics, 2011, 88 (3): 787-804.

[73] Proff S V, Dettmann A. Inventor collaboration over distance: A comparison of academic and corporate patents [J]. Scientometrics, 2012, 92 (1): 75-91.

[74] Yoshikane F, Suzuki Y, Tsuji K. Analysis of the relationship between citation frequency of patents and diversity of their backward citations for Japanese patents [J]. Scientometrics, 2012, 92 (3): 721-733.

[75] Zheng J, Zhao Z Y, Zhang X, et al. International scientific and technological collaboration of China from 2004 to 2008: A perspective from paper and patent analysis [J]. Scientometrics, 2012, 91 (1): 65-80.

[76] Noruzi A, Abdekhoda M. Mapping Iranian patents based on International Patent Classification (IPC), from 1976 to 2011 [J]. Scientometrics, 2012, 93 (3): 847-856.

[77] Makovetskaya O, Bernadsky V. Scientometric indicators for identification of technology system life-cycle phase [J]. Scientometrics, 1994, 30 (1): 105-116.

[78] Thomas P. A relationship between technology indicators and stock market performance [J]. Scientometrics, 2001, 51 (1): 319-333.

[79] Furukawa R, Goto A. Core scientists and innovation in Japanese electronics companies [J]. Scientometrics, 2006, 68 (2): 227-240.

[80] Liu Y, Cheng G P, Yang Y. Patent applications of the top 500 foreign investment corporations in China [J]. Scientometrics, 2006, 68 (1): 167-177.

[81] Wong C Y, Yap X S. Mapping technological innovations through patent analysis: A case study of foreign multinationals and indigenous firms in China [J]. Scientometrics,

2012，91（3）：773-787.

[82] Chen Y S. Using patent analysis to explore corporate growth [J]. Scientometrics，2011，88（2）：433-448.

[83] Meyer M，Sinilainen T，Utecht J T. Towards hybrid Triple Helix indicators：A study of university related patents and a survey of academic inventors [J]. Scientometrics，2003，58（2）：321-350.

[84] Baldini N，Grimaldi R，Sobrero M. To patent or not to patent? A survey of Italian inventors on motivations，incentives and obstacles to university patenting [J]. Scientometrics，2007，70（2）：333-354.

[85] Leydesdorff L，Meyer M. The scientometrics of a Triple Helix of university-industry-government relations（Introduction to the topical issue）[J]. Scientometrics，2007，70（2）：207-222

[86] Huang M H，Sung H Y，Wang C C，et al. Exploring patent performance and technology interactions of universities，industries，governments and individuals [J]. Scientometrics，2012，93（1）：27-42.

[87] Lei X P，Zhao Z Y，Zhang X，et al. The inventive activities and collaboration pattern of university-industry-government in China based on patent analysis [J]. Scientometrics，2012，90（1）：231-251.

[88] Macdonald S. The distinctive research of the individual inventor [J]. Research Policy，1986，15（4）：199-210.

[89] Breitzman A，Narin F. Inventive productivity [J]. Research Policy，1995，24（5）：507-519.

[90] Amesse F，Desranleau C，Etemad H，et al. The individual inventor and the role of entrepreneurship：A survey of the Canadian evidence [J]. Research Policy，1991，20（1）：13-27.

[91] Noyons E C M，Vanraan A F J，Grupp N，et al. Exploring the science and technology interface-inventor author relations in laser medicine research [J]. Research Policy，1994，23（4）：443-457.

[92] Mattes E，Stacey M C，Marinova D. Surveying inventors listed on patents to investigate determinants of innovation [J]. Scientometrics，2006，69（3）：475-498.

[93] 经济合作与发展组织. 专利科技指标手册 [M]. 北京：新华出版社，2000.

[94] 吴小林 . 法学视野下专利价值评估的特殊性——以专利权出资为视角 [J]. 法制与社会，2011,(11上)：69-70.

[95] 张希，胡元佳 . 非市场基准的专利价值评估方法的理论基础、实证研究和挑战 [J]. 软科学，2010,(9)：142-144.

[96] 李振亚，孟凡生，曹霞 . 基于四要素的专利价值评估方法研究 [J]. 情报杂志，2008,(8)：87-90.

[97] 万小丽，朱雪忠 . 专利价值的评估指标体系及模糊综合评价 [J]. 科研管理，2008,(2)：185-191.

[98] 赵晨 . 专利价值评估方法与实务 [J]. 电子知识产权，2006,(11)：24-27.

[99] 李秀文 . 专利价值评估的影响因素 [J]. 电子知识产权，2009,(5)：64-67.

[100] 刘伍堂 . 专利价资产评估 [M]. 北京：知识产权出版社，2011.

[101] 陈仲伯 . 专利信息分析利用与创新 [M]. 北京：知识产权出版社，2012.

[102] 国家知识产权局专利管理司，中国技术交易所 . 专利价值分析指标体系操作手册 [M]. 北京：知识产权出版社，2012.

[103] 罗思嘉 . 专利信息计量分析与应用 [EB/OL]. http：//www. lib. ncku. edu. tw/journal/16/pdf/16-5. pdf [2016-02-28].

[104] 杨铁军 . 专利信息利用导引 [M]. 北京：知识产权出版社，2011.

[105] 杨铁军 . 专利信息利用技能 [M]. 北京：知识产权出版社，2011.

[106] 甘绍宁 . 专利信息利用实践 [M]. 北京：知识产权出版社，2013.

[107] 牟萍 . 专利情报检索与分析 [M]. 北京：知识产权出版社，2012.

[108] 王运斗，李鹏 . 专利信息分析及其典型应用 [M]. 北京：军事医学科学出版社，2013.

[109] 国家知识产权局规划司 . 战略性新兴产业发明专利授权统计分析报告 [M]. 北京：知识产权出版社，2013.

[110] 刘长令，关爱莹 . 世界重要农药品种与专利分析 [M]. 北京：化学工业出版社，2014.

[111] 方署 . 基于专利信息分析的技术创新能力研究 [D]. 西安交通大学博士学位论文，2007：25-26.

[112] 李建蓉 . 专利信息与利用 [M]. 北京：知识产权出版社，2006：1-5.

[113] 陈燕，黄迎燕，方建国，等 . 专利信息采集与分析 [M]. 北京：清华大学出版社，2006：4-6.

[114] 孟俊娥 . 专利检索策略及应用 [M]. 北京：知识产权出版社，2010：3-6.

第二章

专利信息计量研究的文献计量和可视化分析

专利信息计量也称为专利计量、专利文献计量、专利分析、专利统计分析、专利定量分析、专利信息分析或专利情报分析等，它是信息计量研究、专利分析、专利情报分析和竞争情报分析的重要形式，是在对专利文献进行筛选、鉴定、整理基础上，利用文献计量学方法，对其所含的各种专利信息要素进行统计、排序、对比、分析和研究，从而揭示专利文献的深层动态特征，了解技术、经济发展的历史及现状，进行技术评价和技术预测[1]。日本和美国是较早开展专利情报分析的国家，日本绘制了世界上第一幅专利地图，美国专利商标局的技术评估与预测办公室（Office of Technology Assessment and Forecast，OTAF）早在20世纪70年代就通过专利计量研究进行专利技术的研究和预测。IBM公司的Reisner是最早进行专利引用分析的先驱，其利用专利引用资料，找出关键专利技术[2]。20世纪90年代后随着信息技术、网络技术与专利数据库的不断发展和完善，专利分析的方法体系逐步建立与完善，专利分析的研究不断深入与发展。

本书主要采用文献计量分析和可视化分析方法对国内外专利信息计量研究相关成果进行综合分析，反映国内外专利信息计量研究现状和发展趋势。

2.1 国外专利信息计量相关研究的文献计量分析

国外的专利信息计量研究大都包含中专利相关研究中，直接用 Patent Bibliometrics、Patentometrics、Patent Analysis、Patent Statistical Analysis 进行研究的很少。为了全面掌握国外专利信息计量研究现状，本书在研究过程中直接用 Patent 在 Web of Science（WOS）中检索以便获取专利信息计量相关成果进行分析。

2.1.1 数据来源与研究方法

1. 数据来源

本书所使用的数据来源于数据库，以“Patent*”为标题检索字段，在 WOS 核心集中进行检索，得到 1985 ～ 2015 年有关 Patent 的研究成果 13 989 篇，其中研究论文 6205 篇，检索时间为 2015 年 11 月 20 日。然后对数据进行规范化处理，转换成分析软件所需格式。

2. 研究方法

本书主要采用文献计量分析方法从论文总量、作者分布、机构分布、期刊分析和主题分布等方面对所获得的 6205 篇专利研究论文进行统计和计量分析，探讨国外专利信息计量和专利分析研究领域的研究现状和发展趋势。

3. 研究工具

所采用的分析工具有 WOS 提供的统计分析功能和 SATI3.2 软件。

本书在国内外图书馆评价研究文献计量分析数据处理过程中主要使用的是文

献题录信息统计分析工具（Statistical Analysis Toolkit for Informetrics，SATI）。该软件旨在通过对期刊全文数据库题录信息的处理，利用一般计量分析、共现分析、聚类分析、多维尺度分析、社会网络分析等数据分析方法，为挖掘和呈现出美妙的可视化数据结果提供数据支持。该软件通过免费、共享软件功能及开源、增进代码实现，旨在为学术研究提供期刊文献数据统计与分析的辅助工具。SATI 软件可从 WOS、CNKI、CSSCI、万方、维普等全文数据库下载导入题录信息，提供格式转换后进行统计分析，并可为 Ucinet（University of California at Irvine NETwork）、Pajek、SPSS 等软件生成可视化结果提供所需的 Excel 格式或 txt 文本格式矩阵，其运行界面如图 2-1 所示。SATI 软件的设计思路如图 2-2 所示。

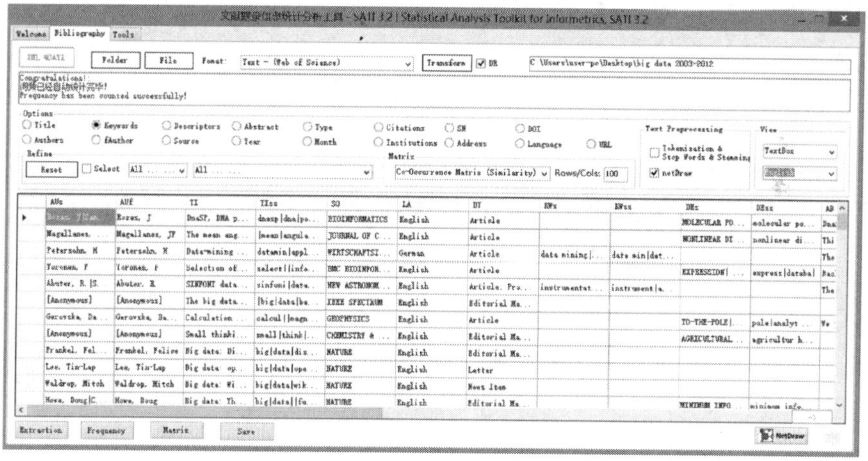

图 2-1　SATI 软件的运行界面

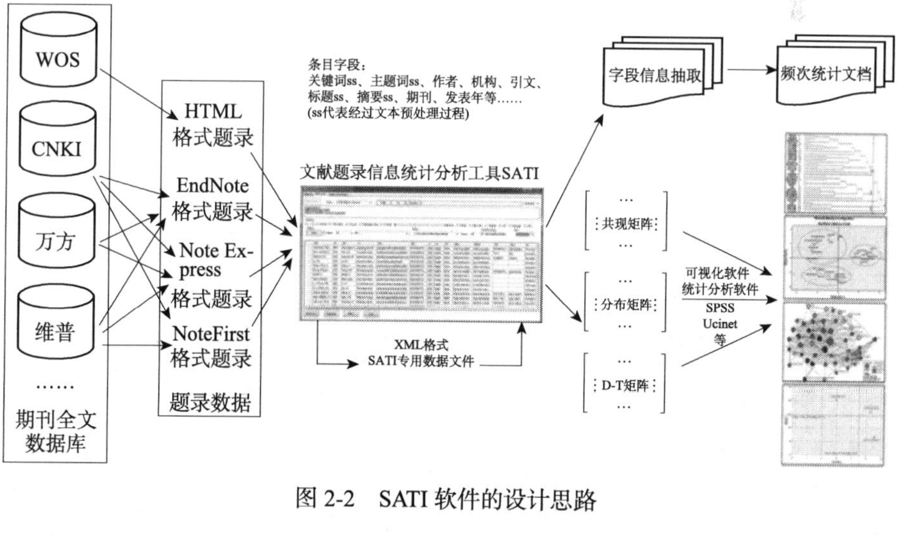

图 2-2　SATI 软件的设计思路

随着计算机技术和数据库技术的发展与完善，许多数据库都提供文献统计分析功能。WOS、CNKI、CSSCI、万方、维普等国内外大型数据库都带有文献统计分析功能，能够提供关键词、作者、机构、期刊、论文、引文、学科领域、地区等文献计量特征的数量统计及其结构分布结果，为文献计量分析和科学研究提供了极大的便利。例如，WOS提供检索结果分析和引文分析功能，如图2-3和图2-4所示。其中，检索结果分析包括文献类型、研究方向、出版年、机构、著者、来源出版物、基金资助、语种等。CNKI提供分组浏览、排序和文献统计三大功能，分组浏览可从学科、发表年度、基金、研究层次、作者、机构等提供统计结果；排序可从主题、发表时间、被引、下载四个对检索结果进行排序，其中被引频次和下载量是评价论文影响的重要指标；文献统计提供文献来源类别、来源期刊和关键词统计结果，如图2-3和图2-4所示。

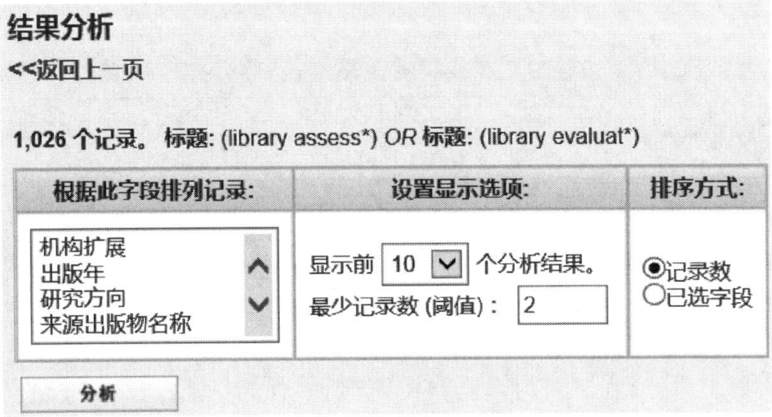

图2-3　WOS的检索结果分析

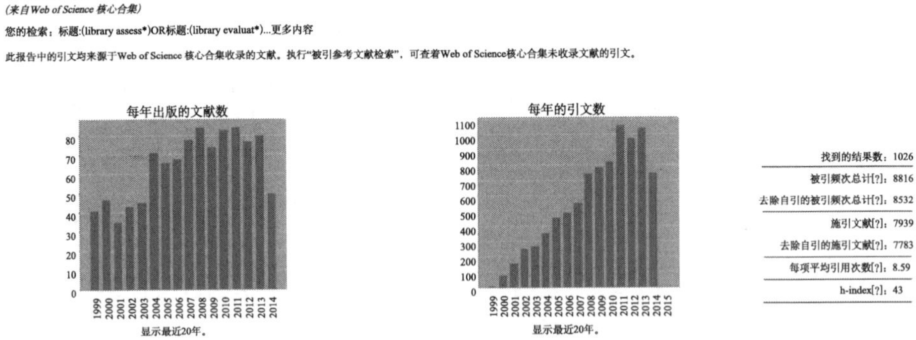

图2-4　WOS的引文分析

2.1.2　数据处理与结果分析

1. 论文量分布分析

WOS 提供了全部专利研究文献量的统计结果，尽管 2015 年的专利研究文献量统计不全，但从整体来看，1985 ～ 2013 年，国际专利研究相关文献量基本上呈增长趋势，2003 年出现轻微波动，2014 年以后略有下降，如表 2-1 和图 2-5 所示。专利在技术创新、技术贸易和企业竞争等领域具有举足轻重的地位，是战略制定和竞争制胜的法宝和利器。虽然增长幅度不大，但也反映出全世界对专利研究的高度重视。从通过 SATI 软件统计的专利研究文献量来看，结果大体相同，整体呈上升趋势，2002 年和 2005 年有轻微波动，2014 年以后开始下降，表明专利研究日益趋于成熟，尚未找到新的研究热点和研究方向，如表 2-2 和图 2-6 所示。

表 2-1　WOS 统计的专利研究文献量年度分布　（单位：篇）

年份	发文量	年份	发文量	年份	发文量
1985 ～ 1998	277	2004	682	2010	962
1999	586	2005	679	2011	972
2000	652	2006	729	2012	987
2001	602	2007	884	2013	1102
2002	673	2008	870	2014	1039
2003	651	2009	936	2015	706

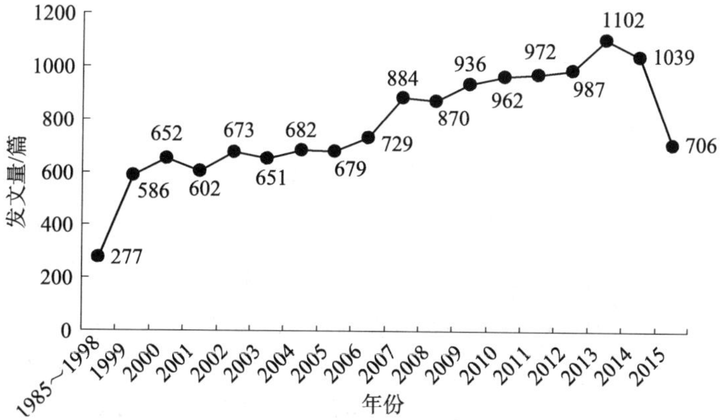

图 2-5　WOS 统计的专利研究文献量年度分布趋势

表 2-2 SATI 统计的专利研究文献量年度分布 （单位：篇）

年份	发文量	年份	发文量
1985 ～ 1998	321	2007	385
1999	255	2008	401
2000	273	2009	404
2001	280	2010	427
2002	274	2011	467
2003	277	2012	454
2004	289	2013	524
2005	254	2014	471
2006	320	2015	449

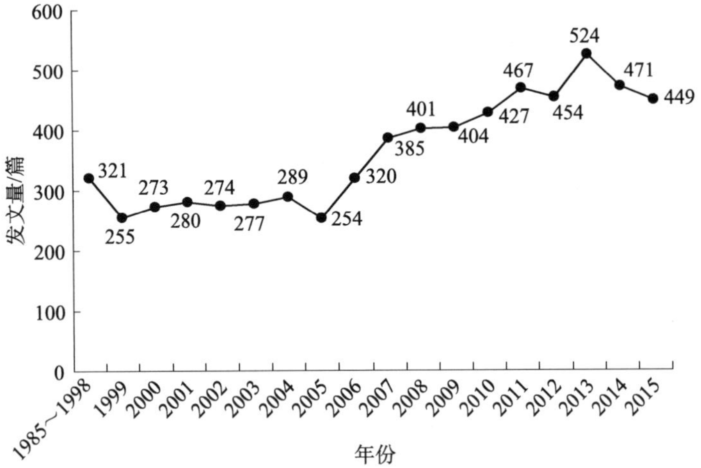

图 2-6 SATI 统计的专利研究文献量年度分布趋势

2. 论文类型分布分析

论文类型反映了某一学科或主题领域研究的成熟度和关注度。一般来说，研究论文数量越大，比例越高，说明该学科或主题领域的成熟度较高。而会议论文数量越大，比例越高，说明该学科或主题领域的社会关注度高。另外，基础性学科或主题领域，研究论文数量较大，比例较高。应用性学科或主题领域，会议论文数量较大，比例较高。WOS 提供的专利研究文献类型统计结果如表 2-3 所示。由表可知，专利研究论文不到全部文献量的一半，会议论文和会议摘要占到全部文献量的近 1/4，说明专利研究属于应用性研究领域，同时也表现出一定的成熟度。

表 2-3　专利研究文献的类型分布　　（单位：篇）

文献类型	发文量	文献类型	发文量
Article	6205	Correction	77
Meeting Abstract	1823	Reprint	13
Editorial Material	1474	Book Chapter	12
News Item	1452	Biographical Item	5
Proceedings Paper	1029	Poetry	4
Review	899	Art Exhibit Review	2
Letter	796	Software Review	1
Book Review	196	Bibliography	1

3. 论文学科分布分析

论文学科分布反映了研究的学科性质和影响度。一般来说，交叉研究领域学科分布范围比较广泛，涉及的学科领域较多，学科影响度也较高，通常能吸引到多学科领域学者的关注。WOS 提供了专利研究文献的学科分布统计结果，如表 2-4 所示。由表可知，全部专利研究文献涉及相关学科领域 99 个，其中发文量在 200 篇以上的学科领域 19 个，受到技术、经济、法律、管理等学科领域的重点关注。

表 2-4　专利研究文献的学科分布　　（单位：篇）

序号	学科名称	发文量	序号	学科名称	发文量
1	Cardiovascular System Cardiology	2334	11	General Internal Medicine	615
2	Engineering	1541	12	Neurosciences Neurology	464
3	Business Economics	1473	13	Surgery	438
4	Chemistry	1277	14	Information Science Library Science	418
5	Pharmacology Pharmacy	1191	15	Materials Science	319
6	Biotechnology Applied Microbiology	999	16	Public Administration	287
7	Government Law	900	17	Operations Research Management Science	283
8	Computer Science	841	18	Respiratory System	227
9	Science Technology Other Topics	725	19	Genetics Heredity	209
10	Pediatrics	711			

4. 论文作者分布分析

WOS 提供了全部专利研究文献的高产作者分布，如表 2-5 所示。除匿名作者外，发表专利研究文献 14 篇及以上的作者共 99 人，发文 20 篇以上的有 45 人。发文量最多的作者 Meier 近 30 年间发表专利研究相关文献 114 篇，年均 4 篇左右，是名副其实的高产作者。通过 SATI 软件统计得到研究论文的最高产作者分布，如表 2-6 所示。除匿名作者外，发表研究论文 15 篇及以上的最高产作者 17 人，这些作者是国际专利研究的核心群体。国际专利研究高产作者群体规模不大，还需要提升。发表研究论文最多的作者是 Samsonov，近 30 年发表研究论文 40 篇，年均 1 篇以上。而发表文献量最多的 Meier 只发表了研究论文 16 篇，其余大量文献为书评、评论、会议论文，是专利研究领域最活跃的作者。

表 2-5　WOS 全部专利研究文献高产作者分布　　（单位：篇）

作者	发文量	作者	发文量	作者	发文量
Anonymous	1027	Huang M H	30	Palacios I F	21
Meier B	114	Reisman M	29	Mcnamara P J	21
Windecker S	72	Homma S	28	Heines M H	21
Sievert H	66	Peters H M	26	Di Tullio M R	21
Wahl A	52	Lemley M A	26	Chen Y S	21
Seiler C	50	Hasford J J	26	Cardaioli P	21
Hess G	47	Clyman R I	26	Billinger K	21
Harrison C	47	Thaler D E	25	Teska K	20
Schwerzmann M	45	Park Y	24	Schrader R	20
Mattle H P	42	Marshall E	24	Pillai X	20
Samsonov V M	40	Wilson N	23	Mas J L	20
Rigatelli G	37	Post M C	23	Kim K	20
Nedeltchev K	36	Anzola G P	23	Kent D M	20
Thompson S	33	Krumsdorf U	22	Hijazi Z M	20
Chen D Z	33	Cook-Deegan R	22	Dela Potterie B V	20

表 2-6　专利研究论文高产作者分布　（单位：篇）

作者	发文量	作者	发文量
[Anonymous]	185	Habernickel VJ	18
Samsonov V M	40	Yoon J	17
Chen D-Z	26	Sievert H	17
Meier B	25	Cardaioli P	16
Huang M-H	23	Meier B	16
Rigatelli G	21	Kim K	16
Hess G	20	Mattle H P	16
Windecker S	18	van Pottelsberghe de la Potterie B V	15
Park Y	18		

5. 载文期刊分布分析

WOS 提供了国际专利研究的载文核心期刊统计分布结果，如表 2-7 所示。载文 14 篇及以上的期刊有 64 种，载文 100 篇及以上的期刊 18 种。包括世界顶尖级刊物 *Science* 和 *Natur* 都对专利给予了高度关注。而从 SATI 的期刊统计结果来看，发表专利研究论文 20 篇以上的期刊有 50 种，其中与专利研究的相关期刊 26 种（法学相关期刊 7 种、经济管理类期刊 8 种），医学相关期刊 24 种。载文量 30 篇及以上的期刊如表 2-8 所示。载文量最高的期刊 *Biotechnology Law Report* 载文 213 篇，属于技术和法律双重期刊。在管理学领域，*Scientometrics* 和 *Research Policy* 是发表专利分析和专利计量最多的两种权威性期刊，是专利研究论文的重要载体。

Scientometrics 是国际刊载专利研究相关研究成果最多的权威性刊物之一。有研究者对 1979 ～ 2007 年 *Scientometrics* 中主题词中含有专利的文献进行了文献计量分析，如图 2-7 所示[3]。20 世纪 90 年代以前，*Scientometrics* 发表的专利计量研究的文献很少，只有 8 篇，但是从 20 世纪 90 年代以后，专利计量研究的文献呈现出明显增长趋势。说明专利计量研究越来越引起学术界的关注。

表 2-7 WOS 全部专利研究文献核心期刊分布 （单位：篇）

期刊	发文量	期刊	发文量
Expert Opinion on Therapeutic Patents	600	Nature Reviews Drug Discovery	182
Abstracts of Papers of the American Chemical Society	574	Research Policy	169
Chemical Engineering News	327	Science	159
Nature Biotechnology	241	Journal of the American College of Cardiology	158
Biotechnology Law Report	225	Nature	143
Catheterization and Cardiovascular Interventions	211	American Journal of Cardiology	112
Scientometrics	205	Iic-International Review of Intellectual Property and Competition Law	111
European Heart Journal	193	Stroke	110
Circulation	189	International Journal of Cardiology	100

表 2-8 专利研究论文核心期刊分布 （单位：篇）

期刊	载文量	期刊	载文量
Biotechnology Law Report	213	Journal of Intellectual Property Rights	41
Scientometrics	201	Metallurgist	41
Research Policy	163	Technovation	37
Expert Opinion on Therapeutic Patents	101	Expert Systems With Applications	35
Iic-International Review of Intellectual Property and Competition Law	72	Journal of Technology Transfer	32
Chemical & Engineering News	66	International journal of Industry Organization	32
Technological Forecasting and Social Change	59	Journal of the American Society of Echocardiography	32
Genetic Engineering News	50	Technology Analysis & Strategic Management	30
Iic-International Review of Industry Property and Copyright Law	43	Recent Patents on Nanotechnology	30

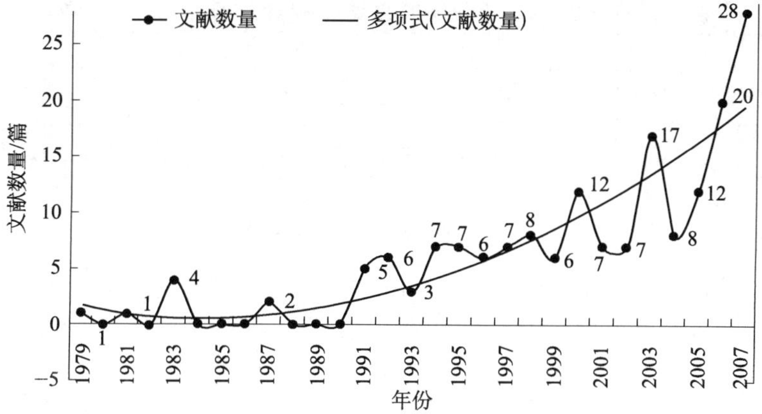

图 2-7　1979 ～ 2007 年 *Scientometrics* 载文量分布趋势

6. 论文机构分布分析

WOS 的机构分布统计结果显示，发文 12 篇及以上的机构有 88 个，其中发文 50 篇以上的机构有 25 个，是专利研究的核心机构，如表 2-9 所示。除 3 所医疗机构（美国的梅奥诊所、克利夫兰医学中心和法国的国家健康与医学研究院）和 1 所研究机构（美国的宾夕法尼亚高等教育共同富裕系统）外，其他都是高校，其中美国高校有 16 所、英国 2 所、加拿大 1 所、瑞士 1 所、比利时 1 所、意大利 1 所、韩国 1 所、中国 1 所，除中国外都分布在发达国家，说明发达国家的高校对专利给予了较高的关注。通过 SATI 得到发表 30 篇研究论文以上的研究机构 32 所，如表 2-10 所示。结果与 WOS 统计的情况基本吻合，只是一些机构的排名发生了变化，哈佛大学以发文 110 篇高居榜首，“国立台湾大学”以发文 93 篇位居第二。在专利研究上，美国高校处于绝对优势地位，这与其高度发达的科技、经济和法律密不可分。

7. 论文国家 / 地区分布分析

从 WOS 提供的专利研究文献国家（地区）分布来看，发文 50 篇及以上的国家（地区）有 27 个，发文最多的是美国，其次是英国、德国。中国排在第四位，说明随着科技、经济的快速发展，我国对专利研究日益重视。除中国和印度之外，其他都属于发达国家（地区），足见发达国家对专利研究重视的程度，如表 2-11 所示。

表 2-9　WOS 全部研究文献的核心机构分布　　（单位：篇）

机构	发文量	国家	机构	发文量	国家
University System of California	291	美国	Mayo Clinic	68	美国
Harvard University	218	美国	University of Bologna	63	意大利
University of London	117	英国	Seoul National University	57	韩国
University of Bern	116	瑞士	Pennsylvania Commonwealth System of Higher Education Pcshe	57	美国
University of Toronto	115	加拿大	Cleveland Clinic Foundation	57	美国
Stanford University	103	美国	University of Oxford	56	英国
Columbia University	102	美国	Taiwan University	55	中国
University of Pennsylvania	98	美国	University of Georgia	53	美国
Kuleuven	94	比利时	University of Chicago	53	美国
Duke University	89	美国	Institut National de la Sante et de la Recherche Medicale Inserm	51	
University of California Berkeley	88	美国	University of Michigan System	50	美国
University of California San Francisco	68	美国	University of Illinois	50	美国
University of California Los Angeles	68	美国			

表 2-10　专利研究论文的核心机构分布　　（单位：篇）

机构	发文量	机构	发文量
Harvard Univ	110	Univ Melbourne	40
Taiwan Univ	93	Rovigo Gen Hosp	37
Columbia Univ	70	Tufts Univ	37
Duke Univ	68	Univ Illinois	37
Katholieke Univ Leuven	65	Univ Chicago	36
Univ Hosp Bern	63	Univ Minnesota	36
Univ Toronto	63	Boston Univ	36
Univ Calif Berkeley	61	Univ Munich	35
Mayo Clin	59	Yale Univ	35
Stanford Univ	55	Univ Calif Davis	34
Univ Bologna	51	Univ Wisconsin	33
Univ Calif San Francisco	50	Univ Alberta	33
Univ Penn	47	Drexel Univ	32
Univ Zurich	46	Univ Padua	30
Seoul Natl Univ	44	Univ Oxford	30
Univ Calif Los Angeles	42	Univ Michigan	30

表 2-11　国家（地区）及发文量分布　　（单位：篇）

国家（地区）	发文量	国家（地区）	发文量
USA	4040	Netherlands	248
England	789	Belgium	224
Germany	765	Turkey	210
People's Republic of China	723	Brazil	133
Italy	666	Poland	117
France	425	Sweden	95
Taiwan，China	374	Austria	83
Japan	371	Israel	78
Canada	366	Scotland	62
India	306	Greece	59
Switzerland	296	Denmark	59
Spain	289	Ireland	52
South Korea	287	Singapore	51
Australia	272		

8. 高被引论文分布分析

在 6205 篇研究论文中，被引 200 次以上且与专利相关的论文有 11 篇，如表 2-12 所示。被引频次最高的是 2005 年 Hall、Jaffe 和 Trajtenberg 发表在 Rand *Journal of Economics* 上的论文，主要研究专利市场价值与专利引用之间的关系，被引 541 次。被引频次最高的两篇论文都来自 *RAND Journal of Economics*。被引频次最高的 11 篇专利相关研究论文中有 5 篇发表于 *Research Policy* 杂志，说明该期刊在专利研究中具有较高的影响。Harhoff 有 2 篇论文被引频次较高，都与专利价值有关，可见 Harhoff 是专利研究的重要学者。有研究者以 *Scientometrics* 得到的两个核心作者群体（学术群体 1 为专利计量与技术创新、科研绩效与专利指标；学术群体 2 为专利引用分析）为基础，利用 Google 学术搜集对其所发表专利计量相关论文的被引情况进行了统计，如表 2-13 所示。

表 2-12　高被引专利研究论文分布

序号	作者	篇名	刊名、年份、卷期	被引频次
1	Hall B H，Jaffe A，Trajtenberg M	Market value and patent citations	Rand Journal of Economics，2005，36（1）	541
2	Hall B H，Ziedonis R H	The patent paradox revisited：An empirical study of patenting in the US semiconductor industry，1979-1995	Rand Journal of Economics，2001，32（1）	539
3	Mowery D C，Nelson R R，Sampat B N，et al.	The growth of patenting and licensing by US universities：An assessment of the effects of the *Bayh-Dole Act* of *1980*	Research Policy，2001，30（1）	394
4	Harhoff D，Narin F，Scherer F M，et al.	Citation frequency and the value of patented inventions	Review of Economics and Statistics，1999，81（3）	317
5	Acs Z J，Anselin L Varga A	Patents and innovation counts as measures of regional production of new knowledge	Research Policy，2001，31（7）	316
6	Agrawal A，Henderson R	Putting patents in context：Exploring knowledge transfer from MIT	Management Science，2002，48（1）	306
7	Fleming L，Sorenson O	Technology as a complex adaptive system：Evidence from patent data	Research Policy，2001，30（7）	263
8	Harhoff D，Scherer F M，Vopel K	Citations，family size，opposition and the value of patent rights	Research Policy，2003，32（8）	244
9	Lanjouw J O，Schankeman M	Patent quality and research productivity：Measuring innovation with multiple indicators	Economic Journal，2004，114（495）	206
10	Bottazzi L，Peri G	Innovation and spillovers in regions：Evidence from European patent data	European Economic Review，2003，47（4）	203
11	Cohen W M，Goto A，Nagata A，et al.	R&D spillovers，patents and the incentives to innovate in Japan and the United States	Research Policy，2002，31（8）	202

表 2-13 《Scientometrics》发表的专利计量研究高被引作者和高被引论文

学术群体	高被引作者	高被引文献	被引频次
学术群体 1	Narin F	A. 不断增长的美国公共科学与技术之间的关系 The increasing linkage between US technology and public science（1997）	325
		B. 公共科学在创新中的重要作用分析：以生物技术为例 An analysis of the critical role of public science in innovation：the case of biotechnology（2000）	132
		C. 被引数量直接确认为企业重要专利指标 Direct validation of citation counts as indicators of industrially important patents（1991）	126
		D. 被引频次与发明专利的价值 Citation Frequency and the Value of Patented Inventions（1999）	123
		E. 专利计量学 Patent bibliometrics（1994）	52
	Meyer M	A. 科学推动技术吗？专利对科学文献的引用 Does science push technology？Patents citing scientific literature（2000）	90
		B. 大学科研增长动力与竞争的经济活动之间的相似性 Similarities between the growth dynamics of university research and of competitive economic activities(1999）	7
学术群体 2	Kostoff R N	A. 科学与技术路标 Science and technology roadmaps（2001）	87
	Garfield E	引文指标在科学、技术和人文领域的理论和应用 Citation Indexing—Its Theory and Application in Science，Technology，and Humanities（1979）	489
	Glänzel W	科学计量资料：1981 ～ 1985 年 2649 种期刊和 96 格国家主要科学领域和子领域的一套全面的评价指标 Scientometric datafiles. A comprehensive set of indicators on 2649 journals and 96 countries in all major science fields and subfields 1981-1985（1989）	68

注：被引频次来源于 Google 学术高级搜索，2007-04-10。

9. 关键词分布分析

通过 SATI 软件统计得到出现 20 次以上的高频关键词 55 个，其中与医学有关的关键词 36 个，与专利有关的关键词 18 个，无意义关键词一个（analysis），如表 2-14 所示。这 18 个关键词主要分布在三个重要领域和研究方向：①专利分析研究，包括 patent analysis、patent citations、patent citation、patent value；②专利制度研究，包括 intellectual property、intellectual property rights、licensing、patenting、TRIPS；③专利技术与管理研究，包括 innovation、technology transfer、R&D、technology、biotechnology、nanotechnology、academic patenting。

表 2-14　国际专利研究论文高频关键词分布

关键词	频次	关键词	频次
patents	398	patent citations	40
patent	287	Technology	38
innovation	155	biotechnology	37
intellectual property	109	nanotechnology	37
patent analysis	98	patenting	33
intellectual property rights	47	TRIPS	31
technology transfer	44	patent value	29
R&D	42	patent citation	27
licensing	42	academic patenting	23

2.2 国外专利信息计量相关研究的可视化分析

为了能够较为全面直观地反映国外专利信息计量与专利信息分析研究现状，本书采用可视化分析方法和工具对国外专利研究论文数据进行处理，生成可视化图谱，利用知识图谱可视化展示国外专利信息计量和专利信息分析研究进展。

2.2.1 数据来源与研究方法

1. 数据来源

为了能有效地可视化展示国际专利分析和专利计量研究现状，本书仅以本书 2.1.1 所提供的 6205 篇研究论文数据为基础进行处理分析。

2. 研究方法

本书的研究方法主要涉及文献计量分析法、可视化与知识图谱分析法、共现分析法、共引分析法、社会网络分析法等。

1）文献计量分析法

文献计量分析法也称为文献统计分析法，早期称书目统计分析法，现称为文献计量学方法或信息计量学方法，是指以文献体系和文献计量特征为研究对象，采用数学、统计学等的计量方法，研究文献情报的分布结构、数量关系、变化规律和定量管理，并进而探讨科学技术的某些结构、特征和规律的方法[4]。文献计量分析包括文献计量特征选择和统计，以及文献计量特征数量分布与变化规律的描述或解释。文献计量分析的主要统计特征有出版物（如图书、期刊、报纸、专利等文献物理载体）、科学术语（如主题词、关键词）、著者、引证文献和被引证文献（如引文分析等）、读者、文献利用情况（如文献的阅读数、借阅数等）。

2）可视化与知识图谱分析法

可视化与知识图谱分析以文献计量分析、引文分析、共现分析、社会网络分析等方法和原理为基础[5]。20 世纪 60 年代早期，加菲尔德（E. Garfield）等开创性地进行了基于引文数据可视化和知识图谱的早期工作[6]。加菲尔德在《应用引文数据撰写科学历史》一文中最早绘制了 DNA 研究领域的历史发展图谱；之后不久，普赖斯用相同的数据在他的一系列经典著作——《巴比伦以来的科学》《小科学，大科学》和《科学文献的网络》中进行了知识图谱绘制的开创性工作[7]。在众多文献计量学家的共同努力下，如 Howard、Chen Chaomei、Small、Kretschmer 等的工作[8-13]，引文分析可视化和知识图谱发展日益成熟，相继衍生出包括共词分析、共引分析、共现分析、非相关文献分析、社会网络分析等一系列可视化分析方法的科学方法体系，成为一种揭示科学结构、研究科学史的发展规律、评价科研绩效、预测研究领域热点等的有效工具。

3）共现分析法

共现分析包括词共现分析（也称为共词分析）、作者共现分析（也称为作者合著分析）、机构共现分析（也称为机构合作分析）和国家（地区）共现分析等，共现分析属于内容分析和社会网络分析的一种，其中共词分析是共现分析的核心内容。共词分析主要是对一组词两两统计它们在同一篇文献中出现的次数，以此为基础对这些词进行聚类分析，生成共词文献簇，进而分析这些词所代表的学科和主题的结构变化[14]。利用共词分析及可视化方法可以进行深入的主题分析，系统、全面、直观地了解学科结构和发展状况，并进行学科发展预测。目前共词分析的主要可视化方法有包容图（Inclusion Map）、临近图（Proximity Map）、战略坐标图（Strategic Diagram）等[15]。

4）共引分析法

共引分析也称为共被引分析。共被引是指两篇（或多篇）论文同时被后来的一篇或多篇论文所引证，则称这两篇论文（被引证论文）具有共被引关系[16]。换言之，如果两篇文献具有共被引关系，则意味着这两篇文献有相似的学科背景。如果将共被引分析的对象延伸至与文献相关的各种特征对象，如文献、期刊、著者、学科，就形成相应的文献共被引分析、期刊共被引分析、著者共被引分析和学科共被引分析。将可视化方法引入共被引对象的结构和关系分析就产生了知识图谱，可以用来绘制科学和技术领域发展的知识图谱，直观地展现科学知识领域的信息全景，识别某一科学领域中的关键文献、研究热点和前沿方向，并且利用分时动态的可视化图谱展示科学知识的宏观结构及其发展脉络。例如，陈超美把路径寻找网络尺度（Pathfinder Network Scaling，PFNET）分析技术引入共被引分析，开发了 CiteSpace 可视化分析软件，并生成各种共被引知识图谱[17]。

5）社会网络分析法

社会网络分析源于 20 世纪 50 年代，它最初用于心理学研究，后被应用于社会学、人类学、经济学、生命科学、科学学等众多领域。社会网络分析是一种分析方法，它将被分析对象视为社会行动者和他们之间的关系的集合。也就是说，一个社会网络是由多个点（社会行动者）和各点之间的连线（行动者之间的关系）组成的集合。在社会网络中，每个行动者都与其他行动者有或多或少的关系。社会网络分析正是基于这种关系，建立各种数学分析模型，然后利用计算机技术将行动者及其关系的结构以图形的方式展示出来[18]。将其应用于文献计量学研究，可以通过社会网络分析中的核心边缘、结构对等、中心性、中介性、凝聚子群等概念，利用社会网络分析工具 Netdraw、Pajek、Ucinet、CiteSpace、VOSviewer 等找寻出具有重要地位的文献、关键词、作者及其所属机构和国家，并反映其结构和关系。

3. 研究工具

借助 SATI3.2 软件、CiteSpace Ⅲ 软件、Ucinet 软件和 VOSviewer 软件绘制作者合作、机构合作和关键词共现知识图谱，可视化展示国际专利分析研究领域的核心研究群体、核心研究机构和热点研究领域。

1）文献题录信息计量分析工具 SATI3.2

SATI 旨在通过对期刊全文数据库题录信息的处理，利用一般计量分析、共现分析、聚类分析、多维尺度分析、社会网络分析等数据分析方法，挖掘和呈现出美妙的可视化数据结果。SATI 软件具有题录数据格式转换、字段信息抽取、词条频次统计、知识矩阵构建四大基本功能，支持 WOS、CNKI、CSSCI、万方等数据库平台导出的相应题录数据格式，并进行字段文本预处理，将其自动转化为 SATI 专用的 XML 格式数据文件，为后期题录数据的存储、交换和分析提供便利。

2）可视化软件 CiteSpace

CiteSpace 是美国著名华裔学者陈超美应用 Java 语言开发的一个可视化软件，基于共现分析、共引分析理论和寻径网络算法对特定领域文献（集合）进行计量，以探寻出学科领域演化的关键路径及其知识拐点（以关键论文为代表），并通过一系列可视化图谱的绘制来形成对学科演化潜在动力机制的分析和学科发展前沿的探测。大连理工大学 WISE 实验室的刘则渊教授曾用“四个一”对 CiteSpace 软件系统进行了概括，“一图展春秋，一览无余；一图胜万言，一目了然”[17]。CiteSpace 自 2004 年 9 月推出以来，已得到国际科学计量学和文献计量学界相关研究机构和人员的广泛使用，目前已升级至第三版。CiteSpace 对数据量要求较高，对分析对象的关系显示度较好，数据规模越大则关系显示度越高，适合于宏观、整体、全局和综合分析。

3）可视化软件 Ucinet

Ucinet 是一种功能强大的社会网络分析软件，是目前最流行的，也是最容易上手、最适合新手的社会网络分析软件。Ucinet 由加州大学尔湾分校的 Linton Freeman 编写，后来由美国波士顿大学的 Steve Borgatti 和英国威斯敏斯特大学的 Martin Everett 共同维护更新。Ucinet 可视化软件包括大量的网络分析指标（如中心度、二方关系凝聚力测度、位置分析算法、派系探查等），随机二方关系模型和对网络假设进行检验的程序（如 QAP 矩阵相关和回归、定类数据和连续数据的自相关检验等)，以及一般统计和多元统计分析工具，如多维量表、对应分析 、因子分析、聚类分析、多元回归等。 可以生成多种可视化图谱，反映分析对象的结构和关系。Ucinet 软件对数据量要求不高，对分析对象的关系显示度比较明显，适合于微观、局部和部分分析。

4）可视化软件 VOSviewer

VOSviewer 是由荷兰雷登大学科学技术研究中心（Centre for Science and Technology Studies，CWTS）研究机构研发的一种可视化软件，可用于分析文献计量学网络，其知识地图和知识图谱技术使用相似性度量从共现矩阵中创建相似矩阵，可创建二维地图和图谱，用元素之间的距离和颜色反映其相似性，可提供任何对象的四种可视化图谱[18]。VOSviewer 对数据量要求适中，关系显示较高，数据量越大则关系显示度越明显，既适合宏观分析，也可用于微观分析。

2.2.2 数据处理与结果分析

1. 作者合作知识图谱分析

1）基于 CiteSpace Ⅲ的作者合作知识图谱分析

将从 WOS 中下载的国际专利研究论文数据导入 CiteSpace Ⅲ得到国际专利研究论文作者合作知识图谱，如图 2-8 所示。图中节点及对应的标签大小代表作者发文数量，不同颜色的节点圆环代表作者发文时间（以 2 年为单位与时间切片对应)，节点间连线代表合作关系，连线粗细代表合作强度，节点位置代表中心度，聚类块代表合作群体，带 # 号的标签代表合作研究方向。由图可知，国际专利研究作者合作度不高，合作群体数量较多，产生了 62 个合作群体，但整体规模都比较小，研究方向也比较分散。表明在国际专利研究领域，作者以独立研究为主，相互之间的合作和联系不够紧密。

2）基于 Ucinet 的作者合作知识图谱分析

将从 WOS 中下载的 txt 数据格式导入 SATI，抽取作者字段，生成 100 × 100 高产作者合作矩阵，然后导入 Ucinet 即可生成高产作者合作可视化图，如图 2-9 所示。 图中节点大小代表作者发文量相对影响系数，连线及粗细代表合作关系和强度，颜色代表合作群体。

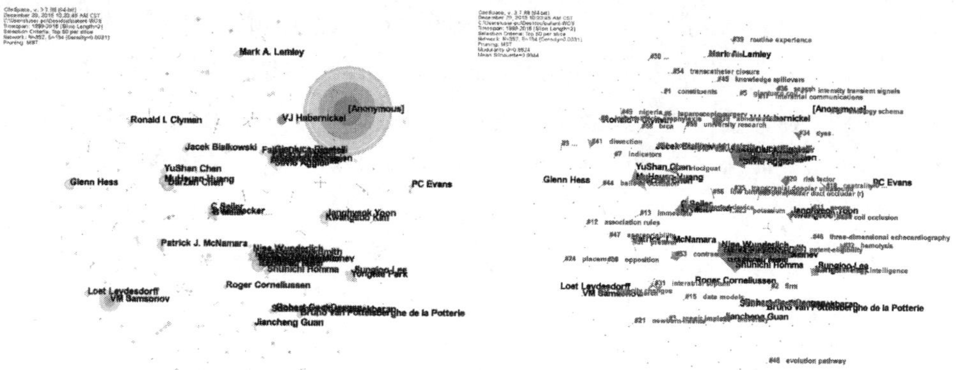

（a）可视化图谱 （b）聚类视图

图 2-8 基于 CiteSpace Ⅲ国际专利研究作者合作可视化图谱和聚类视图

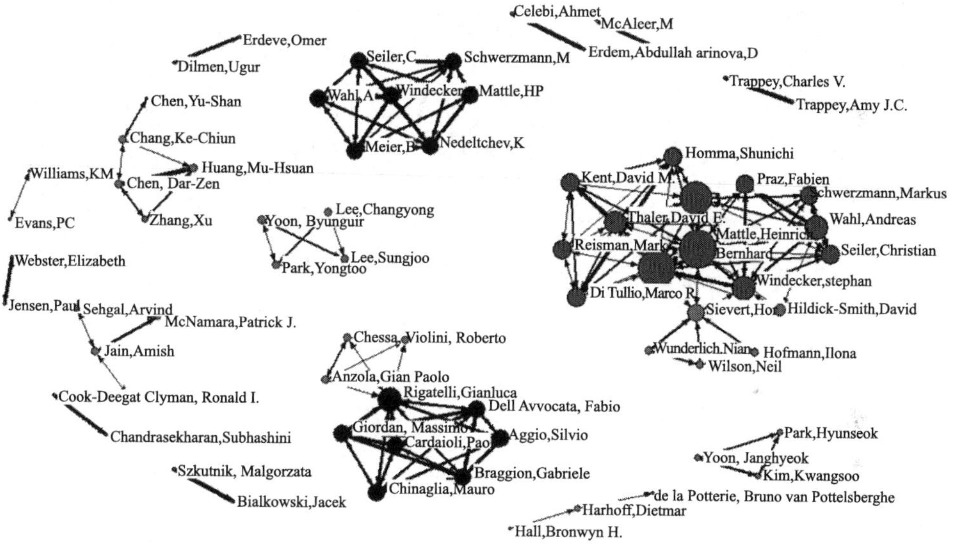

图 2-9 基于 Ucinet 的国际专利研究作者合作可视化图谱（文后附彩图）

由图可知，国际专利研究领域一共产生了 16 个合作群体，其中最大的合作群体有 19 人，另有 10 人合作群体 1 个，7 人合作群体 1 个，5 人合作群体 1 个，4 人和 3 人合作群体各 2 个，2 人合作群体 8 个，合作群体间的合作度都不高，基本上为双向合作关系。

有研究者借助 Bibexcel 和 Ucinet 等软件，以 *Scientometrics* 的发文数据为基础，绘制了国际专利计量研究领域的作者共被引网络图谱，展示了国际专利计量研究前沿的代表人物，如图 2-10 所示。并对 51 位高被引作者进行了因子分析，得到3个核心因子。其中因子3为美国专利商标局，由于美国是世界科学技术强国，美国专利商标局是国际上非常重要的一个专利授权机构，因此学者在研究专利计量问题时，经常会引用美国专利商标局。另外两个因子是两个不同的学术群体。因子1是专利计量与技术创新、科研绩效评价指标研究学术群体，代表人物主要有Narin、Meyer等[3]。因子2是专利引文分析研究学术群体，代表人物主要有高斯托福（R.N. Kostoff）、加菲尔德和格伦采尔（W. Glänzel）等。

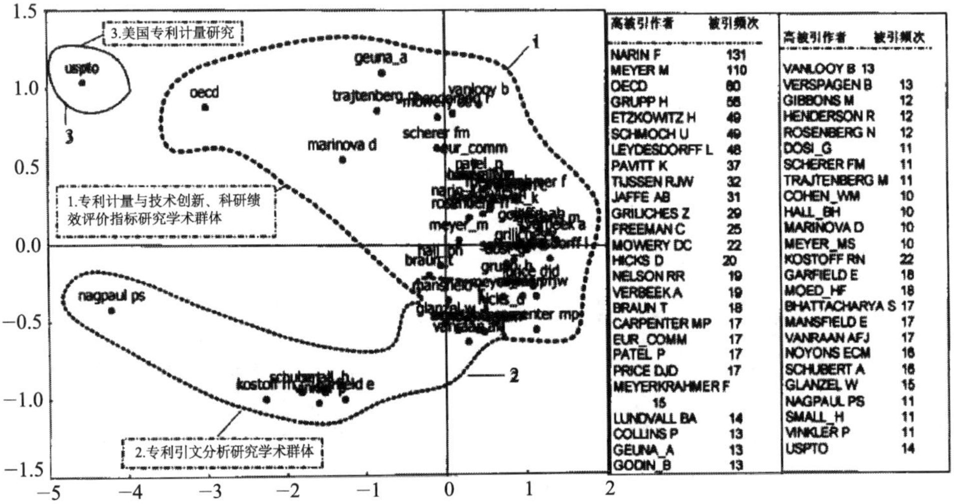

图2-10 国际专利计量研究领域的学术群体知识图谱（1975～2007年）

3）基于VOSviewer的作者合作知识图谱分析

将从WOS中下载的txt数据格式导入SATI，抽取作者字段，生成100×100高产作者合作矩阵，利用Ucinet将数据转换为.net格式文件导入VOSviewer即可生成高产作者合作可视化图，如图2-11所示。图中节点大小代表相对频次，连线代表合作关系。该图仅显示了3个相互独立的合作群体，1个8人合作群体，2个4人合作群体。这可能与软件可视化算法设置的阈值有关。

2. 机构合作知识图谱分析

1）基于CiteSpace Ⅲ的机构合作知识图谱分析

将从WOS中下载的国际专利研究论文数据导入CiteSpace Ⅲ得到国际专利研究论文机构合作知识图谱，如图2-12所示。由图可知，国际专利研究领域机构之间的合作不多，机构间仅有少量零星的合作关系，合作规模和强度都不大。

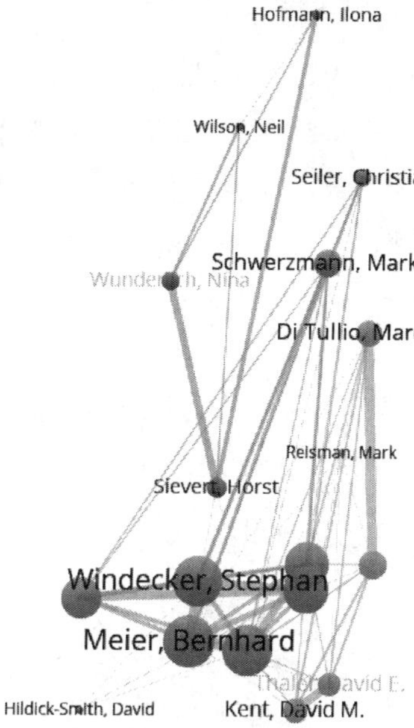

图 2-11　基于 VOSviewer 国际专利研究作者合作可视化图谱

其中最大的一个机构合作群体有 16 所高校。可见，国际专利研究领域以机构内部的作者合作为主，机构间的作者合作不够。一方面说明专利研究的交叉学科特征体现还不够明显，还没形成影响重大的、复杂的、综合性的研究课题；另一方面说明专利研究的人文社会科学性质，从经济、法律、管理等视角研究的较多，从技术、创新、行业等视角研究的还不够。

(a) 可视化图谱　　(b) 聚类视图

图 2-12　基于 CiteSpace Ⅲ 国际专利研究机构合作可视化图谱和聚类视图

2）基于 Ucinet 的机构合作知识图谱分析

将从 WOS 中下载的 txt 数据格式导入 SATI，抽取机构字段，生成 100×100 高产机构合作矩阵，然后导入 Ucinet 即可生成高产机构合作可视化图，如图 2-13 所示。颜色和位置代表了聚类族，有合作关系的研究机构聚集在一起，用同一种颜色表示。由图可知，国际专利研究机构因合作关系和研究方向形成了 8 个较明显的聚类族，但高产机构之间的合作强度不高。

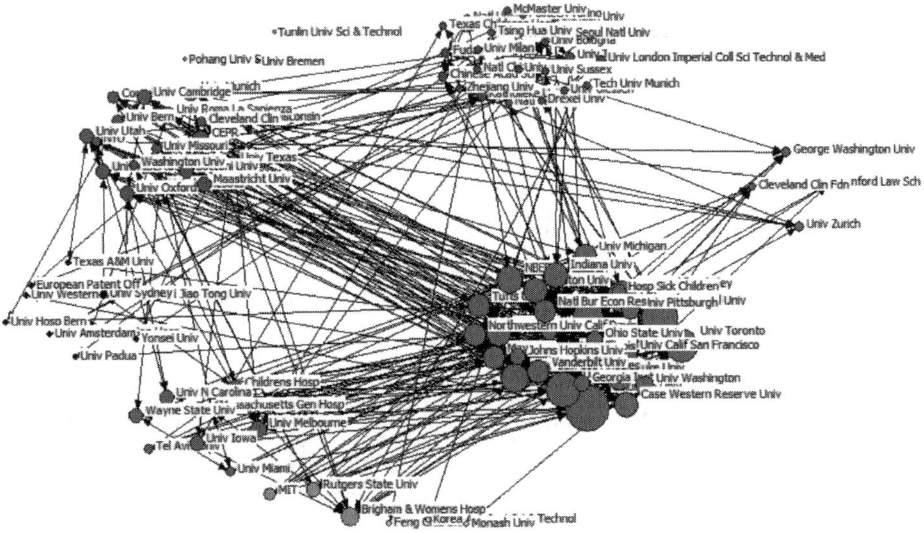

图 2-13　基于 Ucinet 的国际专利研究机构合作可视化图谱（文后附彩图）

3）基于 VOSviewer 的机构合作知识图谱分析

将从 WOS 中下载的 txt 数据格式导入 SATI，抽取机构字段，生成 100×100 高产机构合作矩阵，利用 Ucinet 将数据转换为 .net 格式文件导入 VOSviewer 即可生成高产机构合作可视化图，如图 2-14 所示。颜色代表聚类族，连线代表合作关系，连续粗细代表合作强度。由图可知，国际专利研究机构因合作关系形成了 5 个明显的聚类族，5 个聚类族之间通过某个节点联系在一起。可见，VOSviewer 的关系显示度高于前两款软件。

3. 关键词共现网络知识图谱分析

1）基于 CiteSpace Ⅲ 的关键词共现网络知识图谱分析

将从 WOS 中下载的国际专利研究论文数据导入 CiteSpace Ⅲ 得到国际专利研究论文关键词共现知识图谱，进一步对关键词进行聚类后发现，与专

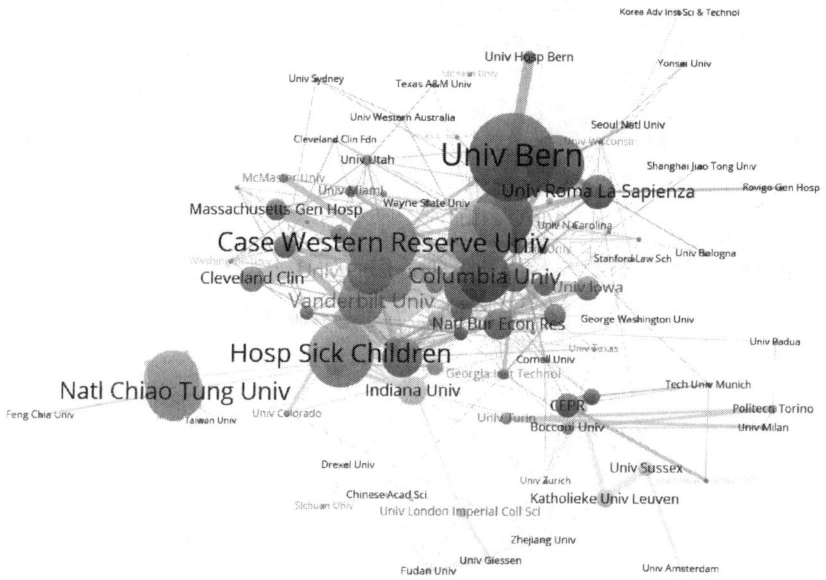

（a）可视化图谱

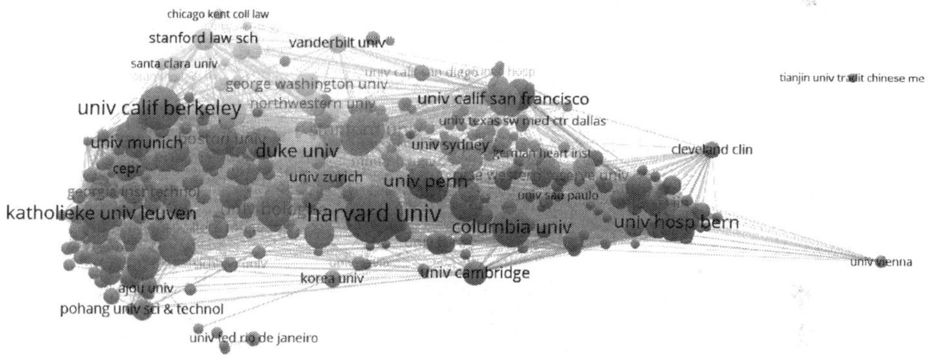

（b）聚类视图

图 2-14　基于 VOSviewer 国际专利研究机构合作可视化图谱和聚类视图（文后附彩图）

利研究相关的领域形成了 5 个类，与医学研究相关的领域形成了 7 个类，如图 2-15 所示。由图可知，国际专利研究分为两个明显的领域：①专利相关研究领域，核心关键词有专利（patent）、研发（research-and-development）、技术（technology）、创新（innovation）、知识产权（intellectual property-rights）、智力财产（intellectual property）、信息（information）、保护（protect）、企业（firms）、增长（growth）、权利（rights）、专利分析（patent analysis）、知识（knowledge）、专利竞争（competition）、专利系统（system）等，涉及专利的技术、法律、管理等方面；②医学相关研究领域，主要涉及医学领域的专利问题

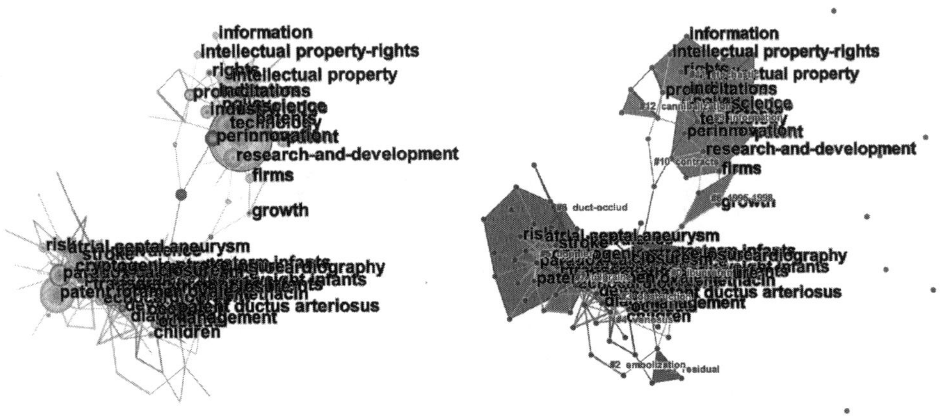

(a) 知识图谱　　　　(b) 聚类视图

图 2-15　基于 CiteSpace Ⅲ的国际专利研究关键词共现知识图谱和聚类视图（文后附彩图）

研究及专利在医学领域的应用。

利用 CiteSpace Ⅲ提供的 timeline 和 timezone 视图功能，可分别得到国际专利研究关键词演变时间线图和时间区域图，如图 2-16 所示。由时间线图可知，国际专利研究领域的核心关键词大都是在 2000 年左右出现，如研发、技术、保护、竞争等，2005 年前后出现了知识、信息、权利、增长等新的关键词，2010 年前后现出了专利分析、企业、知识产权等新的关键词，2015 年出现了一些其他新关键词，但影响都不大，如专利价值、专利转化等。可见在国际专利研究领域，不同时期关注的热点有所不同。由时间区域图可知，2005 年前后知识和权利最受关注，2007 年前后信息和增长最受关注，2009 年前后企业和知识产权最受关注，2011 年前后专利分析最受关注。

2）基于 Ucinet 的关键词共现网络知识图谱分析

将从 WOS 中下载的 txt 数据格式导入 SATI，抽取关键词字段，生成 100 × 100 高频关键词共现矩阵，然后导入 Ucinet 即可生成高频关键词共现可视化图，如图 2-17 所示。国际专利研究高频关键词聚成了 8 个类，其中颜色标注为红色的类是最大的类，与医学相关。另外，黑色、黄色、紫色等都与医学相关。蓝色、灰色、绿色等与专利相关，聚集了国际专利研究领域的重要关键词。

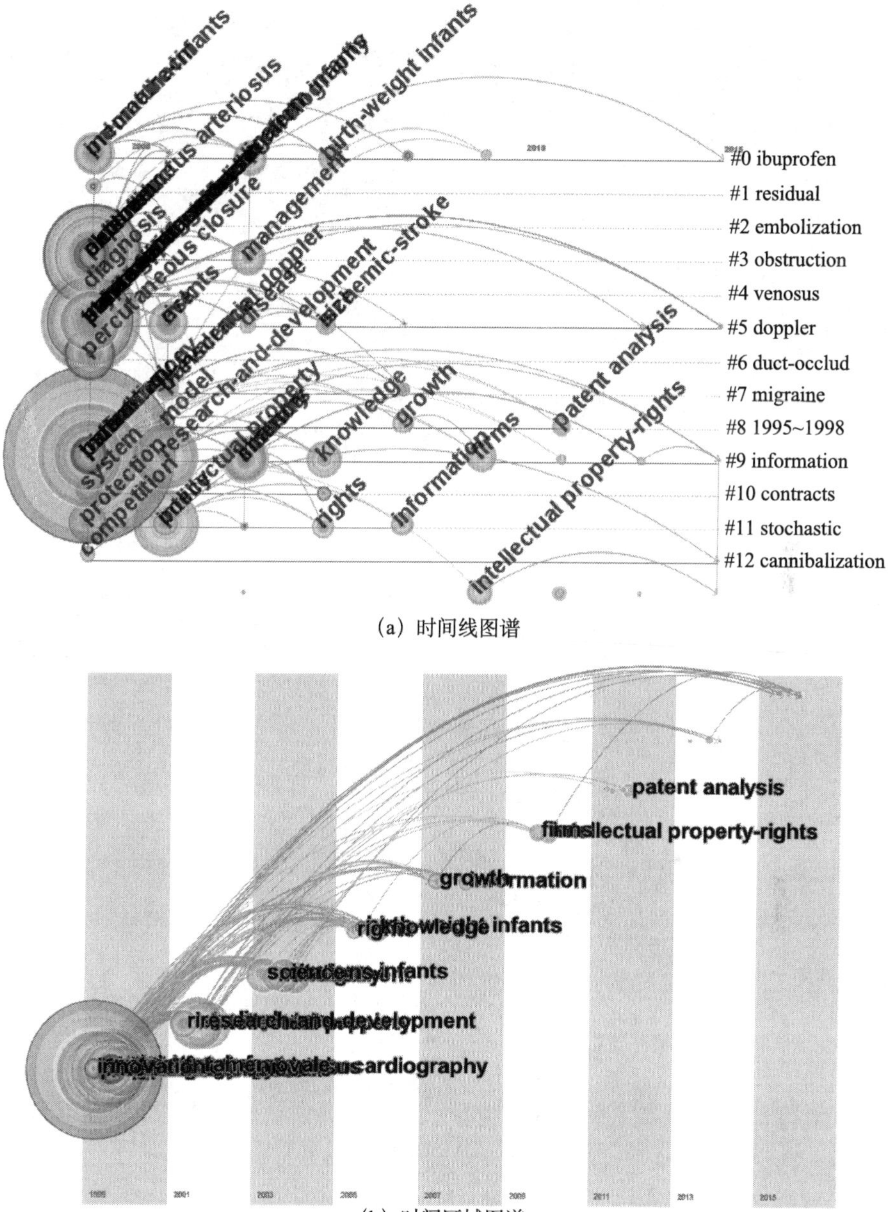

（a）时间线图谱

（b）时间区域图谱

图 2-16　基于 CiteSpace Ⅲ国际专利研究关键词演变时间线图谱和时间区域图谱（文后附彩图）

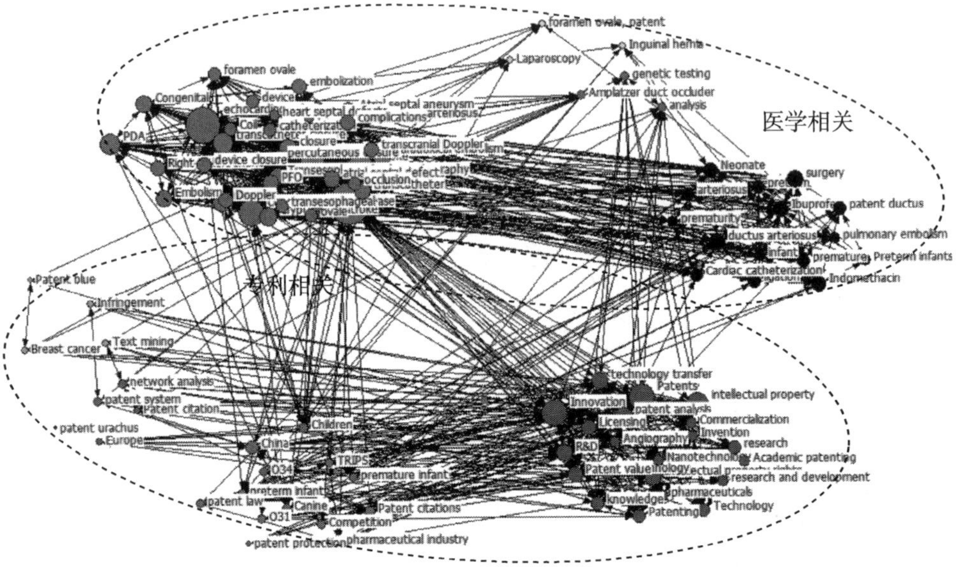

图 2-17　基于 Ucinet 的国际专利研究关键词共现可视化图谱（文后附彩图）

有研究者借助 Bibexcel 和 Ucinet 等软件，以 *Scientometrics* 的发文数据为基础，绘制了专利计量研究关键词共现网络图谱，如图 2-18 所示。国际关于

图 2-18　基于 Ucinet 的国际专利计量研究关键词共现可视化图谱

专利计量研究主要集中在技术、科学、指标、创新、三螺旋、产业、知识、公共科研、大学、企业、绩效、R&D、溢出效应等热点领域。在 27 个高频关键词中，频次最高的是科学、技术、指标、创新、知识和三螺旋。专利是科学研究产出的一项重要技术成果，又是衡量一个国家技术发展水平和技术创新的重要指标，所以在有关专利研究领域中，科学、技术、创新和三螺旋成为核心主题。由图可知，国际专利计量研究主要是围绕着科学、技术、指标、创新和三螺旋等主题进行，图谱中央核心部分突出了国际专利计量研究以“科学－技术－创新”核心知识群作为研究主题，而在核心知识群的外圈可以明显看出“大学－产业－政府”三螺旋创新研究范式。

3）基于 VOSviewer 的关键词共现网络知识图谱分析

将从 WOS 中下载的 txt 数据格式导入 SATI，抽取关键词字段，生成 100×100 高频关键词共现矩阵，利用 Ucinet 将数据转换为 .net 格式文件导入 VOSviewer 即可生成高频关键词可视化图，如图 2-19 所示。图 2-19（a）的左边为医学相关的关键词，右边为专利相关的关键词。左右两边通过 patent 这一节点联系在一起。单独提取专利研究相关的关键词共现网络可以发现，专利与创新及技术之间的共现强度最大，说明三者之间的关系最为密切，专利研究相关的关键词形成了一个较为均衡的共现网络。

专利计量是国际科学计量学研究的一个重要方面，对专利的计量研究主要是围绕技术、指标、绩效、创新等主题，采用的研究方法主要有专利引文分析、文献计量、统计分析等。专利计量研究领域被引次数最高的学者是 Narin，他所在的美国 CHI 公司专事科学技术与专利金融结合的指标研究，在国际上享有盛誉。

专利计量研究的核心领域有：国家层面上的专利计量研究；公司、大学等机构层面上的专利计量研究；发明者层面上的专利计量研究等。此外，还有专利文献分布是否遵循洛特卡定律、专利领域的国家科研生产力与 GDP 关系、专利引文分析研究、专利引证指标在投资金融领域的应用，以及专利数量与 R&D 支出关系等方面。

但专利计量研究还远远没有像信息计量学、网络计量学等形成独立的科学计量学的分支学科领域，目前专利计量研究对某一技术领域专利申请受理量的国家（地区）分布、主要专利申请人的集聚国家、高被引专利国家（地区）与机构分布、发明者合作状况、专利发明人和专利申请人关系分析、专利科学关联分析、专利战略与专利管理及其应用等方面关注还不多，需要进一步加强研究[3]。

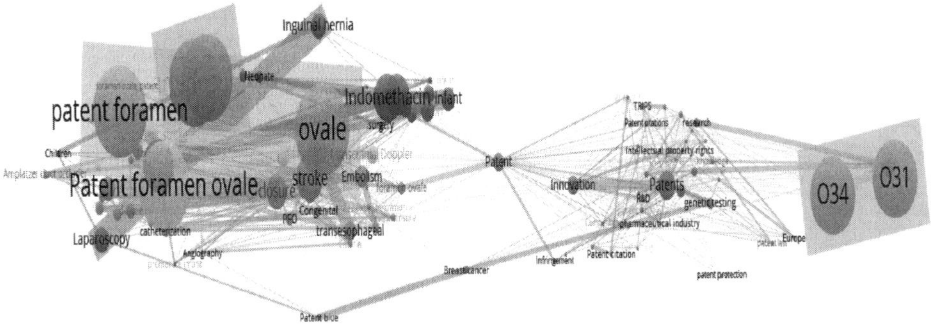

(a) 可视化图谱

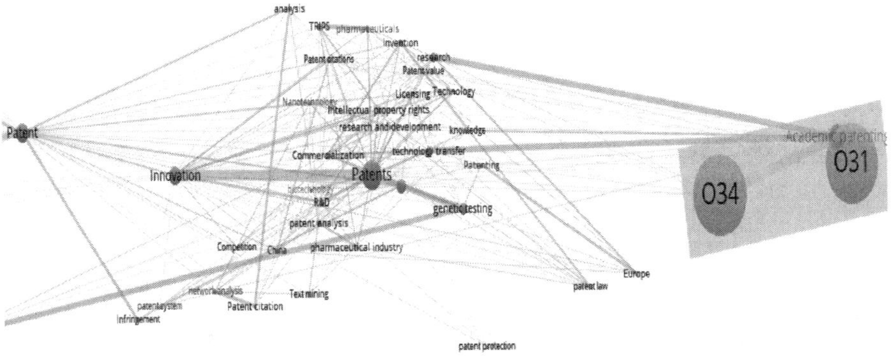

(b) 网络图谱

图 2-19 基于 VOSviewer 的国际专利研究关键词共现网络图谱（文后附彩图）

2.3 我国专利信息计量相关研究的文献计量分析

本书采用文献计量，对我国专利分析的研究论文的发文量分布、作者分布、机构分布、期刊分布、高影响力文献和主题分布进行了定量分析，以便更好地了解我国专利分析研究领域的研究现状和发展趋势。

2.3.1 数据来源与研究方法

1. 数据来源与处理

本书所使用的数据来源于 CNKI 中国学术期刊网络出版总库，以“专利分析”为主题检索字段，进行精确检索，得到1978～2013年有关“专利分析”的1116篇研究论文，检索时间为2014年1月1日。然后对数据进行规范化处理，转换成分析软件所需格式。

2. 研究方法与工具

采用文献计量方法从论文总量、作者分布、机构分布、期刊分析和主题分布等方面对所获得的1116篇“专利分析”研究论文进行文献计量分析，探讨我国专利分析研究领域的研究现状和发展趋势。所采用的分析工具有CNKI数据库的统计功能（图2-20、图2-21）和SATI3.2软件。研究与工具同国外专利信息计量研究的文献计量分析。

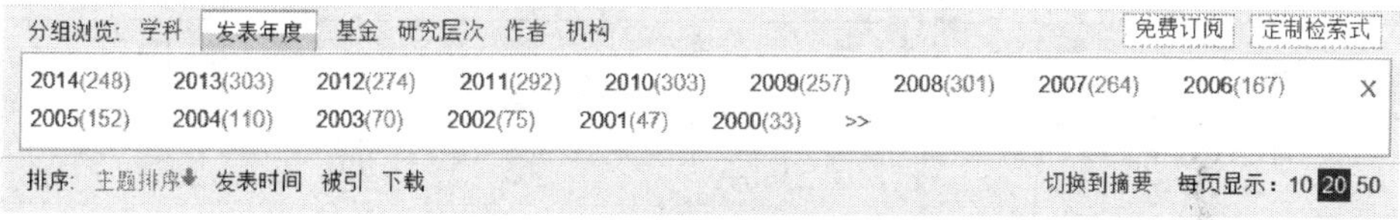

图2-20　CNKI的检索结果分析

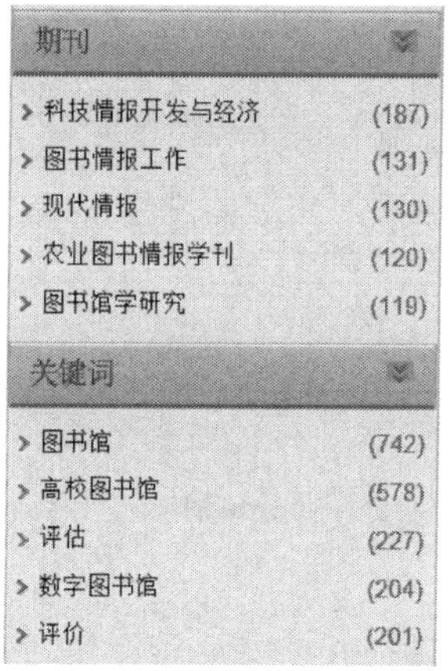

图2-21　CNKI的文献统计分析

2.3.2　数据处理与结果分析

1. 发文量分析

1978年，化学工业部科学技术情报研究所孙伯庆[19]对国外聚丙烯进行专利分析，探讨聚丙烯高效催化剂的进展。1985年，我国开始正式实施专利制度。1986 年，中国国际贸易促进委员会专利部迟少杰[20]发表了文章——《预测技术发展趋势的新工具—专利分析》，认为“专利制度是一种保护技术发明的法律制度，而专利情报又是一种灵敏度较高的技术信息源，因此将专利用于经济分析具有很大的优越性”，并具体介绍了专利分析的步骤，拉开专利分析作为预测新工具的序幕。但在 2002 年以前，我国对专利分析的研究仍然较少，1978 ～ 2002 年只有 30 篇论文发表。从 2003 年起，我国专利分析的研究开始处于快速发展时期，发文量逐年增加，增长幅度大，到 2013 年已发展到 227 篇，如表 2-15 和图 2-22 所示。由图 2-22 可知，我国专利分析研究的论文分布与普赖斯提出的文献增长规律基本吻合。

表 2-15　我国专利分析 1978 ～ 2013 年研究论文年份分布　（单位：篇）

年份	发文量	年份	发文量
1978	1	2007	63
1988	6	2008	70
1998	11	2009	95
2002	12	2010	115
2003	15	2011	1185
2004	21	2012	225
2005	22	2013	227
2006	48		

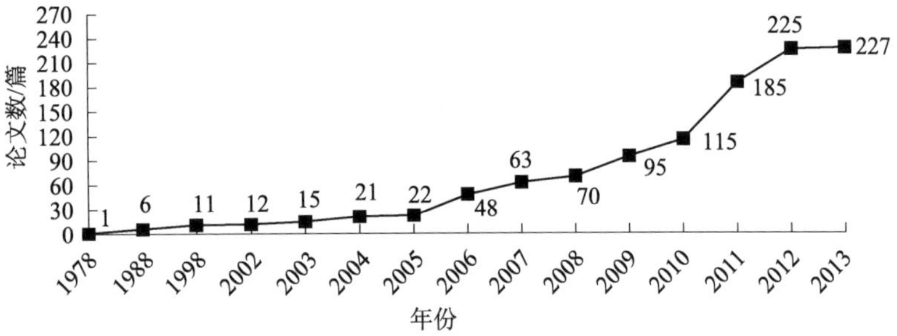

图 2-22　1978 ～ 2013 年我国专利分析研究论文趋势图

究其原因，专利分析研究受学科发展背景和社会大环境两方面的影响：首先，每一个研究领域都要经历从萌芽、起步到快速发展这一过程；其次，信息技术与专利数据库的不断发展与完善给专利分析的研究提供了有力保障和条件；最后，随着知识管理和知识经济的兴起，专利作为科技和经济核心竞争力日益受到重，专利分析研究也成为焦点。随着“建设创新型国家”的提出和知识产权保护意识的增强，未来我国专利分析研究的力度会进一步加强。

2. 研究学科分析

全部论文涉及学科众多，其中，排名前5位的学科是科学研究管理（442）、工业经济（186）、图书情报（100）、有机化工（93）、宏观经济管理与可持续发展（73）。专利情报和信息是知识经济时代的一种重要的战略资源，涉及所有技术领域中最新、最活跃的创新技术信息，蕴含丰富的技术、法律、经济情报。不同行业通过对行业内的专利文献进行分析，能够客观反映技术发展路线、研发动向等，从而为行业和企业制定创新战略、竞争策略提供支撑。因此，众多学科都开展了专利分析的研究，为相关行业的发展提供支持。专利分析是图书情报领域一个重要研究方向，受到文献计量、信息分析和竞争情报等研究领域的共同关注。但专利情报分析和专利计量分析作为图书情报领域的重要方法尚未引起足够的重视和关注。

3. 载文期刊分析

按期刊载文量统计：我国专利分析研究领域共涉及期刊424种，其中295种期刊只刊载了1篇相关论文，50种期刊刊载了2篇相关论文，26种期刊刊载了3篇相关论文，37种期刊刊载了4～10篇论文，刊载了10篇论文以上的期刊有16种，多数论文发表在少数期刊上，体现了信息的集中与分散分布规律。16种期刊的载文量如表2-16所示。其中，图书情报类期刊有7种，可见图书情报类期刊是我国专利分析研究的重要载体。《情报杂志》《中国发明与专利》《科技管理研究》分别刊载论文75篇、58篇、51篇，排在前三位。

表2-16　刊载10篇以上专利分析相关论文的期刊　（单位：篇）

刊名	载文量	刊名	载文量
情报杂志	75	科学观察	18
中国发明与专利	58	情报理论与实践	16
科技管理研究	51	情报科学	16
现代情报	42	情报探索	16
电视技术	28	中国集成电路	14
图书情报工作	26	科技情报开发与经济	12
电子知识产权	21	图书情报研究	11
现代图书情报技术	19	科学学研究	11

4. 论文机构分析

按机构发文量统计，发表论文超过 5 篇的有 40 个机构单位，其中，发表 5 ～ 10 篇的有 23 个，发表 11 ～ 20 篇的有 9 个，发表 20 篇以上的有 8 个。发文量排名前十位的机构如表 2-17 所示。由表可知，排名前十位的机构有 5 所高校，6 家研究所，1 家国家行政机构，即国家知识产权局，高校、研究所和知识产权局是专利分析研究的主要阵地。国家知识产权局发文量 131 篇，位居第一，这与专利分析的研究对象主要是专利密切相关。

表 2-17　发文量排名前十的机构分布　　（单位：篇）

机构名称	发文量	机构名称	发文量
国家知识产权局	131	江苏大学	24
中国科学技术信息研究所	38	华南理工大学	22
中国科学院国家科学图书馆	27	中国医学科学院医学信息研究所	20
北京理工大学	27	山东省青岛市科学技术信息研究所	15
北京工业大学	25	云南省科学技术信息研究所	14

5. 高影响力论文分析

文献的被引频次直接反映其被认可程度，是学术论文影响力的重要指标。但文献的引用往往容易受发表时间、论文可获得性或不良引用动机等因素的影响。而文献下载量在一定程度上弥补了这一缺陷，甚至更能反映文献被关注程度，但也存在下载后不具参考价值的局限。本书综合利用被引频次和下载量两个指标来衡量文献的影响力。根据统计，我国专利分析研究领域被引频次超过 50 次的文献有 9 篇，下载量超过 1000 次的文献有 15 篇，具体分布如表 2-18 和表 2-19 所示。

表 2-18　被引频次≥ 50 的文献　　（单位：次）

作者、篇名、刊名、年份	被引频次	下载量
古利平，张宗益，康继军．专利与 R&D 资源：中国创新的投入产出分析，管理工程学报，2006	138	1593
赁敦敏，肖定全，朱建国，余萍，鄢洪建．铌酸盐系无铅压电陶瓷的研究与进展——无铅压电陶瓷 20 年专利分析之四，功能材料，2003	83	855
赁敦敏，肖定全，朱建国，余萍，鄢洪建．从发明专利看无铅压电陶瓷的研究与发展——无铅压电陶瓷 20 年发明专利分析之一，功能材料，2003	82	1137

续表

作者、篇名、刊名、年份	被引频次	下载量
郭婕婷，肖国华 . 专利分析方法研究，情报杂志，2008	69	1433
曹雷 . 面向专利战略的专利信息分析研究，科技管理研究，2005	67	949
张燕舞，兰小筠 . 企业战略与竞争分析方法之一——专利分析法，情报科学，2003	65	1215
唐炜，刘细文 . 专利分析法及其在企业竞争对手分析中的应用，现代情报，2005	60	1472
赁敦敏，肖定全，朱建国，余萍，鄢洪建 . 铋层状结构无铅压电陶瓷的研究与进展——无铅压电陶瓷 20 年发明专利分析之三，功能材料，2003	58	776
张娴，高利丹，唐川，肖国华 . 专利地图分析方法及应用研究，情报杂志，2007	53	1164

表 2-19　下载量≥ 1000 的文献　（单位：次）

作者、篇名、刊名、年份	下载量	被引频次
刘红光，杨倩，刘桂锋，刘琼 . 国内外 3D 打印快速成型技术的专利情报分析，情报杂志，2013	2166	1
古利平，张宗益，康继军 . 专利与 R&D 资源：中国创新的投入产出分析，管理工程学报，2006	1593	138
唐炜，刘细文 . 专利分析法及其在企业竞争对手分析中的应用，现代情报，2005	1472	60
郭婕婷，肖国华 . 专利分析方法研究，情报杂志，2008	1433	69
张静，刘细文，柯贤能，黎江 . 国内外专利分析工具功能比较研究，情报理论与实践，2008	1423	45
于晓勇，赵晨晓，马晶，彭茂祥，杜云生 . 基于专利分析的我国电动汽车技术发展趋势研究，科学学与科学技术管理，2011	1339	20
王燕玲 . 基于专利分析的行业技术创新研究：分析框架，科学学研究，2009	1304	36
张燕舞，兰小筠 . 企业战略与竞争分析方法之一——专利分析法，情报科学，2003	1215	65
张娴，高利丹，唐川，肖国华 . 专利地图分析方法及应用研究，情报杂志，2007	1164	53
赁敦敏，肖定全，朱建国，余萍，鄢洪建 . 从发明专利看无铅压电陶瓷的研究与发展——无铅压电陶瓷 20 年发明专利分析之一，功能材料，2003	1137	82
赖院根，朱东华，胡望斌 . 基于专利情报分析的高技术企业专利战略构建，科研管理，2007	1126	34
王兴旺，孙济庆 . 国内外专利地图技术应用比较研究，情报杂志，2007	1080	23

续表

作者、篇名、刊名、年份	下载量	被引频次
赵文燕，张换高，檀润华，何桢 .TRIZ 在管理流程优化中的应用，工程设计学报，2008	1074	31
翟东升，王明吉 . 基于专利地图理论的专利分析系统研究，情报杂志，2006	1053	30
王兴旺，孙济庆 . 国内外专利地图技术应用比较研究，情报杂志，2007	1008	35

由表 2-18 和表 2-19 可知，被引频次超过 50 次和下载量超过 1000 次的文献中，有 6 篇文献是相同的。2006 年古利平、张宗益和康继军发表于《管理工程学报》的《专利与 R&D 资源：中国创新的投入产出分析》被引频次高达 138 次，下载量达 1593 次，无疑是这一领域中影响力最高的文献。此外，唐炜和刘细文《专利分析法及其在企业竞争对手分析中的应用》、郭婕婷和肖国华《专利分析方法研究》、张燕舞和兰小筠《企业战略与竞争分析方法之一——专利分析法》、张娴等《专利地图分析方法及应用研究》的被引频次和下载量都较高，是我国专利分析研究领域高影响力文献。

综合分析这 18 篇文献，从发表时间来看，有 16 篇文献发表于 2010 年前，说明发表时间影响着文献的被引频次和下载量，其中有 4 篇文献发表于 2003 年，这与之前“从 2003 年起，我国专利分析研究进入快速发展时期”的结论基本一致。

6. 论文作者分析

按作者发文量对我国专利分析研究领域的 1116 篇论文进行统计发现，论文作者总数为 1848 位，发表 1 篇论文的作者有 1389 位，发表 2 篇的有 268 位，发表 3 ～ 10 篇的有 182 位，发表 10 篇以上论文的作者有 9 位。这 9 位作者分别是黄鲁成（17）、朱东华（16）、赵霞（13）、文尚胜（13）、张旭（12）、张卓群（12）、秦洪花（11）、张剑平（11）、王保争（11），是我国专利分析研究领域的核心作者，如表 2-20 所示。发表 6 篇以上的高产作者中，12 位来自高校，11 位来自省市科技信息研究所，可见高校和研究所是我国专利分析领域的主要研究机构，但研究不够深入，没有形成明显的具有规模影响的核心作者群。

表 2-20　发文量≥ 6 的文献作者分布　　（单位：篇）

作者	单位	发文量
黄鲁成	北京工业大学	17
朱东华	北京理工大学	16
赵　霞	山东省青岛市科学技术信息研究所	13
文尚胜	华南理工大学	13
张　旭	中国科学技术信息研究所	12
张卓群	山东省青岛市科学技术信息研究所	12
秦洪花	山东省青岛市科学技术信息研究所	11
张剑平	华南理工大学	11
王保争	华南理工大学	11

7. 论文主题分析

关键词是文献的凝练与概括，关键词共现[21]是指两个能够表达某一学科领域研究主题或研究方向的关键词在同一篇文献中出现，则表明这两个词之间具有一定的内在关系，并且出现的次数越多，表明关系越密切。通过关键词共现分析，将我国专利分析研究领域的关键词分类，从而概括出研究热点和研究主题。

利用 SATI3.2 软件对 1116 篇论文的关键词进行统计分析，共有关键词 2689 个，现将频次≥ 8 的关键词列出，如表 2-21 所示。由表 2-21 可知，除专利分析和专利外，专利地图是我国专利分析研究领域的研究热点，共出现了 54 次。专利分析主要是对专利文献及其信息要素进行分析，制定专利战略，促进技术创新，是竞争情报的重要形式，与专利数据库、专利检索、专利计量和专利保护密切相关[22]。

表 2-21　频次≥ 8 的关键词分布

关键词	总频次	2004 ～ 2008 年频次	2009 ～ 2013 年频次	增量	增量百分比 /%
专利分析	674	130	544	414	318.5
专利	183	44	139	95	215.9
专利地图	54	12	42	30	250

续表

关键词	总频次	2004～2008年频次	2009～2013年频次	增量	增量百分比/%
专利申请	48	10	38	28	280
知识产权	43	12	31	19	158.3
专利文献	43	18	25	7	38.9
竞争情报	41	11	30	19	172.7
专利数据库	40	10	30	20	200
专利战略	38	22	16	-6	-27.3
专利信息	36	16	20	4	25
技术创新	35	8	27	19	237.5
专利情报	34	12	22	10	83.3
专利技术	33	8	25	17	212.5
专利申请量	31	2	29	27	1350
发明专利	27	6	21	15	250
专利计量	21	1	20	19	1900
专利检索	20	8	12	4	50
专利申请人	28	4	24	20	500
技术领域	18	4	14	10	250
发展趋势	18	3	15	12	400
国家知识产权局	17	3	14	11	366.7
led	15	2	13	11	550
技术生命周期	15	1	14	13	1300
专利权人	12	4	8	4	100
rfid	11	4	7	3	75
专利保护	11	5	6	1	20
技术预见	11	2	9	7	350
企业	11	4	7	3	75
中国	10	1	9	8	800
专利统计	10	3	7	4	133.3
对策	10	2	8	6	300
数据挖掘	9	3	6	3	100
统计分析	9	4	5	1	25

续表

关键词	总频次	2004～2008年频次	2009～2013年频次	增量	增量百分比/%
文本挖掘	8	1	7	6	600
技术专利	8	2	6	4	200
专利态势	8	0	8	8	800
自主创新	8	0	8	8	800
专利布局	8	0	8	8	800
分析方法	8	2	6	4	200
专利组合	8	0	8	8	800

2.4 我国专利信息计量相关研究的可视化分析

本书采用可视化分析方法生成我国专利计量研究的作者合作和关键词共现网络知识图谱，以便更好地了解我国专利分析研究领域的研究现状和发展趋势。

2.4.1 数据来源与研究方法

1. 数据来源

数据来源同本书2.3.1，然后对数据进行去重等规范化处理，转换成SATI3.2软件、CiteSpace Ⅲ软件和Ucinet软件所需格式。

2. 研究方法

采用共现分析、可视化分析、社会网络分析等方法，借助SATI3.2软件、CiteSpace Ⅲ软件和Ucinet软件绘制作者共现、关键词共现知识图谱，可视化展示我国专利分析研究领域的核心研究群体和热点研究领域。

3. 研究工具

本书主要采用CiteSpace Ⅲ和Ucinet两种可视化分析工具对我国专利计量和专利分析研究现状进行分析。CiteSpace是陈超美博士开发的基于Java平台的信息可视化应用软件[23-24]。以共现、共引和聚类等为理论基础，通过对文献信息的可视化，能够较为直观地识别学科前沿的演进路径及学科领域的知识基础。Ucinet 是最流行的社会网络分析软件，包括了一维与二维数据分析的 NetDraw 工具，也集成了 Pajek 用于大型网络分析的免费应用软件程序，可以直观地可视化展示社会网络中各节点之间的复杂关系[25]。SATI 是一款文献题录信息统计分析软件，可用于 CNKI 和 CSSCI 数据处理，并构建共现矩阵，为可视化软件提供基础。

2.4.2 数据处理与结果分析

2.4.2.1 作者合作知识图谱分析

1. 基于 CiteSpace Ⅲ的作者合作网络知识图谱分析

美国 Drexel 大学怀特（White）博士认为，作者共现频次越高，则作者学术相关性越强[26]。

CiteSpace Ⅲ生成的作者共现知识图谱展示了由作者节点及其共现关系组成的网络。运用 CiteSpace Ⅲ软件，选择关键路径算法，时间分割为 2 年，阈值为（3，2，10）（3，2，10）（4，3，15），节点选 author，绘制作者共现知识图谱，如图 2-23 所示。图中不同大小的圆环表示频次，具体共现频次用括号中的数字所示，不同的颜色表示不同的年份，最外层的紫色圈表示中心性（centrality），作者之间的连线粗细表示其合作程度，合作越多则线越粗。

由图 2-23 可知，我国专利分析研究领域的作者合作群较多，但没有形成具有影响的合作群体，整个合作网络较分散。其中，共现频次最多的作者是黄鲁成（17）、朱东华（16）、文尚胜（13）、张旭（12）。黄鲁成现任北京工业大学经济与管理学院博士生导师，是管理科学与工程领域的著名学者。朱东华是北京理工大学管理与经济学院博士生导师，主要研究三维数字建模、车身造型及逆向设计。文尚胜是华南理工大学光电信息科学与工程（光电器件）专业负责人。由此可见，专利分析是一个跨多学科的研究领域，在管理学领域、经济领域和技术创新领域具有重要位置。

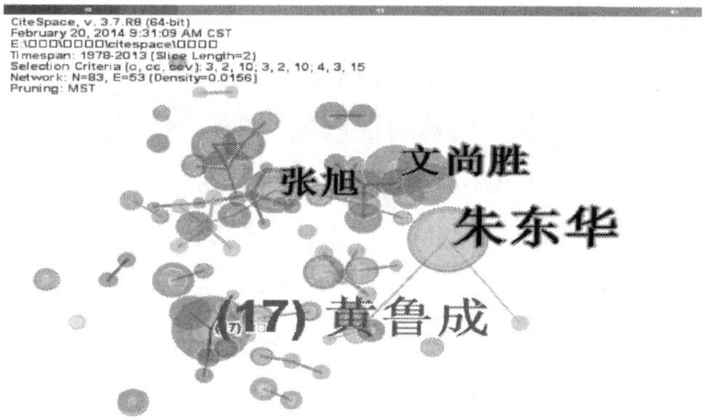

图 2-23　作者共现知识图谱

2. 基于 Ucinet 的作者合作网络知识图谱分析

1）高产作者共现网络

按作者发文量排序，取前 50 位，运用 Ucinet 软件构建高产作者共现知识图谱，以便于更好地了解高产作者的合作状况。其中，较大的合作群体是以黄鲁成、赵霞为代表的合作群，如图 2-24 所示。图中各节点表示不同的作者，连线间的数字表示作者间的合作强度，合作强度越大则连线越粗。由图可知，以赵霞为代表的合作群体合作关系更为紧密，尤其是赵霞、秦洪花、朱延雄和张卓群四位作者的合作，他们都来自山东省青岛市科学技术信息研究所，共同发表了多篇论文，合作关系比较稳定。其他共现关系强度较大的高产作者还有黄鲁成、张旭、谭思明、武晓岛等。

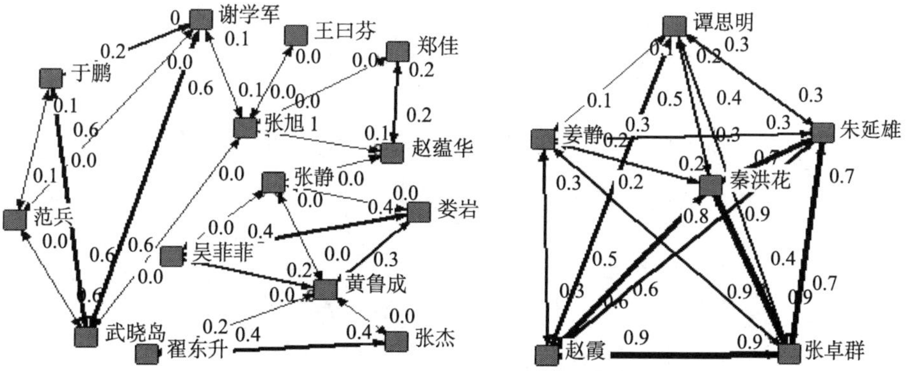

（a）第一大合作群体　　（b）第二次大合作群体

图 2-24　高产作者共现网络

2）作者合作网络分析

大科学时代，交叉学科层出不穷，科学研究表现出社会化趋势，许多研究项目和课题都要求或依赖于多学科集体共同完成，科研合作成为科学研究的常见特征，合作论文是科研合作最显著的表现形式之一。一篇论文如果有多位作者参与，就可以充分发挥群体跨学科和产业的智力优势，相互取长补短，增加科研成果数量和质量，提高科学劳动生产效率。

合作度和合作率是科学计量学和文献计量学中合作程度的常见指标，合作度指作者总数与论文总数之比，合作率指合作论文数与论文总数的百分比。论文总数为 1116 篇，其中合著论文为 849 篇，而论文作者总数为 1848 位，通过计算可得出合作度为 1.6559，合作率为 76.08%。可见我国专利分析领域的作者比较重视科学合作和交叉研究。

为进一步研究作者之间的合作关系，我们按作者发文量取前 100 位，构建 100×100 作者合作矩阵，然后导入 Ucinet，运用 Netdraw 绘制作者共现关系网络，如图 2-25 所示。图 2-25 显示了发文量前 100 位作者中有合作关系的 54 位作者，作者共现网络中的每一个节点都代表一个作者，节点的大小表示作者的度中心性，节点之间的连线表示作者之间的合作次数，合作次数越多，线越粗。由图可知，我国专利分析研究领域主要有 10 个合作网络，其中 1 个包含 14 位作者，1 个包含 6 位作者，2 个包含 5 位作者，6 个包含 4 位作者，作者数最多的是以黄鲁成、张旭为中心的合作网络，合作次数最多的是以秦洪花、赵霞为中心的合作网络。

结合作者单位和地区分布综合分析图 2-25，可得出如下结论。

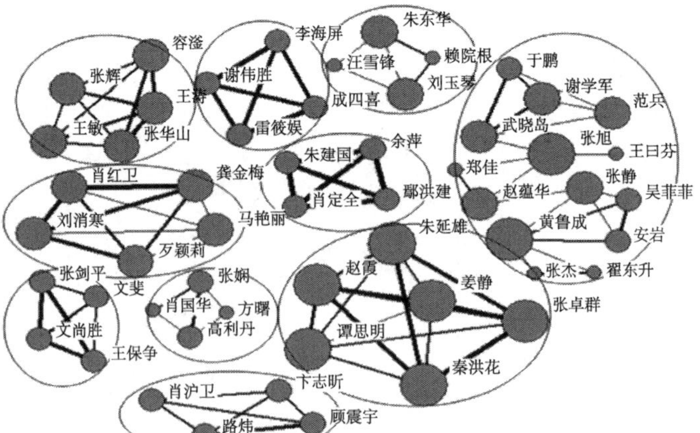

图 2-25　前 100 位发文作者共现网络

（1）整个合作网络较为分散，没有形成大的合作圈。我国专利分析研究领域的作者合作群较多，但大多都是4人合作，合作规模小，且没有形成区域核心合作群，整个合作网络较分散。

（2）以同城、同机构合作为主，跨城跨机构合作少。图2-25中合作度最高（连线最粗）的作者是同机构的合作，即赵霞、朱延雄、谭思明、秦洪花、姜静、张卓群的合作，他们都来自山东省青岛市科学技术信息研究所，其中赵霞、秦洪花、张卓群合著过11篇论文，主要研究海洋波浪能领域的专利分析。以黄鲁成、张旭为中心的合作圈学者来自北京工业大学和中国科学技术信息研究所，是同城跨机构合作。以朱东华为中心的合作圈学者都来自北京理工大学，以文尚胜为中心的合作圈学者都来自华南理工大学，以朱建国为中心的合作圈学者都来自四川大学，以肖红卫为中心的合作圈学者都来自云南省科学技术情报研究所，是同城同机构合作。由此可见，我国专利分析研究领域的主要研究机构是北京工业大学、北京理工大学、山东省青岛市科学技术信息研究所、云南省科学技术情报研究所、华南理工大学和四川大学，以同城同机构合作为主，跨城跨机构合作少。

（3）合作频次低，合作强度不高。作者的合作频次是指某一作者在合著论文中出现的总次数，它在一定程度上可以作为表征合作强度的指标。合作频次越高，合作强度也越强[27]。图2-25整个合作网络中，合作频次排在前三位的是黄鲁成（17）、朱东华（16）和赵霞（13），都停留在较低合作频次，说明我国专利分析研究领域的合作强度不高。

2.4.2.2 关键词共现网络知识图谱分析

1. 基于CiteSpace Ⅲ的关键词共现网络知识图谱分析

关键词共现是指两个能够表达某一学科领域研究主题或研究方向的关键词在同一篇文献中出现时，则表明这两个词之间具有一定的内在关系，并且出现的次数越多，表明关系越密切[28]。通过关键词共现分析，将一个研究领域的关键词分类，可以概括出这个研究领域的主要研究内容及某一时期的研究热点。运用CiteSpace Ⅲ软件，时间段为1978～2013年，时间分割为2年，阈值为（4，3，20）（4，3，20）（4，3，15），节点选Keyword，绘制我国专利分析研究领域的关键词共现知识图谱，如图2-26所示，有紫色圈的是中心性较强的关键词节点。

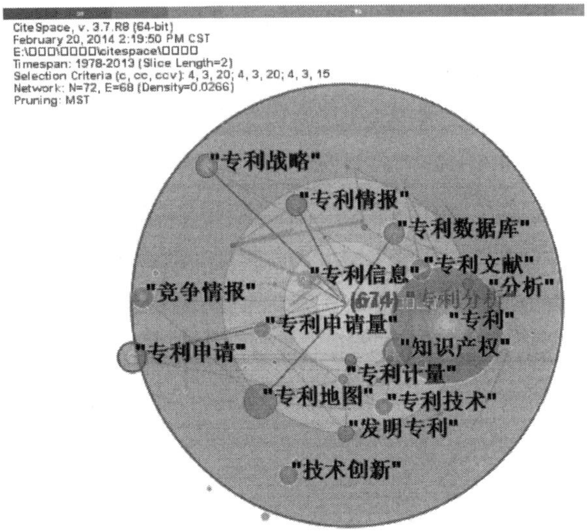

图 2-26　关键词共现知识图谱（文后附彩图）

从专利分析的关键词共现知识图谱来看，我国专利分析研究的热点研究领域可分为以下三个方面：一是专利分析的理论基础，如对专利、专利文献、专利数据库、知识产权、发明专利的研究；二是专利分析的方法与技术，如探索专利检索、专利计量、竞争情报、专利地图在专利分析中的具体应用以及专利分析的过程和步骤；三是专利分析结果的可视化与应用，如制定专利战略、进行技术创新和专利管理等。就专利分析的主体而言，可分为国家、地区、城市、机构、高校等。

2. 基于 Ucinet 的关键词共现网络知识图谱分析

1）高频关键词共现网络

分别统计 2004 ～ 2008 年和 2009 ～ 2013 年的高频关键词，构建高频关键词共现矩阵，运用 Ucinet 软件绘制前后两个五年的关键词共现社会网络图谱，以便更直观地比较两个时段我国专利分析研究领域的主要研究内容，从而概括出我国专利分析研究领域研究主题的变化发展，如图 2-27 和图 2-28 所示。

由图 2-27 和图 2-28 我们不难发现：①两个时段的高频关键词都以“专利分析”为中心，聚集了众多其他关键词，如专利信息、专利文献、专利技术、知识产权等。从数量上看，前五年频次在 8 及以上的关键词有 14 个，而后五年频次在 8 及 8 以上的关键词有 31 个，增长幅度达到 121.4%。后五年的高频关键

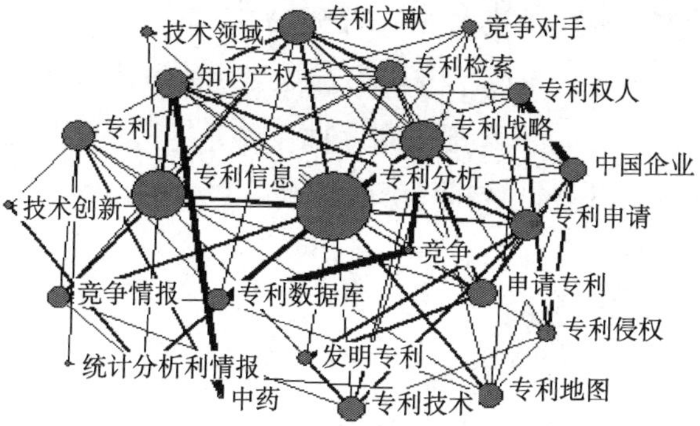

图 2-27　2004 ～ 2008 年高频关键词共现网络

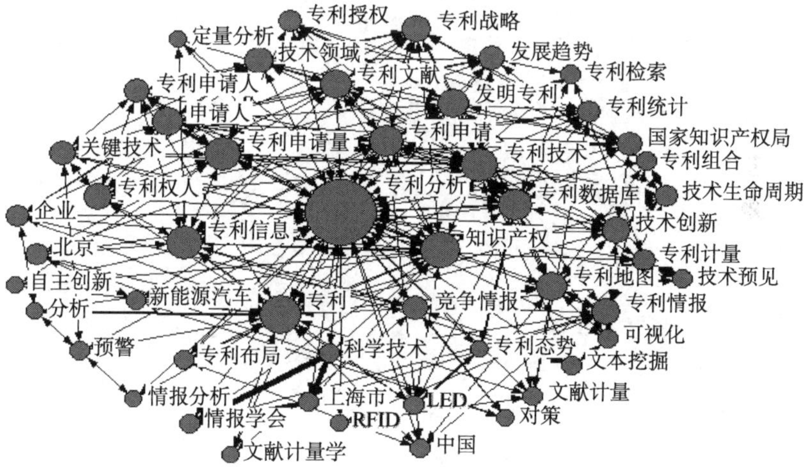

图 2-28　2009 ～ 2013 年高频关键词共现网络

词不仅包括前五年的高频关键词，且增加了许多新关键词，如专利态势、自主创新、专利布局和专利组合，说明我国专利分析研究领域的研究主题不断丰富，研究热点明显增多。②由图 2-27 可知，2004 ～ 2008 年我国专利分析研究领域的高频关键词是与专利本身相关的内容，如专利权人、专利数据库、专利侵权、专利申请等，以专利分析的理论基础研究为主，对专利分析的具体方法、技术及分析结果的应用研究较少，说明 2004 ～ 2008 年我国的专利分析研究还处于起步阶段。③图 2-28 展示了近 5 年我国专利分析研究领域的高频关键词，专利地图、专利计量、LED、技术生命周期、文本挖掘、技术预见等关键词的词频大幅度增加，是近五年我国专利分析研究领域的研究重点。专利分析技术以及专利分析结果的可视化和应用的研究更加深入。技术生命周期法、专利引文分析法、技术动向分析法、专利地图分析是专利分析的几种重要分析方法。文本挖掘是专利分析的一种重要技术，Byungun Yoon 和 Yongtae Park 提出了一种把文本挖掘技术和联合分析、形态分析相结合起来的方法，利用专利信息发现新的、潜在的技术机会[29]，引起国内高度重视和关注。而专利分析结果的可视化和应用是专利分析的目的，专利分析在企业专利战略的制定和技术预测及创新中发挥着重大作用。

2）关键词共现网络分析

将图 2-27 和图 2-28 合并后进行聚类分析，得到图 2-29。由图 2-29 可知，我国专利分析研究大致集中在以下三个方面。

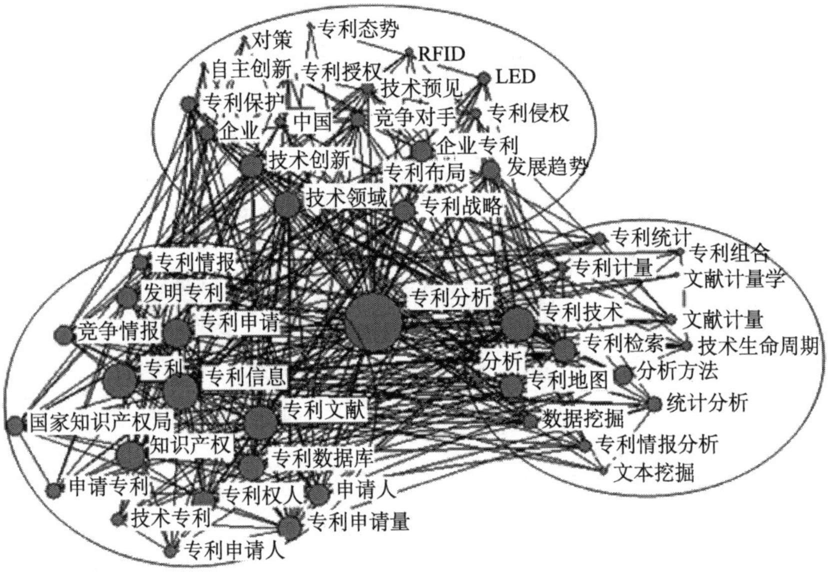

图 2-29　频次≥ 8 的关键词共现网络知识图谱

（1）分析理论研究。专利分析理论源于专利地图（Patent Map，PM）理论，最早由日本和苏联等提出并完善，现已被多个国家广泛使用。专利地图理论是通过对专利情报加工，将其结果用视觉直观的图形进行考察和理解而建立的理论，是对专利情报中的著录项（申请人、发明人等）、技术项（技术分类、技术用语等）和专利情报的专有信息（申请专利范围、专利有效期、各国的申请状况等）进行组合绘图，绘制出符合项目要求的图表，从而建立专利战略、专利管理的理论和方法[30]。随着互联网技术的发展，大型专利信息服务系统专利数据库出现，为专利分析提供了有力支持，专利地图理论可重新理解为信息图形化处理和专利数据的系统管理方法[31]。

（2）专利分析方法与技术研究。从不同的角度出发，我国学者对专利分析的方法进行了不同的分类。张冬梅和曾忠禄[31]借鉴海外学者的经验，将专利分析分为专利管理面、专利技术面、专利投资组合三个不同面的分析；郭婕婷和肖国华[32]从“点”情报分析、“线”情报分析、“面”情报分析和“立体”情报分析四个角度探讨了专利分析的方法；而更多的学者是将专利分析方法分为定性分析方法和定量分析方法。这些不同角度的分类尽管提法不同，但在本质上还是一致的，主要包含以下三点：①对专利文献外部特征的简单统计分析和深层次统计分析，即对专利文献著录项、技术项和专有信息等进行统计分析，如总体发展趋势预测分析、专利申请的时间序列分析和技术生命周期分析等，是一种定量的分析。②对专利文献的内在特征即技术内容进行质的分析，如技术功效矩阵分析、专利聚类分析等，是一种定性的分析。③综合运用多种分析方法，定量分析与定性分析方法相结合，如专利引文分析方法等。

专利地图和文本挖掘是专利分析的两大重要技术。专利地图是专利分析结果的可视化主流技术之一，通过专利地图，可从多个角度分析专利的空间分布和引证关系，帮助研究者发现技术的扩散与发展趋势。文本挖掘是指从大量存储文本中发现隐性、未知、潜在模式的过程，应用于专利分析的文本挖掘流程一般是特征抽取、文本预处理、标引、主题聚类及绘制主题图谱，大大提高了专利分析的效率和速度[32]。

（3）专利分析应用研究。专利是知识经济时代一种很重要的战略资源，它涉及所有技术领域的最新、最活跃的创新技术信息，与技术发展密切相关，蕴含丰富的技术、法律、经济情报，专利分析无论是对企业、行业或是整个国家来说都具有重要的战略意义。

微观上，专利分析不仅是企业免费使用专利技术、了解行业发展动向、开展技术创新的前提，更是企业获取竞争对手状态、克敌制胜的有力武器。宏观上，专利分析是进行技术趋势预测分析、促进行业技术创新、提升国家在国际上竞争优势的重要工具[33]。陈旭玲和楼佩煌[34]将 TRIZ 理论的 S 曲线与专利数据测算法相结合，优势互补进行产品技术成熟度预测；王燕玲[35]探讨了基于专利分析的行业技术创新的理论关联和创新模式；许玲玲[36]将专利分析方法应用到企业竞争情报实践中，帮助企业识别竞争对手、掌握竞争对手状态并制定竞争策略。多位学者通过对某行业、某企业、某技术的专利进行分析，进行技术预测和竞争对手识别，为制定专利战略和创新决策提供有力支持[36-37]。

参考文献

［1］Iversen E J. An excursion into the patent-bibliometrics of Norwegian patenting［J］. Scientometrics，2000，49（1）：63-80.

［2］王敏，李海存，许培扬．国外专利文本挖掘可视化工具研究［J］．图书情报工作，2009，53（24）：86-90.

［3］栾春娟．专利文献计量分析与专利发展模式研究——以数字信息传输技术为例［D］．大连理工大学博士学位论文，2008：4-12.

［4］邱均平．文献计量学［M］．北京：科学技术文献出版社，1988：15.

［5］李运景，侯汉清．引文分析可视化研究［J］．情报学报，2007，（2）：301-308.

［6］邱均平，文庭孝．评价学：理论、方法、实践［M］．北京：科学出版社，2010：75.

［7］陈悦，刘则渊．悄然兴起的科学知识图谱［J］．科学学研究，2005，（2）：147-154.

［8］黄晓斌．计算机引文分析的新发展［J］．情报学报，2006，（3）：354-362.

［9］尤金·加菲尔德．引文索引法的理论及应用［M］．侯汉清，陆宝树，马张华，译．北京：北京图书馆出版社，2004：83.

［10］Small H G A. Co-citation model of a scientific specialty：A longitudinal study of collagen research［J］. Social Studies of Science，1977，（7）：139-166.

［11］Chen C. Tracing knowledge diffusion［J］. Scientometrics，2004，59（2）：199-211.

［12］韩丽娜．数据可视化技术及其应用展望［J］．煤矿现代化，2005，（69）：39-40.

［13］冯璐，冷伏海．共词分析方法理论进展［J］．中国图书馆学报，2006，（162）：88-92.

［14］刘则渊，尹丽春．国际科学学主题共词网络的可视化研究［J］．情报学报，2006，（5）：634-640.

［15］蒋颖．1995～2004年文献计量学研究的共词分析［J］．情报学报，2006，（4）：504-512.

［16］Chen C M. Visualizing semantic spaces and author co-citation networks in digital libraries［J］. Information Processing and Management，1999，（2）：401-420.

［17］种艳秋，张晗，冷荣新，等．利用社会网络分析法和聚类法研究心血管疾病知识结构的比较［J］．中华医学图书情报杂志，2007，（6）：77-80.

[18] 刘则渊．科学知识图谱方法与应用［M］．北京：人民出版社，2008：25.
[19] 孙伯庆．聚丙烯高效催化剂的进展——国外聚丙烯专利分析［J］．塑料工业，1978,(3)：41-49.
[20] 迟少杰．预测技术发展趋势的新工具——专利分析［J］．外国经济与管理，1986，(4)：10-11.
[21] 殷沈琴，张计龙，任磊．基于关键词共现和社会网络分析法的数字图书馆研究热点分析［J］．大学图书馆学报，2011，(4)：25-30.
[22] 尹丽春，刘则渊，殷福亮，等．中国专利研究现状的计量分析［J］．科学学研究，2008，(1)：39-45.
[23] 王敏，李海存，许培扬．国外专利文本挖掘可视化工具研究［J］．图书情报工作，2009，53（24）：86-90.
[24] 肖明，陈嘉勇，李国俊．基于 CiteSpace 研究科学知识图谱的可视化分析［J］．图书情报工作，2011，55（6）：91-95.
[25] Ucinet.［EB/OL］. http：//baike. baidu. com. htm［2014-03-10］.
[26] White H D. Pathfinder networks and author co-citation analysis：A remapping of paradigmatic information scientists［J］. Journal of the American Society for Information Science and Technology，2003，54（5）：423-434.
[27] 温芳芳．专利合作模式的计量研究［D］．武汉大学博士学位论文，2012：76.
[28] 殷沈琴，张计龙，任磊．基于关键词共现和社会网络分析法的数字图书馆研究热点分析［J］．大学图书馆学报，2011，(4)：25-30.
[29] 蔡爽，黄鲁成．专利分析方法评述及层次分析［J］．科学学研究，2009，(2)：421-426.
[30] 赵亚娟，董瑜，朱相丽．专利分析及其在情报研究中的利用［J］．图书情报工作，2006，(5)：19-22.
[31] 张冬梅，曾忠禄．专利情报分析指标体系、分析方法与技术［J］．情报杂志，2006,(3)：55-57.
[32] 郭婕婷，肖国华．专利分析方法研究［J］．情报杂志，2008，(1)：12-14.
[33] 谭晓，张志强．图情领域中专利分析主题的研究进展——基于 WOS 的文献分析［J］．图书情报工作，2012，(20)：85-91.
[34] 陈旭玲，楼佩煌．基于专利分析的技术预测与创新研究［J］．机械科学与技术，2009，(5)：596-599.
[35] 王燕玲．基于专利分析的行业技术创新研究：理论关联［J］．科学学研究，2009，

26（2）：496-499.

［36］许玲玲 . 运用专利分析进行竞争对手跟踪［J］. 情报科学，2005，23（8）：1271-1275.

［37］洪凌子，黄鹏，黄国彬，等 . 基于知识图谱的专利研究特点剖析——图情领域的视角［J］. 情报杂志，2013，（1）：42-50.

第三章

专利信息计量的理论基础

专利信息计量是一个综合性的交叉研究领域，与科技创新、科技管理、企业研发、知识产权、信息计量、信息检索、专利分析、科学评价等研究领域密切相关，这些学科领域的发展为专利信息计量学的形成和发展提供了理论基础和理论来源。文献计量学、科学计量学和信息计量学是姊妹学科，为专利信息计量提供了理论和方法基础。专利分析与专利信息计量高度相关，通常也把专利定量分析称为专利信息计量，所以专利分析是专利信息计量的理论基础和理论来源。专利信息计量和专利信息分析中包含着专利信息检索，专利信息检索是专利信息计量和专利信息分析的基础。专利信息计量是专利评价的基础，而专利评价又是专利管理和专利战略决策的基础。专利信息计量分析服务于知识产权管理和战略决策，特别是专利管理和专利战略决策，提供专利管理与专利战略决策需要的专利信息分析和专利信息计量结果。

3.1 专利信息计量相关理论

1. 专利信息计量的产生与发展

国际上，专利信息计量研究已经有 50 多年的历史。美国、日本等许多发达国家都将专利信息计量分析用于比较和评估不同国家或不同企业之间的技术创新活动与技术发展状况，进而追踪和预测技术发展趋势与技术发展前沿，并以此作为专利战略制定的依据。

1971 年，美国专利商标局建立了技术评估与预测办公室[1]，并定期出版《技术评估与预测》刊物，该刊物得到各个专业部门和企业技术评估与预测部门的高度重视，并被作为企业专利战略制定的重要参考依据。1985 年，美国摩根研究与分析协会开始为美国《财富》杂志的世界 500 强企业提供专利信息计量研究与分析报告[1]，该报告对企业的研发管理、市场竞争、专利投资与经济发展等提供了非常有价值的信息和帮助。

由 Narin 于 1968 年建立的 CHI 公司，对技术指标专利的研究始于 20 世纪 70 年代。早在 20 世纪 70 年代早期，CHI 公司便与美国国家科学基金会一起研发出全球第一个科学成果指标，美国国家科学基金会编写出版的《美国科学与工程指标》的报告就采用 CHI 公司的专利指标体系。OECD 科技指标系列手册[2]，即弗拉斯卡蒂系列手册中的《专利手册》也介绍了 CHI 公司指标的概念和计算方法，并指出 CHI 公司的指标最初主要针对公司，但同样适用于国家和地区。

1980 年，CHI 公司的研究人员发表了第一篇专利信息计量研究论文，即《基础研究文献与专利之间联系》[3]。此后的 10 多年间，CHI 公司研究人员的主要时间和精力都用来进行技术指标——专利信息计量研究。1994 年，Narin 发表了专利信息计量研究的经典之作《专利文献计量学》的研究论文[4]。文章回顾了 10 多年来 CHI 公司对专利的计量研究，即利用专利和专利引文评价技术活动的研究成果，认为科学论文文献计量学与专利文献计量学有着惊人的相似性。科学论文和专利的国家生产力分布、作者（发明者）生产力分布、引证周期、影响因子和在一国内的参数选择等方面都遵循着相似的规律。

Narin 等认为有三种不同的文献计量学，即科学论文文献计量学（Literature Bibliometrics）、专利文献计量学（Patent Bibliometrics）和科学技术关系文献计量学（Linkage Bibliometrics），它们都可以作为政府与企业的绩效评价手段和方法[5]。1998 年，联合国教科文组织发表的《1998 年世界科学报告》指出，技术活动可以通过专利局公布的专利数量描述，这里不是把专利看做一种工业手段，而是看做处于知识前沿的技术能力的标志。同时，该报告还阐述了专利与研究开发成果之间的关系[6]。

2007 年在西班牙马德里举行的第 11 届科学计量学与信息计量学国际研讨会的征文要求范畴之一便是“专利计量指标”，可见，专利信息计量是科学计量学和信息计量学领域的重要研究热点。

2. 专利信息计量的内涵

Narin 最早于 1994 年在 *Scientometrics* 上提出“专利计量”，英文可用 Patent Bibliometrics 或 Patentometrics 表示[4]，并对专利计量的研究框架进行了界定：个人和国家的专利生产量（率）、引用及相关分析，也可以归纳为技术研发的生产力、影响力及关联分析。Iversen 对专利计量进行了具体定义：将数学和统计学的方法运用于专利研究，以探索和挖掘其分布结构、数量关系、变化规律等内在价值的研究领域[7]。Patent Bibliometric 也被译为专利文献计量，是指以定量方法为主对专利文献进行采集、加工、整理与分析，以形成专利竞争情报，获得有价值的信息，从而为国家和企业制定专利战略服务的一种科学研究活动[8]。专利计量是科学计量学研究的一个重要领域。科学计量学研究领域里目前已形成了诸多分支学科，如文献计量学、情报计量学、信息计量学和网络计量学等。作为国际科学计量学的一个重要研究领域，专利信息计量研究正在被越来越多的国际科学计量学家所关注。

专利信息计量在我国也称为专利计量、专利文献计量、专利分析、专利统计分析、专利信息分析、专利情报研究、专利挖掘等，以专利文献和专利信息为研究对象。专利信息计量源于文献计量学、信息计量学和科学计量学，但已经超越了“三计学”的研究范畴。因为专利是一种特殊的文献，专利文献中包含着技术、经济、法律和战略等极为重要的专利信息，具有其独特性。通过专利信息计量分析可以发现专利信息的数量特征、分布规律和结构关系，在科学研究、技术创新、产业发展、技术贸易、市场竞争、专利价值评估、专利政策和专利战略制定、专利制度安排、专利管理实施等方面具有极为重要的作用。专利信息计量研究与信息分析、情报研究、科技创新、技术管理、法律维权、经济活动等密切相关[9]。因此，专利信息计量研究是一个涉及图书情报学、管理科学、自然科学、法学、经济学等多个学科的研究领域，是一个综合性交叉研究领域[10]。

专利情报分析与专利信息计量高度相关，是指对来自专利说明书和专利公报中大量的、个别的、零碎的专利信息进行加工及组合，并利用统计手段或技术分析方法使这些信息成为具有总揽全局及预测功能的竞争情报的一项分析工作。也就是说，专利情报分析是将零散的专利信息按照不同的指标或角度来进行整合分析，以获取整体性的有价值的深层次情报信息[11-12]。

专利分析也称专利信息分析或专利情报分析，它是竞争情报分析的重要形式，是在对专利文献进行筛选、鉴定、整理的基础上，利用文献计量学方法，对其所含的各种信息要素进行统计、排序、对比、分析和研究，从而揭示专利文献的深层动态特征，了解技术、经济发展的历史及现状，进行技术评价和技术预测[13]。

专利统计分析也称为定量专利分析，是通过对大量专利文献外部特征的统计分析提炼出专利分布的规律和特征，并从中发现技术发展路线的一种信息分析方法[14]。

专利引文分析是以专利文献中的引用参考资料和被引情况作为基础的专利信息分析方法，是专利信息计量和专利信息分析的重要组成部分。专利引文分析利用各种数学及统计学方法对专利文献中的引用与被引用现象进行分析，以便揭示其数量特征和内在规律。

3. 专利信息计量的意义和作用

专利信息计量研究可以为国家确立和完善专利发展模式提供重要参考依据。由于专利具有新颖性、实用性和创造性等特点，代表着某一技术领域最新研发成果，所以通过对专利文献进行充分有效的计量分析，不仅可以掌握某一技术领域专利的主要集聚国家，而且可以知晓主要专利申请人的研究开发热点领域，并在此基础上进一步预测其研发动向；高产发明者合作网络分析能够直观地反映出高产研发人员的合作网络结构，为专利申请人的知识管理和提高科研绩效提供重要参考依据；专利家族数量分析，可以了解某一专利申请人的某一具体专利的重要程度；专利申请国家（地区）分布的计量分析，能够让我们洞悉某个技术领域或某个专利申请人的专利发展模式；通过高被引专利分析，能够确切把握某一技术领域的重要核心专利技术为谁所掌握。因此，进行专利计量研究，有利于国家和企业确定科学技术发展目标，为国家确立和完善专利发展模式提供重要决策依据。

专利信息计量研究对研发主体确定专利研发战略具有重要指导意义。专利保护的发明是人类智慧的结晶，每一项发明创造都是技术进步的标志，使原有的技术向前迈进了一步，同时又成为技术继续向前发展的新起点。因此，专利技术研发者进行科研选题时，就必须首先对相关领域专利文献进行计量分析和研究，掌握现有的专利技术发展前沿，提高技术创新活动的起点，避免科研选题的盲目性，避免进行重复研究。

专利信息计量研究能够激发创新灵感，有利于专利技术创新活动的进行。世界权威的科技信息研究机构——美国汤森路透通过对 1997 ～ 2006 年世界专利活动分析发现，10 年间，全球专利活动增长了 72%，但原始创新却只增长了 34%，这说明改进创新在技术创新活动中占有较高的比重。在专利计量研究过程中，查阅专利文献有助于研究者开阔思路、激发灵感，在别人研究成果的基础上做出新的发明创造，还可以帮助其缩短科研周期，节约科研费用。

专利信息计量研究有利于创新型国家建设[15]。专利作为技术研究与开发的最重要的成果表现形式，具有可以被计数、代表技术创新过程中一项定义明确的产出的特点，专利是由法定机关经过法定程序授予的描述知识产权的法律文件，可以作为技术创新与技术进步的一个强有力的指标。

专利信息计量研究的作用，主要是通过运用多种定量与定性分析方法对大量的、杂乱的专利文献信息进行计量分析，从而为科学技术研究工作者和企业与国家专利发展模式制定者提供某一技术领域或某一产业发明创造的轨迹、揭示技术发展趋势并展现竞争态势，进而为企业和国家确定专利发展模式提供重要的决策依据[16]。

4. 专利信息计量的目的、本质和价值

1）专利信息计量的目的

专利信息计量的目的主要是通过对专利文献和专利信息进行计量分析，将孤立的专利文献和专利信息按照不同的选择标准进行聚类，使其由一般的专利文献和专利信息转化为有价值的专利竞争情报，根据这些情报信息可以进一步研究和判断某些企业或国家重点发展的技术领域及其技术发展方向、主要竞争对手的重点研发领域和主要投资动向，从而为企业或者国家制定专利发展模式提供重要的参考依据[16]。

2）专利信息计量的本质

专利信息计量的本质是通过对专利文献和专利信息的内容、专利数量及数量变化等方面的研究，对专利文献中包含的各种信息进行定向选择和科学抽象的研究活动，是情报信息工作与科学技术管理工作相结合的产物，是一种重要的科学研究活动[16]。专利信息计量研究的过程，是具有增值价值的专利文献和专利信息的再生产过程，是通过使用各种定量并结合定性的研究方法，对大量杂乱、孤立的专利文献和专利信息进行科学计量分析，研究专利文献和专利信息之间的相互关联性，挖掘隐藏在专利文献和专利信息中的事实真相，进而对特定产业或技术领域的发展趋势做出预测，对竞争对手的研发与专利活动进行跟踪研究，从而产生能够指导国家和企业专利发展模式制定与实施的重要情报信息。

3.2 专利信息计量的计量学基础

虽然专利文献与科学论文不同，但在许多方面也有相似点，因此采用较为成熟的文献计量、信息计量和科学计量方法来进行专利的定量分析或计量是完全可行的。Narin 等是该方法研究的先驱，特别是在基于专利引用分析的方法研究与指标定义方面做出了重要的贡献。

文献计量学（Bibliometrics）是一门以文献体系和文献计量特征为研究对象，采用数学和统计学等计量方法，研究文献信息流的分布结构、数量关系、变化规律和定量管理，并进而探讨科学技术的结构、特征和规律的学科[17]。研究表明，文献计量理论与方法完全适用于专利计量研究，而且专利计量与文献计量具有十分相似的规律，即某学科或者主题的专利产出分布、专利权人或者专利发明者的构成、专利数量的增长规律、专利的引证分析等与文献计量的结果完全类似。例如，某学科或者主题的专利产出分布，基本符合文献计量学中的布拉德福文献分散定律。布拉德福定律指出，如果将科技期刊按其刊载某专业论文数量多寡，以递减顺序排列，则可分出一个核心区和相继的几个领域，每区刊载的论文量相等，此时核心期刊和相继区域期刊数量成 $1 : n : n^2 : \cdots$的关系。据此可以分析研究某主题领域内的核心技术分布、核心研发群体分布等重要信息，以确定该技术主题领域各机构或企业的技术创新能力。与论文的引证（引用）分析类似，专利引证（引用）研究的是一项专利或者若干专利被其他专利参考引用的定量关系。专利引证分析对于确定专利质量、揭示专利之间内在联系，给出某技术主题专利的技术发展进程，判别谁是核心专利及核心专利族，对专利价值的评估等具有重要的实际应用意义。另外，基于引证指数定义的技术强度、技术生命周期、当前影响因子或即时影响指数等是评估公司的技术能力强弱、识别技术热点、预测技术发展趋势等的重要指标[18]。

文献计量学、科学计量学和信息计量学是姊妹学科，为专利信息计量提供了理论和方法基础。专利文献是一种特殊的文献类型，属于文献计量学和科学计量学的研究对象。专利文献中包含着大量的科技信息、经济信息和法律信息，是一种重要的计量信息源，是文献计量学、科学计量学和信息计量学的重要研究对象。文献计量学、科学计量学和信息计量学的基本原理和方法都可用于专利信息计量分析，如文献增长定律、文献老化定律、布－齐－洛文献集中与分散分布定律、引文分析法、共现分析法、可视化分析法与知识图谱方法等。专利信息计量以专利文献和专利信息为研究对象，是文献计量学、科学计量学和信息计量学的重要内容。

专利信息计量丰富了文献计量学、科学计量学和信息计量学的内容。但专利信息计量又有其特定的研究内容。专利是一种特殊的文献类型，不同于公开出版发行的图书、期刊、报纸等文献，具有其特殊性。专利文献结构特殊，由诸多部分构成。专利文献信息含量丰富、内容广泛，涉及大量的科技信息、经济信息和法律信息。专利文献数量巨大，增长速度快，成为专利大数据。专利文献具有明显的时效性和地域性，法律信息特征突出[18]。专利信息计量应用范围广泛，可广泛应用于科技、经济、法律、管理等领域。

专利作为技术研究与开发的最重要的成果表现形式，具有可被计量、代表技术创新产出的特点，可以作为衡量技术创新与技术进步的强有力的计量和评价指标。专利既是 R&D 活动结果的重要测度指标，又是企业在市场竞争中的一项重要经济手段。专利作为技术的载体之一，包含了大量的技术信息和世界最全、最新的技术情报。通过对专利计量进行研究，可以掌握某一技术领域主要专利技术的国家、企业和发明者的时空分布情况。专利计量分析还可以了解某一国家或某一企业的专利国际战略，进而为国家制定和完善相关专利保护制度和专利战略提供重要参考依据。通过专利引文分析，可以确定某一技术领域最基础、最核心的专利技术。企业可以通过自己拥有专利的被引次数确定本企业的重要专利项目[19]。企业还可以通过对竞争对手的专利进行分析，预测竞争对手将来的发展状况，据此及时做出反应，制定出正确的产品研发策略和市场销售策略，从而在市场竞争中取得竞争优势。由于专利具有以上的特点和优势，作为技术创新测度指标的专利计量长期被经济学家所推崇[20]。频次－排序法分布模型是文献计量学和科学计量学中的重要模型，主要用来探讨不同计量元素频度值随其排序位次而变化的规律。这一模型适于专利信息定量分析，因为不同专利分类所包含的专利数量的变化，以及不同专利权人所申请的专利数量的变化等，是科学地评价和预测专利技术，发现专利权人动态的极具价值的信息，能够从不同角度体现专利中包含的技术、法律和经济信息。频次－排序分布模型对于展示这些专利信息非常直观和有效。作为国际文献计量学、科学计量学和信息计量学的重要学科分支，专利信息计量研究正在被越来越多的国际计量学家所关注。

从专利文本的物理结构可以体现出来，专利信息计量的对象主要包括两个方面，分别是专利信息主体计量和专利信息客体计量[21]。在专利数据库的结构信息中，专利信息主体是第一层主体，用个体表示，一般是单个的专利申请人、发明人和专利权人；第二层主体是一个发明人群体，由若干发明人组成；第三层主体用专利权人来表示；第四层主体则是一个国家或地区内由发明人、专利权人所构成的专利信息组织系统。专利信息客体（专利信息内容），则隐含在专利文本的知识结构中，即名称、摘要、主权项等信息中。从复杂系统的角度而言，可以把专利数据库这一知识载体，看成是以“知识元”，以及知识元相互联系、相互作用而形成的“知识链”“知识群”和“知识网络”等各类信息聚集体而构成的专利信息系统。

3.3 专利信息计量的专利分析基础

专利信息计量分析是专利分析的重要组成部分，专利分析包括定量分析、半定量分析和定性分析，其中定量分析、半定量分析都属于专利信息计量的范围，而专利定量分析即专利信息计量分析。专利分析与专利信息计量高度相关，通常也把专利定量分析称为专利信息计量，所以专利分析是专利信息计量的理论基础和理论来源。

1. 专利分析的内涵

专利分析也称为专利信息分析或专利情报分析，不同学者对它的定义各有差异。有学者认为，“它是信息分析的一部分，是竞争情报分析的重要形式，是指跟踪、研究、分析某一技术领域及竞争对手的专利发明，以获得超越竞争对手优势为目的的企业竞争情报活动。换言之，专利信息分析就是将那些个别的、看起来是互不相关的专利信息转化为系统而完整的情报分析工作”。也有学者认为，“专利信息分析是将相关的专利信息进行统计、归类、分析，将孤立的信息按照不同的聚集度聚集，使它们由普通的信息转化为有价值的专利竞争情报。其本质是通过对专利信息的内容、专利数量及数据的变化或不同范围内各种量的比值（如百分比、增长率等）的研究，对专利文献中包含的各种信息进行定向选择和科学抽象的研究活动，是情报信息分析工作和科技工作结合的产物，是一种科学劳动的集合”。还有学者认为，“专利信息分析是对专利说明书与专利公报中大量零碎专利信息进行分析、加工、组合，并利用统计学方法和技巧把这些信息转化为具有总揽全局及预测功能的竞争情报，从而使其由普通信息上升为企业经营活动中有价值的情报，为企业的技术、产品及服务开发决策提供参考。”“专利信息分析是以专利文献为基础，根据特定的数据特征，从中挑选出符合某一特定要求的相关信息，并通过一定的竞争情报分析技巧，找出其中蕴藏的规律、趋势以及信息间的相关性，为公共事务或企业管理决策提供参考。”“专利信息分析是专利文献中采集专利信息，经过加工整理，分析形成专利竞争情报，为企业乃至国家的科技发展战略服务。从专利信息的内在特征上看，专利信息分析的核心是对专利技术的现状、发展等问题进行研究。从其外部特征来看，专利信息分析在不断向经济、法律、社会等各方面延伸和拓展。目的是通过分析将孤立的专利信息按照不同的聚集度聚集，使它们由普通的信息转化为有价值的专利竞争情报。根据这些竞争情报可以从专利视角研判企业或国家在相关产业和技术领域的重点技术及技术发展方向、主要竞争对手的技术组合和技术投资动向，为企业乃至国家制定与总体发展战略相匹配的专利战略。”[22]

专利分析是专利信息分析的简称，也称为专利情报分析，是对专利信息进行科学的加工、整理与分析，经过深度挖掘与缜密剖析，转化为具有较高技术与商业价值的可利用信息的过程；是从专利文献中采集专利信息，通过科学的方法对专利信息进行加工、整理和分析，转化为具有总揽性及预测性的竞争情报，从而为政府部门或企事业单位进行决策提供参考的一类科学活动的集合。其目的是对大量的、杂乱的、孤立的专利信息，使用各种定量或定性分析方法，研究它们之间的相互关联性，挖掘深藏在大量信息中的真相，从而对特定技术做出趋势预测、对竞争对手做跟踪研究等，将普遍的专利信息转化为有价值的专利竞争情报，从而产生指导国家、行业、企业生产、经营决策的重要情报[23]。

专利分析可理解为由专利信息获得专利情报的理论和方法。从对象和目的来看，专利分析就是指以某一技术领域的专利文献信息为分析样本，结合网络、报纸、期刊、学位论文等各类非专利文献信息，对该技术领域的专利技术的整体情况、发展态势、分布状况、竞争力量等内容进行多维度分析，以获取技术情况、法律情报、商业情报。开展专利分析是有效利用专利信息、降低运营风险、防范专利权纠纷的重要手段，是有效开发和保护自主知识产权、提升竞争优势的重要途径[24]。

2. 专利分析的产生与发展

在国际上，对于专利分析这一领域的实践应用和理论研究已有多年的历史。一些发达国家将其用于比较、评估不同国家或企业之间的技术创新情况、技术发展现状，以及跟踪和预测技术发展趋势，并以此为科技展政策，尤其是专利战略的制定提供决策依据[25]。

早在20世纪60年代，经济合作与发展组织（OECD）就开始探究生产率要素与专利质量的内在联系。在美国，美国专利商标局技术评估与预测办公室，从1971年建立开始，定期出版的《技术评估与预测》成为制定企业战略的重要参考依据。美国摩根研究与分析协会自1985年以来，一直在为美国《财富》杂志中所列的500强企业提供专利信息研究和分析。联合国教科文组织发表的《1998年世界科技报告》中指出："技术活动可以通过专利公布的专利予以描述，这里不把专利看作一种工业手段，而是看作处于知识前沿的技术能力的标志。"同时，该报告还阐述了专利与研究开发成果、国内生产总值的关系。

与此同时，国外学术界对专利信息与科技活动、经济活动的关系进行了大量有益的探索。例如，1983 年，美国加州大学伯克利分校教授保罗·罗默提出的生产四要素理论，认为经济长期增长取决于资本、非技术劳力、人力资本（按接受教育时间的长短衡量）和创新思想（可按专利数量衡量），专利数量是经济活动的衡量指标之一。1990 年，哈佛大学教授、当代权威专利数据研究专家之一的 Griliches 在其论文中探讨了专利数据的重要价值和意义，对专利问题的波动与投资增长的关系进行了精辟的分析。

第二次世界大战后，一些学者开始将文献计量学方法引入专利分析。1949 年，美国学者 Seidel 最早提出专利引文分析的概念，指出专利引文是后续专利基于相似的科学观点而对先前专利的引证，同时还提出了高被引专利及其技术相对重要性的设想[26]。此外，Seidel 还与 Hart 一起提出以计量方式来分析专利文献。20 世纪 50 年代，日本在大量引进西方先进技术的同时，针对专利文献检索工作不能揭示隐藏在专利文献信息后的专利权及其引用者之间的关系，存在难于为企业技术管理提供决策支持等的弊端，应用信息计量理论和数理统计方法对专利文献检索过程进行深化，将单纯的专利文献检索工作改造成为主要针对国外技术动向跟踪的专利信息分析，先后创造了“产业专利技术调查”“专利地图分析”“专利关系树分析”等专利信息分析方法[27]。自 20 世纪 70 年代起，美国的 van Steen 开始将专利信息分析结合到科技政策制定中，将其作为政策分析的一个重要工具[28]。Scherer 是一位将专利分析数据引入经济分析的著名经济学家。Pavitt 利用专利信息检索与分析结果建立起了一个技术发展扇形分类系统。Narin 首次将文献计量学方法引入专利信息检索与分析[4]。随着信息技术、网络技术和专利数据库的快速发展，数据挖掘、文本挖掘和数据可视化等现代信息处理技术以及 SWOT 和定标比超等竞争分析模型与方法也被引入专利信息分析之中。例如，美国乔治亚理工学院的 Allen Porter 等采用数据挖掘和情景分析等技术与方法，对大型专利信息数据库的主题词进行时间序列分析、聚类分析，并综合其他相关信息来解释和深化对技术创新竞争环境和市场前景的认识，以研究特定产业的技术热点领域和前沿领域[29]。

3. 专利分析的内容

专利分析的内容丰富，范围广泛。有人认为专利分析的内容有专利技术生命周期分析、重点专利技术分析、技术发展趋势分析、竞争对手专利分析、区域专利分布分析、专利研发团队分析、核心专利分析、重点技术发展路线分析、技术空白点分析和重大专项知识产权风险判定等[30]。

也有人认为专利分析的内容包括专利相关人分析（专利申请人、专利权人、发明人）、竞争者分析、地域分布分析、技术主题分析（IPC 分类、技术路径）、技术功效分析、专利引证分析和技术生命周期分析等[31]。

还有人认为专利分析的内容包括技术发展趋势分析（专利量逐年变化、专利分类逐年变化、技术主题逐年变化）、地域性分析（区域专利量、区域专利技术特征、本国专利份额）、竞争者分析（竞争对手专利总量、竞争对手研发团队、竞争对手专利量增长比率、竞争对手重点技术领域、竞争对手专利量时间序列、竞争对手专利区域布局、竞争对手特定技术领域、共同申请人）、核心技术或核心技术领域分析（专利引证分析、同族专利规模分析、技术关联与聚类分析、布拉德福文献离散定律应用）、重点技术发展线路分析（专利引证线路图分析、技术发展时间序列图、技术应用领域变化分析）、技术空白点分析、研发团队分析（重点专利发明人分析、合作研发团队分析、研发团队规模变化分析、研发团队技术重点变化分析）等方面[32]。

专利分析的主要内容涉及多个方面，具体来看，可以分为以下三个层面。

（1）从专利分析的内容来看，专利分析有技术信息分析、经济信息分析和法律信息分析。技术信息分析包括产业和技术发展趋势分析、技术分布分析（如领域、地域、主体等）和核心专利分析，主要关注相关产业和技术领域的领先者及竞争对手的专利研发活动和研发能力、行业技术创新热点及专利保护特征，了解相关产业和技术领域企业或国家的技术活动及战略布局，为国家制定产业政策，企业把握特定技术开发、投资方向及制定专利战略等提供依据。经济信息分析包括经济价值、市场、合作伙伴、竞争对手、人力资源（如发明人）分析等，重点关注竞争对手在不同地域或国家的竞争策略、市场经营活动，以及竞争企业间的技术合作、技术许可动向等，为企业寻找合适的战略伙伴、技术开发人员、预测新技术和新产品推出、市场普及情况和相关国家的市场规模等提供依据。法律信息分析重点在于专利性分析和专利侵权分析等，一方面，专利法律信息分析可为企业确定技术研发方向、突破竞争对手专利壁垒、构筑企业自身专利保护圈、制定专利战略和选择经营活动方向等提供参考。另一方面，专利法律信息分析可为已经发生或可能发生的专利侵权行为的判定提供法律依据，做出评估，为企业制定诸如规避、警告、索赔、诉讼和结盟等策略提供建议和意见。

（2）从专利分析的层次来看，专利分析有国家或地区专利分析（宏观）、机构专利分析（中观）和发明者专利分析（微观）。国家或地区专利分析主要是从宏观上和整体上对国家或地区的专利进行分析，为国家或地区制定专利战略和产业政策提供决策依据。机构专利分析主要是指企业、大学、科研机构、政府部门，以及其他申请专利的社会组织的专利信息分析，其中企业是主体，大学和科研机构也备受关注。发明者专利分析主要是考察发明创造者的研发能力、研发动向和分布状况，为企业和科研机构发现技术人才等提供参考。

（3）从专利分析的维度来看，专利分析有专利数量分析、专利引用分析和专利关联分析。专利数据分析从专利数量统计的角度分析专利技术在主要国家、机构与个人的分布状况，以便全面了解相关专利的时空分布特征，并结合时间因素、专利分类、专利技术主题和专利数量特征分析某一技术领域的技术研发趋势。专利引用分析研究是指将引文分析法用于专利分析，从被引用专利国家、所属机构、发明人及专利技术本身，辨识专利技术发展的时间轨迹与技术知识的扩散路径，同时结合引用时间推测技术的生命周期等。专利关联分析包括专利技术关联分析和专利学科关联分析，专利关联分析是在专利引用分析研究的基础上探讨科学与技术之间的关系，以了解学术机构的基础研究对产业技术发展的影响。也有人将专利分析的维度理解为专利数量分析、专利质量分析和专利价值分析，分别用不同的分析指标和方法来衡量。

4. 专利分析的层次

根据专利信息的特点，专利分析包括“点”“线”“面”“立体”四个层次[33]。

（1）“点”情报分析。“点”情报分析主要是对专利文献的外部特征进行的统计分析，即对专利文献上固有的单个著录项，按有关指标分别进行统计分析，以取得某国家、地区、行业、领域、组织、机构、个人等不同主体的专利投入、产出情况的初步情报。

（2）“线”情报分析。“线”情报是指将获得的“点”情报按照一定方式排序，从而得到有序化的“线”情报。即通过对专利初步统计中的专利数量、专利权人、专利申请日等进行组配统计，或按时间、空间、分类等进行再排序的过程。

（3）“面”情报分析。“面”情报是将“点”“线”情报加以组合，则可得到各种相互联系的有关技术发展状况的“面”情报。即综合时间、空间、分类等方面的不同因素，深入挖掘专利文献中的技术情报及各技术间的关系。

（4）“立体”情报分析。“立体”情报是将上述“面”情报加以组合，则可得到发明活动与其他各因素间联系的全面情报，也称多次元或多维分析，即用透视的观点或角度进行专利情报的分析，把隐藏的所有要素都详细地表露出来，最终得出技术开发及专利竞争情况的分析结果。

5. 专利分析的作用

专利分析可以在相当程度上反映出一个国家或地区科技及经济发展现状，便于衡量一个国家或地区的经济成长与科技实力，为政府做出相关决策提供客观参考依据，在政府制定科技政策、产业政策、知识产权战略、招商引资，以及企业识别竞争对手、分析市场行情、制定专利和企业发展战略等方面具有重要作用。世界经济论坛（World Economic Forum，WEF）在其每两年发布一次的《全球竞争力报告》中选用“专利获准数”，即平均每百万国民所获得的专利数，作为衡量“国家创新能力”的重要指标。瑞士洛桑国际管理学院和 OECD 也将专利作为确定国家竞争力的重要衡量指标。

专利分析的主要作用体现在[25, 34]：专利分析可以提供对发明创造过程的清晰认识，可以在宏观或微观层面上反映国家或企业的发明创造活动及研发产出、知识产权的拥有量、技术发展水平及其在国际技术与经济竞争中的地位；借助专利分析，可以把握相关产业和技术领域中整体状况及其发展趋势、行业技术创新热点及专利保护特征，了解相关产业和技术领域企业或国家的技术活动及战略；可以为国家制定产业政策提供依据，也可以为企业的决策者把握特定技术的开发、投资方向，以及制定企业专利战略等方面提供论证；还可以了解竞争对手在不同地域或国家的市场经营活动，竞争企业间的技术合作、技术许可动向，预测新产品、新技术的推出和市场普及情况，以及相关国家的市场规模等。

专利文献数量庞大、内容博杂，只有利用专利信息分析，才能将隐藏在大量专利文献中有价值的专利信息挖掘出来，将已经发生或即将发生的客观事实以科学的手段展现在我们眼前。具体而言，专利信息分析的主要作用包括以下三个方面[35]。

（1）展示发明创造轨迹。通过专利信息分析可以将不同时期的技术发明创造活动整合形成一条清晰的技术发展路线图，从不同层面反映出一项技术发明创造的产生、发展过程，反映出技术在不同国家或企业的发展轨迹，从而了解不同国家或企业在科研实力、专利拥有量、技术发展水平及其在国际竞争中的地位。

（2）揭示技术发展趋势。通过专利信息分析可以揭示相关产业和技术领域的整体状况及其发展趋势、行业技术创新热点和专利保护重点，揭示相关技术领域和企业技术活动最新动向和战略布局走向，为国家制定产业政策，以及企业把握技术投资方向和制定专利战略等提供依据。

（3）展现竞争环境态势。借助专利信息分析可以帮助企业了解竞争对手在不同国家或地区的实时经营活动状况，掌握企业间的技术合作和技术许可动向，预测新技术和新产品推出及市场分布情况，对于企业预防和突破竞争对手的专利壁垒或构筑自身的专利保护圈等都有极其重要的参考价值。

6. 专利分析的流程

专利分析的流程有多种划分方法[36]，有的分为三个阶段，有的分为四个阶段，也有的分为五个阶段，但内容上大同小异。专利分析一般包括课题准备、数据采集处理、专利分析，以及报告形成和推广四个阶段。例如，有人把专利分析流程分为准备期（包括组建分析队伍、确定分析目标、研究背景资料、选定分析工具、选择专利信息源）、分析期（包括数据采集阶段，涉及确定专利领域、拟定专利检索方案、专利检索及确定分析样本等内容；数据分析阶段，涉及数据清洗、按专利指标聚集数据、生成工作图表和深度分析目标群、分析与解读专利情报及撰写专利分析报告等内容）和应用期（包括分析报告评估、制定专利战略、专利战略实施等内容）三个阶段。也有人把专利分析流程分为前期准备、数据采集、专利分析、完成报告和成果利用五个阶段。

3.4　专利信息计量的专利检索基础

专利信息计量和专利信息分析中包含着专利信息检索。专利信息检索是专利信息分析的基础，专利信息分析是专利信息检索的拓展和延伸。专利信息计量与专利信息分析需要专利信息、专利数据为支撑，专利信息和专利数据获取都需要通过专利信息检索来完成。专利信息检索中也包含着专利信息计量和专利分析，因为在专利信息检索过程中也需要对专利信息检索结果进行分析、判断和选择。

专利信息检索的内容[37-39]包括专利技术信息检索、专利新颖性和创造性检索（专利性检索）、同族专利检索、专利法律状态检索、专利引文检索、外观设计检索。

1. 专利性检索

一件发明专利申请被授予专利权的必要条件之一就是具备《专利法》第22条第2款和第3款规定的新颖性和创造性。专利性检索是专利申请人、专利审查员、专利代理人及有关人员为判断一项技术方案是否具备专利法意义上的新颖性和创造性而进行的检索，其目的是确定现有信息资源中是否存在影响技术方案新颖性和创造性的对比文件。一般来说，在申请专利、审批专利、宣告专利权无效、产品技术创新等活动之前，在产品的技术创新、回避设计、专利权无效宣告等企业生产经营的环节中，都需要进行专利性检索。

2. 专利技术信息检索

专利技术信息检索是指从任意一个技术主题对专利文献进行检索，从而找出一批参考文献的过程。专利技术信息检索又分为追溯检索和定题检索。追溯检索是指人们利用检索工具，由近而远地查找专利技术信息的工作。定题检索是指在追溯检索的基础上，定期从专利数据库中检索出追溯检索日之后出现的新的专利文献的工作。专利技术信息检索是围绕技术主题展开的，目的是将与技术主题相关的文献尽可能都检索出来，关注检索的全面性。也就是说，当用户的信息需求以查全为主时，即需要根据专利技术信息检索的思路进行检索。通过专利技术信息检索获得全面而精准的检索结果集合，是对专利信息进行综合分析利用的基础。

专利文献大量重复出版的结果，形成了一组组由不同国家出版的内容相同或基本相同的专利文献。各组专利文献中的每件专利说明书之间，通过一种特殊的联系媒介，即优先权，相互联系在一起。优先权是指巴黎联盟的各成员国给予本联盟任一国家的专利申请人的一种优惠权，即联盟内某国的专利申请人已在某成员国第一次正式就一项发明创造申请专利，当申请人就该发明创造在规定的时间内向本联盟内其他国家申请专利时，申请人有权享有第一次申请的申请日期。发明和实用新型的优先权期限为12个月，外观设计专利的优先权期限为6个月。由至少一个共同优先权联系的一组专利文献，称为一个专利族。在同一专利族中每件专利文献被称为专利族成员，同一专利族中各件专利互为同族专利。在同一专利族中，由其他成员共享优先权的最早专利申请的专利文献称为基本专利。世界知识产权组织《工业产权信息与文献手册》将专利族分为6种：简单专利族（在同一专利族中，专利族成员以共同的一个或共同的几个专利申请为优先权）、复杂专利族（在同一个专利族中，专利族成员至少以一个共同的专利申请为优先权）、扩展专利族（在同一个专利族中，每个专利族成员与该组中至少一个其他专利族成员至少共同以一个专利申请为优先权）、本国专利族（在同一个专利族中，每个专利族成员均为同一工业产权局专利文献，这些专利文献属于同一原始申请的增补专利、继续申请、部分继续申请、分案申请等，但不包括同一专利申请在不同审批阶段出版的专利文献）、内部专利族（指仅由一个工业产权局在不同审批程序中对同一原始申请出版的一组专利文献所构成的专利族）和人工专利族（也称智能专利族、非常规专利族，即内容基本相同但并非以共同的一个或几个专利申请为优先权，而是根据专利文献的技术内容人为地进行归类）。同族专利检索是指以某一专利或专利申请为线索，查找与其同属于一个专利族的所有成员的过程。同族专利检索通常以同族专利检索要素（指可以作为同族专利检索线索的信息）为基础进行，同族专利检索要素主要有三类：号码（包括优先申请号、申请号、专利文献公开号或公告号、专利号等）、公司/人名和主题词。

3. 专利法律状态检索

专利法律状态是指在某一特定时间，某项专利申请或授权专利在某一国家的权利维持、权利范围、权利类型、权利归属等状态，这些状态将直接影响专利权的存在与否以及专利权权利范围的大小。此外，专利法律状态还包含了专利权的归属、专利权是否有效、是否获得许可证等专利产生、发展和变化过程中出现的其他法律信息。专利的法律信息作为专利信息的重要组成部分，同专利技术信息和经济信息一样在专利质量把握、专利技术成熟度判定，以及专利技术引进、专利产品销售等方面发挥了越来越重要的作用，并且得到了广泛的认可。一般来说，专利的时间性、地域性、权利的独占性等信息是构成专利法律信息的最基本内容。专利法律状态检索主要涉及国家或地区知识产权组织（中国、美国、欧洲、日本）专利申请或授权专利的法律状态检索。

4. 专利引文检索

在专利说明书及相关资料上经常会出现一系列引用的文献，被称为专利引文。这些专利引文与专利申请的技术内容密切相关，记录了专利审查员在专利审查过程中、发明人在发明创造时参考过的文献。专利引文检索，是指通过检索数据库查找某一专利引用的其他专利文献，以及被其他专利文献所引用的情况的过程。随着科学技术的快速发展及人们对专利文献重视程度的增加，专利引文的作用越来越突出。运用专利引文实际上是借助审查员和发明人所延展的知识领域，更为广泛和深入地获取专利信息。专利引文检索可以起到扩大专利信息检索范围、确定核心技术、追踪技术发展方向、确定竞争对手及竞争对手间的技术联系等作用。

专利信息检索在专利信息计量和专利信息分析中的主要应用有：专利法律状态检索与分析、防止专利侵权检索与分析、专利无效诉讼检索与分析、技术引进专利信息检索与分析、技术创新中的专利信息检索与分析（科技查新中的专利信息检索与分析）、产品出口中的专利信息检索与分析、竞争对手专利信息检索与分析、专利战略研究中的专利信息检索与分析、技术贸易专利信息检索与分析、专利性检索与分析。

3.5 专利信息计量的科学评价基础

“没有科学的评价就没有科学的管理”，因为“没有科学的计量就没有科学的评价”。计量与评价密不可分，计量中包含着评价，评价中包含着计量。计量是定量评价的基础和前提，评价是计量的结果和目标。专利信息计量是专利评价的基础，而专利评价又是专利管理和专利战略决策的基础。专利评价主要包括专利数量评价、专利质量评价和专利价值评估[40]。专利信息计量主要是通过一系列评价指标来实现的。

专利数量的评价指标主要有：①专利量，如专利申请量、专利授权量、专利增长量、失效专利量等；②专利投入量，反映某一时期内专利主体在专利方面的投入情况；③专利增长率，反映专利数量随时间变化而增长的百分比；④专利投入增长率，反映专利投入量随时间变化增长的百分比，可以看出专利主体对技术创新的重视程度；⑤专利对外申请率，反映专利主体寻求国外专利保护的意愿。

专利质量的评价指标主要有：①基于被引的专利质量评价指标，如被引次数、被引率、即时影响指数、专利扩散指数等；②基于引用的专利质量评价指标，如引文数量、引证率、科学关联度、科学强度、技术循环周期、专利吸收指数、科学强度等；③基于技术保护范围的专利质量评价指标，如专利技术覆盖范围、权利要求数量等；④基于区域保护范围的专利质量评价指标，如专利族大小、保护区域数量等；⑤基于有效维护的专利质量评价指标，如专利寿命、专利维持率等；⑥其他专利质量评价指标，如授权率、发明人 / 申请人数量、发明专利比例、核心专利数量、相对研发能力、产业标准化指标等。

专利价值的评价指标主要有：①研发效率，用来评估专利主体在一段时期内专利产出的成本效率；②专利自实施率，衡量专利是否具有产业推广价值；③专利转移率，衡量专利的潜在价值；④专利存活率，专利申请人是否愿意继续缴纳专利年费，在一定程度上反映出专利本身的价值高低；⑤专利无效宣告率，反映专利主体专利的总体质量及所处的竞争环境，还可以反映出专利审查的力度和水平；⑥专利届满率，反映专利主体专利的总体水平，在一程度上反映出专利主体在技术发展方向上的稳定性。

3.6　专利信息计量的知识产权基础

专利信息计量分析服务于知识产权管理和战略决策，特别是专利管理和专利战略决策，提供专利管理与专利战略决策需要的专利信息分析和专利信息计量结果。

知识产权法，特别是专利法是专利信息计量的知识基础，专利信息计量中涉及大量的专利法知识，因为专利集科技信息、经济信息、法律信息和战略信息于一体，专利信息计量分析必然涉及专利法律信息的计量分析。因为专利文献是法律文件，其中的权利要求书用于说明发明创造的技术特征，清楚、简要地表述请求保护范围，经审查授权后的权利要求书其内容是判断是否侵权的法律依据[41]。

作为专利信息计量分析对象的专利文献与专利信息还需要对专利的有效性（即法律性）、地域性予以即时报道（时效性），主要包括专利申请的驳回、撤回、视为撤回、著录项目的变更等，专利权的视为放弃、撤销、终止、转移、恢复等，以及复审、无效宣告决定等内容，这些都是专利实施法律保护的可靠依据[42]。

1. 法律性

专利是依据专利法而存在的，专利法规定着专利的种类、范围和时效等。专利文献和专利信息是一种法律文件和法律信息，它有助于人们据此从事专利法律活动。例如，在专利的申请、审查、授权过程中，在专利许可贸易中，在专利纠纷解决过程中，人们往往都需要开发和利用专利文献与专利信息，以维护自己的权利。

2. 地域性

专利的法律效力是有地域限制的，因为各国的法律只能在其主权管辖范围内有效。专利所具有的地域性特征，决定了专利具有地域性。

3. 时效性

专利的法律效力是有时间限制的，大多数国家的专利法规定：专利自申请日算起保护 20 年。专利所具有的时效性特征，决定了专利文献和专利信息具有特殊的时效性，当专利失去法律效力后，专利权利随之消亡，专利权信息随之改变。

此外，专利信息计量分析还可以作为预防专利纠纷、警示专利法律风险的重要途径。

参考文献

[1] 李建蓉 . 专利信息与利用［M］. 北京：知识产权出版社，2006.

[2] Priemus H. System innovation in spatial development：Current dutch approaches［J］. European Planning Studies，2007，15（8）：991-1006.

[3] Carpenter M P，Cooper M，Narin F. Linkage between basic research literature and patents［J］. Research Management，1980，13（2）：30-35.

［4］Narin F. Patent bibliometrics［J］. Scientometrics，1994，30（1）：147-155.

［5］Narin F，Olivastro D. Linkage between patents and papers：An interim EPO/US comparison［J］. Scientometrics，1998，41（1-2）：51-59.

［6］栾春娟 . 基于专利信息计量与可视化手段的技术前沿探测——以波音公司为例［J］. 情报理论与实践，2009，（8）：68-71.

［7］Iversen E J. An excursion into the patent-bibliometrics of Norwegian patenting［J］. Scientometrics，2000，49（1）：63-80.

［8］吴海燕，张国卿 . 基于专利信息计量的专利引文数据库的设计［J］. 科技情报开发与经济，2009，（22）：88-91.

［9］栾春娟 . 专利信息计量与专利战略［M］. 大连：大连理工大学出版社，2012.

［10］王续琨 . 交叉科学结构论［M］. 大连：大连理工大学出版社，2003.

［11］唐炜，刘细文. 专利分析法及其在企业竞争对手分析中的应用［J］. 现代情报，2005，（9）：179.

［12］张静，刘细文，柯贤能，等 . 国内外专利分析工具功能比较研究［J］. 情报理论与实践，2008，（1）：141-146.

［13］王敏，李海存，许培扬 . 国外专利文本挖掘可视化工具研究［J］. 图书情报工作，2009，53（24）：86-90.

［14］王永红 . 定量专利分析的样本选取与数据清洗［J］. 情报理论与实践，2007，（1）：93-96.

［15］栾春娟 . 专利信息计量与专利战略［M］. 大连：大连理工大学出版社，2012：1-6.

［16］栾春娟 . 专利信息计量与专利战略［M］. 大连：大连理工大学出版社，2012：27-29.

［17］邱均平 . 文献计量学［M］. 北京：科学技术文献出版社，1988.

［18］李建蓉 . 专利信息与利用［M］. 北京：知识产权出版社，2006：542.

［19］Albert M B，Avery D，Narin F，et al. Direct validation of citation counts as indicators of industrially important patents［J］. Research Policy，1991，20（3）：251-259.

［20］Griliches Z. R & D，Patents and Productivity［M］. Chicago：University of Chicago Press，1984.

［21］高继平 . 知识计量指标体系及其应用研究——以 SIPOD 中数字信息的传输（H04L）领域为例［D］. 大连理工大学博士学位论文，2013：36-37.

［22］李建蓉 . 专利信息与利用［M］. 北京：知识产权出版社，2006：353-354.

［23］杨铁军 . 专利分析实务手册［M］. 北京：知识产权出版社，2012：3.

[24] 谢顺星．专利咨询服务［M］．北京：知识产权出版社，2013：58.
[25] 牟萍．专利情报检索与分析［M］．北京：知识产权出版社，2012：2-5，6-22.
[26] Seidel A H. Citation system for patent office［J］. Journal of the Patent Office Society，1949，(31)：554-567.
[27] 刘平，张静．专利地图制作及应用例析［J］．管理学报，2005，(2)：555-561.
[28] van Steen. Free patent information as a resource for policy analysis［J］. World Patent Information，2003，25(3)：223-232.
[29] Norling P M，Herring J P，Rosenkrans W A，et al. Putting competitive technology intelligence to work［J］. Research Technology Management，2000，43(5)：23-28.
[30] 毛金生，冯小兵，陈燕．专利分析和预警操作实务［M］．北京：清华大学出版社，2009：35-73.
[31] 谢顺星．专利咨询服务［M］．北京：知识产权出版社，2013：68-80.
[32] 杨铁军．专利信息利用技能［M］．北京：知识产权出版社，2011：406-442.
[33] 郭婕婷，肖国华．专利分析方法研究［J］．情报杂志，2008，(1)：12-15.
[34] 王磊，沈金波．专利情报分析方法研究［J］．图书馆学研究，2006，(11)：2-5.
[35] 李道苹．卫生信息分析［M］．北京：人民卫生出版社，2014：343.
[36] 杨铁军．专利分析实务手册［M］．北京：知识产权出版社，2012：3-7.
[37] 杨铁军．专利信息利用技能［M］．北京：知识产权出版社，2011：224-405.
[38] 李建蓉．专利信息与利用［M］．北京：知识产权出版社，2006：296-352.
[39] 孟俊娥．专利检索策略及应用［M］．北京：知识产权出版社，2010：6-9.
[40] 赵蕴华，张静，李志荣，等．服务于科技创新的专利分析实践与案例［M］．北京：科学技术文献出版社，2015：18-19.
[41] 李建蓉．专利信息与利用［M］．北京：知识产权出版社，2006：7-9.
[42] 赵蕴华，张静，李志荣，等．服务于科技创新的专利分析实践与案例［M］．北京：科学技术文献出版社，2015：15.

第四章 专利信息计量指标

专利信息计量属于专利定量分析，在量化宏观、中观和微观层面的技术水平方面有重要的作用。专利信息计量一方面可以反映一个国家或地区的技术实力和创新能力；另一方面也可以在宏观和中观层面反映某一产业和具体企业的发明活动、技术水平及其在科学技术与经济竞争中的地位和贡献等，甚至也可以应用于微观层面特定专利质量评价[1]。

专利指标是专利信息计量的关键和核心，因为要对专利文献和专利信息进行计量分析，专利计量指标的选择与构建必不可少。有鉴于专利信息在当今产业发展中扮演着越来越重要的角色，专利信息计量指标的系统构建与合理运用成为专利信息计量应用研究的重要议题。“专利计量指标”成为2007 年在西班牙马德里举行的第 11 届科学计量学与信息计量学国际研讨会的征文主题就说明了这一点[2]。

构建适当、有效的专利信息计量指标，是进行专利文献和专利信息分析与研究的前提和基础。诸多国家、国际组织都非常重视专利信息计量指标的研究及应用。目前全球较有影响力的专利信息计量指标体系有CHI专利计量指标体系、Ginarte-Park指数法、OECD科技指标手册等；国内学者王九云、黄庆、杨晨等也分别构建了不同的知识产权或专利计量指标[3-5]，深圳、上海、烟台还陆续出台了区域知识产权或专利计量指标体系[6]。

4.1 专利信息计量指标概述

1. 专利信息计量指标的内涵

计量指标是指度量递进程度、形容和描述研究对象，并表征研究对象本质的工具。计量指标一般包括三层含义：度量是指指标像一把尺子、标准和工具，通过它可以对研究对象进行测量；递进程度是指指标具有的刻度，通过它可以对研究对象进行比较和评价研究；形容和描述是指标可以将定性的、非量化的及定量的研究内容转换成量化的数值形态[7]。

专利指标是专利信息分析、计量、评价、审视的角度或视角。可以将专利计量指标理解为：在专利文献中提取有用的信息组，经过加工整理，这些信息可以作为创新主体科技活动、经济活动和法律活动分析的“尺度”。专利信息计量指标涵盖了从简单的专利计数到复杂的质量和价值计量与评价指标，提供了对发明创造全过程的清晰认识，可以在宏观或微观的不同层面反映国家或企业的发明创造活动及研发产出、知识产权的拥有量、技术发展水平及其在国际技术与经济竞争中的地位。因此，专利信息计量指标可以用于揭示技术与科学、技术与研发、技术和经济活动、技术与法律之间的相关联程度。专利信息计量指标的主要优势在于：可以对专利数据在高度离散的条件下进行研究，而对数据聚合度标准可以允许有较大的弹性。

2. 专利信息计量指标的发展

专利信息计量指标的研究和应用已有几十年的历史，一些世界组织和专利机构多年来一直很重视专利信息计量指标体系的研究。例如，OECD 早在 20 世纪 60 年代就开始思考生产率要素与专利质量的内在联系[7]。近年来，美国、日本以及欧洲等国家或地区的专利机构投入了大量的人力、物力，进行专利计量指标的研究工作。美国国家经济研究局（National Bureau of Economic Research，NBER）也有专门的工作组从事专利统计作为经济指标的研究工作。此外，CHI 公司已经构建了多种技术指标体系，其中包括专利计量指标[8]。与此同时，学界的研究者关注专利计量指标也已有很长时间。Griliches 在 1990 年对专利总量的波动与投资增长的关系做了大量的探索[9]。Schankeman 和 Pakes 利用专利再注册的数据来评估专利权的价值[10]。Trajtenberg 等对专利引证等重要计量指标进行了研究[11-13]。Putnam 对专利族数量指标进行了研究等。研究表明：专利数据和计量指标可以用来构建科学技术指标，以便分析比较不同国家之间的技术创新情况、评估技术发展现状、跟踪和预测技术发展趋势、为制定科技发展政策提供决策依据等。

OECD 指出[7，8]，投入、产出或影响因素指标应当被定义为科技资源、科技结果和影响因素指标。在实践中，确定科技活动的结果远比记录其资源更困难，科技活动的结果和新产品、新工艺在市场上取得的成功，都不能用通常科学概念上的“测量”变量来测度。解决的办法是采用一种替代的指标而不是直接测度，因此通常用专利计量指标来间接测度科技活动。对于国家和企业层面来说，专利计量指标可以被用来调查技术领域聚集程度或区域性的技术和经济活动及核心竞争力技术。而且，用专利来测量技术活动与用产品、生产或贸易来测量经济活动在聚集程度和区域分析中显现出广泛联系。瑞士洛桑国际管理开发研究院在《国际竞争力年度报告》中也使用了专利计量指标评价各国的科学技术活动产出。因此，普遍认为专利计量指标是一种重要的科技指标。

3. 专利信息计量指标的作用

专利信息计量指标与经济发展关系密切。Schmookler 将专利统计当作发明创造量的指标，他认为在经济学意义上专利的意义在于可以被转换成一个带有分类的随机变量，用专利统计来解释国家经济效率增长的集合体，把专利作为“生产率增长指标”，并认为专利是发明活动的指标，而且是投入指标而非产出指标[14]。Griliches 认为，专利数据详细及易于获得的特点使得其可以作为一种很好的发明创造活动“输入”指标[9]。众多研究都参与到了“专利计量指标作为创新活动度量”的研究中。

专利计量指标与科技发展密切相关。科技发展与创新是生产力和竞争力的重要因素。人们常常用专利计量指标作为科学技术指标来分析和比较技术创新情况、评估技术发展现状、跟踪和预测技术发展趋势。在科技活动中，专利与研发和创新密切相关，而最重要的问题在于如何用定量和定性方法描述科技活动，以便这些计量指标能够直接或间接地应用到分析模型中。一般来说，科技活动通常只能间接地使用“投入”“产出”或“影响因素”指标进行测度。调查表明，大部分发明被申请专利，并且大部分专利是伴随着经济用途而产生的；无论是小企业还是大公司，专利都能较好地反映其发明和创新活动。因此，专利计量指标常被用来测度科技活动产出。研发活动与专利活动联系紧密的原因还在于，两者都描绘了发明创新过程的重要特征和方面。专利是应用导向型研发（应用研究和实验过程，有时也包括导向型的基础研究）的典型结果（或称为产出）。专利作为公开的信息源可以提供有关企业或个人创新活动的详细信息。同时，由于专利数据统一规范且离散度小，专利计量指标比研发支出或贸易和产品统计等指标在测度研发和创新活动方面更好用[15]。

4.2 国内外专利信息计量指标研究概况

国内外专利计量指标的研究经历了由简单到复杂，由数量、质量指标不断向科学技术与专利速度等内涵信息挖掘的发展过程。有关专利信息计量指标的研究概括起来主要集中在三个方面，即专利信息计量指标的必要性研究、专利信息计量指标的可行性研究，以及专利信息计量指标体系的开发与应用研究。

1. 专利信息计量指标的产生和发展

早在 1837 年，美国就开始运用专利统计结果作为衡量经济绩效的指标。由于当时专利文献的获取比较困难，专利计量指标限于专利授权数、重大发明数等一些较为基本和直观的指标。1949 年美国学者 Seidel 首次系统地提出专利引文分析的概念，指出专利引文是后续专利基于相似的科学观点而对先前专利的引证，同时还提出了高频被引专利技术相对重要性的设想[16]。此外，Seidel 还首先提出以计量方式分析专利文献，他建议利用卡片记录的方式，运用引用文献分析方法处理专利文献中所列出的引用信息，以进一步了解各项技术及研究之间的关系[16]。但当时这一方法并未引起足够的注意，相关研究的发展也非常缓慢。20 世纪 50 年代，日本在大量引进西方先进技术的同时，针对专利文献检索不能有效揭示隐藏在专利文献信息后的专利权及其引用者间的关系，存在难于为企业管理提供决策支持等弊端，应用信息计量理论和数理统计分析方法对专利文献进行深入挖掘与分析，将单纯的专利文献检索改造成为主要针对国外技术动向跟踪的专利情报分析，并先后创造出了“产业专利技术调查”“专利地图分析”和“专利关系树分析”等研究方法[17, 18]。20 世纪 70 年代，美国的 van Steen 开始将专利分析与科技政策制定相结合[19]。Scherer 成为第一个将专利数据分析引入经济分析的著名经济学家[20]。Narin 首次将文献计量学方法引入专利分析[21]。

20 世纪 70 年代早期，CHI 公司便与美国国家科学基金会一起研发出全球第一个科学成果指标，美国国家科学基金会每两年一次编写出版的《美国科学与工程指标》报告采用的就是 CHI 公司的专利指标体系。OECD 科技指标系列手册即弗拉斯卡蒂系列手册中的《专利手册》也介绍了 CHI 公司指标的概念和计算方法，并指出 CHI 公司的指标最初主要针对公司设计，但同样适用于国家、地区。1986 年，美国 CHI 公司与美国科技信息所（Institute for Scientific Information，ISI）合作将期刊文献引用分析应用到专利领域，提供专利文献被引用的信息，自此，专利信息计量指标的研究开始活跃起来。大量文献开始对专利信息计量指标建立的可行性和有效性展开了研究，目的是验证专利信息计量指标分析结果的信度与效度，主要方法是就专利计量分析所建立的各类指标与基于期刊文献建立的计量指标或其他方法建立的指标进行比较，从而说明专利信息计量指标的理论基础与研究成果的信度和效度[20]。Narin 透过专利数的计算及发明人分布的研究，将文献计量分析中的洛特卡定律运用于专利文献计量分析中，验证了专利文献的洛特卡特性[21]。Narin 和 Hamilton 利用文献计量、专利计量与连接计量三种不同文献的计量分析了各种公共研究计划的执行成效，研究表明三种不同的计量方法的结果具有一致性，因此专利信息计量指标分析的结果有一定的可信度与有效性[22]。除了验证文献计量研究方法对专利文献的适用性，如何从产业发展的角度解读专利计量分析所建立的各项指标，也是专利计量分析适用性的相关讨论中常被提及的议题之一。Carpenter 等利用专利引用分析所得到的产业机构影响力与企业评比结果进行比较，发现依据专利引用数据建立的指标与企业评比表现相同，两者呈现出正向相关[23]。Meyer 通过访谈研究也验证了专利指标具有相当的信度和效度[24]。

2. 国内外专利信息计量指标研究概况

国内外学者和相关组织主要进行了面向国家或地区、面向企业（或其他社会组织，如大学和科研机构）、面向专利本身，即宏观、中观和微观三个层次的专利信息计量研究，构建了相关计量指标体系和方法。宏观层次的专利信息计量指标研究以 Griliches、Zan Huang、周文彦、Lee 等为代表，从国家或地区专利数量、产业专利、专利价值等方面构建专利信息计量指标评价国家、地区、产业科技创新能力和科技竞争力等。中观层次的专利信息计量指标研究以 Cozijn、Suzuki 和 Kodama、邱均平、官建成等为代表，从专利类型、专利量变、与科学的联系、专利引用、专利被引等多个角度构建了衡量企业科研能力、技术水平、创新程度等专利信息计量指标，用以评价企业的技术创新能力、技术优劣势等。微观层次的专利信息计量指标以 Breitzman 和 Mogee、Jaffe、Lai 和 Che、Martinez-Ruiz 和 Aluja-Banet、宋河发和穆荣平等为代表，针对专利文献的特征，构建了专利信息计量指标体系，用以解读具体专利文献的创新程度和经济价值[25]。此外还有很多国内外学者从不同角度出发构建了专利信息计量指标体系，用于评价和衡量专利数量、专利质量、专利价值和专利关联等。

3. 国内外专利信息计量指标研究存在的问题

经过多年的发展和完善，美国、日本等发达国家的专利信息计量指标在国家层面的应用，已经取得了较为可靠的实践经验，如在科学技术评价、知识产权实力比较等方面。但是，当前的专利信息计量指标研究也存在着一定的问题，还需要进一步深入研究和完善。例如，指标与数据概念混淆；计量中以指标为导向，而不是以问题为导向；计量中不区分领域间的差异，一味套用现成的指标等。

相对于国外较为完善的专利数据库，我国的专利数据库 SIPOD 数据不完整、标引不规范，且没有专利引文，因此国外专利信息计量指标体系中衡量专利质量和专利价值的引文计量指标就不能应用，从而使得我国的专利信息计量指标不够全面。此外，专利指标作为度量技术水平的重要手段，如果专利信息计量仅仅从宏观、中观和微观三个孤立的层次进行分析，而不考虑其各个层次间的关联，就会破坏技术的系统特性，从而影响到通过专利计量分析技术水平的有效性，需要在今后的研究中加以改进。

目前，国际上还没有一个公认的、通行的、标准化的专利信息计量指标体系，各个研究机构都拥有符合自身情况和历史背景的一套专利信息计量指标体系，由此形成了国际上多种指标体系并存的局面。这无疑为选用具体指标体系开展专利信息计量增添了难度。不仅如此，这些各具特色的专利信息计量指标体系有的并未考虑到不同指标的相关性及多重共线性等问题，在应用于专利信息计量分析时，可能会使一些指标特征重叠，从而影响结果的准确性。同时在实际研究和应用专利信息计量指标时还应当注意国别和地域所带来的影响，以及不同专利信息计量指标之间的关系所导致的后果。因此，今后有必要建立国际专利指标数据库，增加专利指标衡量的国际通用性。

4.3　国外专利信息计量指标研究现状

国外专利信息计量指标中的数量指标已经非常完善，但很少单独使用。20世纪80年代，国外（特别是美国）已经开始系统研究专利信息计量指标问题，近年来尤为活跃。国外学者通过实证研究构建了一系列专利信息计量指标。其中，专利质量和专利引证指标研究最深入，应用最广泛。专利维持水平、专利族大小、权利要求数量等指标研究也比较成熟，专利计量综合指标研究开始兴起，成为研究的重点[26]。这些前期相关研究奠定了国外专利信息计量指标研究和应用的基础。

1. 专利质量指标研究

专利数量指标的缺陷引发了学者们对专利质量指标的探索。国外学者早期通常用专利授权量来衡量发明活动。虽然所有的专利必须符合新颖性、创造性和实用性标准，但是并非所有专利都有一样的技术水平和一样的经济意义。在经济研究中发现，专利的经济重要性或者价值差异很大。谢勒研究表明，专利价值的分布很不均匀，即价值集中于少数高质量的专利。Hirschey 和 Richardson 认为，单纯的专利数量不能完全反映创新产出的经济价值信息。

现有文献主要从使用者的角度研究专利质量指标。首先，根据专利的法律效力设定的专利质量指标不具有操作性，因为法律效力最终通过法律程序（如异议、无效宣告）予以判定。法律程序需要有人启动，一般要等几年，有的甚至十几年。而且，大部分专利是不经过这种法律程序的。其次，从专利技术角度设定专利质量指标比较普遍，通常有两种方法：第一种是从技术本身的重要性出发，如 Abraham 和 Moitra 认为专利质量越高，其名称所包含的细节（或者可以认为是修饰词）越少，并且提出技术层次的概念总共有十个层次，每个层次都对创新的程度有具体定义。这种方法要求评价者对行业技术具有相当造诣，同时也受到专利数量的限制。第二种是从专利引证关系出发，基于专利被引用体现出专利技术对后续发明创造的影响程度的原理，设定一系列指标。如 Hirschey 和 Richardson 提出了三个专利质量指标：即时影响指数（Current Impact Index，CII）、科学关联性（Science Linkage，SL）和技术循环周期（Technology Cycle Time，TCT），并认为专利引证指数（Citation Index）、非专利参考文献（Non-Patent References）数量和技术循环周期也可以作为专利质量指标，并提醒这三个指标都具有产业依附性，即不同的技术领域差异很大。最后，从专利经济价值角度设定专利质量指标也是学术界普遍采用的方法。由于专利交易市场价值难以获取，Schankernan 和 Pakes 率先利用专利维持水平（Patent Renewal）来替代专利经济价值，对英国、法国、德国三国的专利经济价值分布进行了估计。此后，该方法得到了广泛运用。

除此以外，国外专利质量指标的相关研究还有，Sumpat 使用了三个专利质量指标：被引次数、授权 4 年后的维持情况和专利族大小。Burk 和 Reitzig 总结了前人研究的专利技术质量指标：专利参考文献数量、非专利参考文献数量、被引次数、5 年内被引次数、5 ～ 10 年内被引次数、专利族大小、申请人数量、发明人数量、是否要求加速审查。

2. 专利价值指标研究

专利质量指标与专利价值指标关系密切且差异明显。有学者甚至直接将专利质量等同于专利价值进行研究，但大多数学者只将专利质量看作专利价值的重要决定因素。因此，专利价值指标中或多或少涉及专利质量指标。100 件专利中只有 1 ～ 3 件专利能产生有价值的经济回报，专利价值的这种不均匀分布致使学者开始怀疑专利数量作为研发产出短期变化指标的效力，并很快吸引很多经济学者研究专利价值的决定因素。在过去 20 年间，一系列研究开发了很多专利价值指标，例如，常用指标包括专利引证、专利权利要求范围、专利维持水平、专利族大小，其他指标包括授权的概率、专利异议、申请人加速审查要求、发明是否产生高技术创新企业。专利引证指标又具体包括专利参考文献数量、非专利参考文献数量、自引文献数量、被引次数等。这些专利价值指标与专利质量有着千丝万缕的关系。

3. 专利引证指标研究

专利引证（patent citation）是指专利与科学文献、专利与专利之间相互引用的关系。专利引证指标包括两个基本指标：引文数量（backward citation）和被引次数（forward citation）。经过开发，引文数量又演化出专利参考文献数量、非专利参考文献数量、科学关联度和技术循环周期；被引次数又演化出即时影响指数和技术强度。

专利引证指标主要有三个作用：①评价专利价值或专利质量；②评价知识流和知识外溢；③研究企业战略行为。

1976 年，美国专利商标局在《第六次技术评估和预测报告》中强调了专利被引次数评价专利技术的意义。此后，专利引证研究成果开始涌现。利用专利引文分析基础研究对技术创新的影响的方法始于 20 世纪 70 年代，由 Narin 等学者在 80 年代予以发展并逐渐趋于成熟。Narin 对美国专利的科学引文进行了大规模的、系统的计量分析，结果表明，美国技术与美国的基础科学的知识联系程度在 6 年内增加了两倍，说明美国公共科学在技术创新中起着重要作用。Mcmillan 等也得出相同的结论。

1990 年，Trajtenberg 最早引入引文数量指标（指专利所引用的科学文献、专利文献等现有技术的数量），并将其作为专利价值或质量指标。引文数量通常和被引次数高度相关，但引文数量很粗糙，并不意味着引文数量可以很好地反映专利质量。引文数量可以分为专利参考文献数量和非专利参考文献数量。Carpenter、Narin、Noma 和 Tijssen 等学者认为非专利参考文献数量可以反映专利的科学关联度。但 Schmoch 的研究表明，并非所有的非专利参考文献都与科学相关。Gay 和 le Bas 指出引用科学文献的数量和发明质量正相关。Sehettino 等还将引文数量分为坏引文数量和中立引文数量，但是研究发现这两种类型的引文数量与专利质量的关系并不稳定。被引次数已被广泛用作专利质量指标：专利被引用的次数越多，说明对其他发明的影响越大，专利越重要。虽然被引次数评价专利质量有其局限性，但是被引次数与专利质量之间的关系已经建立起来。CHI 公司的研究人首先验证了高被引专利和重要技术专利之间的关系。Carpenter 等验证了具有重大技术进步的专利被美国专利引用的平均次数比随机挑选的专利高很多，说明专利被引次数可以评价专利组合的技术重要性。Albert 等研究柯达公司专利发现，被引次数最高的专利是最具有价值的专利，也是最具有技术影响力的专利。Lanjouw 和 Schaskerman 肯定了被引次数对其构建的专利质量指数的贡献。Trajtenberg 发现 CT 扫描仪领域具有社会价值的发明比没有价值的发明被引次数高。Harhoff 等发现被引次数和专利私有价值正相关。Hall 等发现用被引次数加权的专利数量，可以很好地评价企业市场价值，而且研发经费也可以加权专利数量。特别是，每件专利每增加一次被引可以使企业的市场价值提高 3%。

Narin 基于美国专利引证数据开发了一系列的技术指标。主要包括四个指标：即时影响指数、技术强度、科学关联性和技术循环周期。Albert 等验证了前三个指标的效力，Kayal 和 Waters 验证了第四个指标的效力。Hirschey 和 Richardson 将即时影响指数、科学关联度和技术循环周期作为专利质量指标。Nagaoka 在研究中也使用技术循环周期和科学关联度作为专利质量指标。

专利引证指标还有很多问题需要解决。例如，Maurseth 提出引用一项专利“可能意味着抛弃陈旧被引专利的竞争性创新”。Trajtenberg 还认为专利被引次数并非线性反映专利质量信息，而是边际递增。被引次数指标受“时间截面”、“引证膨胀”、技术领域差异等因素的影响，尤其是“时间截面”的影响最为严重。为了消减这些影响因素，Hall 等推荐了两个方法修正被引次数：固定效果法（fixed-effect）和准结构法（quasi-structural）。

4. 专利综合指标研究

随着专利质量指标研究的深入，学者开始探索将多个指标集合成一个综合指数，以更全面地反映专利质量信息，并有利于评价者更快捷地判断专利质量。Lanjouw 和 Schankerman 最早利用 1975 ～ 1993 年七个技术领域的美国专利详细信息开发了专利质量指数——基于一个潜在公因子的多指标模型，从权利要求数、被引次数、专利参考文献数量和专利族大小四个专利质量指标中提取一个“质量”公因子。Mariani 和 Romanelli 也基于类似的模型利用 793 个欧洲发明人样本构建了一个专利质量综合指数，使用了权利要求数、被引次数和专利参考文献数量三个指标。Schettino 等在论证发明效率与专利质量是否受研究个体和团队的特征所影响时，用被引次数、引文数量、权利要求数和专利族大小作为专利质量指标，构建了一个专利质量综合指数。总而言之，国外对专利质量指标研究比较深入，实证研究丰富，已经形成一系列比较成熟的专利质量指标，主要包括专利引证指标（如引文数量、被引次数、即时影响指数、科学关联度、技术循环周期）、专利维持水平、权利要求数量、专利族大小、专利异议或诉讼，以及其他指标。也有学者对现有指标进行改进，如累积引证指标、指定－维持模型、范围一年指数，或者对现有指标进行整合构建专利质量综合指数。但是，国外学者对专利质量的界定仍然不统一、不明确，专利质量与专利价值的关系不明朗；学者一般只选择几个指标进行研究，尚未系统地总结和分析专利质量指标；部分专利质量指标还存在缺陷，有待进一步修正或优化；专利质量综合指数研究刚刚起步，还有待进一步完善。因此，专利质量指标领域还有很大的研究空间。

5. 其他专利指标研究

除了上述专利信息计量指标之外，其他一些相关专利计量指标也同样引起了研究者的兴趣。

（1）专利维持水平被广泛用于评价专利价值或专利质量。Pakes 和 Schakerman 最早研究用专利维持数据揭示专利价值。Schakerman 和 Pake 对专利维持模型进一步修正，并对英、法、德三国的专利价值分布进行了估计。Lanjouw 等提出了一个二元变量——授权后第 4 年是否维持。Lanjouw 等还运用专利申请和维持数据评估专利的价值分布，但是没有探讨两者之间的关系。

（2）专利族大小反映发明的技术重要性和经济重要性。Deng 利用欧洲专利局的数据分析和探讨了专利族和专利维持之间的关系。Barmey 强调“高维持率与高价值是一致的”。Putnam 第一次将专利族大小作为专利质量（专利价值）指标引入，随后，Lanjouw 和 Schankerman、等再次确认了它的效力。并发现美国超过 2/3 的专利权人不在国外寻求保护，专利族大小仅仅在软件专利的质量评价中起作用。Pultnajm、Lanjouw 等的研究表明专利族大小和专利维持水平高度相关。

（3）专利保护的技术范围是专利权利保护效力的重要决定因素。目前有两种方式表征专利的技术保护范围：一种是 Lerner 提出使用专利文件中头四位 IPC 分类号的不同个数来表征，即技术覆盖范围；另一种是 Tong 和 Frame 提出用专利说明书中权利要求（包括独立权利要求和从属权利要求）数量来表征。韩国学者 Lee 等运用“零膨胀模型”证明权利要求数量和被引次数高度正相关，说明权利要求数量是有效的专利质量指标。van Pottelsberghe de la Potterie 和 van Zeebroeck 认为专利维持和保护范围构成专利生命中两个重要的维度，可能也是最常用的专利价值指标。

4.4 我国专利信息计量指标研究现状

我国对专利信息计量指标的研究主要集中在专利数量指标、专利质量指标和专利价值指标三个方面，这三类指标通常有机结合在一起，形成专利综合计量指标，共同用于专利信息计量、分析和评价[27]。

1. 专利数量计量指标研究

我国对专利数量指标的研究主要体现在专利定量分析中，一些机构和学者构建了用于专利定量分析的各类专利指标体系。在早期的研究和应用中，专利数量指标是开展专利信息计量分析的主要指标，宏观层面的专利分析常常将专利申请量和专利授权量作为衡量指标。邵勇（2003）用专利申请量和授权量来表征专利产出。中国科学院专利分析报告（2005 年）主要使用专利申请量和授权量、PCT 申请量以及在美国获得专利量四个比较简单的数量指标分析中国科学院的专利情况。深圳市构建的知识产权指标体系中也主要是用申请量和授权量两大指标，这两类指标包括国内三种专利年申请量、国内发明专利年申请量、每万人国内三种专利年申请量、国内发明专利申请获授权的比重、深圳本土企业三种专利年申请量、PCT 年申请量。

2. 专利质量计量指标研究

随着专利信息计量研究的深入发展，专利数量指标已不能作为独立的衡量指标，专利数量指标开始同专利质量指标、专利引证指标和专利价值指标有机结合起来。我国学者开始借鉴国外的专利引证指标、专利质量指标和专利价值进行专利信息计量分析。朱清平（2002）从专利产生的角度出发，认为专利质量一方面取决于发明人对其发明的创造和设计，另一方面取决于授权的审查制度。高山行和郭华涛（2002）最早利用 Schankerman & Parkes 专利维持模型对我国专利权质量进行了评估和分析，并用专利申请授权率与欧洲国家进行比较，得出我国专利质量自本世纪 90 年代以来有所降低，建议重视专利权质量。Zan Huang 等（2003）在对纳米领域的专利进行国别、机构和技术领域分析时，使用了授权专利逐年量、平均被引数、专利平均年龄、当前影响力指数、技术独立性、技术循环时间、科学关联度等指标。秦海著认为居民获得国外专利数量能反映发明与专利的质量。刘长威分析了我国高校专利质量存在问题的四种表现形式。程良友和汤珊芬从发明专利比例、国内发明专利申请授权率、专利实施率、无效专利比例、专利提前终止比例和本国人 PCT 国际申请的比例六个方面分析和评价了我国专利的数量和质量。谢炜构建了我国专利质量评价指标体系，包括发明专利比例、专利授权率、专利维持率，以及向国外及中国港澳台地区申请专利数四个指标。杨祖国和李文兰利用德温特创新索引数据库，采用专利引证分析方法对我国 1985 ～ 2003 年的专利被引情况进行了技术主题分析。孟宇和牛媛媛分析了射频识别技术在申请年度发展趋势、主要申请人地区分布、IPC 分布、DWPI 分布、主要申请人分布、核心专利排名、专利地图等方面的情况。赵亚娟等列举了 16 个专利分析指标，并阐述了指标的含义及其应用范围，这些指标涉及专利的数量、质量和技术生命周期等方面。张冬梅和曾忠禄综述了类似的用于专利情报分析的 23 个指标。程良友和汤珊芬总结了国外对专利质量研究的三种观点，即专利价值（专利的市场价值）、发明创造质量（发明创造对社会进步与发展的影响程度）和专利申请质量（专利申请的授权率）。赖院根等认为专利法律状态信息在衡量技术差距、研发实力和专利质量等多方面都能给专利申请信息分析以很好的补充，并认为专利授权率、专利寿命和失效专利比例能反映专利质量。刘玉琴等基于文本挖掘技术引入技术新颖度度量函数考察专利技术价值。韩彩云和龚勋从公司层面和技术层面初步构建了专利情报分析指标体系，其中公司层面将被引用次数、当前影响力和科学联结三个指标作为专利品质指标。仁智军等叙述了专利情报分析中引用分析的理论和方法，并对美国专利数据库中加密技术进行了引证分析、引用关联分析和高被引分析。刘玉琴等认为专利质量评价包括对专利的价格或经济价值评价和专利技术价值评价。李春燕和石荣首次提出了“专利质量指标”的概念，全面地介绍了国内外通常使用的 29 个专利质量指标，并将其分为引用指标、科学指标、内容指标、国际指标、时间指标及其他指标六类。官建成等基于专利被引次数构建 h 指数评价专利组合的质量。

我国台湾地区的学者较早引入国外研究成果开展专利质量指标研究。陈达仁和李思宏通过对现有优质专利评估方法，即被引次数的研究，认为应该用优质专利指数（Essential Patent Index，EPI）取代被引次数。之后研究也主要是在此基础上的扩展和深入。

3. 专利综合计量指标研究

从单纯的专利数量指标、专利质量指标、专利引证指标和专利价值指标计量与评价向多指标综合计量与评价转变是专利信息计量指标研究发展的必然趋势。因此，专利综合计量指标研究日益成为专利信息计量指标研究的重点。邵勇、郭仁良和魏雪君从专利的投入、产出、运营、保护和效益五个方面构建了专利综合计量指标体系。郭仁良、魏雪君认为专利产出中除了数量指标，还应该包括发明专利授权量（率）、发明专利授权增长率、发明专利对外授权量（率）、发明专利第 n 年存活量（率）、发明专利平均寿命等指标。黄庆、叶春明和马明等从数量、价值和质量三个维度构建了专利计量指标体系。岳宗全和毕艳红认为专利计量指标是一种重要的科技指标，并列举了专利数量、专利成长率、引证指标、科学关联性、技术生命周期、专利效率、专利实施率、产业标准化八个专利计量指标。刘立和王耀德介绍了 CHI 公司利用专利引文对美国专利进行的实证分析，证明公共科学在技术创新中起着重要的作用。杨思军等建议在高校专利评价中引入当前影响因子、科学关联度和技术生命周期等指标，提高专利质量标准的要求。唐炜介绍了国外和我国台湾地区使用的专利指标，按照专利的外在特征，从总量指标、时间分布指标、地理分布指标、人力要素分析指标和专利引文指标几个横向层面对专利分析所使用的指标进行了整理和定义。李清海等介绍了国外现有的专利价值评价指标，并将其分为专业指标和综合指标。专业指标包括技术循环周期、科学关联度、技术覆盖范围和专利权要求数量；综合指标包括专利被引用次数、专利族大小、专利寿命、专利异议、专利诉讼。万小丽和朱雪忠从技术价值、市场价值和权利价值三个维度构建了专利价值评估指标体系，其中技术价值和权利价值两个维度涉及专利质量指标，如创新度、技术含量、成熟度、技术应用范围、可替代程度、专利独立性、专利保护范围、专利族规模和法律地位稳固程度等。

我国的专利信息计量指标研究以借鉴和引进国外专利信息计量指标为主，一些学者和机构也根据我国的发展实际情况进行了改造和改进，为我国专利信息计量指标的深入研究和发展打下了坚实的基础。

4.5 国内外主要的专利信息计量指标体系

专利信息计量的指标较多，可以从不同的角度揭示专利信息。根据专利计量和统计分析的目的与应用不同，行业界和学术界定义了众多的专利计量和统计指标，不同的指标从不同的角度揭示专利信息。

1. 四层次专利信息计量指标体系

1）专利数量指标

根据专利数据的内在特点，可以将现有研究中的各种专利信息计量指标划分为专利数量指标、专利质量指标、专利科技指标和专利速度指标四层次。专利数量是最容易获取也是最直观的计量指标，这是专利信息计量的第一个层次指标。利用专利数量来评价某一公司的研发能力在美国也是最早产生的，这一类专利信息计量指标主要反映主体的专利意识和对专利的关注程度。通过对某段时间内某技术领域、国家、公司或个人所获得的专利数量的组合对比，可评价某一技术领域、国家、公司或个人的技术活动程度和水平、演变过程和发展趋势。初期的专利数量指标一般指专利申请数和专利授权数，经过长时间的研究发展，对专利数量指标体系的研究已较为成熟，在基本数量指标的基础上还延伸出一些比较指标，如专利成长率等，如表 4-1 所示。

2）专利质量指标

专利数量的多少并不能很好地反映专利的价值、质量和影响力。为解决此问题，学者开始关注专利质量问题。如何判断和评价专利的质量是专利质量指标构建的初衷。一般将专利质量指标归为专利计量的第二个层次指标，这一类专利信息计量指标主要反映专利的技术创新程度及技术影响力。最早被用于评价专利质量的计量指标是专利的引用情况。早在 1949 年，Seidel 就最早系统地提出了专利引用指标分析对于专利技术的重要性[16]。1976 年，美国专利商标局在《第六次技术评估和预测报告》里强调专利被引次数用于评价专利技术质量的重要意义[8]。此后，很多学者陆续投入到专利引用指标的研究当中，进一步探讨了专利引用和技术重要性之间的关系。目前，探讨专利质量指标的研究越来越多，在已有的研究中，人们用来衡量专利质量的指标主要有专利引用指标、专利权利要求范围、专利维持水平、专利家族大小、专利异议情况、专利诉讼情况[28-34]等，如表 4-2 所示。

表 4-1　专利数量指标

专利指标	定义、用途与意义	来源
专利申请数	指在某一时期内各国家、公司或个人在特定领域所申请的专利数量，用于评价主体从事技术研发活动的程度	CHI 专利指标
专利授权数	指在某一时期内各国家、公司或个人所拥有的专利授权数量，用于判断主体的创新能力及技术竞争力	CHI 专利指标
有效专利件数	在某一时期内，某国家或地区每 10 万居民所获得的专利件数，用于国家之间竞争力的对比，要消除人口因素的影响	IMD 科技指标
专利生产力	指在某一时期内，某国家、地区或公司内，专利获得数除以研发人员数量，用于衡量专利的净产出，消除研发人员因素的影响	IMD 科技指标
专利效率	指一定时期内国家、地区或公司每百万研发费用支出所创造的专利数量产出，用来评价创新主体在一定时期内专利数量产出的成本效率	IMD 科技指标
专利成长率	将某一年所获得的专利数量与前一年所获得的专利数量相比较，计算出该年较前一年增减的幅度百分比。就某一产业而言，本指标是用来了解在特定时间内专利成长的情况。就某一公司而言，可以用于评价公司技术趋势变化与技术投资	CHI 专利指标

注：IMD 指洛桑国际管理学院（International Institute for Management Development，IMD）。

表 4-2　专利质量指标

专利指标	定义、用途与意义	来源
专利授权率	指在某一时期内所有专利申请中能通过专利审查程序而获得授权的专利所占比率，用以说明被研究主体的创新能力强弱	IMD 专利指标
平均被引用次数	指某公司某一时期内所获得的专利被后来专利所引用的次数除以所有专利总数的商，被引用次数越高，说明该公司的技术影响越强	CHI 专利指标
即时影响指数	指某公司在五年内的专利总数中，某一年在美国专利资料库中被引的次数占同时期所有公司被引用次数的比例，判定公司的产业中哪些技术是最好最成熟的（会被大量引用），也可以作为和其他公司技术影响力比较的指标	CHI 专利指标
专利家族大小	指专利申请寻求不同国家保护的数量，呈现公司专利申请的经济品质	Zeelbroeck
有效专利占有率	指被授权且继续缴费的专利所占比例。一般只有专利产生的价值高过费用才值得维护，因此该指标也可以作为公司专利经济品质的衡量指标	IMD 专利指标
专利权利要求数	专利说明书中权利要求的数量，权利要求跟专利质量成正比	CHI 专利指标
专利异议、诉讼	专利异议的程序可以剔除较弱的专利，即新颖性、创造性和实用性不明显或不强的专利。而价值高的专利遭遇诉讼的可能性较大，因此，是否遭遇并成功通过诉讼是专利价值的重要反映，遭遇诉讼的可能性与专利权利要求的数量通常也呈正相关	Lanjouw Lanjouw and Schankerman

3）专利科技指标

专利的核心是技术，因此对专利技术特征的挖掘显得尤为重要，一般将其作为专利计量的第三个层次指标。通过对这些专利计量指标的分析，可以对技术的发展脉络有一个清楚的认识，便于发现和挖掘重点技术和难点技术。专利科技指标包括科学指标和技术指标两大类，科学指标表现专利与科学研究之间的联系，而技术指标表现专利的技术情况，如表 4-3 所示。

表 4-3　专利科技指标

专利指标		定义、用途与意义	来源
技术指标	技术范围	专利申请的 IPC 分类的多样性，呈现公司申请的技术品质	Fabry 等
	技术专门化	指某研究主体在某领域的专利申请数除以其所有领域的专利申请数的商，可以用于判断研究主体的技术偏好	Mcaleer 等
	技术关联性	反映出该专利被申请专利所引证的次数，该专利的引证次数越高，代表其越趋向于基础技术	OECD 专利指标
	技术独立性	专利申请时，通常会引证他人或自己所拥有的专利作为研发该专利的参考资料。引证的专利偏向自己所有的专利，表示该专利发明所申请的技术较封闭，该公司是市场的领先者或是该技术独立性较高；引证的专利大都是他人所拥有的专利，表示该专利技术的对外依赖性高	OECD 专利指标
	原创性	一件授权专利所引证的所有专利中，将其引证专利分属的 IPC 的数量除以引证专利总数的得数。例如，一件专利引证 20 篇专利，且此 20 篇专利分属 15 种 IPC，则此专利的原创性数值为 0.75，值越高代表原创性越好	PLX 系统公司专利指标
	普遍性	一件授权专利在被引证的所有专利中，将其被引证专利总数分属的 IPC 总数除以被引证总数。例如，一件专利被后来的 20 篇专利引证，且此 20 篇专利分属 10 个 IPC，则此专利的普遍性数值为 0.50，值越高代表普遍性越好	PLX 系统公司专利指标
科学指标	科学关联性	该公司所拥有的专利平均引证论文的篇数，主要反映出该公司专利的技术市场的定位，可以评价公司技术与科学研究的关系，越高代表属于领先型企业	CHI 专利指标
	科学强度	专利件数 × 科学关联性，评价公司专利布局与科学之间的强度关联	CHI 专利指标
	科技关联性	该专利平均被论文或研究报告所引证的次数，代表该专利与科学研究之间的密切度，越高越代表该专利属于基础研究技术或技术领先型技术	OECD 专利指标

4）专利速度指标

专利速度指标最早由 IPIQ 公司（世界领先的美国知识产权研究公司 CHI 公

司是 IPIQ 的前身）提出，该专利计量指标用于衡量主体将技术或发明转变为知识产权的速度以及技术所处的阶段。目前对这类指标的研究还不多，因而研究成熟的专利计量指标也很有限，如表 4-4 所示。

表 4-4 专利速度指标

专利指标	定义、用途与意义	来源
创新生命周期	用于表示一个研究主体将领先技术和核心研究转变为专利资产的速度。以年为单位，年数越低越好	IPIQ 专利组合指标
技术生命周期	以所引证的专利年龄中位数为分子，除以专利件数的平均值。反映某一研究主体的技术发展的速度，另外还可以看出公司未来技术发展的潜力。如果一个专利的技术循环周期短，表示该研究主体的技术更容易被竞争对手的技术所取代。不同产业的技术循环周期不同，我们可由技术循环周期来判断一个研究主体的专利在哪个阶段不容易被取代	CHI 专利指标

2. CHI 公司的专利信息计量指标体系

许多国家和知识产权咨询机构都建立了自己的一套专利计量分析指标体系，如美国摩根研究与分析协会、CHI 公司等。而由于各个国家、地区申请专利的习惯并不相同，指标的计算方式也可能有所不同。早在 20 世纪 70 年代早期，CHI 公司 便与美国国家科学基金会一起研发出全球第一个科学成果指标，美国国家科学基金会编写出版的《美国科学与工程指标》报告也采用了 CHI 公司的专利指标体系。OECD 科技指标系列手册即弗拉斯卡蒂系列手册中的《专利手册》也介绍了 CHI 公司指标的概念和计算方法，并指出 CHI 公司的指标最初主要针对公司设计，但同样适用于国家、地区，如表 4-5 所示。

表 4-5 CHI 公司的专利计量指标体系

指标名称	含义	应用
专利数量	一段时间内各技术领域、各国家、各公司、个人的所获得的专利数量	通过组合对比可评估当年或历年某一技术领域、国家、公司或个人的技术活动程度和水平，以及演变过程和发展趋势
专利相对产出指数	公司在某技术领域的专利申请量与产业专利申请量的比例	评估公司在整个竞争环境中的相对位置
同族专利指数	某专利权人在不同国家或地区申请、公布的具有共同优先权的一组专利数量	反映专利权人申请的地域范围及其潜在的市场战略

续表

指标名称	含义	应用
专利成长率	某权利人在某段时间获得的专利数量 / 上一阶段的专利数量	计算当前较前阶段增减的幅度，可显现技术创新随时间的变化是增加还是迟缓
引证指数	某专利被后继专利引用的绝对总次数	引证次数高，代表该技术属于基础性或领先技术，处于核心技术或位于技术交叉点
即时影响指数	某产业或企业前五年专利的当年被引次数 / 系统中所有专利前五年专利的当年被引用次数的平均值	如果实际被引用数与平均值相等，即时影响指数即为 1。指数大于 1，说明该技术有较大影响，小于 1，则说明影响较小
技术强度	专利数量 × 即时影响指数	专利数量在质方面的加权，评估公司专利的技术组合力量
相对专利产出率	某权利人在某一领域的专利申请量 / 全部竞争者的申请量	判断权利人的竞争位置，产出率越高，竞争力越强
技术重心指数	权利人在某技术领域的专利申请量 / 其全部申请量	判断某一国家和公司的研发重点
科学关联性	某公司专利平均所引证的科研学术论文或研究报告数量	评估某专利技术创新和科学研究关系
技术生命周期	企业专利所引证专利之专利年龄的中位数	评估企业创新的速度或科技演化速度。技术生命周期较低，代表该技术较新且创新速度快
科学力量	专利数目 × 科学关联性	评估一家公司使用基础科学建立该公司专利组合的程度和公司在科学上的活跃强度

3. 宏观、中观和微观专利信息计量指标体系

国内外的专利信息计量指标很多，且其中多数专利指标既可以应用于宏观层面关于产业的科学技术水平衡量，也可以应用于不同企业的科学技术水平或创新能力比较，还可以用于特定专利的技术力量或创新程度估计等。宏观层面的专利信息计量指标重点强调“量”的变化，即反映整个行业的科学技术水平变化或整个行业当前的发展现状及其趋势等；中观层面的专利信息计量指标主要关注“率”变迁，即度量具体企业在整个行业中所处的地位及其未来变化等；微观层面的专利信息计量指标则主要强调具体专利的“质”的差异，即不同专利发明活动的创新程度、经济价值等之间的差异[1]。

1）宏观专利信息计量指标

专利信息计量指标通常被分解为宏观专利信息计量指标、中观专利信息计量指标和微观专利信息计量指标三个层次[6, 35]。其中宏观专利信息计量指标有历年专利授权量、技术集中度、技术生长率、技术成熟系数、技术衰老系数、技术强度、美国授权专利量、三方专利量、PCT 申请量等，用于衡量某一技术领域的发明活动或其发展状况。这些指标一方面通过整个行业的专利数量变化，反映了该领域的发展状况；另一方面，技术生命周期理论反映了技术发展的轨迹，即由诞生到壮大再到衰退的路线，区别开不同技术的发展阶段，如表 4-6 所示。

表 4-6　宏观专利信息计量指标

指标	计算方法	表征的意义
历年专利授权量	该技术产业每年授权的专利数量	该技术产业的发明活动情况
技术集中度	该技术产业专利集合中专利数量分布状况	该技术产业的子技术领域分布情况
技术生长率 v	$v=a/A$，a 为当年发明专利申请量，A 为追溯 5 年的发明专利申请累积数	通过连续计算数年，若 v 值递增，则表明该行业的技术正在萌芽或处于成长阶段
技术成熟系数 α	$\alpha=a/(a+b)$，a 为当年发明专利申请量；b 为当年实用新型专利申请量	通过连续计算数年，若 α 值递减，则说明该行业的技术正日趋成熟
技术衰老系数 β	$\beta=(a\times b)/(a+b+c)$，$a$ 为当年发明专利申请量；b 为当年实用新型专利申请量；c 为当年外观设计专利或商标申请量	通过连续计算数年，若 β 值递增，则预示该行业的技术正日趋陈旧
技术强度	技术强度 = 当年专利数 × 即时影响指数	通过专利质量指标（即时影响指数）和专利数量指标（专利数）来反映技术创新的程度
美国授权专利量	该技术产业在美国所授权的专利总量	高技术含量的专利数量（考虑到在美国申请专利程序复杂，费用较高，只有较高水平且能够产生与其经济开销相匹配的才会在美国申请专利）
三方专利量	在北美、欧洲和日本三方中任何两方以上都申请的专利数量	高技术含量的专利数量（考虑到“本土优势”状况的存在，以三方专利量代替美国授权专利数量指标）
PCT 申请量	国际专利申请数量	PCT 国际申请在一定程度上反映了申请专利所含技术的重要性和申请人所占国际市场的迫切愿望，可以在一定程度上衡量专利质量

上述 9 个专利计量指标，历年专利授权量和技术集中度具有普适意义，可以运用到任何技术领域的分析；技术生长率、技术成熟系数和技术衰老系数，则充分应用了发明、实用新型和外观设计这三类专利间的创新水平差异，这样的指标具有领域依存性，不同行业间的差异比较大；技术强度指标则是取两个指标“专利数”和“即时影响指数”的长处形成的一个新指标，在显示技术领域的技术创新水平方面有较好的应用。至于美国授权专利量、三方专利量和 PCT 申请数，一方面充分考虑了不同国家专利局在权威性方面的差异；另一方面又杜绝了“本土优势”的影响，在显示技术领域中不同国家间的技术实力差异方面具有更好的效果。对此，Huang 等[36]、Tseng 等[37]、周文彦[38]、Lee 等[39]对具体的领域进行了应用研究。

2）中观专利信息计量指标

中观专利信息计量指标有专利授权率、专利增长率、即时影响指数、技术力量、相对研发能力、企业研发重点、企业活性因子、技术独立性、专利效率、专利实施率、技术影响力指标、平均专利被引用次数、相对专利被引证率、引用频率、科学关联度、科学强度、发明专利率、专利第 n 年的存活量和存活率、专利平均寿命、h 指数等，如表 4-7 所示。中观层面更多的是区分具体企业在这个领域中的地位，显示不同企业间的技术水平差距，故多数的专利计量指标需要反映出该企业在此行业中的“率”变化。

中观层次的专利信息计量指标，从专利类型、专利量变、与科学的联系、专利引用、专利被引等多个角度的率变，衡量了企业的科研能力、技术水平、创新程度等，从而更客观地反映了该企业在特定技术领域所处的地位。就具体企业而言，专利授权率、专利增长率、技术力量、企业研发重点、企业活性因子、技术独立性、专利效率等指标所涉及的专利数据，一方面容易获得，另一方面计算方法也易于实现。而相对于研发能力、相对专利被引证率、引用频率、科学关联度、h 指数等指标而言，就需要借助权威的专利数据库，通过计算竞争企业的对应指标值，在比较的基础上，发掘自身企业的技术优势与劣势，以便为企业制定“跟随型企业战略”“防守型企业战略”等提供参考。其中，Li 和 Li[40]、Cozijn[41]、栾春娟等[42]、官建成等[43]、邱均平等[44]对具体的企业进行了评价分析。

表 4-7 中观专利信息计量指标

指标	计算方法	表征的意义
专利授权率 R_n	$R_n=P_l/P_a$（n 表示时间；p_l 表示截止到第 n 年所授权的专利数量；P_a 表示 n 之前所申请的专利数量总和）	反映企业的发明活动水平和创新能力
专利增长率 R	$R=(P_{a(n)}-P_{a(n-1)})/P_{a(n-1)}$ $P_{a(n)}$ 表示第 n 年的专利申请数量	企业技术创新能力的变化程度
即时影响指数	即时影响指数 = 该企业现行年前五年期间的专利平均每件被现行年专利引用的比率 / 所有专利被引用的比率	企业的技术实力及其技术领先程度
技术力量	某企业的专利量 × 即时影响指数	企业的技术实力及其技术领先程度
相对研发能力	专利量 ×1.0+ 专利被引用次数 ×1.2+ 专利自我引用次数 ×0.8	企业间的相对研究水平
企业研发重点 SK	$\mathrm{SK}=\dfrac{P_a(K)}{P_a}$（$K$ 表示技术领域）	衡量特定技术 K 在该企业的重要性
企业活性因子	$\mathrm{IA}(x,c)=\dfrac{f(x,c)}{\sum_x f(x,c)}$，其中 x 为具体企业；c 为某一专利分类；$f(x,c)$ 为该企业在某一专利分类中的专利数；$\Sigma_x f(x,c)$ 为该专利分类中总的专利数	强调企业在某些专利分类中的优劣势
技术独立性	企业专利自引次数 / 企业专利总被引次数	反映企业的研发自主性水平
专利效率	一定的研发经费支出所创造的专利数量	评价企业在特定时间内专利数量产出的科研能力和成本效率
专利实施率	企业专利实施量 / 企业专利总量	反映企业技术研发的有效程度
技术影响力指标	技术影响力指标＝（某年专利位居被引次数前 10% 的最具影响力专利件数 / 当年专利量）/（所有专利位居最具影响力的专利件数 / 企业所有专利量）	比即时影响指数更能体现一个企业的技术领先程度
平均专利被引用次数	企业某年度所有专利被后续专利引用的总次数 / 企业某年度所有专利数量	从整体出发评价一个企业某年所授权专利的重要性和受到关注的程度
相对专利被引证率	企业专利被用率 / 样本企业专利被引用率	相对于样本企业而言，被分析企业的技术水平
引用频率	引用频率 =（企业在 Z 技术领域授权专利被引用的总量 / 企业在 Z 技术领域专利授权量）/（在 Z 技术领域授权专利被引用的总量 /Z 技术领域专利授权量）	企业专利申请的技术水平和经济价值
科学关联度	引有科学文献或被科学文献引用的平均数量	反映企业所涉及的技术领域与科学的联系程度

续表

指标	计算方法	表征的意义
科学强度	专利数量 × 科学关联度	一般来说，科学强度越大，该企业的技术水平越前沿
发明专利率	企业发明专利量 / 企业所有专利数量	衡量企业的技术发展阶段
专利第 n 年的存活量和存活率	自申请日起第 n 年为单位统计的有效专利量 / 企业的专利授权量	和专利实施率一样，体现企业的研发绩效
专利平均寿命	$\sum_{i=1}^{n} T_i / n$（n 表示授权专利数；T_i 表示授权专利 i 自申请日起的存活年数）	衡量企业整体的研发能力
h 指数	对某企业的专利组合而言，如果有 h 项专利被后来至少引用 h 次，则该企业的 h 指数为 h	间接量化企业的技术水平

3）微观专利信息计量指标

微观专利信息计量指标有科学关联性、技术覆盖范围、权利要求数、前向引文量、后向引文量、专利名称和摘要、同族专利数量、专利申请和授权时间间隔、发明人数、第一次被其他企业所引用的时间等。这些专利信息计量指标可用于不同层面的专利信息计量分析与研究，如表 4-8 所示。

表 4-8 微观专利信息计量指标

指标	计算方法	表征的意义
科学关联性	专利所引用科学文献的数量	衡量的是专利技术和基础科学研究的关系或影响强弱；若引用科学文献多，则表示该专利属于基础专利，有较高的商业经济价值
技术覆盖范围	专利文件中国际专利分类号的数量	Lerner 以生物技术领域为例证明了专利被引用次数与其分类号的数量高度正相关
权利要求数	专利权利要求项的总和	有价值的专利表现为专利权要求的数量多且技术覆盖面广，遭遇侵权和诉讼的频率也较高
前向引文量	该专利被后期专利引用的次数	衡量该专利对后来技术发展的影响程度
后向引文量	专利申请前页中引用的前人的专利文献数量	反映该专利技术的科学、技术基础
专利名称和摘要		通过对比专利名称和摘要所反映的专利信息内容，可分析专利申请的技术水平高低
同族专利数量	专利申请前页中相关专利文献数量	一般衡量发明创造的市场价值和专利质量

续表

指标	计算方法	表征的意义
专利申请和授权时间间隔	专利授权日期和申请日期的时差	一般而言，进行专利申请的技术水平越高，审查的时间越长，所以两者的时间间隔就越长
发明人数		较客观地反映了技术发明的复杂程度和创新水平
第一次被其他企业所引用的时间		反映该专利的技术壁垒性

微观层面的专利信息计量指标，通过多个角度的比较分析，反映了单件专利文献的“质”的区别，揭示了具体专利的质量和创新水平以及其可能的经济价值。微观层次的专利信息计量指标，充分结合专利说明书中的主要特征项（分类代码、引文类型、权利要求项、同族专利、申请时间、授权时间、发明人等）间的不同含义及其表征意义，通过分析不同专利及特征项的差异，辨识专利的质量和创新水平。其中，科学关联性、前向引文量、后向引文量、第一次被其他企业所引用的时间等与专利引文相关的指标，在表征具体专利文献的质量、创新水平方面，具有广泛的应用；技术覆盖范围、权力要求数、同族专利数量和发明人数这四个指标，对于无引文的专利文献而言，是很好的选择。至于指标“专利名称和摘要”，在判断专利文献的技术水平、经济价值方面，是比较有效的指标，不过，对该指标的分析要求领域内的专家方可。Lai 和 Che[45]、Martinez-Ruiz 和 Aluja-Banet[46]、Jansen[47] Risov 和 Kasravi[48] 等都从微观层面对专利计量指标进行了分析。

4. 专利数量、质量和价值计量指标体系

专利信息计量主要是通过一系列评价指标来实现，根据指标反映专利数据性质的不同，通常将专利信息计量指标分为专利数量指标、专利质量指标和专利价值指标三个方面[4, 49]，如表 4-9 所示。

1）专利数量指标

专利数量指标主要有：①专利数量（Number of Patent，NOP），如专利申请量、专利授权量 / 率、失效专利量 / 率等。专利授权量 / 率（Patent Authorization Rate，PAR），即被授权专利的数量占专利申请总量的比例。由于只有获得授权的专利才具有新颖性、实用性、创造性，因此授权量及授权率的大小能够更真

实地反映专利技术的实际情况。与国家、地区、机构、分类等专利特征信息相

表 4-9 专利数量、质量和价值计量指标

专利分析内容	专利计量指标
专利数量分析	专利申请量 专利授权量 / 率 专利增长率 专利有效量 / 率 在国外申请与授权专利量 国外专利授权率 专利投入量 专利投入增长率 三方专利族
专利质量分析	专利被引次数 即时影响指数 专利引证率 技术强度 技术生命周期 科学关联性 科学关联强度 产业标准化指标 相对研发能力
专利价值分析	专利实施率 专利许可转移（转让）率 专利存活率 专利无效宣告率 同族专利授权率 专利届满率 专利垄断指数 相对技术优势指数

结合，即可判断某个国家、地区、机构、领域的技术创新水平。还可根据专利类型进一步细分（如发明专利量、实用新型专利量和外观设计专利量）。该指标可以反映国家、地区、行业、领域、组织、机构、个人等不同层面、不同主体在某一时间范围内的专利产出情况。其中，授权量 / 率和无效量 / 率的指标还可以反映质量情况。②专利投入量（Input of Patent，IOP）反映某一时期内专利主体在专利方面的投入情况，以某一时间范围为单位统计的机构研发人员投入量、研发经费投入量、教育或培训投入量、宣传投入量等[50]。③专利增长率（Patent Growth Rate，PGR）反映专利数量随时间变化而增长的百分比，该指

标可以反映不同层面、不同主体技术创新行为变化的快慢，所在研发领域受重视的程度，以及核心知识产权的技术情况等。④专利投入增长率（Patent Input Rate，PIR）反映专利投入量随时间变化增长的百分比，该指标可以反映不同主体对技术创新投入变化的情况，可以看出专利主体对技术创新的重视程度。⑤专利对外申请量 / 率（Number of Foreign Patents，NFP），反映专利主体寻求国外专利保护的意愿。在国外申请或者获得授权的专利数量，特别是在美国、欧洲等发达国家与地区申请或者获得专利，反映了一个国家或企业进行国际开发的研发活动和技术水平。通常而言，在国外申请或授权专利的质量要高于国内申请或授权专利的质量，这不仅因为专利审查等要求较高，而且国外专利的维护费用也较国内高，专利的技术创新与商业应用与市场价值高，才值得在国外去申请。因此，国外专利的数量可以作为比较同行业企业技术研发或者技术创新能力强弱的指标。⑥三方专利族（Triadic Patent Families），即在三个重要的国际市场，美国、欧洲和日本进行发明专利保护而申请和授权的专利族数量。该指标用于国家或者企业的发明和技术创新活动的比较，可以将非常重要的发明与不重要的发明区分开来。这样更能准确地揭示国家或者企业在不同技术领域的技术创新能力。此外还有专利相对产出指数（公司或研究机构在某技术领域的专利申请量与产业专利申请量的比例，可评估公司在整个竞争环境中的相对位置）、国外专利授权量 / 率（指国外专利授权的数量与国外专利申请数量的比值。这个指标也可从一定侧面反映专利技术的质量水平与价值）等。

2）专利质量指标

专利质量指标是专利质量的表征，反映了专利技术的创新程度，以及专利技术与高新技术、前沿科学的关联程度等。专利质量指标主要有：①基于被引的专利质量评价指标，如被引次数、被引率、专利扩散指数、即时影响指数等；②基于引用的专利质量评价指标，如引文数量、引证率、科学关联度、技术周期、专利吸收指数、科学强度、技术强度等；③基于技术保护范围的专利质量评价指标，如专利技术覆盖范围、权利要求数量等；④基于区域保护范围的专利质量评价指标，如专利族大小、保护区域数量等；⑤基于有效维护的专利质量评价指标，如专利寿命、专利维持率等；⑥其他专利质量评价指标，如授权率、发明人 / 申请人数量、发明专利比例、核心专利数量、相对研发能力、产业标准化指标等。

在反映专利质量的指标中常用的有以下 10 个。

（1）被引次数 / 引证指标 / 专利引文数量（Cited Index，CI），指在一定时间范围内，在先专利被在后专利（一般以授权专利为统计对象）所引用的次数（CN）之和[51]。拥有高被引次数专利的机构可能比其竞争者或同行在技术上更领先或较为基础，处于产业强势地位，从而可以用来评价专利的技术影响力。此外，根据引用情况还可以揭示专利的继承性，帮助科研人员梳理科技创新脉络。

计算公式：$CI=C_1+C_2+C_3+\cdots+C_n$

（2）即时影响指数（Current Impact Index，CII），指某机构、领域、国家统计年之前数年的每年授权专利被引次数与当年授权专利数量的比值。此指标可以反映分析对象专利的组合质量和当前技术状况：当 CII=1 时，表明所分析对象过去数年内的专利平均被引用的情况和同期整个系统的情况一致；当 CII=1.1 时，表明所分析对象过去数年内的专利平均被引率比同期整个系统的专利平均被引率高 10%，该技术具有较大影响。CII 是与时间保持同步的指标，当一个机构近几年的专利被引次数开始降低时，则该机构当前年的 CII 值将会下降。

计算公式：$CII=\{\sum[a_n\times(b_n/a_n)/(B_n/A_n)]\}/\sum a\ (n\in[1,5])$

其中，a 表示所分析对象某年的专利授权量；b 表示所分析对象某年授权专利的被引次数；A 表示分析对象所在系统某年的专利授权总量；B 表示分析对象所在系统某年授权专利的被引次数。

（3）引证率（Cited Rate，CR），该指标可分为自引率（Self-Cited Rate，SCR）和他引率（Other-Cited Rate，OCR）。自引率指在先专利被该专利的权利人（或发明人）的在后专利所引用的次数（SCI，自引量）与该在先专利所拥有的总被引次数（CI）的比值[51]。

计算公式：SCR=SCI/CI；OCR=OCI/CI

（4）专利授权率（Patent Authorization Rate，PAR），即专利授权量（S）占专利申请量（A）的比值。只有获得授权的专利才具有新颖性、创造性、实用性，因此授权量及授权率的大小能更真实地反映专利技术的实际情况。

计算公式：$PAR=S/A$

（5）技术强度（Technology Strength，TS），指对授权专利数量进行即时影响指数的加权，由所分析对象所拥有的专利授权量（S）乘以其即时影响指数（CII）得到[52]。

计算公式：$TS=S\times CII$

（6）技术周期（Technology Cycle Time，TCT），指分析对象拥有的授权专

利所引用的所有专利的专利年龄的时间中位数。此指标可以评估企业创新或科技发展的速度，并可与专利增长率指标相结合，分析某个对象研发活跃的技术领域。技术周期具有产业依存性，如电子类的为 3 ～ 4 年，而制药类的为 8 ～ 9 年，造船类的则可能长达 15 年[52]。

计算公式：一篇专利的 TCT=M（M 是 M_1，M_2，M_3，…，M_n 的中位数）

机构或技术领域的 TCT= $\sum M_n/N$

其中，M_n 是该专利所引用的第 n 篇专利的专利年龄，即 M= 本专利的授权年份 – 被引用专利的授权年份；N 表示该机构或技术领域拥有的专利总数；$\sum M_n$ 表示该机构或技术领域所拥有的各项专利所分别引用的各专利的专利年龄的中位数之和。当 n 是偶数，且 $M_{(n/2)}=M_{(n/2+1)}$ 时，规定该专利的技术周期 TCT=$M_{(n/2+1)}+0.5$。

（7）科学关联度（Science Linkage，SL），在一定时间范围内，分析对象各专利引用的科学类论文数量（S_n）之和与其所拥有的专利数量（N）的比值，即平均一件专利所引证的正式发表的科学类论文的数量。此指标可衡量专利技术和前沿科学研究的关系或影响强弱[53]。它也具有产业依存性：机械行业的科学关联度平均数值可能接近 0，而高科技生化产业可能高达 15[54]。

计算公式：SL= $\sum S_n/N$

此外，还可以用科学周期和科学影响力两个指标来评估科学基础的深厚程度。科学周期是指被引用的科学文献发表时间与专利授权时间之间的时差中位数。科学影响力是引用的发表在某刊的科学论文数量与该期刊的影响因子的乘积。

（8）科学强度（Science Strength，SS），指对专利数量进行科学关联度的加权，由所分析对象拥有的专利数（S）乘以其科学关联度（SL）得到。此指标可反映分析对象的专利与科学研究关联度活跃性的总体水平。

计算公式：SS=$S\times$SL

（9）相对研发能力（Relative Research and Development Ability，RRDA），以公司的专利数（NOP）、专利被他人引用次数（OCI）和自我引用次数（SCI）为参数，赋予不同的权重计算得来。此指标可反映国家或企业整体的专利水平和专利质量。

计算公式：RRDA=NOP$\times W_1$+SCI$\times W_2$+OCI$\times W_3$

通常，W_1、W_2、W_3 有两种取值情况：W_1=1，W_2=0.8，W_3=1.2；W_1=1，

W_2=1.2，W_3=1.4。

（10）产业标准化指标（Standardized Patent Indicators for Cross-industrial Comparison，SPIFCIC）将一个机构的指标值除以该机构所在产业或行业的该指标的平均值，即一个机构相对于本产业/行业平均水平的优劣程度[55]。在跨产业横向比较的时候，由于产业之间的差异，而不能直接使用专利指标值进行不同产业之间的比较，为此需要使用产业标准化指标。通过这种方式，可以消除不同产业所带来的不同影响，进而找出不同产业中表现较好的机构。前述大多数指标均可应用于本指标中，如产业标准化专利数量、产业标准化专利年增长率、产业标准化的即时影响指数等。

3）专利价值指标

专利价值指标主要有以下 10 个[56-58]。

（1）研发效率（Propensity to Patent，PTP），在一定时间范围内，申请/授权专利数量（V）与其占研发经费/人员数量（Y）的比率。该指标可以用来评估某国家、企业在一段时间内专利数量产出的成本效率。一般来说，专利产出数量越多，研发效率越高，则技术研发能力越强。计算公式：PTP $=V/Y$。

（2）专利自实施率（Self-Actualization Rate of Patent，ARP），在一定时间范围内，授权专利自实施的数量（P）占专利授权量（S）的比率。专利价值的实现是通过实施来达到减少投入、增加产出、提高产品质量、发展生产力等种种目的的，因此一项专利授权后是否实施是衡量专利是否具有产业推广价值的重要指标。计算公式：ARP $=P/S$。

（3）专利转移率（Patent Transfer Rate，PTR），在一定时间范围内，专利转移量（Z）与其占专利授权量（S）的比率。该指标可分为专利许可实施率和专利转让率两类。一般来说只有已实施有收益的或者将会实施有潜在经济价值的专利才会发生专利转移，因此该指标可以在一定程度上衡量专利价值。但在使用此指标衡量专利价值时，应注意区分与国防相关和与公益相关等专利种类。计算公式：PTR$=Z/S$。

（4）专利存活率（Patent Validity Rate，PVR），以自申请日或授权日起一定期限后的有效专利量（Y）占专利授权量（S）的比值。由于维持专利权需要缴纳专利年费，一般来说专利权人只会对有价值的专利续费，因此该指标可在一定程度上衡量专利的重要性和技术水平。计算公式：PVR$=Y/S$。

（5）专利无效宣告率（Patent Invalid Claim Rate，PICR），在一定时间范围

内，被宣告无效的专利量（W）占专利授权量（S）的比值。该指标可反映分析对象专利的总体质量及所处的竞争环境，甚至在一定程度上还可反映专利审查的质量水平。计算公式：PICR=W/S。

（6）专利届满率（Patent Expiration Rate，PER），因期限届满而终止的专利量（J）占其专利授权量（S）的比值。通过此项指标，可以反映被分析对象的专利技术总体水平，也可在一定程度上反映分析对象在技术发展方向上的稳定性。计算公式：PER=J/S。

（7）专利质押率（Patent Impawn Rate，PIR），在一定时间范围内，专利权质押量（Q）占专利授权量（S）的比值。计算公式：PIR=Q/S。

（8）同族专利授权率（Authorization Rate of Patent Family，AROPF），在一定时间范围内，某分析对象所拥有的同族专利授权量（T）占其授权专利总量（A）的比值。同族专利的规模大小能反映该项技术的重要程度；同族专利的区域分布情况可以反映专利权属主体的市场发展计划。公式：AROPF = T/A。

（9）专利垄断指标（Patent Monopoly Index，PMI），本领域申请量最大的申请人的申请量（NOP）占本领域专利申请总量（TNOP）的比值。该指标可反映某领域专利申请的集中程度。一般而言，垄断指标的数值越大，则说明本领域申请人或专利权人集中程度越高，该领域专利申请的战略意义较大。该指标还可与同族专利授权率相联系，反映专利的战略价值。计算公式：PMI = NOP / TNOP。

（10）相对技术优势指数（Relative Technological Advantage Index，RTAI），该指标被设计用于测度一个国家在每一领域发明活动的相对分布状况。国家 i 在 j 行业的 RTAI 被定义为：国家 i 在 j 行业中的世界专利总数的份额与国家 i 在总的世界专利中的份额之比，即 $\mathrm{RTA}_{ij}=(n_{ij}/\sum_i n_{ij})/(\sum_j n_{ij}/\sum_{ij} n_{ij})$，式中 n_{ij} 是国家 i 在 j 行业中的专利数。如果国家在一个指定的技术领域拥有的世界专利的份额与其在总的世界专利中的份额相同，则这个指数等于 1，如果低于或者高于 1，表明其具相对劣势或者优势。如果将国家换成企业，该指标也可以评估企业在各技术领域的相对技术优势。

5. 专利价值评价的指标体系

专利价值评价一直是专利分析的重要研究领域，国内外学者和机构都给予了高度关注，在专利价值评价的指标和方法方面取得了一定的研究成果。2012 年，为了在全国推广专利价值评价，提高专利市场转化和利用效率，国家知识产权局专利管理司和中国技术交易所研制了一套专利价值评价指标体系，创造性地提出了表征专利自身价值大小的度量单位，即专利价值度（Patent Value Degree，PVD），从法律价值、技术价值、经济价值三个维度构建专利价值评价指标体系。该指标体系分为两层：第一层，即从专利自身属性的角度，将指标分为法律、技术和经济三个指标；第二层，即从专利功能的角度，将第一层指标分别分解为 18 个支撑指标[59]，如图 4-1 ～图 4-4 所示，并确定了每个二级指标的定义与评判标准、分值分配方法及权重。

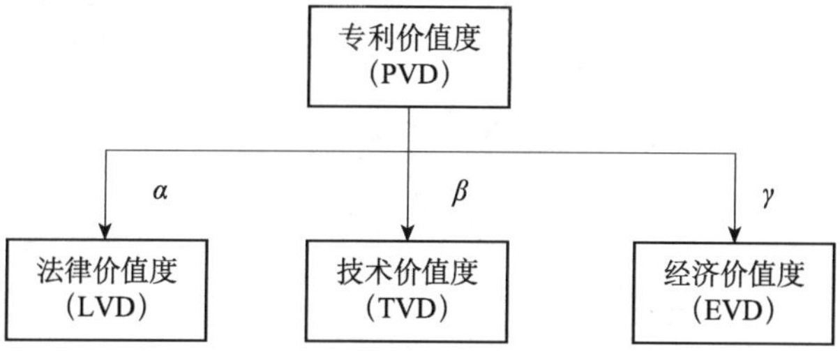

图 4-1　专利价值（PVD）评价三维度模型

注：$PVD=\alpha\times LVD+\beta\times TVD+\gamma\times EVD$，其中 $\alpha+\beta+\gamma=100\%$

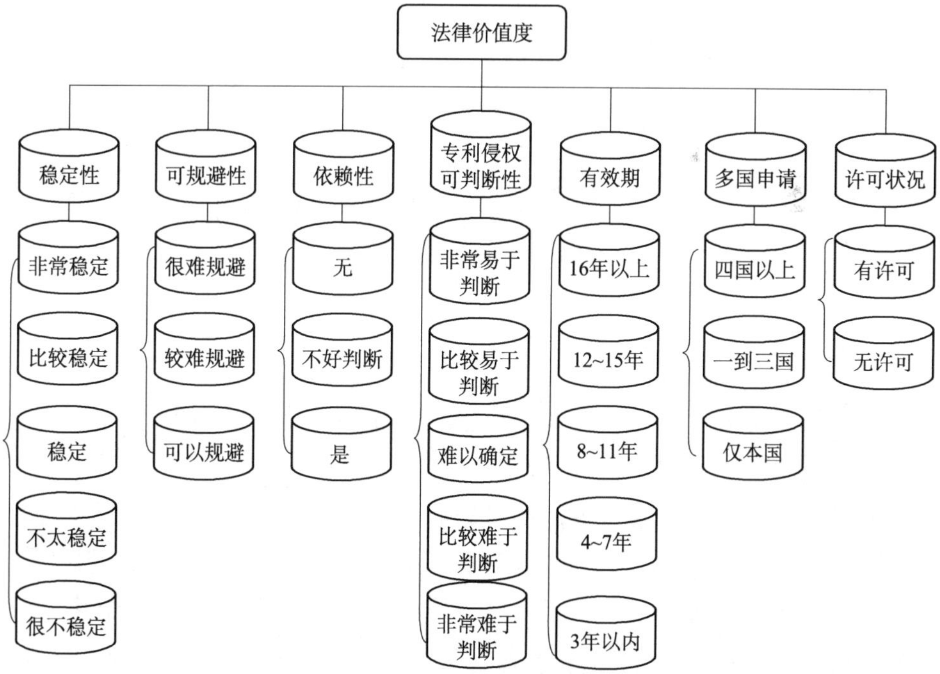

图 4-2　法律价值度（LVD）评价指标

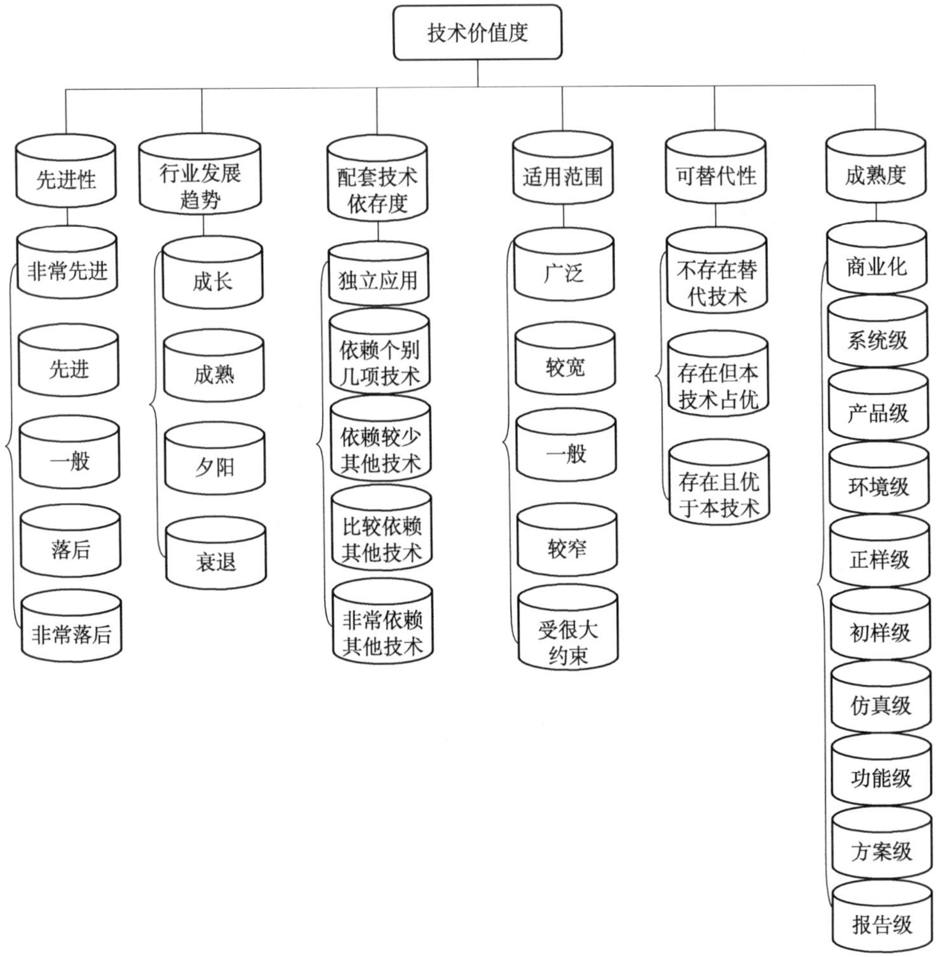

图 4-3 技术价值度（TVD）评价指标

也有学者从法律因素、技术因素、经济因素和风险因素四个方面对专利资产价值的影响进行了分析。其中法律因素对专利资产价值的影响主要包括法律的确立及执行力度、法律状态、专利类型、专利文件等，技术因素对专利资产价值的影响主要包括所属技术领域、技术特征、技术应用特征等，经济因素对专利资产价值的影响主要包括成本因素、市场因素、收益因素等，风险因素专利资产价值的影响主要包括技术风险、市场风险、资金风险、管理风险等[60]。

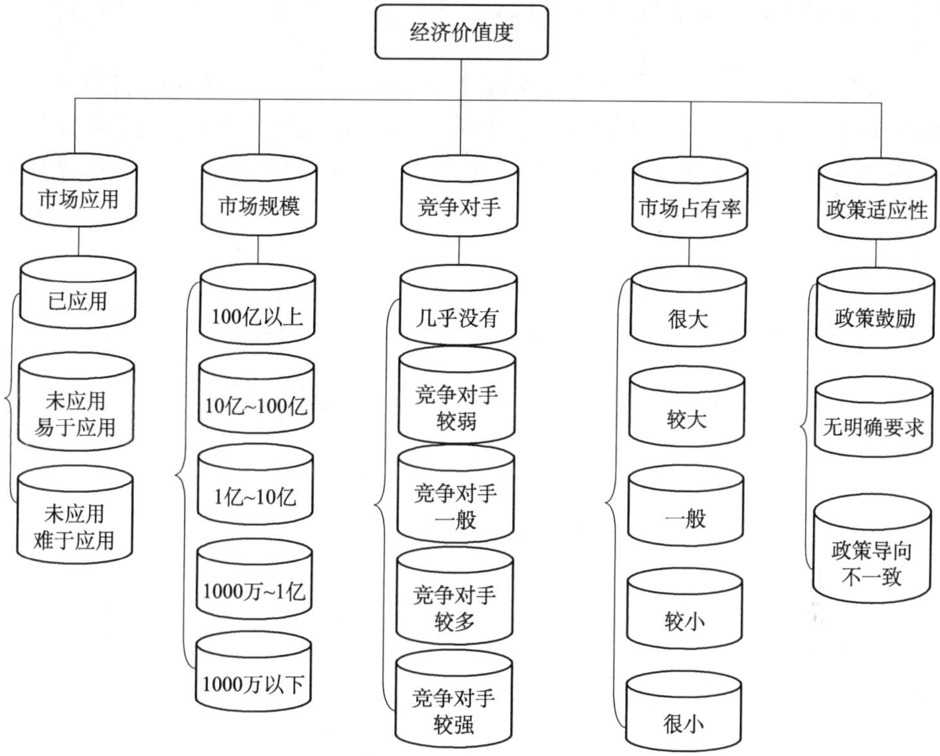

图 4-4　经济价值度（EVD）评价指标

6. 用于专利信息定量分析的指标体系

有学者将专利信息定量分析的指标根据其用途分为六个方面，每个方面都有相应的专利信息计量指标[61]：①用于趋势分析的指标，包括专利成长率、相对成长率、相对成长潜力率、专利技术增长率等。②用于数量分析的指标，包括专利数量、授权率、同族专利数、技术占有率、研发重视度、共同合作率等。③用于专利质量与产业影响力分析的指标，包括被引频次、即时影响指数、技术强度、原创性、普遍性、明星专利指标等。④用于技术生命周期分析的指标，包括技术生长率、技术成熟系数、技术衰老系数、新技术特征系数等。⑤用于专利技术与基础科学研究间关联的分析指标，包括科学关联性、科学强度、明星专利指标等。⑥其他专利定量分析指标，包括专利效率、专利年龄、影响关系指标、技术范围、有效专利件数、专利生产力、专利聚合度等。

7. 反映技术创新的专利信息计量指标体系

专利信息集技术、经济和法律信息于一体，有学者从专利信息分析的内容角度构建专利信息计量指标体系来反映专利信息与技术创新的对应关系，并且构建了反映行业技术创新特征的专利分析框架，提取与之对应的专利信息计量指标[62]，如表 4-10 和图 4-5 所示。

表 4-10　反映技术创新的专利信息计量指标

专利分析信息	专利分析具体内容	对应的行业技术创新特点
专利技术信息分析	历年专利动向分析、技术领域数量的累计分析	技术创新领域、过程、技术生命周期、技术成熟度、间接反映技术创新投入、创新能力
	专利的 IPC 分类，技术功效矩阵	技术创新领域技术热点或技术空白
	专利类型、授权专利分析	技术创新水平
	专利年龄	识别核心技术
	技术生命周期分析	技术创新过程、周期的分析，不同技术的比较分析
	专利申请人或技术创新主体上的分析	技术创新主体的分布和创新能力分布
	专利申请人的所属国家或地区	技术创新的区域分布、区域创新能力
	专利引文分析	识别核心技术、技术创新扩散、技术转移、技术与技术的关联、技术与科学的关联、背景技术、创新的溢出效应，知识发展与技术发展
专利权利信息分析	授权专利比例	专利技术水平、专利地位、专利品质从而反映创新能力
	发明与授权的时间间隔	专利的技术创新水平
	三方专利	技术创新区域分布、技术贸易条件

8. 反映科学技术关联的专利信息计量指标体系

有学者从专利引用科学论文（科学关联度）和科学论文引用专利（技术关联度）的角度构建专利计量指标反映科学技术关联强度[63]，如表 4-11 和表 4-12 所示。

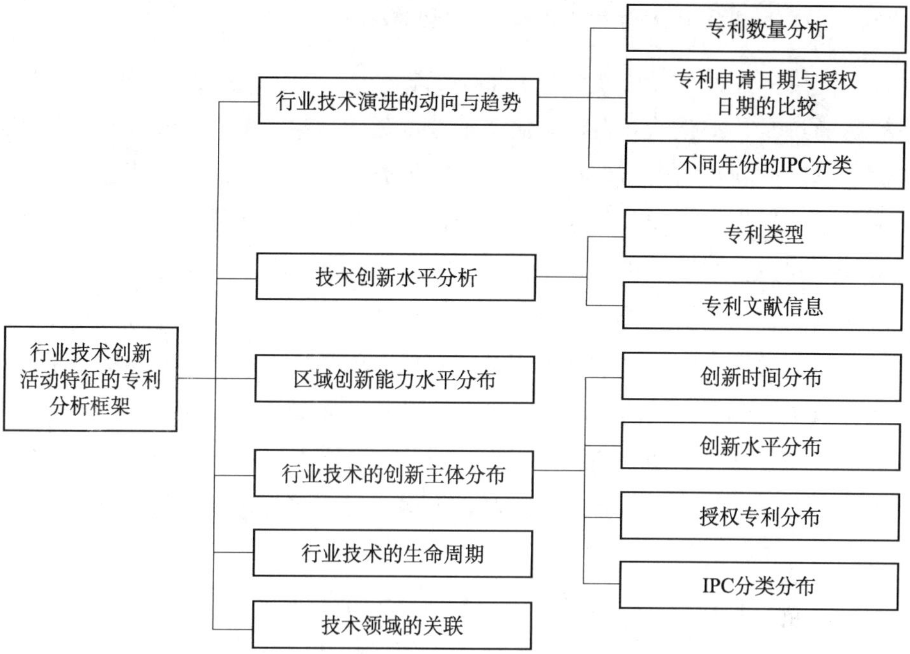

图 4-5　反映行业技术创新活动特征的专利信息分析框架及其指标

表 4-11　专利引用科学论文的计量指标

指标名称	计算方法	作用
篇均非专利引文量	专利引用非专利参考文献数量 / 专利量	体现技术进步中非技术专利的影响
科学关联度	专利引用科学论文数量 / 专利量	体现技术进步中科学的作用
专利引用论文时滞	专利引用科学论文的平均发表年——专利优先权申请年	评价科学向技术的转化速度
专利引用论文国家分布	专利引用科学论文的主要国家分布	定位技术进步的科学知识国家来源
专利引用论文种类分布	专利引用科学论文的主要期刊分布	定位技术进步的科学知识期刊来源

表 4-12　科学论文引用专利的计量指标

指标名称	计算方法	作用
技术关联度	论文引用技术专利数量 / 论文量	体现科学发展中技术的作用
论文引用专利时滞	论文引用技术专利的平均公开年——论文发表年	评价技术向科学的转化速度
论文引用国家分布	论文引用技术专利的主要国家分布	定位科学发展的技术知识国家来源
论文引用专利类别分布	论文引用技术专利的主要类别（IPC）分布	定位哪些技术领域的知识更容易向科学转化

9. 用于专利信息分析的专利信息计量指标

专利信息分析一般分为定量分析与定性分析，其中定量分析又称统计分析，主要是通过专利文献的外表特征信息来进行统计分析，也就是通过专利文献上所固有的特征项目如申请日期、申请人、分类类别、申请国家等信息来识别相关文献，然后将这些专利文献按有关指标如专利数量、同族专利数量、专利引文数量等来进行统计分析，并从技术和经济的角度对有关统计数据的变化进行解释，以取得动态发展趋势方面的情报。定性分析也称技术分析，是以专利说明书、权利要求、图纸等技术内容或专利的“质”来识别专利，并按技术特征来归并有关专利并使其有序化，一般用来获得技术动向、企业动向、特定权利状况等方面的情报。通常情况下，在进行专利分析时，需要将定量分析与定性分析结合起来使用，也就是将外表特征及内容特征结合起来进行分析，才能达到较好的分析效果。

对专利信息进行分析需要构建一系列专利计量指标才能有效开展。专利信息分析指标是用以揭示科学研究和技术研发之间的关联性，从宏观和微观层面反映国家或企业的科技创新活动及技术研发产出、专利拥有量、技术发展水平及其在国际技术与经济竞争中地位的衡量指标。包括专利数据指标、专利增长指标、专利技术指标、专利引证指标、专利族指标（技术活动规模、商业潜力、市场布局）、专利价值指标（专利被引、同族专利数、专利保护期限、专利类型）等。用于专利分析的指标很多，利用不同的指标可以从不同角度客观评价专利数据[64]。常用的与专利信息分析对应的专利信息计量指标如表 4-13 所示。

表 4-13　常用于专利信息分析的专利信息计量指标

指标名称	解释	用途
专利历年数量	某技术领域、公司或专利权人历年申请的专利数量	衡量技术领域活动水平，公司或专利权人的发生、发展过程及趋势等
专利被引频次	某专利被后续专利引用的绝对频次	寻找技术含量相对大的高频被引专利
技术影响力指标（TII）	统计出被引频次高的前 10% 的专利，通过标准化定出 TII 值为 1	TII 值高于 1 的专利为相对重要专利
即时影响指数	CII= 公司专利的年平均引文量 / 数据库中全部专利的年平均引文量	CII 值越高代表该公司技术实力越强、技术越领先
技术生命周期（TCT）	TCT= 专利件数 / 专利权人数	判断技术生命发展的阶段：萌芽期、成长期、成熟期、衰退期

续表

指标名称	解释	用途
技术力量	技术力量 = 公司的专利量 × CII	评价该公司专利组合的力量
同族专利数量	具有共同优先权的由不同国家公布或颁发的内容相同或基本相同的一组专利申请或专利	反映公司专利申请的地域的广度及发明的潜在价值

10. 专利知识计量指标体系

学者高继平从专利文本中抽取知识元，并以“知识元”为逻辑基础，根据“知识元”之间的相互联系和相互作用强度，形成“知识链”“知识群”和“知识网络”等不同粒度的专利知识聚集体。从专利知识元、专利知识链、知识专利群和专利知识网络四个层次构建不同的计量指标用以衡量不同粒度下专利知识的数量和质量[65]，如表 4-14 所示。

11. 服务于科技创新的专利信息计量指标体系

1）服务于科技创新总体态势分析的专利信息计量指标

专利作为科技创新的重要产出，是评价一个国家科技创新能力的重要指标。专利信息计量以专利文献信息为数据基础，采用专利定量分析方法，反映国家科技发展水平，为科技管理部门提供决策支持，提高科技管理能力[66]，如表 4-15 所示。

2）服务于科技发展重点领域分析的专利信息计量指标

专利计量分析不仅能获取科技创新总体态势分析，还能了解重点科技领域的发展阶段、发展趋势、核心技术、科技人才 / 结构等决策信息，为政府制定重点技术领域和学科发展方向提供客观依据，如表 4-16 所示。

3）服务于专利预警分析的专利信息计量指标

专利预警分析主要专利差距威胁、专利差异威胁、专利研发预警、人力资源威胁、专利法律纠纷分析等，都需要建立相应的分析指标，如表 4-17 所示。

4）服务于国家科技创新能力评价的专利信息计量指标

专利是科技创新产出的重要测度指标，以科技创新能力的内涵和构成要素为基础，可以将国有科技创新能力分为创新活力、创新实力、创新存活力、创新潜力、市场价值和创新绩效六个维度，并可分别构建相应的专利信息计量指标来衡量科技创新实力，如表 4-18 所示。

表 4-14　专利知识计量指标体系

层次	计量对象	计量角度	计量指标	计算公式	指标意义
1	知识元	数量	频数	$F(\mathrm{KU}_i)$	知识元的多少
			权重	$W'_{\mathrm{KU}_i}=\dfrac{F(\mathrm{KU}_i)}{PF(\mathrm{KU}_i)}$	知识元的重要程度
		质量	度数	$D(\mathrm{KU}_i)=N$	知识元的直接影响力（核心技术知识）
			中介中心度	$B_{(\mathrm{KU}_k)}=\sum\limits_{i,\ j(i\neq j)}\dfrac{\lambda_k(i,\ j)}{\lambda(i,\ j)}$	知识元的中介作用
2	知识链	数量	频数	frequency(KL)=$C_{1,\ 2,\ 3,\ \cdots,\ i}$	知识链的多少(热点技术知识)
			链长	length(KL)=i	知识链的组成方式（热点技术知识）
		质量	影响力	$\mathrm{impact}(\mathrm{KL})=\dfrac{C_{1,\ 2,\ 3,\ \cdots,\ i}}{N}$	知识链的重要程度
			中介中心度（链长为2的知识链）	$B_{(\mathrm{KU}_k)}=\sum\limits_{i,\ j(i\neq j)}\dfrac{\lambda_k(i,\ j)}{\lambda(i,\ j)}$	知识链的中介能力（关键技术知识）
3	知识群	数量	强度	$S(\mathrm{KG})=\lambda$	知识群存在的能力
			规模	size(KG)=i	知识群的构成情况
		质量	聚集度	$\mathrm{cluster}(\mathrm{KG})=\dfrac{\sum_k k(k-1)p(k)C(k)}{\langle k^2\rangle-\bar{k}}$	知识群的重要程度（核心技术知识群）
4	知识网络	数量	规模	size(KN)=i	知识网络的组成情况
		质量	平均最短距离	$\mathrm{distance}(\mathrm{KN})=\dfrac{2}{i(i-1)}\sum\limits_{1\leqslant m\leqslant n\leqslant t}d(m,\ n)$	知识网络内部的联系强度
			密度	$\mathrm{density}(\mathrm{KN})=\dfrac{2m}{i(i-1)}$	知识网络的稳健性

表 4-15　服务于科技创新总体态势分析的专利信息计量指标

服务领域	专利计量指标	指标内涵
科技创新现状分析	各国专利数量； 三方专利分析； PCT 专利申请总量及申请率 / 各国 PCT 专利请入地区阶段； 专利密度指标分析（人口密度、国内生产密度、研发投入密度、发明活动的国际合作） 科学关联性； 专利权人机构分析； IPC 专利结构分析	反映各国科技发展水平和科技创新能力； 反映各国三方专利申请情况； 反映自主创新能力和国际市场部分力； 真实反映国家创新能力； 反映专利技术与前沿科学研究关系的紧密性； 识别各国科技创新主体； 各国科技研发重点和趋势范围
科技创新历史比较	各国专利数量变化历史比较（科技政策等因素）； 专利密度历史比较； 专利产出历史比较； 科学关联历史比较	反映各因素影响下专利数量变化趋势； 研发投入等变化趋势，说明重点研发领域； 国家科技创新能力变化； 判断技术演变趋势
未来技术预测	国家技术路线图； 产业技术路线图	利用专利数据可以进行各国在不同时期、不同领域技术排序，识别各技术分支竞争对手； 提出国家科技发展目标、战略任务、发展重点及相互关系，明确技术发展优先顺序、实现时间发展路径，为科技规划和计划制定服务

表 4-16　服务于科技发展重点领域的专利信息计量指标

专利计量指标	指标内涵
专利引文网络分析	反映专利技术信息和知识创新流动方向、特点和规律，沿着引文路径，可以发现某一行业或技术领域的发展历史和发展趋势
技术主题分析	反映技术本身的性能和功能变化及其相关技术之间的相互影响、相互作用
技术功效矩阵分析	了解当前技术聚焦点和技术空白点，可以指导研发方向，进行自主专利布局
科学关联性	可衡量专利技术和前沿科学研究关系的疏密
IPC 发展趋势分析	可表征重点技术发展趋势或技术热点变化
技术重心指数	判断某国、地区或公司的研发重点和核心竞争力
专利引用分析（专利被引次数、技术成熟度指标、技术强度指标、当前影响因子、技术循环时间）	专利被引次数衡量专利价值大小； 技术成熟度指标衡量技术成熟程度； 技术强度指标衡量技术实力； CII 越高，该国家 / 地区 / 公司专利的重要程度及对现行专利的影响越高，即技术实力越强，技术越领先； 衡量技术创新速度

表 4-17 服务于专利预警分析的专利信息计量指标

分析领域	专利计量指标
专利差距威胁分析	专利拥有量 专利平均增长率 发明专利与实用新型专利比例 专利平均维持年限 核心专利族占有率 核心专利占有率
专利差异威胁分析	技术宽度 新技术特征数 市场占有率 市场占有率下降幅度 营业增长率 营业增长率下降幅度
专利研发预警分析	专利被引次数 技术成熟度指标 技术强度指标 即时影响指数 科学关联度指数
人力资源威胁分析	高学历人才比例 技术人员比例 专利平均发明人数 核心发明人数
专利法律纠纷分析	相似专利 相同权利要求项

5）服务于科技创新成果质量评价的专利信息计量指标

专利质量是科技创新成果质量重要衡量标准，用于专利质量评价的专利信息计量指标主要有：①基于被引的专利质量评价指标，如被引次数、被引率、即时影响指数等；②基于引用的专利质量评价指标，如科学关联度、科学强度等；③基于技术保护范围的专利质量评价指标，如权利要求数量、专利宽度等；④基于区域保护范围的专利质量评价指标，如专利族大小、保护区域数量等；⑤基于有效维持的专利质量评价指标，如专利寿命等；⑥其他相关专利质量评价指标，如发明专利率、专利质量综合指数等。

另外，根据专利计量指标反映阶段过程的不同，也可将专利计量指标划分为投入类指标、产出类指标、运营类指标、保护类指标、效益类指标等。

表 4-18　服务于国家科技创新能力评价的专利信息计量指标

分析方面	专利计量指标
创新活力	专利申请量 发明专利申请量
创新实力	专利授权量 发明专利授权量 专利授权率 发明专利授权率
创新存活力	专利有效量 发明专利有效量 专利有效率 发明专利有效率
创新潜力	专利申请年量增长率 发明专利申请量年增长率 专利授权量年增长率 发明专利授权量年增长率 专利有效量年增长率 发明专利有效量年增长率
市场价值	职务发明创造专利申请量占比重 职务发明创造专利授权量占比重 职务发明创造专利有效量占比重 每亿元 GDP 发明专利拥有量占比重
创新绩效	专利创新投入（经济资源和人力资源投入）/ 专利创新产出

参考文献

[1] 高继平，丁堃 . 专利计量指标研究述评 [J] . 图书情报工作，2011，(20)：40-43.

[2] 邱均平，马瑞敏，徐蓓，等 . 专利计量的概念、指标及实证 [J] . 情报学报，2008，27 (4)：556 -565.

[3] 王九云．论知识产权保护层次的科学评价 [J] . 中国软科学，2000，(11)：61-64.

[4] 黄庆 . 专利评价指标体系（一）——专利评价指标体系的设计与构建 [J] . 知识产权，2004，(5)：25-28.

[5] 杨晨，杜婉燕，陈永平 . 区域知识产权战略绩效评价指标体系构建的探究 [J] . 科技管理研究，2009，(2)：246-248.

[6] 陈琼娣 . 专利计量指标研究进展及层次分析 [J] . 图书情报工作，2012，(2)：99-103.

[7] 经济合作与发展组织 . 专利手册 [M] . 北京：新华出版社，2010.

[8] 陈燕，黄迎燕，方建国，等. 专利信息采集与分析 [M]. 北京：清华大学出版社，2006：226-299.

[9] Griliches Z. Patent statistics as economic indicators：A survey [J]. Journal of Economic Literature，1990，(28)：1661-1707.

[10] Schankerman M，Pakes A. Estimates of the value of patent rights in European countries during the post-1950 period [J]. Economic Journal，1986，(96)：1077-1083.

[11] Trajtenberg M. A penny for your quotes：Patent citations and the value of innovations in rand [J]. Journal of Economics，1990，(1)：172-187.

[12] Hall B H，Griliches Z，Hausman J A. Patents and R&D：Is there a lag [J]. International Economic Review，1986，(2)：265-283.

[13] Jaffe A. Technology opportunity and spillovers of R&D：Evidence from firm's patents，profits and market value [J]. American Economic Review，1986，(5)：984-1001.

[14] Schmookler J. Patents，Invention and Economic Change [M]. Oxford：Harvard University Press，1972.

[15] 杨铁军. 专利信息利用导引 [M]. 北京：知识产权出版社，2011：252.

[16] Seidel A H. Citation system for patent office [J]. Journal of the Patent Office Society，1949，(31)：554-567.

[17] 王磊，沈金波. 专利情报分析方法研究 [J]. 图书馆学研究，2006，(11)：2-6.

[18] 刘平，张静. 专利地图制作及应用例析 [J]. 管理学报，2005，(2)：555-559.

[19] van Steen. Free patent information as a resource for policy analysis [J]. World Patent Information，2003，25 (3)：223-232.

[20] 牟萍. 专利情报检索与分析 [M]：北京：知识产权出版社，2012：2.

[21] Narin F. Patent bibliometrics [J]. Scientometrics，1994，30 (1)：147 -155.

[22] Narin F，Hamilton K. Bibliometric performance measures [J]. Scientometrics，1996，36 (3)：293-310.

[23] Carpenter M，Narin F，Woolf P. Citation rates to technologically important patents [J]. World Patent Information，1981，3 (4)：160-163.

[24] Meyer M. What is special about patent citations? Differences between scientific and patent citations [J]. Scientometrics，2000，49 (1)：93-123.

[25] 高继平. 知识计量指标体系及其应用研究——以 SIPOD 中数字信息的传输（H04L）领域为例 [D]. 大连理工大学博士学位论文，2013：8-12.

[26] 万小丽 . 专利质量指标 [D] . 武汉：华中科技大学博士学位论文，2009：5-9.

[27] 万小丽 . 专利质量指标 [D] . 武汉：华中科技大学博士学位论文，2009：2-4.

[28] Jaffe A，Trajtenberg M. International knowledge flows：Evidence from patent citations [J] . Economics of Innovation and New Technology，1999，8 (1)：105-136.

[29] Lanjouw J，Schankerman M. Patent quality and research productivity：Measuring innovation with multiple indicators [J] . The Economic Journal，2004，114 (495)：441-465.

[30] Pakes A，Schankerman M. The rate of obsolescence of patents，research gestation lags，and the private rate of return to research resources [A] // Griliches Z. R & D，Patents and Productivity [C] . Chicago：The University of Chicago Press，1984：73-88.

[31] Deng Y. Private value of European patents [J] . European Economic Review，2007，51 (7)：1785-1812.

[32] Reitzig M. What determines patent value? Insights from the semiconductor industry [J] . Research Policy，2003，32 (1)：13-26.

[33] Lanjouw J，Pakes A，Putnam J. How to count patents and value intellectual property：The uses of patent renewal and application data [J] . The Journal of Industrial Economics，1998，46 (4)：405-432.

[34] Lanjouw J，Schankerman M. Characteristics of patent litigation：A window on competition [J] . Rand Journal of Economics，2001，32 (1)：129-151.

[35] 邱均平，李慧 . 国内外图书情报领域专利计量研究的对比分析 [J] . 图书情报工作，2010，(10)：83-87，91.

[36] Huang Z，Chen H，Yip A，et al. Longitudinal patent analysis for nanoscale science and engineering：Country，institution and technology field [J] . Journal of Nanoparticle Research，2003，5 (3)：333-363.

[37] Tseng F-M，Chu Y W，Peng Y N. Using patent data to analyze the development of the next generation of solar cells [A] // Institute of Electrical and Electronics Engineers. 2009 Portland International Conference on Management of Engineering & Technology [C] . USA，Portland：McGraw-Hill，2009：3064 - 3072.

[38] 周文彦 . 以专利指标探讨电浆显示器技术发展趋势之研究 [D] . 中原大学硕士学位论文，2004：35.

[39] Lee S，Yoon B，Park Y. An approach to discovering new technology opportunities：Keyword-based patent map approach [J] . Technovation，2009，29 (6/7)：481-497.

［40］Li Y R，Li T Y. A new classification method on the basis of a patent-science relationship// IEEE Technology Management Council. International Conference on Industrial Engineering and Engineering Management［C］. Hong Kong：Gty University of Hong Kong Press，2010：2409-2413.

［41］Cozijn P W. Estimating the Value of a Patent to a Company Using Patent Indicators［M］. Eindhoven：Eindhoven University of Technology，2009.

［42］栾春娟，王续琨，刘则渊．三星电子公司与华为技术公司专利布局的比较［J］．科学管理研究，2008，（2）：117-120.

［43］官建成，高霞，徐念龙．运用 *h*- 指数评价专利质量与国际比较［J］．科学学研究，2008，26（5）：932-937.

［44］邱均平，罗力，苏金燕，等．基于专利权人共被引的企业技术创新态势研究［J］．情报科学，2009，（2）：161-165.

［45］Lai Y-H，Che H-C. Evaluating patents using damage awards of infringement lawsuits：A case study［J］. Journal of Engineering and Technology Management，2009，26（3）：167-180.

［46］Martinez-Ruiz A，Aluja-Banet T. Toward the definition of a structural equation model of patent value：PLS path modeling with formative constructs［J］. Statistical Journal，2009，7（3）：265-290.

［47］Jansen W. Examining the Relation between Patent Value and Patent Claims［M］. Eindhoven：Eindhoven University of Technology，2009.

［48］Risov M，Kasravi K. Patent mining-discovery of business value from patent repositories［A］//IEEE Computer Society. 40th Annual Hawaii International Conference on System Science［C］. USA，Hawaii：IEEE Computer Society Publication，2007：1530-1539.

［49］赵蕴华，张静，李志荣，等．服务于科技创新的专利分析实践与案例［M］．北京：科学技术文献出版社，2015：18-19.

［50］魏雪君，葛仁良．我国专利统计指标体系的构建［J］．统计与决策，2005，（6）：35-36.

［51］Jacques M，Bernd B. Patent citation analysis：A closer look at the basic input data from patent search reports［J］. Scientometrics，2001，51（1）：185-201.

［52］Chen D-C，Lin W-Y C. Essential patent indicators for the evaluation of industrial technological innovation competitiveness［A］//Proceedings of the 10th International Conference of the International Society for Scientometrics and Infometrics［C］. Stockholm：ISSI，2005：490-

498.
［53］张冬梅，曾忠禄．专利情报分析指标体系、分析方法与技术［J］．情报杂志，2006,(3)：55-57.
［54］黄庆，曹津燕，瞿卫军．专利评价指标体系（一）——专利评价指标体系的设计和构建［J］．知识产权，2004，(5)：25-28.
［55］魏雪君．我国各地区专利综合实力评价比较研究［J］．集团经济研究，2006，(7)：306-307.
［56］葛仁良．我国专利综合评价指标体系的设计与构建［J］．统计与决策，2006，(8)：55-56.
［57］肖国华，王春，姜禾，等．专利分析评价指标体系的设计与构建［J］．图书情报工作，2008，(3)：96-99.
［58］方署．基于专利信息分析的技术创新能力研究［D］．西安交通大学博士学位论文，2007：37-43.
［59］国家知识产权局专利管理司，中国技术交易所．专利价值分析指标体系操作手册［M］．北京：知识产权出版社，2012：3-10.
［60］刘伍堂．专利资产评估［M］．北京：知识产权出版社，2011：49-60.
［61］牟萍．专利情报检索与分析［M］．北京：知识产权出版社，2012：136-143.
［62］王燕玲．基于专利分析的行业技术创新研究：分析框架［J］．科学学研究，2009，(4)：622-629.
［63］高继平，姚长青，马峥，等．论文专利互引分析方法的应用及其不足——在科学技术关联分析方面［J］．科学学与科学技术管理，2014，(12)：39-44.
［64］谢顺星．专利咨询服务［M］．北京：知识产权出版社，2013：59-61.
［65］高继平．知识计量指标体系及其应用研究——以 SIPOD 中数字信息的传输（H04L）领域为例［D］．大连理工大学博士学位论文，2013：46-49.
［66］赵蕴华，张静，李志荣，等．服务于科技创新的专利分析实践与案例［M］．北京：科学技术文献出版社，2015：19-36.

第五章

专利信息计量方法与工具

“工欲善其事，必先利其器。”方法和工具是专利信息计量分析的“器”，选择科学可靠的方法，利用合理有效的工具，是开展专利信息计量分析的基础和前提。专利信息计量的方法很多，一般可分为专利信息定性分析方法、专利信息定量分析方法和专利信息拟定量分析方法三大类。常用的专利信息定性分析方法有专利技术功效矩阵分析法、技术角度分析法、技术路线图分析法、鱼骨技术分析法、专利法律状态分析法、同族专利分析法、专利性分析法、权利要求构件分析法等。常用的专利信息定量分析方法主要有专利技术生命周期法、统计频次排序法、布拉德福文献离散选定应用法、时间序列分析法和技术趋势回归分析法等。常见的专利拟定量分析方法有专利引证分析、专利数据挖掘、专利共现分析和专利地图方法等。专利信息计量工具主要有专利信息检索工具和专利信息分析工具，以及在专利信息分析工具基础上衍生出来的专利地图和可视化分析工具。

5.1　专利信息计量方法

5.1.1　专利信息计量方法概述

5.1.1.1　专利信息计量方法的产生与发展

专利信息计量方法源于专利分析方法，专利分析方法的发展大概经历了三个发展阶段[1]。

（1）概念形成阶段。Seidel 于 1949 年最早系统地提出了专利引文分析的概念，他指出专利引文是后续专利基于相似的科学观点而对先前专利的引证。Seidel 同时还提出了高被引专利技术相对重要性的设想[2]。有些专利分析方法更侧重于对专利信息内部的深层次挖掘和分析结果客观、准确的研究。例如，Byungun Yoon 和 Yongtae Park 提出了一种把专利文本挖掘技术和联合分析、形态分析相结合的专利分析方法，利用专利信息发现新的、潜在的技术机会[3]。

（2）学术研究阶段。20 世纪 90 年代后随着信息技术、网络技术与专利数据库的不断发展和完善，专利分析方法开始适用和应用于企业战略与竞争分析中[4]，各种分析体系也开始不断建立和完善。国外许多知识产权咨询机构都提出了不同的专利分析指标，如美国摩根研究与分析协会、CHI 公司、汤森路透集团等。

（3）工具实现阶段。随着计算机的普及，以及信息技术和网络技术的发展，专利分析逐渐从手工处理过渡到了以计算机为工具的时代。由于面对的专利数据非常庞大，各种专利分析方法往往需要依赖于专利分析工具加以实现，分析工具直接影响到专利信息分析的效率和准确性，为专利分析提供了极大的便利，促进了专利信息分析方法研究和应用的拓展，而且也促使专利分析方法向自动化、数字化、网络化、可视化和智能化方向发展，出现了各种各样的专利分析工具，如 TI（Thomson Innovation）、Innography、WPIS 等。

5.1.1.2 专利信息计量方法的类型

专利信息计量方法依据不同的标准，可以有多种不同的分类[5-8]。例如，按照最基本的定量与定性研究方法，可以将专利信息计量方法分为专利定量分析、专利定性分析和专利拟定量分析方法；按照所使用的数据来源不同，可以将专利信息计量分为国内和国际专利信息计量方法；按照专利信息计量的结果延伸和扩展的技术领域，可以将专利信息计量方法分为专利技术信息计量、专利经济信息计量和专利法律信息计量方法；按照专利信息计量的性质不同，可以将专利计量方法分为专利数量计量、专利质量计量和专利价值计量方法；按照专利信息计量的层次，可以将专利信息计量方法分为点、线、面和立体专利信息计量分析方法；按照专利信息计量分析的深浅程度，可将专利信息分析方法分为一维分析方法、二维分析方法及综合分析方法；按照专利信息计量的目的和对象，可将专利信息计量方法分为针对不同研究目的或受众的专利分析方法、面向技术预见的专利分析方法、面向企业战略布局的专利分析方法、技术引进中的专利技术方法、专利价值分析方法；按照专利信息计量的目的、分析内容和深入程度可分为数据分析方法、技术分析方法、战略分析方法和应用分析方法；根据专利信息计量分析的内容，专利信息计量分析方法一般分为专利数量分析方法、专利质量评价方法（如专利类型、同族专利、专利被引、专利时限、专利转化、专利强度分析等）和专利价值评估方法（如专利研制成本、专利交易成本、专利费用等成本分析法，市场分析法和收益额预测、分成率确定、经济寿命评估、折现率确定等收益分析法）。

5 .1.1.3 常见的专利信息计量方法

1. 根据专利信息计量方法的性质

通常可将专利信息计量方法分为定性分析、定量分析和拟定量分析方法三类。定性分析方法是将专利文献信息的内部特征（如说明书、权利要求书的内容等）运用数据挖掘等手段进行归纳整理，然后运用专业技术进行解读和分析的方法，如技术功效矩阵分析、核心专利分析、权利要求分析、专利法律状态分析、专利性分析、专利侵权分析、技术发展路线分析、同族专利分析等。专利定量分析方法是利用数理统计、科学计量等方法对专利文献及其相关信息进行加工整理和统计分析。专利定量分析方法一般是利用各类专利计量指标（数量指标、量变指标、量化指标、质量指标、价值指标等）对专利文献信息的不同对象和角度（时间、地域、专利主体、IPC 分类号、技术主题等要素及其组合）进行分析。定量分析主要是通过专利文献上所固有的著录项目来识别相关文献，对有关专利分析指标进行统计分析，如专利申请量 / 率和授权量 / 率等的统计分析，布拉德福定律，技术生命周期分析，时间序列分析，分类号、关键词等技术主题的聚类分析，专利时间、地域、专利主体、分类号等分布分析，技术实施统计分析，技术构成分析等。专利拟定量分析方法是将专利定量分析与定性分析相结合的分析方法。专利拟定量分析通常由数理统计入手，然后进行全面、系统的技术分类和比较研究，再进行有针对性的量化分析，如专利文本挖掘、专利价值评估、专利引文分析和共现分析等[9-12]。

2. 根据专利信息计量分析的深浅程度

可将专利信息计量方法分为一维分析方法、二维分析方法及综合分析方法。一维分析方法是指将获得的专利文献适当整理，并从中提取想要的信息，如发明内容、发明时间、发明人、技术覆盖范围等，然后将提取后的信息按照一定方式排序，从而得到有序化的、具有统计意义的情报，如专利申请的时间序列分析、技术生命周期分析、专利申请的空间分布分析、专利申请的 IPC 分类分析。二维分析方法是将上述信息加以组合，得到相互联系的关于技术发展状况或者关于技术创新能力的情报，如专利授权人的时间序列分析、专利授权人的 IPC 分类分析、技术功效矩阵、专利引用分析。综合分析方法需要对专利数据进行深层次的挖掘，不仅需要了解专利文献的外部特征，对外部特征进行组合、配对分析，而且需要对专利文献进行深层次的了解，了解专利技术的特征、发展，以及与其相关技术的区别和联系等，如利用专利比较技术优势、利用专利预测技术成熟度、专利文本挖掘、专利投资组合[13]，如图 5-1 所示。

3. 根据专利信息计量分析的目的、内容和程度

可将专利信息计量方法分为数据分析方法、技术分析方法、战略分析方法和应用分析方法四个层面。专利数据分析方法可分为专利数据趋势、数据构成、数据排序和关联分析，专利数据聚类分析，专利引文数据分析，专利数据模型分析（如时间序列分析模型、布拉德福定律）等；专利技术分析方法可分为技术功效矩阵分析，重点专利分析，技术路线图分析，权利要求书分析、规避设计分析等；专利战略分析方法可分为专利技术跟踪策略分析，专利挖掘策略分

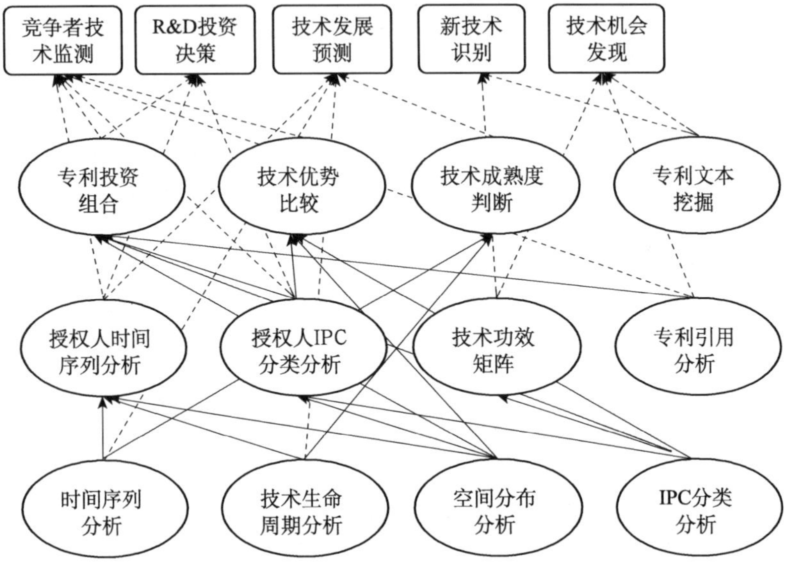

图 5-1　基于专利维度和深浅程度的专利信息计量方法

析，专利研发合作策略分析，专利保护策略分析，专利布局策略分析，专利诉讼策略分析，专利运用策略分析等；专利应用分析方法可分为技术引进专利分析，产品出口专利分析，竞争对手专利分析，专利预警及应对专利分析等。专利信息计量分析的目的决定了专利信息计量分析内容，而专利信息计量分析的内容又决定了专利信息计量需要分析的深入程度。如只需要分析某行业的专利申请趋势，则应当以数据层面的分析为主；如需要对某一即将出口的产品进行专利侵权风险分析，则应当以技术层面的权利要求分析为主；如想要分析某一竞争对手的专利挖掘策略，则应当在技术层面分析的基础上进行策略上的宏观分析等。分析内容决定了需要分析的深入程度，有些分析内容不仅需要数据层面的分析，还需要技术层面、战略层面乃至系统应用层面的分析。例如，对竞争对手的分析，既需要统计其专利申请趋势的数据，又需要对其关注的重点技术、技术的研发动向等技术层面进行分析，还需要分析其专利布局策略、专利诉讼策略、专利运用策略等[14]。

4. 根据专利信息计量的层次

可将专利信息计量分析方法分为四个层次，每个层次都有不同的专利情报计量分析方法[15, 16]。

（1）“点”情报分析。“点”情报分析是对专利信息的初步挖掘。具体分析方法有：①简单统计分析，按照专利申请人、专利申请量、专利授权量、同族专利量等指标分别进行统计分析。通过相关指标的统计，可反映不同主体在某一时间范围内的专利投入产出情况，初步了解其专利质量的高低。②关键词统计分析，通过提取专利项、摘要和标题中的技术关键词，并对其频数进行统计。通过关键词出现频率的高低，可反映某一技术领域研究热点的转移情况；还可对出现频率较高的关键词进行逻辑组配，对技术概念进行再理解。

（2）“线”情报分析。包括专利申请的时间序列分析，以时间为横轴，以专利申请量（或授权量、同族专利数量等）为纵轴，统计分析专利随时间变化的趋势，得到有关发明先后的线情报。通过对各主要国家或企业专利申请数量随时间变化的分析比较，可反映各国家或企业技术创新行为变化的快慢和趋势，以及它们之间技术开发能力的强弱，从而指导 R&D 研究和识别技术领域的演变。具体的分析方法有：①生命周期分析，通过统计一段时间内某项技术相关专利的申请数量和专利申请人数量的变化，可以绘制技术生命周期图。一般来说，技术的发展可能经历起步期、发展期、成熟期、下降期、复苏期等几个阶段。通常，在技术起步初期，专利数和专利申请人数均较少；随后随着技术的发展和人们对技术理解的深入，专利数量大幅上升，申请人数量也迅速增加，技术进入发展期；技术进入成熟期以后，专利数量将持续增长，但申请人数量则相对保持稳定，而且专利申请多为改进型专利；之后，经过市场和技术的淘汰，专利申请数量和申请人数量都将有所下降，申请的专利多为在已知技术上的小幅度改进，进展不大，技术进入下降期；如果之后专利申请量和申请人数量又有所大幅增加，则说明技术进入复苏期，企业又找到了新的技术空白点，向新的技术方向发展。专利的技术生命周期图还可反映行业的变化情况。若技术生命周期图呈现低—高—平—低的变化趋势，则预示夕阳产业，即使产品目前畅销，但技术性能正在更新换代或被淘汰；若其呈现零—高—飙升的变化趋势，则预示新型朝阳产业；若其呈现平—低—低—高—再高的变化趋势，则预示产业结构调整，产品处于转折点。②专利申请的空间分布分析，以不同的空间分析对象（如国家、地区、行业、企业等）为横轴，以专利申请量（或授权量）为纵轴，统计分析专利随空间变化的趋势。空间分布分析一般用于识别竞争对手，分析其技术策略等。例如，将某一专利的同族专利按地理分布进行分析，可以判断其专利的质量和商业价值，了解某公司技术输出的重点领域；还可为技术引进提供依据，或为产品出口避开对方的保护区提供情报。③专利申请的 IPC 分类分析，专利技术按 IPC 号进行排序，即以 IPC 分类体系为横轴，以专利申请量（或授权量）为纵轴，统计分析不同技术领域专利申请情况的“线”情报，从而获知该领域的技术构成情况，以及该领域内各竞争主体所关注的技术点等。例如，对某一技术领域的专利申请量进行统计，可以得到某项技术在不同主题间的分布，分析该技术领域的重点技术及技术发展趋势等情况。对不同技术类别各公司的专利数进行统计，则可以了解各公司活跃的领域，即开发的重点领域。

（3）“面”情报分析。具体分析方法有：①技术矩阵分析，将技术内容通过矩阵的形式表现出来，通常以行和列选择不同的技术信息因素构成，以分析其间的关系变化，研究技术开发的程度。在进行矩阵分析之前，应对各专利文献进行解读，以专利说明书、权利要求书等反映的专利技术内容或专利的“质”来识别专利，并按各技术信息因素来归并有关专利使其有序化。例如，将各专利文献所要达到的功效作为横向栏目，将专利文献中所采用的技术手段作为纵向栏目，则可构成功效矩阵。将专利文献中各技术手段进行细分，分别填入相应的空格内，计算每个空格的专利数量，即可分辨出专利空白、密集、稀疏区；分析最重要的一点是可以通过空格中专利进行技术矩阵数量的对比来寻找技术空白点。所谓技术空白点，即空格中专利数量为零的区域。之所以出现这些空白点，可能是由于该空白点的研发难度较大，需投入较大的人力物力；也有可能是他人尚未注意到的新领域；更有可能是利用现有技术难以突破的技术难点。②专利聚类分析，通过对专利文献簇的凝聚和分解，我们可以分析同一专利簇中各技术信息因素之间的相关关系，从而挖掘其间的隐藏关系，获取其中的关联特点；或分析不同专利簇之间的区别和联系，从而了解技术发展的态势，寻找技术空白点。通过研究专利群的形成、结构、变化，以及与其他专利群的关系，能直接或间接地对某一技术或某一企业的现状及今后的发展趋势做出正确的评价和分析。③专利引用分析，通过专利引用分析，可以对企业决策和技术研发、运用提供一种客观的评价方法，并根据竞争者的专利情况，分析自身在市场中的地位，不仅能找出自身的竞争优势，而且能避免潜在的专利地雷。例如，通过将每篇专利的引证情况作连线式的链接，可以得到专利引用图。通过图中专利引用的线索，我们可以找到最早被引证的专利文献。该文献很可能是一篇基础专利，包含重要的技术信息。此外，根据专利引用图的线索，我们还可以得到专利的承继性和发展历程，以帮助科研人员把握科技创新脉络，了解前沿技术，避免选题重复和人、财、物的浪费，推动科技进步。另外，分析引证率也可以为我们提供重要的信息。专利引用分析的一个基本点在于：如果一个在线专利多次被在后申请的专利大量引用，表明该项被引用的在先专利在该领域较为先进或较为基础，从而评估专利的技术影响力。因此，引证率较高的专利技术很可能涉及的是该领域内的核心技术。通常情况下，拥有高被引次数专利的机构也比其竞争者或同行在技术上更领先，处于产业的强势地位。份额分析指对“线”情报按各数据集分别统计其分类份额，从而了解某段时间内各类别中指标构成的比例关系。例如，将某领域中主要专利权人的专利份额进行统计，即以某领域中主要的专利权人为横坐标，以其专利申请量占本领域专利总申请量的比值为纵坐标，绘制专利份额统计的柱状图，从而反映该领域专利申请的集中程度，集中程度越高，则表明该领域专利申请的战略意义越大。还可与同族专利授权率相联系，反映专利的战略价值。若申请人或专利权人适当集中，且同族专利授权率较高，则说明一些主要申请人对此领域投入研究比较多，海外市场比较大，也可以说这些申请人或专利权人在这方面涉及的利益比较大，因此往往专利战略价值大些。

（4）“立体”情报分析。“立体”情报分析需对专利情报进行深层次的挖掘，不仅需要了解专利文献的外部特征，对外部特征进行组配分析；而且需要对专利文献进行深层次的了解，了解专利技术的特征、发展，以及与其相关技术的区别和联系等。具体分析方法如专利组合分析，是通过建立能够衡量专利潜在价值的一系列定性和定量指标，客观、科学地对专利技术领域进行技术分析和技术组合，从而辅助组织监测竞争对手的相对专利地位和认识技术领域本身的相对发展优势，为企业战略性的 R&D 投资提供有价值的决策信息。例如，专利与市场一体化的组合分析，即以相对技术份额、相对市场份额和市场吸引力组成三维坐标系。相对技术份额指某技术领域内某公司的专利申请数与该领域内专利申请数最多的标杆公司的专利数之比，可衡量该公司在某一技术领域中的专利相对位置。相对市场份额指某技术领域内某公司相对于该市场中市场份额最高的公司的相对市场位置。市场吸引力即应用该技术的产品的市场增长率。通过这三个指标的组合分析，我们可以得到某技术在市场和技术中的共同特点，尤其是那些技术与市场处于明显不同区域的组合情况。若在高增长的市场环境中，出现高的技术地位与低的市场份额的组合，则该企业的R&D支出可能应该削减，因为该领域不能为投资者赢得未来；与此相反，企业缺乏市场地位有可能是因为该产品的市场中存在较强的竞争，这就要求企业加大对市场的投入，R&D投入也应该继续保持或按比例增长。通过专利与市场的一体化组合为技术与市场战略更好的结合提供了一种有效的工具。

5.1.2 专利信息定性分析方法

专利定性分析方法是指通过对专利文献内在特征，即对专利技术内容进行分类比较、归纳、演绎、分析、综合，以及抽象与概括等，以达到把握某一技术发展状况的目的。专利定性分析主要是根据专利文献提供的技术主题、专利国别、专利发明人、专利受让人、专利分类号、专利申请日、专利授权日和专利引证文献等技术内容进行分析，分析专利的技术内涵，判断专利的重要性，确定区别出基本专利和派生专利。常见的专利定性分析方法有专利技术定性描述和专利文献对比研究。常用的专利定性分析方法有专利技术功效矩阵分析、技术角度分析法、技术路线图分析法、鱼骨技术分析法、专利法律状态分析法、同族专利分析法、专利性分析法、权利要求构件分析法等[16]。

1. 专利技术功效矩阵分析法

专利技术功效矩阵分析是指通过专利文献所反映的技术主题内容和技术方案的主要技术功能之间的特征研究，揭示它们之间的相互关系，常用技术功效矩阵表形式表示。一般是先对研究对象的技术内容进行分类，再按照技术功能分类，然后用一个二维表将技术分类与功能分类关系起来，表中单元格展示相应的专利文献，最后对二维表中的信息进行归纳和推理以及分析综合。这种方面可以用来研究现有技术发展重点，以及尚未开发的技术空白点。

技术功效矩阵图用于分析专利技术（包括方法、设备和操作原理）及其功效间的对应关系，通过专利数量来有效衡量为提升技术功效而投入的技术力量，从而明确为提升某一技术功效所必需的技术投入，再结合自身技术潜力，对发展计划实施的难易程度进行估计。此外，运用技术功效矩阵分析方法有利于找出技术领域内的瓶颈问题，帮助对类似技术主题和优先解决的技术障碍等问题的合理决策，如图5-2所示。

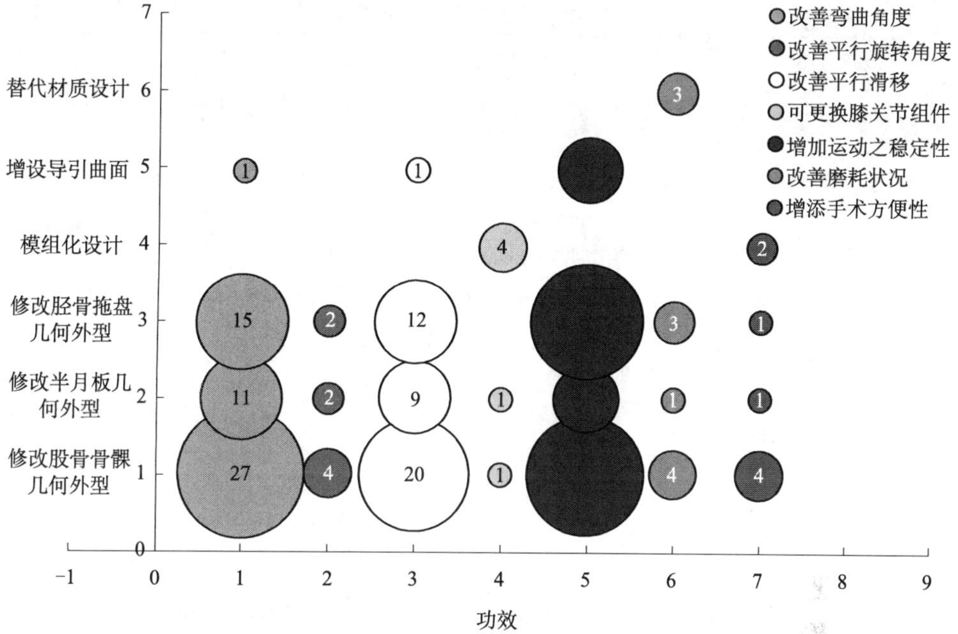

图 5-2　人工膝关节专利技术功效矩阵图

2. 技术角度分析法

技术角度分析法是专利技术功效矩阵分析方法的延伸。在专利信息定性分析中，分析人员常常会将采集到的专利文献集合按材料（material）、特性（personality）、动力（energy）、结构（structure）、时间（time）等五个方面进行加工、整理和分类，构造 MPEST 技术角度图，从技术分类入手，将研究对象进行分群来揭示被研究的技术领域的专利特征。有些分析软件也将技术分析角度为处理（treatment）、效果（effect）、材料（material）、加工（process）、产品（product）、结构（structure）等六个方面，并对每个方面都作一定的延伸，构造 TEMPST 技术角度图，以得到各技术之间的差异，如表 5-1 所示。

3. 技术路线图分析法

在专利信息定性分析中，分析人员也会按照时间先后，将分析结果中技术内容特别相关的一组专利文献的简要内容用图示的方式直接展示出来。根据研究目的不同可设计不同的技术发展图，如根据引文数据设计的技术发展图和根据竞争对手专利数据设计的技术发展图。

表 5-1　技术角度分类示意表

技术分析角度		概念的延伸
T	处理（treatment）	温度（temperature）、速率（velocity）、时间（time）、频率（frequency）和压力（pressure）等
E	效果（effect）	目标（purpose）、履行（performance）和功效（efficiency）等
M	材料（material）	材料（material）、成分（component）、混合物或化合物（compound）和附加物（addition）等
P	加工（process）	制造方法（manufacturing）、系统（system）和程序（procedure）等
O	产品（product）	产品（product）、部件（parts）、结果（result）和产量（outputs）等
S	结构（structure）	结构（structure）、形状（form）、图样或装置（device）、组分（compound）和电路（circuit）等

4. 鱼骨技术分析法

鱼骨技术分析即因果分析，根据其“因果”图的形状，将其称为鱼骨技术分析。通过对主要专利、次要专利、潜在技术的不断分析，可用于解决具有许多技术解决手段的复杂问题，从中找出解决这一复杂问题的核心技术；并允许为问题确定潜在的技术手段，找到技术开发的空白点。技术监测方法是指以科学技术信息、数据分析为基础，以数据挖掘、信息萃取、知识发现和数据可视化技术等为手段，对科学技术活动进行动态监测、分析及评估的方法。技术监测的过程，需首先将数据库、图书、期刊等结构化的数据和专家知识、Web 网页等非结构数据作为信息源，并进行长期不间断的自动监测，以获取所需数据；然后将获取的数据通过信息抽取、聚类分析、关联分析、监测指标等对数据进行分析和挖掘；最后通过数据可视化技术、信息萃取和文本报告自动生成技术将挖掘出的知识表示出来，自动生成某专项技术领域的技术动态监测报告。通过技术监测，我们可以掌握专利技术发展的脉络，监测专利技术发展的状态，把握技术机会，寻求技术开发空白点，以降低研发风险，提高企业效率，并对企业的战略决策提供支持。

5. 专利法律状态分析法

专利法律状态是指在某一特定时间，某项专利申请或授权专利在某一国家的权利维持、权利范围、权利类型、权利归属等状态，这些状态将直接影响专利权的存在与否及专利权范围的大小。此外，专利法律状态还包含了专利权的归属、专利权是否效、获得许可证等专利产生、发展和变化过程中出现的其他法律信息。

6. 专利侵权分析法

专利侵权分析方法包括防止侵权分析和被动侵权分析。防止侵权分析是指为了避免发生专利纠纷而主动对某一新技术、新产品进行专利检索，找出可能受到其侵害的专利并作出判断，或者是为了避免自己的专利权受他人侵犯而对自己已获专利地区的其他企业类似产品或技术情况进行监控。被动侵权分析则是指被别人指控侵权时，为了对该专利进行撤销、无效或利用公知技术进行抗辩，需要进行检索，对收集到的专利文献和其他文献资料等内容进行研究，在搞清楚专利技术侵权的基础上采取相应措施。

7. 同族专利分析法

通过检索某一专利的同族专利，可以得到这些专利申请的地理分布，从而判断其商业价值，了解其某公司技术输出的重点领域，也可以为技术引进提供依据，为产品出口避开对方的保护区提供情报。

8. 权利要求构件分析法

在某些技术密集工业领域，一项新产品上市往往会受到上百件专利的保护，因此严格规范与区分现有专利技术的权利要求、定位自己的专利空间，对新产品研发尤为重要。权利要求定位的主要作用，首先是在新技术研发过程中，不断分析现有专利（特别是新近公开的）的权利要求点，从中寻找权利空白，调整技术研发方向，为自身新技术专利申请规划权利空间，以保证顺利获得专利并得到最大经济利益；其次是在侵权判断中的应用，新产品上市后，无论是被诉侵权还是诉他人侵权，都可以由专利、技术和法律专业人员通过对双方技术要点、权利要求点进行比对，判断是否“在被控侵权的产品或方法中，包括了独立权利要求中的每一个技术特征”，由此分辨侵权可能，如图 5-3 所示。

9. 专利性分析法

专利性分析法是用以判定某项发明创造的技术方案有新颖性和创造性的一系列方法。

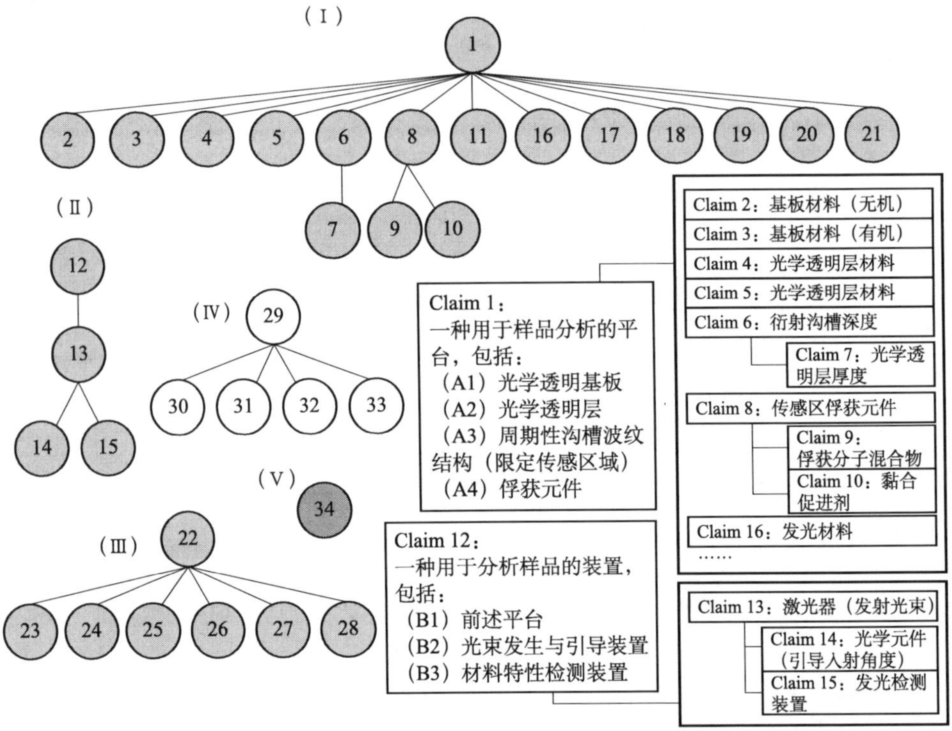

图 5-3　专利 US6707561 权利要求构成要件及其关系

5.1.3　专利信息定量分析方法

专利定量分析方法是建立在数学、统计学、运筹学、计量学和计算机等学科的基础之上，通过数学模型和图表等方式，从不同角度研究专利文献中所记载的技术、法律和经济等信息。专利信息定量分析方法主要是对专利文献的有关外部特征信息进行数量统计。这些外部特征信息有专利申请或公布日期、专利分类、申请人、发明人、申请人所在国家、专利引文等，它们能够从不同角度体现专利信息的本质。专利定量分析方法按对象和角度一般分为两个层次：一是以专利文献的件数为单位，从专利分类、专利申请人、专利权人、时间、地域等角度进行分析；二是以专利文献信息（如 IPC 专利分类、专利申请人、专利权人、时间、地域、技术主题等）为单位，从专利主体、时间、地域、技术领域等角度及其组合进行分析。所用的定量分析指标主要有三类：①数据指标：包括专利数量（专利申请量、授权量、无效专利量和专利实施量等，可以反映国家、地区、行业、领域、组织、机构、个人等不同层面、不同主体在某一时间范围内的专利产出情况）、同族专利数量、关键词频统计（专利名称、摘要、权利要求书甚至全文中的技术关键词）、专利被引次数。②量变指标：包括时间序列（专利技术按时间的分布，即将统计结果按时间序列进行整理，如专利申请量、授权量、同族专利量等随时间的变化趋势）、技术生命周期（通过统计一段时间内某项技术相关专利的申请数量和专利申请人数量的变化，可以绘制技术生命周期。一般来说，技术的发展可能经历起步期、发展期、成熟期、下降期和复苏期等几个阶段）、专利增长率（专利数量增长随着时间变化的百分率）、专利空间分布（专利申请量或授权量随国家、地区、行业、领域、企业等空间要素变化的趋势）。③量比指标：包括专利相对强度、专利垄断指标、专利授权率、专利存活率、专利实施率、专利转移率、引证率、即时影响指数、科学关联度、专利效率等[17]。

专利信息定量分析方法主要有专利技术生命周期法、统计频次排序法、布拉德福文献离散选定应用法、时间序列分析法和技术趋势回归分析法等[18]。

1. 专利技术生命周期法

人们通过专利申请数量或获得专利权的数量与时间序列关系、专利申请企业数与时间序列关系等分析研究，发现专利技术在理论上遵循技术引入期、技术发展期、技术成熟期和技术淘汰期四个阶段的周期性变化。计算方法有专利数量测算法与图示法、TCT 计算法。专利数量测算法与图示法主要用于研究相关技术领域的技术生命周期，而 TCT 计算方法主要用来计算单件专利的技术生命周期。

1）专利数量测算法

该方法通过计算技术生长率（v）、技术成熟系数（α）、技术衰老系数（β）和新技术特征系数（N）的值来测算专利技术生命周期。

技术生长率（v）：是指某技术领域当年发明专利申请或授权量占过去 5 年该技术领域发明专利申请或授权问题的比率。$v=a/A$，其中 a 为该技术领域当年发明专利申请量或授权量；A 为追溯到 5 年的该技术领域的发明专利申请量或授权累积量。如果连续几年技术生长率持续增长，则说明该技术处于生长阶段。

技术成熟系数（α）：是指某技术领域发明专利申请或授权量占该技术领域发明专利和实用新型专利申请或授权问题的比率。$\alpha=a/(a+b)$，其中，a 为该技术领域当年发明专利申请量或授权量；b 为该技术领域当年实用新型专利申请量或授权量。如果技术成熟系数逐年变小，说明该技术处于成熟期。

技术衰老系数（β）：是指某技术领域发明和实用新型专利申请或授权量占该技术领域发明、实用新型和外观设计专利申请或授权总量的比率。$\beta=(a+b)/(a+b+c)$，c 为该技术领域当年外观设计专利申请量或授权量。如技术衰老系数逐年变小，则说明该技术处于衰老期。

新技术特征系数（N）：由技术生长率和技术成熟系数推算而来，在某一技术领域如果 N 值越大，说明新技术的特征越强。

$$N=\sqrt{v^2+\alpha^2}$$

2）TCT 计算法

TCT 计算法是用专利的所有引证文献的平均技术年龄表示技术生命周期。TCT 测量的是最新专利和早期专利之间的时间差。早期专利代表现有技术，因此，TCT 其实就是现有技术和最新技术之间的发展周期。如果一个企业比它的竞争对手在相同的技术领域拥有较短的技术生命周期，那么它就拥有寻求技术革新的优势。此外，通过测算国家的平均技术生命周期还可以比较不同国家的技术创新速度。

在专利信息计量分析中，有时也将技术生命周期指标与专利增长率指标一起使用来判断企业的强势技术领域。研究表明：如果一个企业增加它的专利申请，而且这些专利技术有较短的技术生命周期，说明该企业的技术处于技术领域的前沿，可以看成是该技术领域的领头羊。

2. 统计频次排序法

统计频次排序法主要使用文献计量学和科学计量学中的频次－排序分布模型对专利特征信息进行统计和排序。专利频次统计排序的对象主要有专利分类号、申请人、发明人、申请人所在国家或专利申请的国别、专利申请或授权的地区分布、专利种类比率、专利主题和专利引文等特征。

3. 布拉德福定律

利用布拉德福定律对专利文献按国际专利分类号进行区域划分，可以较为科学、准确地确定某技术领域中专利文献的核心分类，为寻找技术领域中的核心技术提供理论依据。1934 年，英国文献学家布拉德福（S. C. Bradford）在研究文献分布特征时提出了布拉德福文献离散分布定律：对某一主题而言，如果将科学期刊按刊载相关论文递减的顺序排列，则可以划分出对该主题最有贡献的核心区，以及含有与该区域论文数量相等的几个区域。那么每个区域中的科学期刊数量成 $1:n:n^2:\cdots$ 分布。布拉德福的研究结果表明，科学论文在科技期刊中的分布是不均匀的，少数期刊中“拥挤”着大量高质量的论文，大量的期刊中“稀释”着少量高质量的论文。也就是说，文献的分布存在着高度集中与分散的现象，而文献的这种不均匀分布现象同样存在于专利文献中。

4. 时间序列分析和回归趋势分析

时间序列分析和回归趋势分析等定量专利信息分析方法都是基于对历史数据变化规律的分析来有效地找出数据变化规律与时间的关系，揭示事物发展的轨迹，并对事物的未来发展状况进行预测。时间序列分析法就是在均匀时间间隔中对研究对象的同一变量进行统计分析的方法，目的在于掌握这些统计数据依时间变化的规律。时间序列分析法常用于专利信息定量分析，研究对象的变量有专利申请或授权量、专利分类、申请人、发明人、专利被引次数和申请人所在国家（地区）等。例如，通过专利申请量或授权量随时间的变化分析，研究该技术领域的发展现状；通过对专利申请人、专利申请数量与时间的对应关系研究，揭示某技术领域在一定时间跨度内参与技术竞争的竞争者数量，从而揭示相关技术领域的技术生命周期。在时间序列分析的基础上，进一步展开线性回归趋势分析，可以预测该技术领域未来的发展趋势。

5.1.4　专利信息拟定量分析方法

专利信息拟定量分析方法是将专利定性分析和定量分析相结合的专利信息分析方法，也称为专利综合分析方法。专利拟定量分析通常由数理统计入手，然后进行全面、系统的技术分类和比较研究，再进行有针对性的量化分析，最后进行高度科学抽象的定性描述，使整个分析过程由宏观到微观，逐步深入。常见的专利拟定量分析方法有专利引证分析、专利数据挖掘、专利共现分析和专利地图方法等[20-23]。专利信息拟定量分析方法都是以关联分析为基础。

1. 专利引证分析法

专利引文是指利用各种数学和统计学方法，以及比较、归纳、抽象、概括等逻辑方法，对专利文献的引用或被引用现象进行分析，以揭示专利文献之间、专利文献与科学论文之间相互关联的数量特征和内在规律的一种文献计量和科学计量研究方法。专利引证分析原理：一件专利被引证次数越多，越有可能代表着该技术领域的发展趋势，具有更加的应用价值。美国工业研究院的 Anthony Brietzman 和 Patrick Thomas 认为[19]：隐藏在专利引证分析背后的理念，是被后来的诸多专利所引用的专利趋向，包含许多其后发明者所依据的重要思想，这使得它们更有价值。Fleming Julia 等学者也指出[20]，专利引证分析是基于这一前提：前向和后向专利引证的数量状态都是专利价值的指示器，尤其是前向引证的数量有更大的研究价值。一个前向引证是对由另一项专利赋予的价值的一种参照。前向引证和后向引证是相对于研究对象而言的，前向引证是指研究对象被在后申请的专利所引用，而后向引证是指研究对象引用的在先专利。

研究专利引用信息可以识别孤立的专利（这些专利很少被其他专利申请所引用）和活跃的专利，这些活跃专利被大量的其他专利引证，表明它们是影响力较大的专利，或是具有更高的质量。利用专利引文数据，构建专利引文指标可以用来推算技术关联程度和特定技术领域的技术关联程度等。此外，通过引文分析，了解专利之间的关系，有助于了解围绕着变化的技术领域形成网状专利保护的轨迹，并显现出技术交叉点的专利趋势，从而寻找新技术空白点。专利引文分析被广泛应用于技术创新、专利定价和技术与学科评估、竞争环境中的主要竞争对手研究、了解技术发展历史、预测技术发展趋势等专利分析领域。专利引文分析的方法有用前向和后向专利引证构建引用清单、专利被引用数据排序研究（单件专利被引次数排序、专利被引次数与时间的关系、专利权人引证分析）、专利引证与专利权人关系研究（可以揭示专利权人技术变化的方向，使主要竞争对手的专利战略直观化）、专利引证率分析、引用时差分析等。前向引证是对一项专利（被引用的专利）所赋有的价值的一种参照。被引用的次数越多表明该项专利价值越大。研究前向引证旨在了解哪些专利引证了该公司的专利及可能造成的侵权。后向引证清单可以了解该项专利引用的全部专利文献，即现有专利技术现状。通过对前向和后向引用的综合研究，可以有效地寻找没有直接关联的平行专利（在专利信息分析中，由于专利申请自提出后到被公开需要一定的时间，这就造成在此期间内，有些专利申请虽然在技术主题上具有相似性，但相互之间却没有直接的引用关系，以及这些专利被称为平行专利。例如，中国发明专利要专利申请日后 18 个月才能被公开），从而提高专利信息分析的质量和专利检索的查全率。引证时差分析是利用引证数据来测算现有技术和最新技术之间的发展周期，可以用于捕获企业正在进行技术革新的情报，推算出企业专利创新的速度。通过专利引文分析，还可以使企业了解相关专利的技术层次及组合技术之间的关联，以及国家或地区之间的技术关联、特定技术领域的技术关联度等。通过分析专利文献之间的相互引证关系，有利于企业了解一项专利技术的发展过程和围绕这一技术的相关申请及这一技术领域参与竞争的主要技术持有人等。

专利引证分析法有三个类型[21]：①专利引证关系分析。一般而言，专利公开时间越早，被引证概率就越高，但客观上仍可将被引证量高的专利视为本领域内核心专利。对于核心专利，不仅其技术内容值得重视，其所属国别研究也可反映出该领域关键性技术的重要研发阵地与技术市场。同时，由于专利引证率是衡量专利质量的重要指标，拥有核心专利的专利权人的研发实力与对本技术领域的整体带动作用也不可小觑。②专利引证时间进程分析。也称为专利技术发展路线图，将某项技术的核心专利按照引证关系进行排列，用以追踪专利引证线索。以核心专利为源头，按时间进程分析其引证关系，可了解该技术的发展进程，如图 5-4 所示。③核心专利引证关系技术族谱分析。分析核心专利的后续引证专利，按照技术主题的相似程度将后续引证专利分类，有助于了解某技术领域内各组成技术的起源及相关研发进展，并分析未来技术发展方向，如图 5-5 所示。

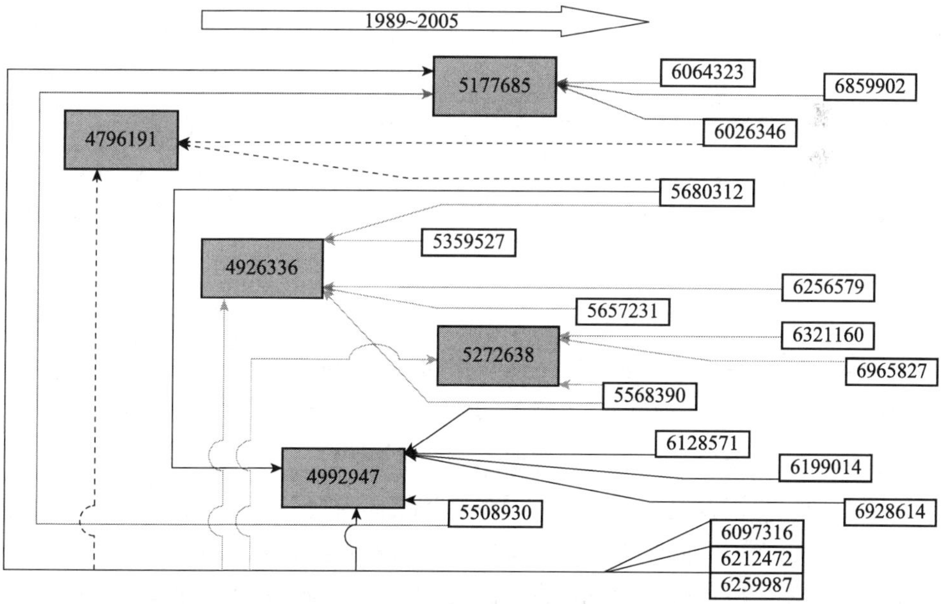

图 5-4　某电子产品技术核心专利引证时间进程图（局部）

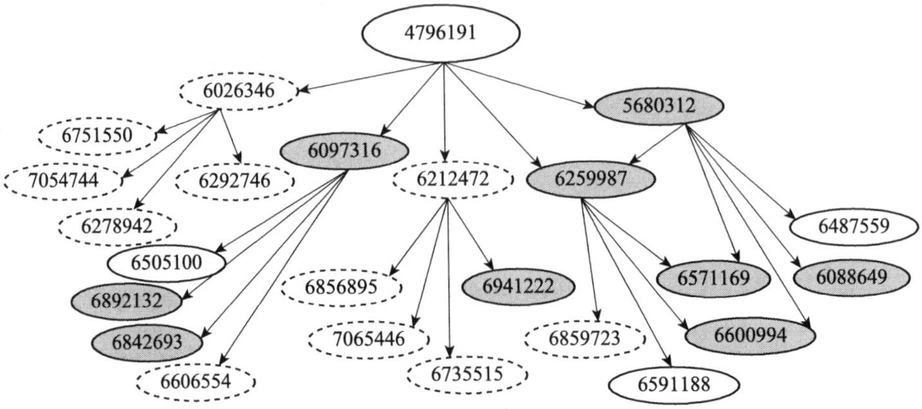

图 5-5　专利 US4796191 引证关系技术族谱（局部）

2. 专利数据挖掘法

数据挖掘是从大量数据中挖掘隐含的、先前未知的、对决策有潜在价值的知识和规则。这些知识与规则蕴含了数据库中一组对象之间的特定关系，揭示的有用信息可为科学研究、经营决策、市场策划、经济预测、工业控制提供依据。专利数据挖掘可以帮助专利分析人员对海量专利文献内容进行深度分析，从而提高专利分析效率。美国加州理工学院的 Jay E. Paap 教授领导的技术机会分析（Technology Opportunity Analysis，TOA）研究小组从 20 世纪 90 年代初就一直致力于采用文本挖掘方法，应用专门软件对大型数据库的主题词进行时间序列分析、聚类分析等，以发现科研的热点领域和前沿领域，识别这些领域。专利数据挖掘方法主要有关联分析（Association Analysis）、聚类分析（Cluster Analysis）、专利强度分析（Patent Strength Analysis）和内容分析（Content Analysis）等。通常若两项或多项变量的取值之间的存在某种规律性，那么其中一项变量的属性值就可以依据其他变量的属性值进行预测，称为关联分析。关联分析通常反映事件之间的关联程度，其实质就是寻找在同一个事件中出现的不同数据项的相关性，从而找出数据库中隐藏的关联网，获得一个数据项和其他数据项之间依赖或关联的知识，从而指导决策和战略制定。关联分析是常见的数据挖掘分析方法，主要采用结构化的表现形式对一系列对象、参数、特点之间的相关关系进行分析。在专利数据挖掘分析中，关联分析通过寻找同一专利集合中不同数据项的相关性，找出其间的隐藏关系，获取其中的依赖或关联特点，如领域内组成技术间的关系分析、专利权人之间的合作关系分析等。聚类是指利用客观计量方法，按事物某些属性的相近程度对数据库中的记录分组，把相似的个体记录放在一个聚集里，从而把要分析的数据分成不同的群组，这些有意义但不同的群组也可以称为子集或类别，这个过程称为聚类或聚集。聚类分析又称为数值分类学，是以大量对象的统计数据为基础，把具有相似性的一些数据组合为类群的方法总称。常见的聚类分析方法有逐步聚类、系统聚类、图示聚类、模糊聚类等。聚类分析首先要将事件分类，进而反映类与类之间的关联程度。关联分析和聚类分析的结果常用可视化图形方式显示，需要借助专门的专利分析软件和工具，如 VantagePoint、Aureka、Focust[22]。

3. 专利共现分析法

专利共现分析是将专利文献中的共现信息定量化的分析方法[23]，以揭示专利信息在内容上的关联程度。共现分析方法的研究对象较广，包括专利文献中的词汇（如关键词、主题记号）、分类号、引文、专利申请人、专利权人和专利发明人等。根据共现分析的对象不同，一般可将共现分析分为共引分析、共词分析、共类分析[24]。共现分析在发展过程衍生出三个派系[25]：①以 Small 为代表的以文献为分析单位所做的文献共引分析研究；②以 White 为代表的以作者为分析单位所作的作者共引分析研究；③以 Kostoff 为代表的利用知识发现和数据可视化技术的综合集成分析。

共引又称同引，指两篇文献同时被后来的一篇或多篇文献引用，同时把共同引用这两篇文献的文献数量称为共引强度[26]。共引分析是引文分析中最具影响力的分析方法之一，利用共引分析可以得出分析对象之间由引文关系形成的关联关系，对这些信息用学科专业知识加以解释和分析判断，可以揭示研究对象的规律、预测其发展趋势。这两篇文献被后来文献同时引用的次数越多，表明这两篇文献的关联程度越大，即说明这两篇文献在内容上相似性较大，按照聚类分析的思路，这两篇文献可以被聚为一类。

共词分析是文献计量学常用的研究方法，是通过分析在同一个文本中的词汇对（单词或名词短语对）共同出现的情况，以发现科学领域的学科结构的定量分析方法。采用文献所列的关键词或从文本中选择的关键词，通过描述关键词与关键词之间的关联与结合，揭示某一领域研究内容的内在相关性和学科领域的微观结构。该方法常用于展示学科的发展动态和发展趋势，还可用于科技预测，发现新的学科增长点和突破口。关键词共现分析还可以用于科技预测，发现新的学科增长点和突破[27]。

对共类分析研究较早的是1993年德国学者Sybille Hinze，他通过对书目的共类与共词分析研究新兴学科的发展[28]。此外，其他领域也相继出现了共类分析的研究[29, 30]。每篇专利至少有1个国际专利分类号（IPC号），一般还会有多个专利分类号，表明该专利涉及的技术内容包含多个领域，所以通过对专利分类号进行共现分析，可以发现现有研究中具有密切关联的领域。所以专利共类可定义为：2个或2个以上的分类号在多篇专利文献中共同出现的次数反映了这些分类号所代表的领域间的研究关联程度[31]。

4. 专利地图方法

专利地图方法是对专利信息加以收集、整理、加工、分析，然后以视觉直观的方式构建图形、表格、曲线等来揭示专利信息的内涵、联系、规律与本质的分析方法。根据不同的用途，选用不同的指标和数据，可制作不同的专利地图，为企业经营决策和制定专利战略提供参考。通常，专利地图可分为专利管理地图、专利技术地图和专利权地图等。专利管理地图主要分析研究专利的发展趋势、竞争对手的状况、竞争技术的领域等方面的内容。专利技术地图侧重于对技术分类架构、功能分类架构、技术与功效矩阵、技术发展脉络等方面的分析研究。专利权利地图则对权利要求要素及其关系、权利保护范围矩阵等方面的内容进行分析研究[32]。

5.2 专利信息计量工具

5.2.1 专利信息计量工具概述

随着现代信息技术，特别是网络技术的发展和普及，专利信息计量开始由手工分析向电子化、数字化、网络化、自动化、智能化和可视化方向发展，出现了多种专利信息计量辅助工具，专利信息计量工具主要有专利信息检索工具和专利信息分析工具，以及在专利信息分析工具基础上衍生出来的专利地图和可视化分析工具。

5.2.2　专利信息检索工具

专利信息检索工具主要是指各类获取专利信息的来源，目前世界各国的专利信息检索工具都已十分完善。专利信息检索工具主要包括纸质专利信息检索工具（通常称为二次专利文献，如专利公报、文摘和索引等）和电子专利信息检索工具（如综合性专利信息检索与服务平台、专利信息数据库、专利信息检索系统和专利搜索引擎等）两大类。按照电子专利信息检索工具的提供商划分，综合性专利信息检索与服务平台又可分为公共性（官方免费）和商业性（商用收费）两大类，综合性专利信息检索与服务平台一般以专利信息数据库为基础，具有专利检索、专利分析与专利挖掘等多种功能。按获取专利信息的来源分，电子专利信息检索工具可分为数据库型和因特网型（或搜索引擎型）两大类。

5.2.2.1　纸质专利信息检索工具

1）专利公报

专利公报有广义和狭义两种解释。广义专利公报是指专利公报、实用新型公报、外观设计公报，或指工业产权公报，是各国工业产权局根据各自工业产权法、公约及条约的要求，报道有关工业产权申请的审批状况及相关法律法规信息的定期出版物。狭义专利公报仅指报道有关专利申请的审批状况及相关法律法规信息的定期出版物[33]。

专利公报通常用著录项目、著录项目与文摘、著录项目与权利要求的形式报道新的发明创造，因而专利公报有题录型、文摘型、权利要求型三种类型。专利公报的出版周期有周刊、半月刊和月刊三种形式，目前以周刊最多。专利公报的内容主要包括三个部分：专利申请审查和授权情况、各类相关信息和专利公报辅助索引（包括号码索引、分类索引、人名索引和对照索引等）。

专利公报具有连续出版、报道及时、法律信息准确而丰富等特点，使其成为一种可靠的工业产权信息源。因而，专利公报既可以用于了解有关工业产权申请和授权的最新情况，也可用于进行专利文献的追溯检索，还可掌握各项法律事务变更信息及各国工业产权保护方面的发展动态。

2）专利索引

专利索引是各国工业产权局以专利文献的著录项目为条目组织编排后形成的检索工具。也可以作为专利公报和专利文摘的辅助检索工具。专利索引按出版周期分有专利年度索引、专利季度索引、专利月索引等，按索引编制条目分有号码索引、分类索引、人名索引和对照索引等。著名的有德温特世界专利索引。

3）专利文摘

专利文摘通常是题录型专利公报的补充性二次出版物，作为报道最新专利申请或授权专利的技术文摘之用，多与题录型专利公报同步出版。专利文摘多按专利分类编排，常被称为专利分类文摘。专利文摘与文摘型专利公报的区别在于，专利文摘不报道有关专利申请审批过程及专利授权情况的各类法律信息，如《日本专利文摘》。

世界各国知识产权局及相关机构都出版专利公报、专利文摘和专利索引等纸质专利信息检索工具。我国国家知识产权局及港澳台地区都出版专利公报、专利文摘和专利索引等纸质专利信息检索工具。

5.2.2.2 电子专利信息检索工具

1. 公共性专利信息检索工具

公共性（官方免费）专利信息检索工具主要是由各国（地区）专利局通过互联网站提供的公共专利信息检索数据库、检索系统和检索平台。

1）国内公共性专利信息检索工具

我国的公共性（官方免费）专利信息检索工具从地域上来划分，包括中国大陆、中国香港、中国台湾和中国澳门公共专利信息检索工具。而中国大陆的公共专利信息检索工具根据提供单位不同又分为国家知识产权局及其下属事业单位和地方政府知识产权局提供的公共专利信息检索工具[34-44]。

（1）国家知识产权局网站专利资源。中华人民共和国国家知识产权局网站是政府性官方网站，提供中文简体、中文繁体和英文 3 种版本，除了提供专利信息检索和查询服务，还包括政务信息、服务信息、最新资讯、专利相关网上事务、专题栏目信息和相关子网站链接。其中，中文版提供的专利信息检索和查询服务信息，包括中国专利检索、集成电路布图设计检索、国外及港澳台专利检索、专利数据库检索、法律状态查询、收费信息查询、代理机构查询、专利证书发文信息查询、通知书发文信息查询、退信信息查询、事务性公告查询、年费计算系统等。可检索的专利信息资源主要包括中国专利数据库、中国专利法律状态数据库，以及最近 12 周的中国专利公报。中国专利数据库也称为 SIPO 系统，收录了 1985 年 9 月 10 日以来的所有中国专利信息，具有很高的权威性。通过国家知识产权局官方网站可进入该数据库，网址为 http：//www.sipo.gov.cn/sipo2008。中国法律状态数据库涵盖了 1985 年至今公告的所有中国专利法律状态信息，包括实质审查请求的生效、专利权的无效宣告、专利权的终止、权利的恢复、专利权的转移、专利实施许可合同的备案、专利权的质押、保全及解除、著录事项变更、通知事项等。

（2）中国专利数据库检索系统。中国专利数据库检索系统（称为中国专利文献检索系统，即 CPRS 系统，也被称为 CNPAT 系统）是由中国专利信息中心向社会公众提供的免费专利信息检索系统，主要提供 1985 年 9 月 10 日以来所有公开或公告的中国专利的中、英文专利数据信息资源，免费提供说明书摘要、主权利要求等著录项目浏览。数据库可检索的专利信息内容包括发明、实用新型和外观设计三种专利的著录项目、摘要、主权利要求、法律状态信息，以及发明和实用新型专利说明书全文信息，专利说明书全文需付费下载。可从专利信息中心网站进入数据库检索系统，网址为 http：//www.cnpat.com.cn/index.aspx。

（3）国家重点产业专利信息服务平台。2009 年年初，国务院陆续出台钢铁、汽车、船舶、石化、纺织、轻工、有色金属、装备制造、电子信息、物流业等十大重点产业的调整和振兴计划。为配合国务院十大重点产业调整和振兴规划的实施，发挥专利信息对经济社会发展和企业创新活动的支撑作用，由国家知识产权局牵头，在国务院国有资产监督管理委员会行业协会联系办公室协调下和十大振兴行业协会的积极参与下，建设了重点产业专利信息服务平台，为十大重点产业发展提供公益性的专利信息服务。重点产业专利信息服务平台全面收录了中国、美国、日本、英国、德国、法国、瑞士、韩国、俄罗斯（包括前苏联）、澳大利亚、印度、巴西及世界知识产权组织、欧洲专利局和非洲知识产权组织等 90 多个国家和机构的专利文献信息，几乎涵盖了十大重点产业所涉及的全部专利文献。网址为 http：//www.chinaip.com.cn。

（4）中外专利数据库服务平台。中外专利数据服务平台由国家知识产权局主管、知识产权出版社主办的中国知识产权网（CNIPR），向社会公众提供部分免费的专利信息检索和查询服务。中外专利数据库服务平台不仅收录中国的专利数据，还收录包括美、日、英、德、法、瑞士、欧洲专利局和世界知识产权组织六国两组织的专利数据。其中中国专利数据实现按周更新，六国两组织专利数据更新也比较及时。此外，还收录了部分失效专利和我国台湾专利数据资源。网址为 http：//search.cnipr.com。可直接以客人（guest）身份免费登录，也可以注册登录。注册时分为普通用户和高级用户，普通用户拥有基本的使用权限，高级用户拥有更多的使用权限。该平台具有检索功能、机器翻译功能、专利分析和预警功能以及个性服务功能，主要提供专利数据的检索和分析。

（5）上海知识产权（专利信息）公共服务平台。上海知识产权（专利信息）公共服务平台（简称上海专利信息平台）是上海市知识产权服务的重要组成部分，也是上海市政府为促进知识产权保护，推进企业科技创新，实现知识产权优质高效服务而于 2009 年 6 月 9 日建成开通的重点工程。该平台面向广大中小企业和社会公众免费提供专利信息应用服务，通过建立知识产权信息基础数据库群和专利专题数据库群，开发高效的知识产权检索工具，既为不同应用层次的用户提供知识产权信息服务，也为支撑和促进上海市知识产权服务行业及企事业单位、科研机构提供知识产权信息。平台知识产权信息资源有专利文献（专利检索数据库收录范围包括近 80 个国家、国际组织和地区的专利文摘数据）、集成电路布图设计、知识产权案例、专利交易信息、培训信息。网址为 http：//www.shanghaiip.cn。

（6）中国专利复审委员会网站。国家知识产权局专利复审委员会作为国家知识产权局直属事业单位，负责对复审请求的审查、初审驳回的复审、实审驳回的复审、专利无效宣告请求审查决定。该网站提供 1987 ～ 2009 年的复审决定信息，但复审决定信息更新较慢，一般一年才更新一次，更新时间为每年的二三月份。此外，该网站还提供 2007 年 4 月至当前日后 1 个月左右的口头审理公告数据，该数据每周更新。网址为 http：//sipo-reexam.gov.cn。

（7）各级地方专利数据库。为了鼓励地方知识产权局利用国家知识产权局提供的基础数据库进行数据加工和开发，国家知识产权局于 2010 年年底对全国 47 个省市地方知识产权局进行全部领域专利数据库初建和专利数据更新。各地方专利数据库分为三种类型：全部领域专利数据库、国家级专题数据库和普通专题专利数据库。全部领域专利数据库的专利数据包括 PCT 最低文献量要求的专利数据和中国专利数据，其中 PCT 最低文献量要求的专利数据包括美、日、英、德、法、瑞士、韩国、俄罗斯（包括前苏联）、欧洲专利局和世界知识产权组织的专利数据，专利著录信息包括著录项目、摘要和摘要附图。中国专利数据著录信息包括著录项目、摘要数据、说明书全文、专利授权信息。国家级专题专利数据库包括与国家重点发展的某个领域或行业有关的中国、美国、日本、德国、英国、法国、瑞士、俄罗斯（包括前苏联）、韩国、欧洲专利局和知识产权组织的专利数据。国家级专题专利数据库由国家知识产权局统一规划和建设，组织实施，应用于全国专利信息服务平台。2010 年，国家知识产权局已建成多个国家级专题专利数据库，包括光电子（武汉光谷）、农业（陕西杨凌）、数据机床及重型锻压设备（济南）、环保（天津）、稀土（包头）、集成电路（上海）、纺织服装（杭州）、速冻肉食品（河南）、石化（兰州）、IT 专题（四川）、天然药物（云南）、轨道交通（株洲）、蓝藻治理和海洋（山东）、农业机械装备业（潍坊）、陶瓷（景德镇）及食品酒业（烟台）。全国 47 个省市地方知识产权局或信息中心网站都提供全领域数据库和检索系统入口。

（8）中国港澳台地区专利信息检索平台。中国台湾地区实行单独的专利保护制度，其专利信息也由本地区的专利信息检索系统提供。可获取中国台湾地区专利信息的检索系统和服务平台有台湾专利资料公报资料检索服务系统（网址为 http：//www.patent.org.tw）、TWPAT 网站（网址为 http：//www.twpat.com）和中国台湾地区“智慧财产局”专利资讯检索系统（网址为 http：//www.apipa.org.tw）。其中台湾专利资料公报资料检索服务系统用户可不申请而直接使用，TWPAT 网站需要经过申请和论证才能得到试用资格，中国台湾地区“智慧财产局”专利资讯检索系统无法链接到检索界面。

香港知识产权署网站（网址为 http：//www.ipd.gov.hk）提供简体中文、繁体中文和英文三种界面，但只有部分内容支持简体中文，对于专利和注册外观设计检索数据库，仍需要用繁体中文进行操作和阅读。利用香港知识产权署的网上专利检索系统可进行香港专利和注册外观设计的检索，并可查看知识产权公报。还可在香港专利数据库中查阅 1997 年 6 月 27 日后公布的专利说明书。

2）国外公共性专利信息检索工具

国外的公共性专利信息检索工具主要是六国两组织（六国是指美国、日本、英国、德国、法国、瑞士，两组织是指世界知识产权组织、欧洲专利局）的知识产权局网站所提供的专利信息检索系统。

（1）美国专利商标局网站。美国专利商标局网站（网址为 http：//www.uspto.gov）收录了许多美国专利信息，不仅包含专利检索、专利公报、专利分类，还包括专利法律状态等，这些专利信息收录在网站的不同数据库中。经常使用的专利信息检索数据库有专利授权数据库（PATFT：Issued Patents）、专利申请公布数据库（APPFT：Patent Applications）、专利分类检索数据库（searching by patent classification）、专利权转移数据库（Patent Assignment Database）、专利申请信息查询数据库（PAIR：Patent Application Information Retrieval）、专利律师和代理人检索数据库（Patent Attorney and Agent Search）、公布的序列表数据库（Published Sequence Listing）、专利维持费信息数据库（Expired Patents）、有效期延长的专利数据库（Patent Terms extended）、撤回专利数据库（Withdrawn Patents）、图像档案库（Image File Wrapper）、专利公报数据库（Official Gazette）。

（2）日本特许厅网站。日本特许厅（网站为 http：//www.jpo.gov.jp）将自 1885 年以来公布的所有日本专利、实用新型和外观设计专利电子文献收录在网站上的工业产权数字图书馆（Industrial Property Digital Library，IPDL）中。IPDL 包含若干不同的数据库，其收录范围、检索界面、检索功能各不相同。IPDL 设有英文和日文两种版面，且提供的数据库和数据收录范围有差异。英文版 IPDL 提供 6 个与专利相关的检索数据库，即发明与实用新型公报数据库、发明与实用新型号码对照数据库、日本专利英文文摘数据库（PAJ）、FI/F-term 检索数据库、外观设计公报数据库。日文版 IPDL 主要包括公报文本检索数据库、外国公报数据库、外观设计公报数据库、法律状态信息检索、复审检索、审查文件信息检索等数据库。

（3）英国知识产权网站。英国知识产权局网站（网址为 http：//www.ipo.gov.uk）可提供专利和外观设计专利检索。英国知识产权局网站提供的专利信息检索服务项目有专利号检索、专利文献服务、使用欧洲专利局的 espacenet、补充保护证书的号码查询、拥有专利权许可（LOR）的专利、效力缺失的专利。

（4）德国专利商标局网站。德国专利商标局（DPMA）网站（网址为 http：//www.dpma.de）可以查阅德国专利商标局公布的德国专利、商标和外观设计公报及专利和实用新型文献，也可免费检索专利、商标和外观设计文献信息，并可以在线完成各种工业产权的申请和事务办理。德国专利商标局的专利、实用新型和外观设计文献和信息由不同的子网站提供。用于商标和外观设计文献和信息提供的子网站为 DPMAregister；用于电子专利文献提供的子网站为 DEPATISnet；用于专利和实用新型专利公报提供的子网站为 DPMAPublication。

（5）法国工业产权局网站。法国工业产权局（INPI）网站（网址为 http：//

www.inpi.fr）提供1791年以来的专利、1858年以来的（专利）登记和1910年以来的外观设计文献。网站提供的免费专利信息数据库有专利数据库、专利法律状态数据库、外观设计数据库、判例数据库、专利电子公报、外观设计电子公报库。

（6）瑞士联邦知识产权局网站。瑞士联邦知识产权局（网址为http：//www.ige.ch）提供丰富的网上专利信息资源，Swissreg是瑞士知识产权局提供的在线免费专利数据检索系统，包含专利及外观设计的注册数据及受保护的地理地形图。

（7）欧洲专利局网站。欧洲专利局（European Patent Office，EPO）（网址为http：//www.epo.org）是欧洲的专利授权机构，通过其下的多个网站提供丰富的专利信息，不仅包括欧洲专利局、其他国家及组织出版的专利文献（包括专利说明书、专利公报及专利分类资料），还包括审查过程中的文件、修正的专利文献及INPADOC提供的数据等。常用的有espacenet专利数据库（包括Worldwide、EP和WIPO三个数据库）、Register Plus and WebRegMT（登记簿副本和WebRegMT）、European Pulication Sever（欧洲公布服务器）、European Patent Bulletin（欧洲专利公报）。

（8）世界知识产权组织网站。世界知识产权组织的网站（http：//www.wipo.int）提供知识产权数字图书馆，收录了自1978年以来公开的国际专利申请，可进行全文检索，通过该网站可以免费检索PCT专利申请的相关信息。通过官方网站的Patentscope® Search Service系统，世界知识产权组织给用户免费提供检索PCT国际专利申请和收藏的国家/地区专利检索服务，以及文本格式的说明书下载。

2. 商业性专利信息检索工具

商业性专利信息检索工具是由商业机构提供的收费专利数据库，商业性专利信息检索工具一般数据全面，深度加工，功能强大，国内主要有东方灵盾专利数据库、汉之光华专利数据库等，国外主要有德温特创新索引（Derwent Innovations Index，DII）数据库、Innography、Innovation、Delphion等，此外，还有Orbit专利数据库和Dialog专利数据库等，不仅具有强大的专利信息检索功能，还可获取专利全文和定题专利信息服务。商业性专利信息检索工具除了提供专利信息检索之外，还具有强大的专利分析功能及专利地图制作功能[45-49]。

（1）DII。DII 是由德温特（全球最权威的专利情报和科技情报机构之一）和 ISI 共同推出的基于 Web 的专利信息检索数据库，将德温特最著名的德温特世界专利索引（Derwent World Patent Index，DWPI）和德温特专利引文索引（Derwent Patent Citation Index，DPCI）进行整合，每周更新，提供全球专利信息。收录了全球 40 多个专利机构的 1000 多万个基本（发明）专利，2000 多万个其他专利，数据可回溯到 1963 年。每周增加来自 40 多个专利机构的 25 000 多个专利。德温特还推出了一系列其他专业数据库，分为 Chemical Section、Electrical & Electronic Section、Engineering Section 三部分，为研究人员提供世界范围内的化学、电子电气及工程技术领域内综合全面的发明信息。DII 包括普通检索、被引专利检索、化合物检索和高级检索，另外还可以查看检索历史和标记结果列表。DII 还能够对普通检索结果、被引用专利检索结果、高级检索结果进行分析并提供个性化服务。

（2）Innography。Innography 是 2007 年推出的知识产权领域的可视化检索与分析平台。Innography 提供全球 78 个国家和地区的专利检索、美国诉讼和商标检索。其中美国诉讼信息包含美国联邦法院电子备案系统（PACER）在内的全部专利诉讼和其他地区专利诉讼。另外，还提供来自邓白氏（D&B）及美国证券交易委员会规整的专利权人数据，便于进行公司查询。Innography 提供了多种检索工具和分析功能，使得专利检索结果更加全面和准确，分析手段多样化。

（3）Thomson Innovation。Thomson Innovation 是由来自全球领先的专业信息机构供应商汤森路透集团旗下的汤森科技信息集团提供的一个集专利、科技文献和商业新闻于一体的检索分析平台。它整合了重要的专利、科技文献和商业信息并辅以强大灵活的检索功能，帮助用户快速得到所需要的信息。同时，系统提供强大的工作文件夹管理功能，用户可以利用此功能根据企业自身需要，分别对竞争对手的专利、技术领域专利和企业自身的专利进行分类，建立符合企业特定需要的专利和科技文献数据库，方便公司领导、研发人员、专利工程师和律师等有效地工作协同。此外，Thomson Innovation 还拥有独一无二的分析工具，如 ThemeScape 专利地图、专利引证权聚类等，帮助用户从纷繁复杂的数据中快速提取出有价值的信息，辅助用户决策。

Thomson Innovation 包含全球最全面的专利信息：来自各主要国家专利机构及汤森路透集团独有数据资源。用户可快速访问来自美国、欧洲专利组织、世界专利组织、英国、法国、德国、日本、韩国及中国的专利申请和授权专利全文，专利审查历史档案，INPADOC 专利信息和德温特世界专利索引数据库。

（4）Delphion。Delphion 是一个功能强大的在线专利数据库，其前身是 IBM Intellectual Property Network 免费数据库，2011 年经整合开发后，改名为 Delphion，成为商业专利数据库，现为汤森路透集团旗下的一款主力产品。Delphion 收录了美国专利商标局、欧洲专利局、世界知识产权组织中的国际局、德国专利局等主要专利授权机构的专利文献全文（PDF 格式）、日本专利申请英文摘要，并且通过链接可以链接到在线的 INPADOC（包括专利法律状态、同族专利等信息）和 DWPI 数据库。此外，还收录了大量的非专利文献。

（5）东方灵盾专利数据库。东方灵盾专利数据库由北京东方灵盾科技有限公司创立，是东方灵盾专利信息平台的一部分，包括世界专利文献数据仓库、世界传统药物专利数据库系统。其中，世界专利文献数据仓库收录了自 1845 年以来世界 85 个国家、地区及 5 个知识组织 5000 多万条专利题录文摘信息，以及一些重要国家的专利全文数据、法律状态数据，并加工整理了世界多国专利引证信息、同族专利信息、重点行业词表、公司代码等信息，并保持每月更新。东方灵盾通过制定统一的数据加工标准，对不同格式的原始数据进行转化、去重、筛选、修补、分类、关键信息提供等加工，最大限度地保证了专利数据的全面性和准确性，同时提高了专利信息的可检索性和情报价值。

（6）汉之光华专利数据库。汉之光华专利数据库由上海汉光知识产权数据科技有限公司建立，包括世界专利文摘数据库和专利专题数据库。其中，世界专利文摘数据库全面整合了世界专利文摘数据，并于 2007 年开始放开了公益性的七国两组织数据免费公共检索。2009 年，汉之光华又购买和整合了世界上其他一些重要国家和地区的专利文摘数据。汉之光华专利数据库具有专利文摘自动下载、专利数据智能转化及预分析、机器学习、分类等专利数据挖掘功能。

3. 搜索引擎型专利信息检索工具

网上用于专利及相关信息检索的搜索引擎很多，主要分为四大类[50]：①综合搜索引擎，如 Google（谷歌）、Bing、百度等；②专利搜索引擎，如 Google

Patents、百度专利、SooPat等；③学术搜索引擎，如Google Schoolar、Scirus、深度搜、期刊界等；④图书搜索引擎，如Google Books、百度图书等。

与综合性搜索引擎相比，专利搜索引擎主要局限于专利文献检索，一般根据专利文献的结构提供了不同的检索入口，可对全文、权利要求、说明书进行检索，可利用分类号、公开日期进行检索，一般都有适于阅读的题录概览和全文浏览，且提供文献下载服务。

Google Patents是Google公司的系列产品之一，是Google公司为公众提供专利搜索的工具，已经成为目前互联网上重要的美国专利文献全文搜索系统。Google Patents仅限于美国专利文献，其数据来源于美国专利商标局，但同时Google还利用自有资源对数据进行保存和再加工，从而使专利信息搜索更为方便快捷。网址为http：//www.google.com/patents。

百度专利是百度公司与国家知识产权局的下属单位中国专利信息中心合作推出的专利文献搜索工具，其数据来源于中国专利信息中心提供的所有备案专利文献信息。因此，百度专利搜索仅限于中国专利文献，包括发明、实用新型和外观设计全部专利文献。网址为http：//zhuanli.baidu.com。

SooPat是一个完全免费的专利数据搜索引擎，长期以来一直致力于“专利信息获得的便捷化，努力创造最强大、最专业的专利搜索引擎，为用户实现前所未有的专利搜索体验”。SooPat本身并不提供专利数据，而是将所有互联网上免费的专利数据库进行链接、整合，并加以人性化调整，使之符合人们的一般检索习惯，并与Google进行了高效整合，使用更方便。SooPat不用注册即可免费检索专利数据，并提供全文浏览和下载，尤其是对中国专利全文提供了免费打包下载功能。网址为http：//www.soopat.com/home/index.rails。

5.2.3 专利信息分析工具

专利分析工具特指用于专利分析的软件。专利信息分析工具的主要作用就在于要在专利信息分析过程中提供准确的数据并进行科学的统计分析，同时要为专利信息分析报告的撰写提供可视化的分析结果展示。

1. 专利信息分析工具的类型

专利信息分析工具根据其提供计量与分析的实现方法主要可以分为基本统

计分析工具、引证分析工具、聚类分析工具和专利地图分析工具四大类[51, 52]。

1）专利统计分析工具

统计分析是最基础的专利分析方法，因此基本上所有专利分析工具都具备此项功能，但不同的专利分析系统在分析结果的呈现和专利分析的维度这两个方面往往不一样。据调查，专利统计分析结果呈现主要有四类工具：报表类（reports）、图表类（charts）、矩阵类（matrices）、网络类（networks）。专利统计分析的维度可分为七大类，分别是一般统计、专利权人、发明人、IPC专利分类号、存活期分析、区域分析和引证统计，其中引证统计包含在引证分析和聚类分析中。

2）专利引证分析工具

专利引证分析工具有七种：Aureka、Delphion Citation Lin、East Linden Doors、保定大为、知识产权出版社的引证分析工具、Patentguider 2.0试用版及恒和顿HIT_恒库。其中，Aureka主要通过Hyperbolic Trees工具描述特定专利的引用和被引的情况；East Linden Doors通过麦哲伦模块进行引证分析，其包含三个分析系统——望远镜（Telescope）、沙漏（Hourglass）和人造卫星（Satellite）。这几种分析工具都能将引证分析结果可视化显示出来，但在分析数据来源、引证结果显示方式、专利信息呈现与统计等方面存在较大的不同。

3）专利聚类分析工具

目前，国内外专利分析工具中能提供聚类分析的工具较少，只有Aureka、Delphion Text Clusterin和Thomson Data Analyzer。其中，Aureka的聚类分析功能是通过Vivisimo和ThemeScape这两个工具实现的。

4）专利地图分析工具

专利地图是指对各种与专利相关的信息，以统计和分析的方法，加以缜密及精细剖析整理而制成的各种可分析解读的图表，使其具有类似地图的指向功能。专利地图是专利信息分析结果的一种可视化表达，也称技术路线图。

目前市场上流通着大量的专利地图制作软件，就连许多专利检索数据库也附带了专利地图制作功能，如中外专利数据库、东方灵盾专利数据库、汉之光华专利数据库、DII、Innography、Innovation、Delphion等。Microsoft Excel具有强大的图表制作功能，可用于一些常见的专利地图制作，如专利统计表和统计图、趋势图、专利分布图等。国外的Aureka、Delphion Text Clusterin和Thomson Data Analyzer，以及国内的中献PIAS、恒和顿HIT_恒库和连颖

M-Trends 等都可用于制作各类专利地图，具有自定义分析、总体趋势分析、区域分析、申请人分析、IPC 分析、发明人分析、中国专项分析、美国引证分析等多项数据分析和图表展示功能。

2. 国内主要的专利信息分析工具

我国的专利信息分析工具可分为免费的专利信息分析工具和商业专利信息分析工具两大类[53-55]。

1）免费专利信息分析工具

免费的专利信息分析工具包括通用性专利信息分析工具和由个人或机构开发的免费专利信息分析。前者主要有 Microsoft 公司开发的 Excel、Visio、Access 软件，SAS 软件，SPSS 软件，都具有数据处理、图表制作和可视化展示等功能。后者主要有 SooPat、CiteSpace、Patentics、PatSnap（智慧芽）、佰腾（5ipatent）等。SooPat 具有强大的专利信息分析功能，提供专利申请人、申请量、专利号分布等专利信息分析功能，用专利图表可视化展示。CiteSpace 是一款可视化文献分析软件，能够显示一个学科或主题领域在一定时期的发展趋势和动向，并用多种可视化方式展现出来，CiteSpace 能对 DII 数据库专利数据进行处理并可视化展示。Patentics 是一个智能化专利搜索和分析系统，具有智能分类、标引、互动和分析等功能。PatSnap 和佰腾都是网上专利检索与分析系统，其中 PatSnap 提供强大且便于捕捉、存储和分析的工具，能够进行日期分析、发明人分析、申请人分析、分类分析、地图分析、引用地图、景观分析等，可制作包括引证图、专利景观图在内的多种图表。佰腾具有基础分析、高级分析和定制统计分析三类统计分析功能。

2）商业专利信息分析工具

商业专利信息信息分析工具由商业机构和企业开发，具备较完善的专利信息分析功能，一般需要付费使用，如 PIAS、大为 PatentEX、东方灵盾 Mcan、恒和顿 HIT_ 恒库等专利信息分析工具。

（1）PIAS 专利信息分析系统。由国家知识产权局下属的知识产权出版社开发，利用数理统计和软件技术设计，能够对专利信息进行二次加工，便于对技术发展趋势、申请人状况、专利保护领域等专利战略要素进行定性和定量分析。

（2）大为 PatentEX。由河北保定大为计算机软件开发有限公司开发，具有高速下载、高稳定性、高易用性等特点，提供技术生命周期分析、矩阵分析、增长率分析、引证分析、核心专利分析、存活期分析等多项简单统计分析和组织统计分析功能。

（3）东方灵盾 Mcan。由东方灵盾公司开发，采用 M.CAM 公司的语言分析系统。用户除了可利用传统的关键词和分类检索外，还可利用其独特的语言分析系统查询和分析相关信息。系统分析时强调不同时期专利之间的相关性，从而全面展示所在领域综合发展态势及各项专利的重要性、独立性和相互依赖性。分析结果以图形、数据等方式进行二维展现，清楚而直观。

（4）恒和顿 HIT_ 恒库。由北京恒和顿创新科技有限公司开发，集专利信息检索、管理和分析于一体。采用智能化数据挖掘和可视化技术，具有授权信息统计、竞争对手当前技术拥有情况、技术信息统计、专利引证分析、专利价值分析等多项专利分析功能，并自动生成上百种统计图表。

（5）中国专利技术开发公司专利分析系统。将专利信息进行规范化处理后，可对专利数据的原始著录项、自定义标引项及分析要素进行任意组合的统计分析，整理出直观易懂的结果，并以图表的形式展现。系统具有数据导入、数据库扩充、检索和分析等功能，尤其在数据标引方面，预留了多个自定义字段，可根据需求对数据进行多角度分析。

3. 国外的专利信息分析工具

国外的商业专利信息分析工具主要有 TDA（Thomson Data Analyzer）、Aureka、VantagePoint、STN AnaVist 等。此外，还有一些专利数据库和专利信息检索平台具有强大的专利信息分析功能，如 Innography、Innovation、Delphion 等[56, 57]。

1）TDA

TDA 是 Derwent Analytics 的第二代产品。由 VantagePoint 引擎提供支持，具有 VantagePoint 的所有功能。在此基础上，Derwent Analytics 对数据整理功能进行了优化，允许用户自定义词组和词表。除此之外，它还在软件中预置了多个分析模块。单击不同的分析模块，即可按照模块预定的分析功能自动分析导入的数据，并生成分析报告。Derwent Analytics 还可向其他应用软件输出数据，如 Microsoft Word 和 Microsoft Excel 等。 Derwent Analytics 支持的数据源有 Derwent World Patents Index、ISI Web of Science 及 Delphion。目前，Derwent Analytics 已经升级为 TDA。

2）Aureka

Aureka 是 Thomson 公司旗下 Micropatent 的组件之一，是先进的 IP 公文包管理和分析平台，提供了安全的检索和存储 IP 信息的在线环境，可以为组织流程再造和决策分析提供帮助。其可视化技术非常出色。Aureka 采用 ThemeScape 绘制文档聚类地图，采用 Hyperbolic Trees 进行引文分析。

ThemeScape 允许分析者在文档聚类中自主选择附加停用词。聚类生成的主题词和文档被放置在等高线图中。此外，ThemeScape 还支持以时间片的方式对生成的等高线图进行再组织。利用 Hyperbolic Trees 做引文分析，生成的图形与一般的树结构不同。Aureka 还提供了专利团队协作功能，如直接报文传送功能、注释添加及检索功能、专利提醒服务等。

3）VantagePoint

VantagePoint 是一款文本挖掘工具，它提供数据整理、概念分组、列表、直方图、比较矩阵、有结构数据和无结构数据聚类及文档聚类图等功能。该软件可用于包括专利分析在内的多种文档内容分析领域。正如前面提到的，它为 Derwent Analytics 提供技术支持。当数据成百上千时，VantagePoint 能发挥出最大功效。数据整理是 VantagePoint 的一大特色。它采用模糊匹配技术对数据进行识别、删除及合并。该软件可以纠正拼写错误，替换连字符和大写字母，支持专利发明人姓名多种书写方式的统一。VantagePoint 的概念分组功能独立于数据整理，主要提供同义词替换功能。VantagePoint 的有结构数据聚类以 factormap 和 cross-corelation 的形式出现。此外，VantagePoint 还提供 TopTenLists 功能，允许用户管理叙词表，并支持对 VBScriPt 的扩展。它添加了 5 个 VB 类及 50 余个 VB 方法，用户可编辑 VBScriPt 脚本，实现一些特殊的定制分析功能。

4）STN AnaVist

STN AnaVist 是 CAS 的最新产品，2005 年 7 月投放市场。它提供针对科学文献和专利文档的多种分析及可视化功能，为科学研究者提供复杂问题的答案，并对商业决策提供支持。

4. 专利信息分析工具比较

为了了解国内外目前主要的专利信息分析工具的特点和功能，有学者选取了 15 种国内外主要的专利信息分析工具或专利信息分析技术提供商从不同的方面进行了系统比较，分别是 Microsoft Excel、Derwent Analytics、Delphion、Aureka、VantagePoint、BizInt Smart Charts for Patents、SciFinder、STN Express with Discover、STN AnaVist、Wisdomain Analysis Module 和 Citation Module、M-CAM DOORS、Vivismio、OmniViz、RefViz、Invention Machine Knowledgist[58]，如表 5-2 所示。

也有学者选取了 12 种国内外主要的专利信息分析工具进行了系统比较，包括 ClearForest、Goldfire Innovator、Inxight、TEMIS、Quosa、RefViz、STN AnaVist、VantagePoint、Aureka、M-CAM Doors、Wisdomain、Derwent Analytics。并根据其处理的数据结构的不同将其分为三类：第一类主要处理非结构化数据，第二类主要处理结构化文本，第三类用于处理混合数据（包括结构化和非结构化）。第一类工具主要用于处理如专利全文、邮件、新闻、期刊论文、网页等非结构化数据，包括 ClearForest、Goldfire Innovator、Inxight、TEMIS。第二类工具主要处理数据库中存储的专利扉页和参考文献信息等结构化数据，包括 Quosa、RefViz、STN AnaVist、VantagePoint。第三类工具主要处理混合数据，包括 Aureka、MCAM Doors、Wisdomain、Derwent Analytics 等，都提供本地化专利数据库[59]，如表 5-3 所示。

还有学者对国内外主要专利信息分析工具的引证分析功能进行了比较[60-62]，如表 5-4 所示。

5.2.4　专利地图工具

随着科学技术的快速发展，专利数量迅猛增长，已累积成为专利大数据。据世界知识产权组织统计，全世界每年有近 1150 万项专利申请，每年大约有 200 万专利文献出版[63]。海量专利数据使传统的专利统计分析方法与工具已力不从心。Blanchard 研究指出，随着软件编程的不断发展，出现大量专利地图工具，并迅速扩展到信息检索、信息情报分析和技术监测等领域[64]。

从广义上来说，专利地图是专利信息分析工具的一种，因此，通常很难将专利信息分析工具和专利地图工具严格区分开来。学界和业务一般都把专利信息工具和专利地图工具混同使用。

表 5-2　15 种国内外主要专利信息分析工具比较

专利工具	数据整理和概念分组	列表或直方图	比较矩阵	有结构数据聚类	无结构数据聚类	文档聚类地图	引文分析	SAO	重要特点
Microsoft Excel	支持	支持	支持	—	—	—	—	—	简单易用、用户群广
Derwent Analytics	支持	支持	支持	支持	支持	支持	—	—	优秀的专利分析软件，功能全面
Delphion	支持	支持	支持	—	支持	—	支持	—	支持多个专利数据库，拥有完整的专利数据，提供多种 Thomson 产品的统一入口
Aureka	支持	支持	支持	—	支持	支持	支持	—	优秀的专利分析软件，功能全面，精湛的文本聚类功能和可视化技术
VantagePoint	支持	支持	支持	支持	支持	支持	—	—	优秀的专利分析软件，功能全面，支持 VBScript 扩展
BizInt Smart Charts for Patents	—	支持	—	—	—	—	—	—	支持多种数据源，多种结果输出格式
SciFinder	支持	支持	支持	—	—	—	—	—	针对化学专利，分类细致，分析深入
STN Express with Discover	支持	支持	支持	—	—	—	—	—	对 STN 中大量数据库方便有效的检索、支持 R-group 分析，可以对来自扩展数据库的化学专利信息进行分析
STN AnaVist	支持	支持	支持	支持	支持	支持	—	—	针对化学专利，分析深入，优秀的专利分析 软件，功能全面
Wisdomain Analysis Module 和 Citation Module	支持	支持	支持	—	支持	—	支持	—	Wisdomain 专利管理方案的重要组件，主要面向商业应用，独特的引文旁系分析
M-CAM DOORS	支持	—	—	—	—	—	支持	—	专利风险管理和商机分析软件，独有的类似于 DNA 基因序列分析的语言分析系统
Vivisimo	支持	—	—	—	支持	—	—	—	优秀的文本聚类技术，独特的聚类算法，开放 API
OmniViz	支持	—	—	支持	支持	支持	—	—	优秀的聚类技术，支持各类数据源，与现有系统实现无缝结合
RefViz	支持	—	—	支持	支持	支持	—	—	从全新的视角展示专利数据
Invention Machine Knowledgist	支持	支持	—	—	—	—	—	支持	提供“问答式”服务

表 5-3　12 种国内外主要专利信息分析工具比较

工具名称	类型			性能							潜在用户				输出结果					
	文本挖掘	数据可视化	自建数据库	语义分析	金融风险分析	自然语言处理	统计分析	关键字分析	概念抽取	多语言分析	商业情报	科研人员	情报专家	法律或专利部门	列表直方图饼图	矩阵图	摘要	分类图	聚类图	引证图
ClearForest	√	√		√		√		√		√				√	√		√	√		
Goldfire Innovator	√	√	√	√					√			√					√	√		√
Inxight	√	√		√		√		√	√	√	√							√		
TEMIS	√	√		√		√		√	√		√	√			√			√	√	√
Quosa	√	√					√		√	√		√								√
RefViz	√	√					√			√		√	√			√			√	√
STN AnaVist		√	√			√					√	√	√		√	√	√		√	
VantagePoint	√	√				√					√		√		√	√	√	√	√	
Aureka	√	√	√				√	√	√		√	√	√	√	√				√	√
MCAM Doors		√	√	√	√				√	√	√		√	√						√
Wisdomain	√	√	√				√	√	√			√	√		√					√
Derwent Analytics	√	√	√			√		√			√		√	√	√				√	

表 5-4　专利信息分析工具的引证分析功能比较

工具名称	引证数据来源	引证分析方法					引证结果的呈现		优势	不足
		前向和后向引证分析	专利引证次数的统计排序	专利引证与专利权人关系研究	专利引证率分析	引证时差分析	引证结果可视化显示	专利信息呈现与统计		
Aureka	美国 德国 欧洲 英国 世界知识产权组织	支持	支持	可个性化设置在引文中显示专利权属人/申请人	不支持	引证时间线	引用树最多为 5 级，目标专利可同时显示多个字段、能对不同专利标注颜色	可对检索结果集的后续引证专利进行统计	功能、数据较全，可对文本添加注释	引文分析功能仅适用于美国专利数据，引用树树干直线形，无法观察引文链的全貌，软件价格昂贵
Delphion Citation Link	美国专利商标局	支持，并可通过关键目录域来绘制关联	不支持	可对指定专利委托人的所有专利高亮显示，方便查看二者关系	不支持	引用树中以 1 年、5 年、10 年的增量来显示分析	引证关系可显示 1、2、3 级，以及所有引证关系，目标专利只能显示手动选择的 1 个字段，支持颜色标注	可按年份查看引证关系，可查看专利详细信息	使用方便，提供 Delphion 多种产品入口	功能简单，统计功能稍弱
Wisdomain Citation Analysis Module	美国	支持	支持，提供预先设定好的统计图表	提供 Intercompany Citation Analysis，可更好地理解公司间的竞争技术依赖关系	不支持	不支持	全引用树支持引用层次调整及引用深层次呈现，可鉴别关键专利，发现许可机会，呈现技术发展周期	引用树中呈现、鉴别在先专利，提供多种技术路线图，提供技术相关性排序	独特的引文旁系分析，引用图的可视化搜索，引用预警分析支持公司和技术预警	使用自己的专利数据集，不支持其他数据源导入，引文分析限于美国专利

续表

工具名称	引证数据来源	引证分析方法					引证结果的呈现		优势	不足
		前向和后向引证分析	专利引证次数的统计排序	专利引证与专利权人关系研究	专利引证率分析	引证时差分析	引证结果可视化显示	专利信息呈现与统计		
M－CAM DOORS	美国	支持	未知	未知	支持	有引证时间线	多种可视化呈现形式，如罗盘引用视图、麦哲伦望远镜和沙漏视图	柱状图显示比率	独有的类似于DNA基因序列分析的语言分析系统，对可疑新技术和新专利有预警功能	只注重于专利情报分析，价格高，只能对美国专利数据进行分析
恒和顿HIT_恒库	美国欧洲	支持	支持	通过自定义矩阵功能实现	可制作施引、受引专利矩阵图	不支持	单条专利的引证分析，可快速建立该专利的前向及后向引证树	引证数	专利数据自动更新，自动翻译多种语言，中文界面，操作简单	功能不全面，引证级较低，实用性有限，外部数据导入只支持txt文件

1. 专利地图的内涵

虽然目前国内外对专利地图的理解不一，但本质上都是指专利信息的图表化和可视化展示。以下定义具有代表性：专利地图是一种分析专利情报的方法，通过分析、加工专利情报的手段，利用各种可视化图表的表达形式，旨在反映蕴含在专利数据中的信息，从而使复杂的专利情报易于理解，为专利战略等决策提供专利情报支持[65]。

专利地图可以从静态和动态两个不同的角度进行理解，英文表述分别为 Patent Map 和 Patent Mapping。从静态理解，专利地图仅仅指形象化表示后的有关专利信息的各种图形表格、分布图等；从动态理解，专利地图是指把专利信息进行“地图化”处理的一系列过程，即将专利资料信息，以统计分析的方法，加以整理组织后制成的各种可分析解读的、形象化的图表。专利地图作为一种形象化揭示专利信息的有用工具，它更易于理解，功能非常强大，对技术发展具有重要意义，对企业的生存和发展也具有重大的影响[66]。

专利地图是指一种通过高维聚集海量专利数据，直观、形象地揭示项目之间的复杂关系、显示技术全景及技术[67]。专利地图通过对专利文献中的技术信息、经济信息和法律信息进行挖掘与剖析，将蕴含在专利数据内的海量信息以图表形式反映出来，具有类似地图的指向功能[68]。专利地图工具的开发，实现了对专利信息的深层次分析。一方面，通过对专利的文本挖掘，厘清专利间的内在联系；另一方面，通过梳理专利前后向引用信息，揭示特定技术领域的发展脉络与趋势，为分析专利与标准的关系提供方法[69]。

专利地图指将一次、二次、三次等专利资讯，以及各种与专利相关之资料讯息，以统计分析之方法，加以缜密及精细之剖析整理制成各种可分析、解读之图表讯息。专利地图简言之，就是将专利资讯“地图化”，即由各种统计分析整理图表，类似于企业进行投资决策时使用决策树图[70, 71]。

专利地图是专利信息图形化处理和专利数据的系统管理方法。具体地说，是将专利情报的技术内容用关键词等数据化处理后再进行加工、分析，或者将各种专利著录项用数据形式分类、整理，将其结果以图表形式一目了然地展现，易于综合地把握多件专利的内容[66, 72]。

世界知识产权组织对专利地图的描述为[73]：专利地图也叫技术路线图（Technology Road Map），是对专利分析全部结果的可视化表达，通过对目标技术领域相关专利信息进行收集、处理和分析，使复杂多样的专利情报得到方便有效的理解。可见，专利地图是用以方便地解释多样化的专利情报分析结果的图表。

专利地图是将专利信息进行图表化归纳，使其具有类似地图指向功能的形象称呼。它采用可视化的方式，有助于简化并有效地理解各种复杂的专利信息[71]。通过对专利情报中的著录项（申请人、发明人、专利日等）、技术项（技术分类、技术用语等）和权利情报项（申请专利范围、专利有效期、各国的申请状况等）用视觉直观的方式加以表达，从而显示出这些专利信息的深层次情报价值和战略意义[72]。

专利地图是一种系统化整理专利资料的方法，通过对专利资料的分析，制作成类似地图的直观化系统化的图表信息，作为一种搜集、整理和利用专利信息的重要工具，在专利战略中发挥着不可忽视的作用[74]。

专利地图是一种专利情报研究方法和表现形式，它将包括科技情报、经济情报、法律情报在内的各类专利情报进行加工，缜密精细地加以剖析整理，制成各种可分析、可解读的视觉直观的图表形式，使其具有类似地图的指向功能，通过对专利分析指标及其组合的可视化表现反映蕴含在大量专利数据内的错综复杂的信息，指明技术发展方向，分析技术分布态势，为决策提供更直观的情报支持，特别可以用于对竞争对手（国家地区、科研机构、公司企业等）专利技术分布情况进行监视，做到知己知彼，是指导政府部门、科研机构、高校企业进行专利战略布局的有效分析手段[75]。

随着计算机辅助专利分析技术的发展，专利地图被理解为专利信息图形化处理和专利数据的系统管理方法。从方法本身来讲，专利地图属于数据可视化技术在专利分析领域的应用[76]。

2. 专利地图的类型

专利地图的形式多种多样，包括图表、树状图、类似地理的分布图、网络图等，既有二维的形式，也有三维的形式。

根据专利地图的目的、功能和侧重点不同，国内外研究者一般把专利地图分为三类[41, 77-82]，即专利管理地图、专利技术地图、专利权利地图，如表 5-5 所示。

表 5-5　专利地图的类型

专利地图名称	专利管理地图	专利技术地图	专利权利地图
目的	服务于管理层面	服务于技术研发	发现重点专利
功效 / 作用	为管理人员决策提供依据	为技术人员提供技术发展信息	避免侵权策略和陷阱
相关图表	历年趋势分析图、区域分析图、专利权人分析图、IPC 分布图、技术生命周期图	技术 / 功效矩阵图、专利技术分布图、专利技术领域累计图、专利多种观点图、挖洞技术显微图	专利权利范围构成要件图、专利权利范围要点图、专利家族图、重要专利引有族谱图

1）专利管理地图

专利管理地图是针对管理层面分析而得到的，根据专利文献的外部特征项进行统计分析，主要通过对专利著录项目进行统计，对各项数据的变化情况从不同角度进行分析和解释，观察某产业技术领域、国家、公司和引用率的趋势，以获取有关国家或地区、技术领域、竞争性等方面的专利信息，为管理人员提供管理决策及所需的专利情报信息。专利管理地图一般包含七个分析领域：专利件数分析、国家别分析、公司别分析、发明人分析、引证率分析、IPC 分析、UPC 分析，如表 5-6 所示。

2）专利技术地图

专利技术地图主要服务于技术研发。通过对某特定技术领域专利的数量统计分析、技术演进分析、指标分析及关联分析等，提供该技术的发展方向、技术成熟度等信息，为国家、企业等洞察技术发展趋势，选择技术领域提供重要信息。专利技术地图主要包括专利技术 / 功效矩阵图、专利技术分布图、专利技术领域累计图、专利多种观点解析图、专利技术演进图、挖洞技术显微图等，如图 5-6 所示。专利技术演进图是专利技术地图中的一个重要类型，是专利定量与定性分析的综合结果。它能够从宏观上反映特定专利技术领域的发展趋势，发现风险与机遇，发现关键技术与替代技术，发现竞争对手，提供有效的技术决策参考，为科研投入和商业投资提供战略依据。

3）专利权利地图

专利权利地图是针对权力层面的分析而得到的，其目的是要了解专利重点保护的技术，相关同族专利及其引证情况，得到法律赋予的专利权信息，从而帮助用户识别可能的技术侵权、制定避免侵权的策略、准确地应

表 5-6　专利管理图的分析领域和分析内容

分析领域	分析内容
专利件数分析	1. 专利趋势分析 2. 技术生命周期分析 3. 历年专利件数比较
国家别分析	1. 所属国专利件数分析 2. 所属国历年专利件数趋势分析
公司别分析	1. 公司研发能力比较 2. 研发能力详细数据分析 3. 引证率分析 4. 引证率详细数据分析 5. 活动表分析 6. 排行榜分析 7. 竞争公司历年专利件数分析
发明人分析	1. 发明人分析 2. 发明人历年专利件数分析
引证率分析	1. 引证相关数据分析 2. 专利引证次数分析
IPC 分析	1. IPC 专利分类分析 2. IPC 专利技术历年活动分析 3. 竞争国家 IPC 专利件数分析 4. 竞争公司 IPC 专利件数分析
UPC 分析	1.UPC 专利分类分析 2.UPC 专利技术历年活动分析 3. 竞争国家 UPC 专利件数分析 4. 竞争公司 UPC 专利件数分析

对法律诉讼等。专利权利地图主要包括专利范围构成要件图、专利范围要点图、专利家族图、重要专利引用族谱图，主要剖析研发空间和市场空间。

专利地图按数据处理方式可分为专利统计地图、专利引证地图和专利聚类地图；按专利要素可分为人员动向图、技术动向图、分类号地图、区域地图、申请人（专利权人）地图、发明人地图等；按形状分有拆线图、条形图、饼图、圆环图、雷达图、气泡图、矩阵表等多种图表。

专利地图也可分为定量分析地图（统计分析地图）和定性分析地图。前者包括数量图、趋势图、关联图、雷达图、比例图、排行图等，后者包括清单图、矩阵图、TEMSET 图、技术发展图、问题与解决方案地图、关键词主题地形图等[73]。

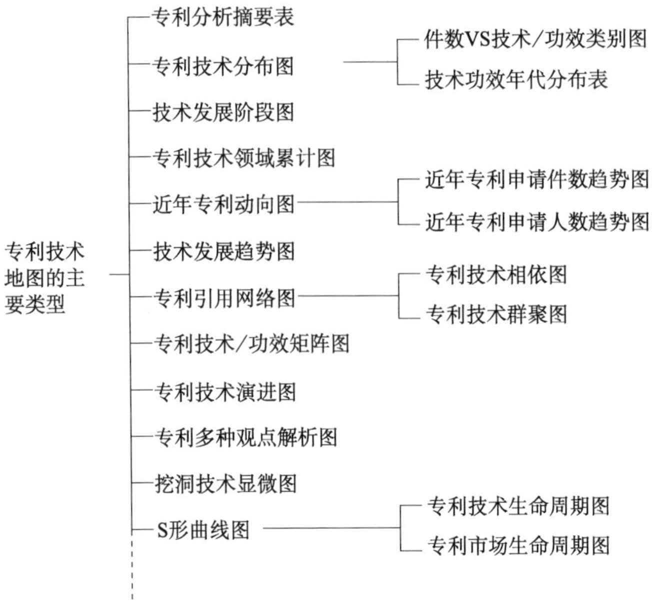

图 5-6　专利技术地图的主要类型

3. 专利地图的作用

专利地图在企业专利战略、企业技术研发、竞争情报、企业并购、技术预见、技术路线图制定等方面具有广泛的应用。专利地图可以为企业指明技术发展方向，总结并分析技术分布态势，特别是可以用于对竞争对手专利技术分布情况进行监视，将使企业做到知己知彼。企业不仅可将专利地图用于知识产权管理，还可用于营销管理与技术创新管理。具体来说，专利地图对于企业具有以下功能[83]：发现技术进程上的盲点；整理专利权相关信息；掌握技术动向；了解自己企业与其他企业间的技术差异；发现其他企业的研发策略；新进人员教育训练的教材；用于技术、研发部门的质量管理。有学者将专利地图与专利分析、知识结构分析紧密结合在一起，梳理了专利地图的在其中的重要作用和战略意义[84]，如图 5-7 所示。

4. 专利地图的功能

专利地图具有战略管理 / 计划、研发 / 技术推进、技术 / 权利管理等多种功能，同时也是一种战略工具、研发工具、保护工具、交流工具[85]。

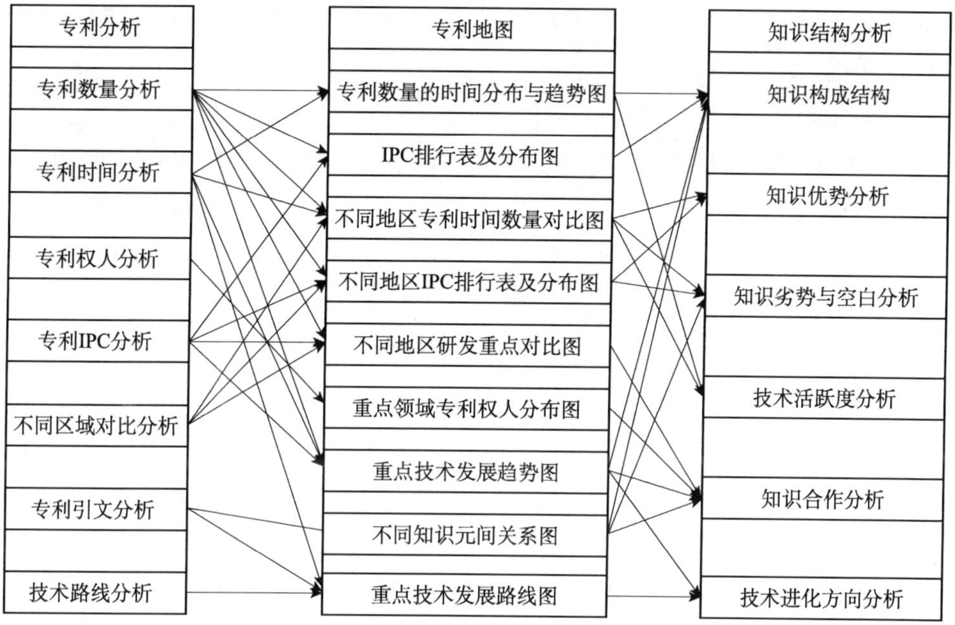

图 5-7　专利地图的类型与作用

（1）战略管理 / 计划功能。通过专利地图可以了解特定技术领域的整个状态及技术变迁，识别技术活动、发展趋势和研究动态。这对于国家政府而言，有助于在整个国家科技计划的制订上做出战略决策和进行宏观管理；对于企业而言，有助于了解竞争者的研究动态和技术活动，确定技术合作伙伴，以及显示在自己的专利活动中泄露给竞争者的信息，从而确定企业战略部署和战略地位。

（2）研发 / 技术推进功能。通过专利地图可以了解技术趋势、技术分支、技术关系等状况，有助于启发技术人员的思路、激发新的创意，从而发现新的技术领域、技术方向和技术手段，也可以发现在技术相对密集的领域的技术发展机会点，以及可以对现有技术进行改进的领域，最终促进创新活动，推进科学研究和技术开发。

（3）技术 / 权利管理功能。由于专利既包含了技术内容又包含了权利内容，所以通过专利地图不仅可以得到有关技术信息，同时可以得到法律赋予的权利信息，从而帮助识别可能的技术侵权、制定避免侵权的策略、准确地应对法律诉讼等，如“思科诉华为案”中专利地图起的作用[86，87]。

5. 专利地图的产生与发展

专利地图自 20 世纪 60 年代在日本诞生以来，先后在韩国、美国、新加坡和我国台湾等地得到了广泛应用和发展，在这些地区的国家专利战略和企业专利战略中发挥了不可忽视的作用。

1）日本

日本是世界上研究专利地图较早的国家之一，其研究和应用专利地图的活动也非常活跃。1968 年日本特许厅出版了世界第一份专利地图——航空微米测量技术专利地图，以各种简明易懂的图表揭示了该技术在其他产品的功能、特征和设计原理等应用领域的扩充使用。为了满足产业界对专利地图的需求，从 1997 年起，日本特许厅和日本亚太工业产权中心（APIC）展开了大规模的产业技术专利地图分析，针对日本重点技术领域总计制作了 50 多种、200 多张专利地图，并免费提供给产业界使用。到 1999 年，日本已制作了 66 种重点技术领域的专利地图，涉及可充电池、太阳能的应用、太阳能电池、红外线传感和应用、图像识别技术、电动自行车技术等技术领域。至 2009 年 4 月，日本特许厅对 129 个重点技术领域制作了专利地图，免费提供给业界使用，领域主要涉及生命科学、环境科学、纳米技术、电信、能源、制造技术、基础设施等[88]。

此外，日本发明协会每年为其会员提供 40 多种专利地图，日本还大力支持大学制作专利地图，如在《知识产权推进计划（2005 年）》中提出，“为使大学有目的地进行研究，避免不必要的申请，要支持大学等进行现有技术检索、制作专利地图”。专利地图在日本产业界得到了广泛应用，应用范围与广度居于世界前列，1972 年驻日本 IBM 公司专利部长在一次演讲会上讲到专利地图，激发了日本先进企业开始专利地图的编制，从 20 世纪 90 年代开始，日本一些大型企业已逐渐在企业内部建立知识产权部门和专利地图相关管理制度，将专利搜集和分析结果以专利地图的形式汇总和报告，企业普遍建立了专利地图绘制的相关管理制度，如松下公司在其内部发行有《专利地图手册》，介绍专利地图的基础知识和基本编制程序，并编辑《专利地图实例》，汇集了该企业各研究所和事业部用过的各种专利地图，用于企业内部咨询和情报交流[89]。根据 1998 年日本特许厅的报告，86% 的被调查企业表示使用了专利地图。在广泛应用专利地图的同时，日本还十分注重专利地图制作方法和技术的研究，例如，日本特许厅在 IPC 分类标准的基础上，设计了可以对专利文献内容进行更细微分类的 FI（file index）分类方法和 F-term 分类方法，另外，日本特许厅还对一些专利地图制作方法进行了专利保护（如 JP200217531 号专利）。在政府的提倡及专利地图实际功效的引导下，日本企业绘制和利用专利地图的热情一直没有衰退。日本企业是专利地图的极大受益者，研发成果层出不穷。

如今在日本，专利地图的使用率达到86%，其使用者分布情况为：研发机构占47%，商业机构占13%，IP（工业产权）管理部门占6%，其他占34%[66]。

2）欧美

欧美国家在专利地图方面的研究更注重于专利分析和专利引证分析，研究得非常深入，但并不特别强调专利地图这一概念。例如，CHI公司是国际上专利引证分析的领导者，其引证指标（Citation Indicators）与分析数据常被其他机构或官方引用为正式的评估基准，颇具权威性。同时，欧美等国对专利地图的定义有所不同，他们习惯于把专利地图理解为仅仅是类似地理地图的专利分布图，不把二维或三维的专利定量分析图表（Chart、Diagram、Graph）看成是专利地图；而且，经常是按实际需要绘制相应的专利地图。例如，有学者在美国专利商标局的专利数据库的基础上对2003年世界纳米技术的发展进行了分析，绘制了专利数量趋势图、专利数量排行榜、技术独立性排行榜、技术循环周期排行榜、科学关联性排行榜、及时影响指标排行榜、专利引文网络图等，最后才提到专利内容地图（Patent Content Map）[90]。

美国的专利地图研究更倾向于各种精细量化专利分析指标的制定和应用，而专利地图的系统研究和应用范围则不如日本。例如，IBM公司的Reisner利用专利引用资料来寻找关键专利技术，是专利引用分析的先驱；CHI公司建立了专利引用指标分析数据库。Griliches研究R&D、专利与生产力的关系，将专利活动指标作为测量一国技术能力的重要指标。Narin利用专利引证研究来确定主要专利。Scherergn Schmookler利用专利对创新效果进行研究。美国国家科学基金会用专利指标评比各国的技术绩效。Jaffe Trajtenberg和Brown Ha Heneson利用专利引用次数研究跨国、跨创新系统成员、跨领域的知识流动。此外，美国专利情报分析软件的研发则处于世界领先地位，如汤森路透集团的Delphion专利检索与分析数据库。Derwent专利分析家、Current Patents系统、Derwent创新索引等都是重要的专利检索数据库与分析软件，能够提供矩阵图、决策树等专利分析的可视化结果。

3）韩国

韩国的专利地图技术及应用主要借鉴日本模式，目前已进入成熟期。韩国知识产权局（KIPO）自1996年起提供网上专利信息检索服务，即韩国知识产权信息服务，2001年KIPO使该服务成为免费服务。为鼓励研发部门更好地使用有价值的专利信息，KIPO定期出版《韩国专利趋势》的分析报告，对专利文献信息作统计分析。近年来，韩国在专利地图的研究和应用方面也很活跃，如韩国政府为了抢攻全球3G移动电话市场，帮助国内技术和产业界在移动电话市场的技术输出和产品外销稳定成长，韩国知识产权局于1999年10月发行了全国系统性的专利地图——“移动电话专利地图”[87]。为了使政府部门或私营企业在研发过程中更好地利用专利分析、统计结果，KIPO制定了一系列的专利地图[91]；自2000年起，KIPO每年在24个技术领域出版专利地图，目前在120个技术领域已形成专利地图，这些专利地图公开在其官方网站上，并制作成CD-ROM进行传播，或提供如何使用专利地图的培训；制作专利地图的软件是专利信息分析系统（PIAS）[92]。

政府方面也有意识地投入到专利地图的开发之中，并十分注重推广和应用，为企业服务，促进本国的创新与研发。同时，韩国也有许多企业投入到专利地图的研究和开发之中，如WPIS公司自行开发出专利分析软件“PM Manager”，为企业等提供专利地图服务。

韩国在专利地图方面的研究和应用也较为先进。在应用方面，韩国知识产权局（KIPO）借鉴日本特许厅的经验，制作专利地图并在其官方网站提供下载，希望利用专利地图协助企业提高应付海外专利侵权的能力。1980年，韩国金星株式会社最早开始专利地图的研发活动；1985年开始每年举办专利地图评比大会以推广专利地图，1999年，KIPO制作了移动电话专利地图；2000年启动了专利地图开发和供应项目（Patent Map Development and Supply Project）；2002年制作了微型机器人、人体基因组、数字电视等技术领域的专利地阁，2003年制作了涉及72个技术主题的专利地图。

4）中国台湾地区

中国台湾地区在专利地图的研究和应用方面已有十年多的历程，最早由财团法人工业技术研究院从日本发明人协会引进[93]，之后，台湾逐步掀起了研究和应用专利地图的热潮，许多研究院所、大学、公司都有研究人员专门从事专利地图的研制和应用；目前中国台湾已经有很多专门针对专利地图的培训机构和定期研讨会，许多研究所、大学和公司也都有专门从事专利地图研究的人员[94]。中国台湾学者初期制作了网罩蚀刻技术的专利地图，旨在避开日本在该领域的专利陷阱；从2002年开始，中国台湾陆续制作了纳米/生技化妆品、磁性随机存取存储器MRAM微纳米碳酸钙、原子力显微镜等纳米技术领域的专利地图，在世界纳米技术领域处于先进水平，其他产业如无线局域网络专利能量、质子交换膜型燃料电池膜电极组、楮密微量射出成形模组技术、光触媒技术、超解析结构近场光盘技术、液晶电视技术等领域也广泛使用了专利地图；财团法人工业技术研究院运用专利组合法（Patent Portfolio）深入分析专利信息，制作专利地图，并应用到市场评析中；科技政策研究与信息中心利用专利地图来研究分析“纳米科技专利”，出版了 11 辑纳米科技专利研究系列，如《纳米药物传输技术专利地图及分析》；也有民间机构和公司提供专门的专利地图制作服务与专利分析软件。近年来，专利地图的研究和应用在我国台湾得到了较快发展。从总体情况来看，台湾地区采取的是融合日本和欧美长处，在专利地图的开发和应用方面逐步成熟，其推广工作也十分成功。

5）中国大陆地区

我国大陆地区对专利地图的研究起步较晚。但随着企业知识产权意识的不断提高，特别是国家知识产权战略的提出和实施，专利地图的研究得到了高校、科研院所、企业和政府等相关部门的重视与支持，无论在理论研究还是应用和制作技术方面都得到了一定发展。

中国大陆关于专利地图的研究始于 2003 年，但在此之前，一些关于如何利用专利情报的研究已经蕴含了专利地图的基本思想或方法。20 世纪 80 年代，上海科学技术情报研究所引进了 IBM4316 德温特专利磁带数据库，开展了专利信息图表化的研究。随着专利重要性的日益突显和专利法的两次修改（1992 年和 2000 年），专利情报研究成为情报学的重要研究分支，专利地图在情报学领域得到初步应用。2003 年，我国开始出现了针对专利地图的专门研究，早期的文章主要是对专利地图概念和作用的引进与介绍。关于专利地图应用的研究从 2004 年开始出现，特别是 2007 年以来文章数量迅速增加，这些研究大致可分为两类：一类主要侧重专利地图在企业经营管理方面的应用，如用于制定专利战略、管理研发活动、设计产品，进行技术预见，降低技术创新风险，对技术性贸易壁垒进行预警，Huang 等通过对中国专利文献的结构聚类分析，发现地图大小与专利数量成正比，即结构的广度和深度影响结构化自组织映射的表现，这些分析结果能够帮助企业在版权诉讼中反驳已有专利的指控，并能通过避让热点专利来节省研发工作，当然专利地图在应用中也会受到数据、人员、使用时机等方面的限制；另一类则主要针对某一特定技术领域，制作专利地图（或技术路线图），分析某一特定技术的发展趋势和研发重点，如在信息技术、纳米技术、数据库技术、无线射频识别技术、微流控技术、加密技术、汕气管道防腐蚀技术、银行商业方法、竹材、抗肿瘤药物、农业、旅游业等领域制作专利地图或对该领域的专利地图进行分析。同时，关于专利地图制作方法和制作技术的研究也在增加[71, 73, 82, 95-98]。例如，华中科技大学的吴新银、刘平、戚昌文，华东理工大学的王兴旺、孙济庆，中国科学院成都文献情报中心的肖国华、熊树明、张娴等介绍了专利地图的一般制作方法和流程；孙凌云、孙守迁针对中国大陆地区专利的特点，引入自然语言处理和基于内容的图像检索等技术，研究专利地图的制作和分析方法；曹琴仙、于淼提出了基于内容分析对专利文献进行分析从而制作专利地图的方法；侯筱蓉、司有和、吴海燕提出民基于引文路径分析的专利技术演进图制作方法；康健、孙济庆提出了一个面向企业用户的、可定制专题的、以专利地图展示分析结果的专利分析系统；翟东升、王明吉等提出了一个基于多 Agent 的具有强信息集成能力的专利地图系统。

我国政府对专利地图研究和开发的进程也在不断加快，2008 年国务院颁布了《国家知识产权实施纲要》，在纲要的思想指导下，国家知识产权局已将制作和发布专利地图作为一项重要工作内容，为我国企业提供各领域所需专利信息服务和专利战略指导。相关机构也组织了多种专利地图培训和研讨会，如北京知识产权服务中心和中企知权科技公司于 2007 年组织了“专利地图制作及分析应用”高级培训班；国家知识产权发展研究中心举办的“2007 企业知识产权战略国际研讨会”的议题之一就是专利地图分析与利用，上海市科技情报学会于 2009 年 6 月在哈尔滨举办“专利地图方法与应用”学术研讨会，2010 年 6 月在上海举办以专利地图为主要内容的“专利情报与专利查新”学术研讨会等[99]。

总的来看，我国大陆地区在专利地图技术及应用方面尚处于起步阶段，真正深入研究专利地图的机构和人员很少，炒概念的居多。国家知识产权局也已意识到专利地图的显著作用，但是实际的研究和推广工作力度并不大，进程缓慢。而研究机构、企业等在专利地图方面的研究也往往停留在理论阶段，与国外相比创新点很少；应用方面也只限于极个别的大型企业，远远没有引起广泛的重视。

参考文献

[1] 马天旗 . 专利分析方法、图表解读与情报挖掘 [M] . 北京：知识产权出版社，2015：1-2.

[2] Seidel A H. CitationSystemforPatentOffice [J] . Journal of the Patent Office Society，1949，(31)：554 .

[3] Yoon B，Park Y. Development of new technology forecasting algorithm：Hybrid approach for morphology analysis and conjoint analysis of patent information [J] . IEEE Transactions on Engineering Management，2007，54 (3)：588-599.

[4] 张燕舞，兰小筠 . 企业战略与竞争分析方法之一：专利分析法 [J] . 情报科学，2003,(8)：808-810.

[5] 方曙，张娴，肖国华 . 专利情报分析方法及其应用研究 [J] . 图书情报知识，2007，(4)：64-69.

[6] 马天旗 . 专利分析方法、图表解读与情报挖掘 [M] . 北京：知识产权出版社，2015：2-5.

[7] 李建蓉 . 专利信息与利用 [M] . 北京：知识产权出版社，2006：359-360.

[8] 刘伍堂 . 专利资产评估 [M] . 北京：知识产权出版社，2011：61-115.

[9] 牟萍 . 专利情报检索与分析 [M] . 北京：知识产权出版社，2012：136-186.

[10] 马天旗 . 专利分析方法、图表解读与情报挖掘 [M] . 北京：知识产权出版社，2015：2.

[11] 肖沪卫 . 专利地图方法与应用 [M] . 上海：上海交通大学出版社，2011：7-11.

[12] 王兴旺，孙济庆 . 国内外专利地图技术应用比较研究 [J] . 情报杂志，2007，(8)：113-116.

[13] 蔡爽，黄鲁成 . 专利分析方法评述及层次分析 [J] . 科学学研究，2009，(2)：421-427.

[14] 马天旗.专利分析方法、图表解读与情报挖掘 [M] .北京：知识产权出版社，2015：4-5

[15] 肖沪卫 .Internet 专利竞争情报开发研究 [J] . 情报杂志，2003，(10)：52-54.

[16] 郭婕婷，肖国华 . 专利分析方法研究 [J] . 情报杂志，2008，(1)：12-15.

[17] 肖沪卫 . 专利地图方法与应用 [M] . 上海：上海交通大学出版社，2011：7-11.

[18] 杨铁军 . 专利信息利用导引 [M] . 北京：知识产权出版社，2011：259-275.

[19] Brietzman A，Thomas P. Using patent citation analysis to target/value merger and acquisitions candidates [J] . Research Technology Management，2002，(45)：28-36.

[20] Julia F. Valuing patents：Assessing the merit of patent citation analysis [D] .Virginia：University of Virginia，2003.

［21］陈燕，黄迎燕，方建国，等．专利信息采集与分析［M］．北京：清华大学出版社，2006：59-99.
［22］杨铁军．专利信息利用导引［M］．北京：知识产权出版社，2011：275-292.
［23］Kostof R N. Database Tomography：Multidisciplinary Research Thrusts from Co-word Analysis［C］. Proceedings：Portland International Conference on Management of Engineering and Technology，1991.
［24］高利丹，肖国华，张娴．共现分析在专利地图中的应用研究［J］．现代情报，2009,（7）：36-40.
［25］王日芬，宋爽，苗露．共现分析在知识服务中的应用研究［J］．现代图书情报技术，2006，（4）：29-34.
［26］庞景安．科学计量研究方法论［M］．北京：科学技术文献出版社，2002.
［27］康宇航．一种基于共现分析的科技跟踪方法研究［D］．大连理工大学博士学位论文，2008.
［28］Hinze S. Bibliographical cartography of an emerging interdisciplinary discipline：The case of bioelectronics［J］. Scientometrics，1994，29（3）：353-376.
［29］Spasser M A. Mapping the terrain of pharmacy：Co-classification analysis of the International Pharmaceutical Abstracts database［J］. Scientometrics，1997，39（1）：77-97.
［30］Schummer J. Multidisciplinarity，interdisciplinarity，and patterns of research collaboration in nanoscience and nanotechnology［J］. Scientometrics，2004，59（3）：425-465.
［31］吴新银，刘平．专利地图研究初探［J］．研究与发展管理，2003，（5）：88-92.
［32］方署．基于专利信息分析的技术创新能力研究［D］．西安交通大学博士学位论文，2007：26-37.
［33］李建蓉．专利信息与利用［M］．北京：知识产权出版社，2006：19，42-45.
［34］杨铁军．专利信息利用技能［M］．北京：知识产权出版社，2011：334-405.
［35］孟俊娥．专利检索策略及应用［M］．北京：知识产权出版社，2010：9-39.
［36］陈仲伯．专利信息分析利用与创新［M］．北京：知识产权出版社，2012：39-195.
［37］牟萍．专利情报检索与分析［M］．北京：知识产权出版社，2012：23-34.
［38］杨铁军．专利信息利用导引［M］．北京：知识产权出版社，2011：130-203.
［39］陈燕，黄迎燕，方建国，等．专利信息采集与分析［M］．北京：清华大学出版社，2006：144-225.
［40］谢顺星．专利咨询服务［M］．北京：知识产权出版社，2013：33-46.

［41］杨丽．基于专利地图的专利分析方法及其影响因素探讨［J］．图书馆，2011，（4）：103-105.
［42］李建蓉．专利信息与利用［M］．北京：知识产权出版社，2006：166-295.
［43］国家知识产权局专利文献部．专利文献与信息检索［M］．北京：知识产权出版社，2013：112-306.
［44］肖沪卫．专利地图方法与应用［M］．上海：上海交通大学出版社，2011：28-36.
［45］孟俊娥．专利检索策略及应用［M］．北京：知识产权出版社，2010：40-65.
［46］陈仲伯．专利信息分析利用与创新［M］．北京：知识产权出版社，2012：196-261.
［47］牟萍．专利情报检索与分析［M］．北京：知识产权出版社，2012：35-46.
［48］王永红．定量专利分析的样本选取与数据清洗［M］．情报理论与实践，2007，（1）：93-96.
［49］方曙．基于专利信息分析的技术创新能力研究［D］．西南交通大学博士学位论文，2007：24-25.
［50］魏保志．利用搜索引擎检索现有技术［M］．北京：知识产权出版社，2011.
［51］张静，刘细文，柯贤能，等．国内外专利分析工具功能比较研究［J］．情报理论与实践，2008（1）：141-145.
［52］王敏，李海存，许培扬．国外专利文本挖掘可视化工具研究［J］．图书情报工作，2009，（24）：86-90.
［53］毛金生，冯小兵，陈燕．专利分析和预警操作实务［M］．北京：清华大学出版社，2009：31-34.
［54］牟萍．专利情报检索与分析［M］．北京：知识产权出版社，2012：187-195.
［55］陈燕，黄迎燕，方建国，等．专利信息采集与分析［M］．北京：清华大学出版社，2006：300-324.
［56］方曙．基于专利信息分析的技术创新能力研究［D］．西安交通大学博士学位论文，2007：43-54.
［57］牟萍．专利情报检索与分析［M］．北京：知识产权出版社，2012：187-195.
［58］刘佳佳，董旻，方曙．国外专利分析工具的比较研究［J］．现代图书情报技术，2007，（2）：67-74.
［59］葛小培，孙涌，马玉龙，等．基于文本挖掘的专利分析工具的比较研究［J］．现代情报，2010，（4）：8-12.
［60］Trippe A. Patinformatics：Tasks to tools［J］. World Patent Information，2003，（25）：

211-221.

[61] Eldridge J. Data visualization tools—A perspective from the pharmaceutical industry [J] . World Patent Information，2006 (28)：43-49.

[62] 陈颖 . 专利分析工具的引文分析功能比较研究 [J] . 医学信息学杂志，2011，(9)：38-42.

[63] WIPO. Patent Information in Brief [EB/OL] .http：//www.wipo.int/patentscop/en/data/patent_information.html [2016-03-06] .

[64] Blanchard A. Understanding and customizing stopword lists for enhanced patent mapping [J] . World Patent Information，2007，(29)：308-316.

[65] 肖沪卫 . 专利地图方法与应用 [M] . 上海：上海交通大学出版社，2011：45.

[66] 王兴旺，孙济庆 . 国内外专利地图技术应用比较研究 [J] . 情报杂志，2007，(8)：113-116.

[67] Porter L，Cunningham W. Tech Mining：Exploiting New Technologies for Competitive Advantage [M] . New York：John Wiley & Sons，2005.

[68] 张娴，高利丹，唐川，等 . 专利地图分析方法及应用研究 [J] . 情报杂志，2007，(11)：22-25.

[69] 冯永琴，张米尔 . 基于专利地图的技术标准与技术专利关系研究 [J] . 科学学研究，2011，(8)：1170-1176 .

[70] 金静静，乔晓东，桂婕 . 基于专利地图分析方法的实例研究 [J] . 科技风，2009，(6 月下)：234-235.

[71] 吴新银，刘平 . 专利地图研究初探 [J] . 研究与发展管理，2003，(5)：88-92.

[72] 翟东升，王明吉 . 基于专利地图理论的专利分析系统研究 [J] . 情报杂志，2006，(3)：5-9.

[73] 郑云凤 . 国内外专利地图研究与应用综述 [J] . 竞争情报，2012，(夏季刊)：48-53.

[74] 王锐锋，何琦，姚蕾 . 油气管道防腐蚀专利技术图 [J] . 石油化工腐蚀与防护，2008，(5)：52-55.

[75] 肖国华 . 专利地图研究与应用 [D] . 四川大学硕士学位论文，2006.

[76] 国家知识产权局 . 日本制定《知识产权推进计划 2005》(概要) [EB/OL] .http：//www.sipo.gov.cn/sipo2008/dtss/gw/t20080401——352935.html [2015-12-25] .

[77] 侯筱蓉，司有和，吴海燕 . 基于引文路径分析的专利技术演进图制作的实证研究——以医学内窥镜专利分析为例 [J] . 情报学报，2008，(5)：788-792.

［78］翟东升，王明吉．基于专利地图理论的专利分析系统研究［J］．情报杂志，2006，（3）：5-9.
［79］王知津．竞争情报［M］．北京：科学技术文献出版社，2005：166-167.
［80］董菲，朱东华，任智军，等．基于专利地图的专利分析方法及其实证研究［J］．情报学报，2007，（3）422-429.
［81］刘平，戚昌文，吴新银．专利地图制作及解析研究［BE/OL］．http：//www.nipso.cn/gnwzscqxx/zlll/t20051222_63332.asp［2015-10-25］.
［82］刘平，张静，戚昌文．专利技术图制作方法实证分析［J］．科研管理，2006，（6）：109-118.
［83］肖沪卫．专利地图方法与应用［M］．上海：上海交通大学出版社，2011：322-389.
［84］蒋贵凤，李艳，钟少颖．区域知识战略定位方法研究——专利地图法的应用［J］．情报理论与实践，2014，（11）：44-49.
［85］肖沪卫．专利地图方法与应用［M］．上海：上海交通大学出版社，2011：11-12.
［86］冯宗智．知识产权也是我们手中的盾牌［J］．科技智囊，2003，（5）：16-18.
［87］郑重．张旭廷：专利地图就是“作战”地图［J］．互联网周刊，2004，（38）：42-45.
［88］Japan Patent Office Asia-Pacific Industrial Property Center. Guide Book for Practical Use of Patent Map for Each Technology Field［BE/OL］. http：//www.ircc.iitb.ac.in/webadm/rnd/IPcourse/ Dr.%20Ganguli%20IP%20Course/additional%20docs/5-03.pdf［2015-10-15］.
［89］包海波．日本企业的知识产权战略管理［J］．科技与经济，2004，（2）：41-45.
［90］Huang Z，Chen H，Chen Z-K，et al. International nanotechnology development in 2003：Country，institution，and technology field analysis based on USPTO patent database［J］. Journal of Nanoparticle Research，2004，6（4）：325-354.
［91］冯小兵．韩国知识产权体系简介［OE/BL］．http：//www.ppac.org.cn/lcontent.asp?c=82&cid=133&id=1237［2015-10-15］.
［92］车慧中．专利布局暨专利地图技术分析［OE/BL］．http：//www.gainia.com/front/bin/ptdetail.phtml? Part=101-8.2&Category=0［2015-10-18］.
［93］第一届亚太专利地图研讨会［OE/BL］．http：//www.apipa.org.tw/activity/activityviewada.asp? intADAActivityID=84［2015-10-18］.
［94］专利实务暨专利分析培训班［OE/BL］．http：//my.nthu.edu.tw/rd/revised/800/news/news060/registration.doc［2015-10-18］.
［95］刘平，张静．专利技术图在企业专利战略中的具体应用［J］．电子知识产权，2005,（7）:

27-30.

[96] 谭思明 . 专利地图技术在企业竞争情报活动中的应用案例分析——国际微流控芯片专利竞争力的竞争情报研究 [J] . 图书馆杂志，2005,（6）：27-31.

[97] 谭思明 . 基于专利地图技术的中、美微流控专利竞争情报研究 [J] . 情报杂志，2005，（5）：33-35.

[98] 翟东升，王明吉 . 专利地图在技术性贸易壁垒预警中的应用 [J] . 图书与情报，2006，（1）：96-98.

[99] 肖沪卫 . 专利地图方法与应用 [M] . 上海：上海交通大学出版社，2011：44-47.

第六章

专利信息可视化分析系统

专利是指一国专利行政部门依法授予发明人的一种独占权。我国的专利制度把专利分为发明、实用新型和外观设计专利三种。专利是保护专利权人市场竞争力、技术竞争力与核心竞争力最直接、最有效的武器。美国自20世纪80年代起就开始实行知识产权发展战略，日本于2002年正式提出“知识产权立国”的口号，欧盟于2006也制定了相应的知识产权发展战略，其他各国纷纷仿效。知识产权正成为世界各国（地区）增强经济、科技实力和国际竞争力，维护本国或本地区利益和经济安全的重要战略性资源，是国家或地区间科技、经济、贸易和文化合作与交流的重要组成部分，是国家（地区）和企业取得竞争优势的重要手段。专利申请、授权数量快速增长，掌握和控制前沿领域、关键技术和战略性新兴产业的专利权成为世界各国（地区）竞争的焦点。

专利与社会经济发展的关系日趋密切，尤其是与代表社会经济发展水平的高新技术产业息息相关。随着经济国际化和全球化进程的加快，世界经济发展和贸易格局发生了巨大变化。专利制度的国际化趋势也越来越明显，专利保护已经在世界范围内受到了极大的关注。国际间综合国力的竞争已越来越体现为专利的竞争，专利的拥有量已与市场竞争和市场占有份额紧密相连，谁拥有更多的专利，谁就会在国际市场竞争和科技竞争中获得更多的控制权。因此，专利已成为创造社会财富，促进社会经济增长的核心动力。

6.1 专利信息可视化分析系统的现状分析与技术基础

6.1.1 专利信息分析的社会意义

专利是一种特殊的文献，专利文献中包含着技术、经济和法律等极为重要的专利信息，具有其独特性。通过专利信息分析可以发现专利信息的数量特征、分布规律和结构关系，在科学研究、技术创新、产业发展、技术贸易、市场竞争、专利价值评估、专利政策和专利战略制定、专利制度安排、专利管理实施等方面具有极为重要的作用。

因为专利信息覆盖了世界 90% 以上的科技研究成果，而其中 80% 的技术成果没有包含在学术论文和公开出版物中。据最新统计，全球目前累积专利文献量已近亿篇[1-3]。目前，全球有 160 多个国家（地区）及组织以 30 多种文字出版专利文献，每年以 300 万件左右的数量递增，约占世界图书期刊年出版总量的 1/4。从 1985 年 4 月至 2010 年 12 月，我国专利的授权量已达 721 753 件。

一般来说，普通人是很难用肉眼从浩如烟海的专利文献中看出整个专利信息的分布状况及隐含信息的，需要借助现代化的信息技术和专业化专利分析工具。如何能做到快速有效地从多个角度去分析专利信息，如何从大量不规则的专利数据中发现有用的信息，又怎样从已有的专利数据来预测未来的专利发展趋势，值得深入探讨和研究。

6.1.2　现有专利信息可视化分析系统述评

国内外专业化的专利信息分析与可视化展示工具已经不少，有些已经很成熟。但是这些专利信息分析和可视化展示工具大多都只是初级层次的专利信息统计和分析工具，基于专利引证、专利聚类和专利挖掘的专利信息分析与可视化展示工具还不完善，需要改进，特别是在我国[4]。

1. 国外现有的专利信息可视化分析系统

国外很早就开始关注专利信息自动化处理和专利信息可视化系统开发与应用。许多发达国家把专利数据当作最重要的知识库和最重要的数据源。一些大型软件公司根据需要也开始把数据挖掘技术引入专利信息分析与可视化展示领域，并开发了一批成熟的专利信息数据库和专利信息分析软件。例如，世界著名的德温特数据公司依据专利地图理论开发的德温特专利信息分析软件，利用数据挖掘技术和可视化展示手段，对专利信息进行自动分析和管理；IBM 公司在技术研究的基础上，开发了“Intelligent Miner for Text”（IMT）软件，实现了对专利信息特征的检索、聚类、引文分析等功能；还有 Aureka、Delphion Text Clustering 和 Thomson Data Analyzer，以及一些专利文献和专利信息检索网站等，都具有一定的专利信息分析功能[5]。

2. 我国现有的专利信息可视化分析系统

与国外相比，国内对专利信息分析系统的研究和开发较晚，技术实力存在较大差距。但随着国家知识产权战略的推出，国内对专利信息分析软件的研发也开始火热起来。目前，企业、高校及研究机构对专利信息分析的研究力度不断加大，并开发了一批新的专利信息分析软件和专利信息检索与分析平台，如 HIT_恒库、保定大为 PatentEx 专利信息创新平台、东方灵盾、中国国家知识产权出版社引证分析系统、PatentGuider 2.0 试用版、国家知识产权局政府网站专利检索系统、中国专利数据库检索系统、中外专利数据库服务平台、上海知识产权（专利信息）公共服务平台、重点产业专利信息服务平台、广东省专利信息中心专利信息分析系统及其他各省（自治区、直辖市）专利信息检索平台。我国开发的专利信息分析系统主要是面向宏观和微观统计与计量分析层次的，而面向专利引证分析、聚类分析、专利挖掘和可视化展示层次的专利信息分析软件还非常稀少。虽然目前有关专利地图的研究相对较多，但是绝大部分是研究专利地图的应用，而对专利地图的制作和工具开发研究缺乏。

3. 专利信息可视化分析系统简要述评

国内外主要的专利信息分析软件目前都还无法从定性分析、定量分析、数据挖掘、数据预测等方面提供完整的、综合性的分析结果。虽然目前国内外已有部分专利信息分析系统能提供基本的统计分析、引证分析、聚类分析等功能，但这些专利信息分析系统的基本统计分析功能差异都不大，并且大部分只能做简单的引证分析，而在非常重要的聚类分析、数据挖掘与数据预测等方面，如线性回归分析、时间序列分析、关联规则分析等，这些软件几乎无一提供[6]。

从整体来看，目前国内外专利信息分析系统普遍存在以下缺点[7]。①数据源来源单一。虽然多数工具的检索数据源很全面，但很多专利信息分析工具仅能针对美国专利进行分析，并且不提供对来自不同专利数据源的专利数据的整合服务，并且这些工具都以专利数据为单一信息源，没有考虑到引入其他非专利信息进行辅助分析。②分析前数据预处理功能需要加强。在进行专利信息分析前，将检索结果按照一定规则清洗、整合是非常必要的，但目前绝大多数工具都不提供此功能。③专利信息分析的灵活性不够。大多数专利信息分析系统和工具只允许用户根据一定的指标体系对专利信息进行分析，但在自定义分析提供方面，灵活性不够。④聚类分析功能有待提升。提供聚类分析功能的专利信息分析系统和工具非常少，且聚类结果并不十分理想。

专利信息可视化分析系统存在的缺陷主要取决于功能定位和开发技术。首先，从专利信息分析系统的功能来看，与国外的专利信息分析软件相比，我国的专利信息分析软件普通呈现出功能不全和功能不完善等缺陷，还只停留在对外部特征项的统计分析上，普遍不具备聚类分析的功能[8]。此外，大多数专利信息分析软件需要先下载数据然后才能进行分析，即数据与工具分离，使用户无法随时随地变换分析数据。同时也不提供分析过程而就直接显示结果，使用户无法自主、灵活地操纵分析过程，更无法深刻地理解专利信息分析的内涵、过程与实质。特别是目前我国还没有一款功能全面的中文在线专利信息分析软件。其次，从专利信息分析系统的开发技术来看，国内外专利分析系统目前还没有任何一款系统能把当前先进的数据技术、数据挖掘技术、OLAP 技术及多元统计分析理论与专利信息分析有机合成起来，大都只是简单的自我研发。受自身技术、资金、人才等诸多因素限制，任何一个软件公司都无法把专利信息分析软件涉及的全部模块开发得相当完善。因此，这些专利信息分析软件提供的专利信息分析结果的精确性值得考量。牛顿曾说过“站在巨人的肩膀上可以看得更远”，借助现有的、成熟的数据库管理系统、数据分析模块和诸多统计和数学先辈们留下的分析理论，可以设计和开发出更好的专利信息分析系统[9]。

新兴的利用商业智能技术可以有效地克服现有专利信息可视分析系统的主要缺点，还能便捷高效地对专利数据进行宏观和微观分析，以及开展精确的聚类分析和深层的数据挖掘，并能提供多角度的专利信息可视化分析报告。商业智能技术通过建立专利数据分析模型，把编写好的 B/S 代码发布在 Internet 上，任何获得授权的人或组织都可以利用专利信息分析系统从多角度提供的可视化专利信息分析报告，为专利申请、专利战略制定等提供有益的参考。尤其重要的是，利用商业智能技术开发专利信息可视化分析系统还具有技术先进、成本低、简单实用，以及能够满足用户多层面、多角度需求等特点。

6.1.3 专利信息可视化分析系统设计与实现的相关技术

近年来，以计算机技术和网络技术为核心的现代信息技术飞速发展，数据和信息量呈几何级数爆炸式增长，面对海量信息和大数据，人们对数据和信息分析的要求越来越高，如何从混沌中发现问题、找到规律、实现价值受到关注，商业智能（Business Intelligence，BI）技术应运而生，并被广泛用于专利信息可视化分析系统设计。

商业智能技术于 1996 年由 Gartner Group 提出，通常被理解为将现有的数据转化为信息和知识，帮助组织经营决策。商业智能技术是包括数据仓库、联机分析处理（On-Line Analysis Processing，OLAP）、数据挖掘在内的用于统计和分析商务数据的一种先进信息技术。商业智能系统设计包括实体数据模型设计、数据抽取、转换和装载（Data Extract，Transformation and Load，ETL）设计、数据挖掘方法设计、终端执行系统（Executive Information System，EIS）等。商业智能技术发展非常迅速，已经在电信、房产、电子商务等领域得到成功应用。如何将商业智能技术引入专利信息分析，通过商业智能技术把数千万条专利数据转化为信息和知识，帮助国家、产业、企业、科研机构和发明人等制定宏观专利发展战略、产业发展政策、企业专利布局、技术研发方向等提供有用的决策支撑，意义十分重大，备受关注。利用现代先进的信息技术和数据库技术开发专利信息可视化分析系统，开展专利信息可视化分析，满足用户的多样化需求，是当前专利分析发展的必然趋势。

1. 专利数据仓库与建库平台

1）数据仓库

数据仓库之父 William H. Inmon 认为[10]，“数据仓库是一个面向主题的、集成的、相对稳定的、反映历史变化的数据集合，用于支持管理决策”。数据仓库可以从两个层次来理解：首先，数据仓库用于支持决策，面向分析型数据处理，它不同于企业现有的操作型数据库；其次，数据仓库是对多个异构数据源的有效集成，集成后按照主题进行了重组，并包含历史数据，且存放在数据仓库中的数据一般不再修改[11]。

如果单纯从技术角度来考虑，数据仓库可理解为：①数据仓库首先是一个数据库，也是用关系管理系统来进行管理；②数据仓库中存储的数据是历史的数据和其他数据库中提取的数据的一个综合，这些数据不是用来实时更新的，而是用来进行数据分析的；③数据仓库中存储数据的基本单位也是表，只是表与表之间的关系可以不按标准的范式来设计，可以允许数据的冗余。

2）专利数据仓库

专利数据仓库就是用来存储专利数据的一个数据库。在这个数据库中存储了大量的专利信息，通过对大量的专利信息进行分析可以发现很多肉眼无法得到的结果。专利数据仓库是进行专利可视化分析的数据载体，是专利信息可视分析与展示的基础。

3）数据库管理系统

数据仓库是建立在数据库管理系统之上的一个数据库。数据库管理系统（DBMS）是一种操纵和管理数据库的大型软件，用于建立、使用和维护数据库。它对数据库进行统一管理和控制，以保证数据库的安全性和完整性。用户通过 DBMS 访问数据库中的数据，数据库管理员也通过 DBMS 进行数据库的维护工作。DBMS 能够提供多种功能，可使多个应用程序和用户用不同的方法在同时或不同时刻去建立、修改和询问数据库。同时用户也能方便地定义和操纵数据，维护数据的安全性和完整性，以及进行多用户下的并发控制和恢复数据库。常用的 DBMS 主要有 Oracle、DB2、Microsoft SQL Server。其中 Microsoft SQL Server 是一种典型的关系型数据库管理系统，可以在多种操作系统上运行，它使用 Transact-SQL 语言完成数据操作。由于 Microsoft SQL Server 是开放式的系统，其他系统可以与它进行完好的交互操作。目前最新版本的产品为 Microsoft SQL Server 2012，它具有可靠、可伸缩、可用、可管理等特点，能为用户提供完整的数据库解决方案。最重要的是，微软为该产品提供了全套数据分析工具，如 Microsoft SQL Server Integration Services（SSIS）可进行异构数据的提取，SQL Server Analysis Services（SSAS）可建立多维数据集和数据挖掘模型，SQL Server Reporting Services（SSRS）可进行报表设计和数据输出。

因此，本书开发的专利信息可视化分析系统中的数据仓库采用的数据库管理系统正是 Microsoft SQL Server，版本为 Microsoft SQL Server 2012。

2. 专利信息可视化分析系统的模型与算法

1）商业智能

准确地来说，商业智能并不是一项新技术，它将数据仓库（DW）、联机分析处理（OLAP）、数据挖掘（DM）等技术与资源管理系统（ERP）结合起来应用于商业活动实际过程当中，实现了技术服务于决策的目的。商业智能通常被理解为是一种将组织中现有的数据转化为知识并帮助组织做出明智的业务经营决策的工具[12]。本书所说的数据包括来自专利数据平台的数据、专利代理数据、邮政系统的邮编数据等。而商业智能能够辅助业务经营决策，既可以是操作层的，也可以是战术层或战略层的。为了将专利数据转化为知识，需要利用数据仓库、OLAP 工具和数据挖掘等技术。本书所开发的专利信息可视化分析系统的理念正是将商业智能的一般方式应用于专利信息可视化分析[13]。

2）联机分析处理

联机分析处理（OLAP）最早由关系数据库之父爱德华·库德（E. F. Codd）博士于 1993 年提出，是一种用于组织大型商务数据库和支持商务智能的技术，"是使分析人员、管理人员或执行人员能够从多种角度对从原始数据中转化出来的、能够真正为用户所理解的，并真实反映企业特性的信息进行快速、一致、交互的存取，从而获得对数据的更深入了解的一类软件技术"。

由于数据库技术的应用和发展，数据库中存储的数据量不断增大。与此同时，用户的查询需求涉及的不仅仅是查询或操纵关系表中的一条或几条记录，而是需要对多张表中千万条记录的数据进行数据分析和信息综合，关系数据库系统已不能全部满足这一需求。由于分析型应用和操作型应用在计算分析性能和数据存储规范化方面难以两全，人们常常在关系数据库中放宽了对冗余的限制，引入了统计及综合数据，但这些统计综合数据的应用逻辑是非系统化的、分散而杂乱的，因此分析功能有限，不灵活，维护困难。社会对能够将统一分散的公共应用逻辑综合，并可以在短时间内响应非数据处理专业人员的复杂查询要求的技术需求越来越迫切。正是在这种背景下，OLAP 技术应运而生。

OLAP 是共享多维信息的、针对特定问题的联机数据访问和分析的快速软件技术。它通过对信息的多种可能的观察形式进行快速、稳定一致和交互性存取，允许管理决策人员对数据进行深入观察。决策数据是多维的，而多维数据是决策的基础。此外，OLAP 还具有灵活的分析功能、直观的数据操作和分析结果的可视化展示等显著优点，从而使用户对基于大量复杂数据的分析变得轻松且高效，以利于迅速做出准确判断。它可用于证实人们提出的复杂假设，其结果是以图形或者表格形式来表示对信息的总结的[14]。可以说，OLAP 是一种联机分析数据库的概念或标准，具体实现由各个公司来完成。微软的产品 SQL Server Analysis Services 实现了 OLAP，微软将其称为数据立方体或多维立方体，简称 CUBE。CUBE 由维度和事实构成，如图 6-1 所示。

3）维度和度量

维（Dimension）是人们观察和分析数据的角度，是考虑问题时的一类属性。如图 6-1 中的专利数据立方体，广州、上海、北京等地点信息称为地理维度；2008 年、2009 年、2010 年等时间信息称为时间维度；A 部、B 部、C 部等 IPC 技术分类信息称为 IPC 维度。维度由层次和成员构成，维度层次是指人们观

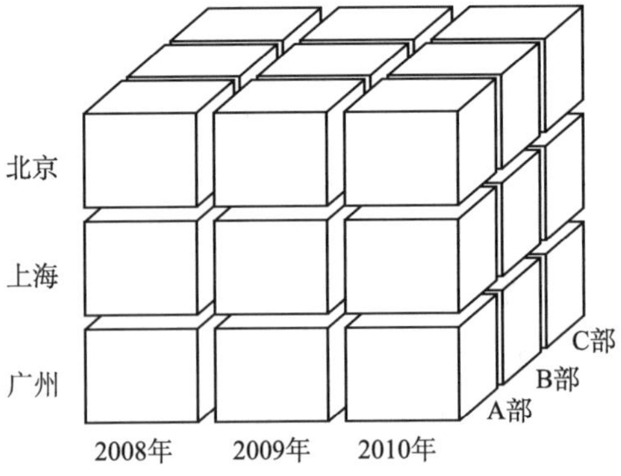

图 6-1　专利数据立方体

察数据的某个特定角度还可以存在细节程度不同的各个描述方面，如时间维度可以按照年—季度—月份—日期的分层信息建立时间维度层次。维度成员是指维度的一个取值，是数据项在维度中位置的描述，如“某年某月某日”是在时间维度上位置的描述，维度成员来自存储维度信息的维度表。

度量是指多维数组的取值，如图 6-1 由（广州，2009 年，2010 年）等维度确定的值为 30 980，这个值就是度量。度量值是在事实表数据的基础上聚合而成的。事实表是指存储度量值的详细值或事实的表。

3. 专利信息可视化系统的开发模式选择

简单地说，专利信息可视化分析系统的开发模式选择就是在所有技术和理论上的工作完成之后要设计的一个前端展示工具。特定项目一般需要特定的展现程序，我们可以通过购买第三方软件来展示专利信息可视化分析系统的数据立方体，或者用 Reporting Service，或者开发新的 C/S 或者 B/S 结构程序来实现特定的展现。最简单的就是用 Excel 链接多维数据集也可以得到需要的结果。Reporting Service 虽然只能在界面上提供静态的报表，但是报表的展示内容却可以由用户来自行决定，因为 Reporting Service 报表生成器也是拖拽式的工具，操作简单。用户只要知道业务分析常用的报表即可。OWC 的表格图形展现也是比较成熟的，有微软的技术支持，我们只要知道怎样用，怎样赋值就可以。

考虑到以后的设计涉及用户认证与授权，加上自身对 Analysis Service AdomdClient 有比较熟练的驾驭能力，再加上微软提供的数据挖掘控件大部分是基于 C/S 模式的，因此本书采用 C/S 的开发方式来实现专利信息可视化分析系统设计。

6.2　专利信息可视化分析系统的需求分析与设计思路

6.2.1　专利信息可视化分析系统的需求分析

需求分析是软件系统生命周期中最重要的一环，通过需求分析可以把软件系统的功能需求和性能需求的总体概念描述为具体的软件系统需求规格说明，进而奠定软件系统开发的基础[15]。系统需求分析包括系统建设目标、性能需求和功能需求分析。

1. 专利信息可视化分析系统的建设目标

专利信息可视化分析系统的设计是把商业智能技术应用于专利信息分析，主要是为了实现以下建设目标：①引入专利分析指标，用户可以不用知道专利指标的计算方式，只需要了解这些指标的用途，就可以利用系统得出分析结果；②建立多维分析系统，为用户从多角度分析问题提供可靠的工具，从而为专利申请和专利战略制定提供准确、及时的依据；③为企业了解竞争对手的核心技术和研究热点领域及确定专利申请战略、专利实施战略与专利保护战略服务；④为发现科技创新人才提供支持；⑤为国家从宏观层面发现技术发展趋势、提升科研水平、制定投入与产出规划等提供决策支持。

这些建设目标决定了专利信息可视化分析系统设计的功能目标，主要包括功能体系结构的说明、各模块之间关系的描述、系统界面形式的选择及各个功能模块的设计[16]。

2. 专利信息可视化分析系统的主要功能

专利信息可视化分析系统最主要的功能是对专利数据进行可视化分析并绘制相关图谱，以及对相关数据进行挖掘与预测。专利信息可视化分析系统的总体功能结构图如图 6-2 所示。专利信息可视化分析系统主要由四大部分组成，即数据仓库、ETL 系统、OLAP 和数据挖掘。数据仓库是专利数据的存储地；ETL 系统可以批量地对异构的专利数据进行处理；OLAP 系统是多维分析专利数据的技术核心；数据挖掘就是从大量的专利数据中发现隐藏的模式和规律。

3. 专利信息可视化分析系统的性能需求

与一般信息系统的性能需求相同，专利信息可视化分析系统的性能需求主要包括安全性需求、可靠性需求、用户界面需求、响应时间需求、灵活性需求、故障处理需求、可扩展性需求等。

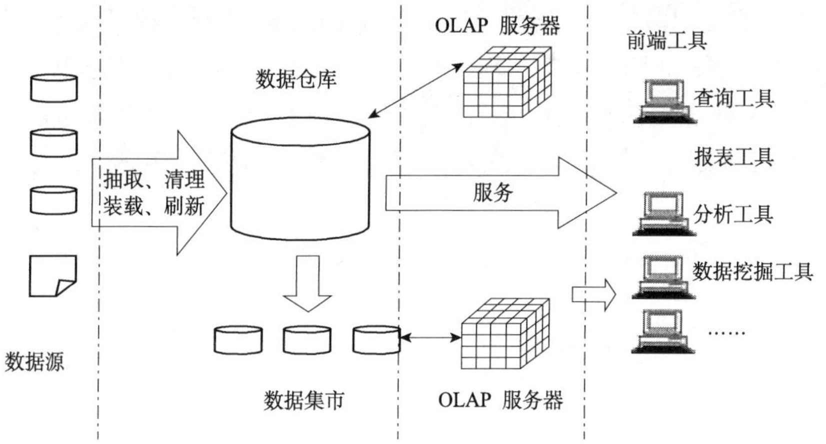

图 6-2　专利信息可视化分析系统的总体功能结构图

4. 专利信息可视化分析系统的功能需求

专利信息可视化分析系统的功能需求可以定义为两大类，即多维数据数分析和专利数据挖掘[17，18]。多维数据分析即多角度分析数据，专利信息可视化分析系统的分析角度包括专利申请时间（从整体和技术领域分析专利申请的趋势）、专利公开时间（分析专利的公开趋势，专利申请与公开的时间差，即专利申请延迟公开的大致时间）、专利代理机构和代理人（分析和评估专利代理机构和代理人）、专利申请地域（分析专利地域分布趋势及各地域技术优势和人才分布情况）、专利权人（分析专利权人的技术状况、专利申请状况、专利质量和研究热点等）、专利发明人（发现高产专利发明人和核心技术人员，与专利分类号结合可以分析专利发明人的技术特点）、专利分类号（从 IPC 分类和专利技术领域分析专利信息，结合区域、发明人和专利权人可以综合分析专利数据，确定各区域、发明人、专利权人的技术特点和优势）、专利授权（观察专利授权状况及相关法律状态）、专利失效（观察专利失效状况）、专利类型（分析专利类型，并结合其他角度进行综合分析，如专利技术生命周期）等。

用户可以自由选择数据分析的角度，系统还需提供数据筛选功能，比如，制定特定的专利权人和时间段做专利分析，即数据切片，系统必须提供数据切片功能。

专利数据挖掘功能包括专利发明人关联分析、专利权人关联分析、IPC 关联分析、专利引证分析、专利聚类分析和专利申请时序分析等。专利发明人关联分析用来发现专利发明人之间的合作发明状况，并可以通过这个模型为企业选择合适的发明人和技术人才；专利权人关联分析用来发现专利权人之间的关系网络；IPC 关联分析用来发现专利技术领域间的关系；专利引证分析利用专利之间的引用关系发现基础专利、核心专利、技术演变过程；专利聚类分析用来对专利数据进行划分；专利申请时序分析用来预测未来的专利发展趋势。

6.2.2 专利信息可视化分析系统的设计思路

专利信息可视化分析系统的设计思路重点考虑专利数据仓库建立、专利数据处理、SSIS 包处理和数据检查三个方面。

1. 专利数据仓库建立

1）维度建模

数据仓库的模型构建与一般事务型数据库模型构建方式不同。美国的 Ralph Kimball 在长期的数据库分析与设计中总结出了一种“维度建模”法。

维度建模是一种将数据结构化的设计方法，并且提供快速查询功能。维度将对象分为度量和上下文。度量常常以数值形式出现，称为“事实”，事实被大量文本形式的上下文包围。上下文被直观地分割成多个独立的逻辑块，称为“维”。维度描述了度量上下文的“5W”（即 who、what、when、where 和 why）信息及作用方式[19]。

2）专利数据的特征

充分了解现有数据的真实情况是影响数据仓库模型的重要因素。本系统通过中国专利数据库获取了 2000 ～ 2012 年湖南省专利申请数据共计 93 754 条[20, 21]，这些专利数据包括发明专利和实用新型专利，但不包括外观专利。其结构如表 6-1、表 6-2 和表 6-3 所示。

通过对已获取的专利数据分析后发现，如果在专利授权表中有记录表示该项专利申请号已经授权。同理，专利失效数据表中有数据代表该项专利申请已经失效。专利申请号能唯一地决定专利名称、主分类号、公开（公告）日、公开（公告）号、申请日、申请地址、国省代码、专利是否授权、专利是否失效等；一个专利申请号可以对应多个分类号、申请（专利权）人、发明（设计）人、代理人等；专利代理机构后面带有代理机构代码，如表 6-1 中的 43205，通过这个代码可以查到专利代理机构的具体信息；专利申请地址前有邮政编码和具体的省市，可以构建出“省—市—县”专利申请地域层次结构；大部分专利分类号后携带有 IPC 版本号，可以构建出“部—大类—小类—组”的技术分类层次结构。

表 6-1　专利基础数据

专利申请号	CN201110211708.8
名称	一种光皮树果实油生产方法及装置
主分类号	C11B1/00（2006.01）I
分类号	C11B1/00（2006.01）I；C11B1/04（2006.01）I
申请（专利权）人	中南林业科技大学；湖南省生物柴油工程技术研究中心
发明（设计）人	蒋丽娟；黎继烈；李昌珠；肖志红；吴耀辉；张蕾；刘强；尹翔
公开（公告）日	2011.12.28
公开（公告）号	CN102295984A
专利代理机构	长沙星耀专利事务所（代码：43205）
代理人	宁星耀
申请日	2011.07.27
地址	湖南省长沙市韶山南路 498 号（邮政编码：410004）
国省代码	湖南；43

表 6-2　专利授权数据

专利申请号	CN200520051503.8

表 6-3　专利失效数据

专利申请号	CN201110211708.8

3）高级维度模型设计

高级维度模型的构建过程分为四个步骤：①确定业务流程；②声明粒度；③选择维度；④确定事实。简而言之，确定业务流程就是确定需求；声明粒度是指确定事实数据的详细程度；确定维度是指确定问题的思考角度；确定度量是指确定业务过程的事实或指标。

高级维度模型设计的具体内容包括以下四个方面。

（1）根据专利数据和系统需求分析，考虑数据仓库设计的需求：①能够对专利数据从时间、技术分类、专利权人、申请地址、专利代理情况、专利授权状况、专利法律状况等专利基本面进行分析；②能够提供一种结构分析出专利发明人之间的关系及其技术领头人的状况；③能够提供一种结构可以得出专利权人之间的关系图谱；④能够提供一种结构满足分析专利与专利技术之间的关系和专利聚集度等。

（2）数据粒度定义为：每条专利信息代表一条记录。

（3）确定专利数据仓库的维度：①日期维度，包括专利申请日期和公开日期；②专利主分类号维度，即专利所属技术范畴；③申请区域维度，即专利申请所在地；④专利代理维度，包括专利代理机构和代理人信息；⑤专利基本信息维度，专利授权、失效等基本情况。

（4）在专利数量事实的基础上，通过后期计算和判断，系统可以衍生出申请环比、申请同比、失效率、授权率、技术生长率、技术成熟指数、新技术特征指数等事实度量。

4）专利数据仓库维度模型的开发和实现

维度模型从结构上可以分为星形模型和雪花形模型。星形模型是指事实表被维度表包围且维度表没有被别的维度表包围；雪花形模型是指事实表被维度表包围但维度表又被别的维度表所包围。雪花形模型减少了数据的冗余但降低了联结性能，在维度数据量非常大的情况下可以采用雪花形模型，一般建议采用星形模型[22]。本系统的多维分析主要分为以专利申请信息为事实的专利分析、以发明人为事实的专利分析、以发明人所参与的发明为事实的专利分析及以专利权人为事实独有或共有的专利分析。根据专利数据特征，本系统制定了两套维度模型，如图 6-3 所示。有了维度模型，就可以得到专利数据仓库所需的表和数据项及结构，依此设计出能够满足用户需求的各种实体及其关系。具体的数据库设计主要采用 Sybase 公司的 PowerDesigner 实现，通过概念结构设计可直接生成 SQL 语句，因而无需再用 Microsoft SQL Server 2012 数据库管理软件建表[23]。

通过维度模型和系统 E-R（图 6-4）可形成专利信息可视化分析系统的数据仓库物理结构（图 6-5）和维度表。

2. 专利数据处理

BI项目构建时，50%～60%的时间是进行数据搜集和数据处理的。异构的专利数据要装入数据仓库必须对专利数据进行 ETL 处理。ETL 负责将分布的、异构的数据源中的数据，如关系数据、平面数据文件等，抽取到临时中间层后进

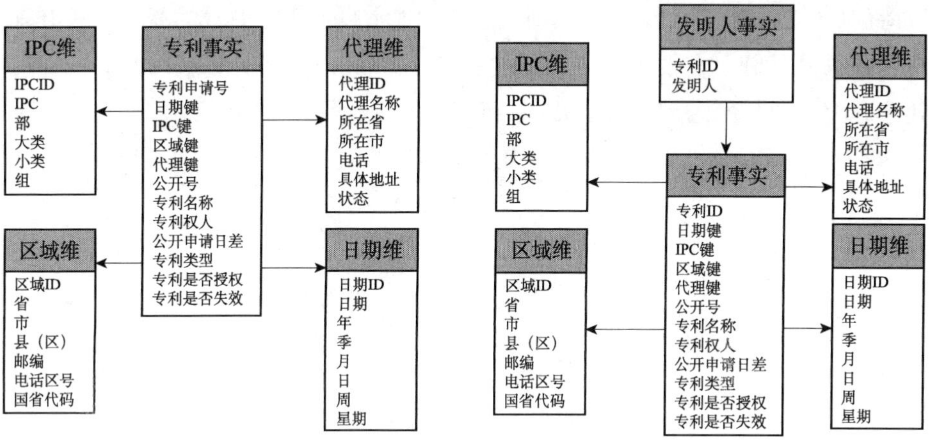

以专利申请为事实的维度模型　　　　以专利发明人为事实的维度模型

图 6-3　专利信息可视化分析系统的维度模型

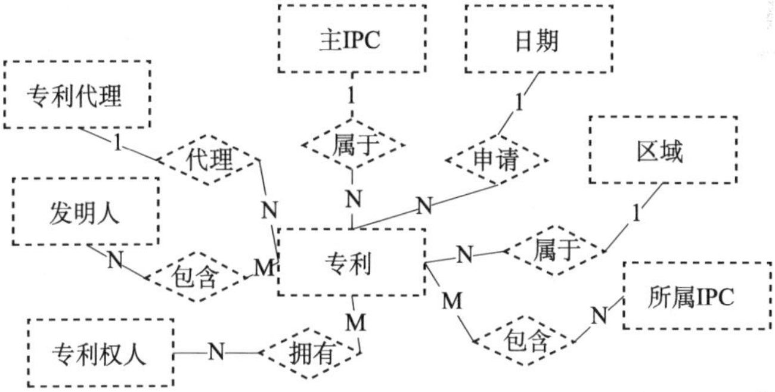

图 6-4　系统 E-R 图

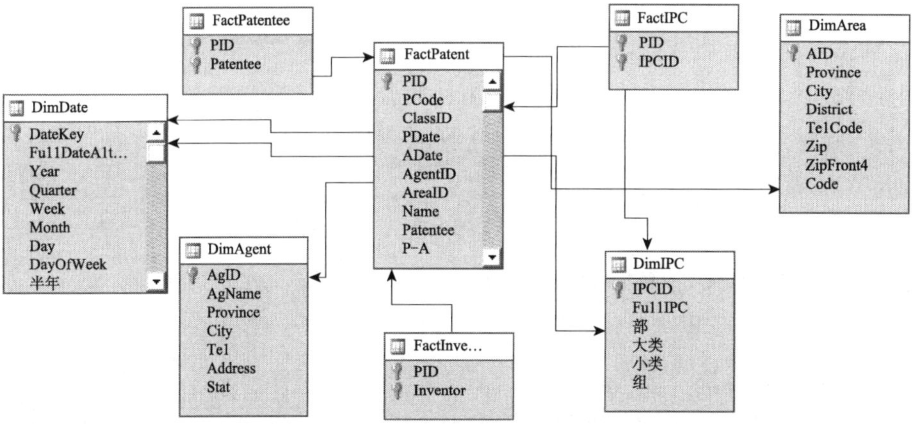

图 6-5　专利信息可视化数据分析系统的数据仓库物理结构

行清洗、转换、集成，最后加载到数据仓库或数据集市中，成为联机分析处理、数据挖掘的基础。在技术上，ETL 主要涉及关联、转换、增量、调度和监控等几个方面。ETL 的体系结构如图 6-6 所示。

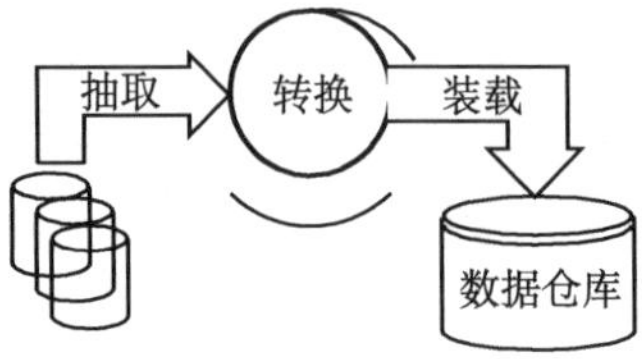

图 6-6　ETL 体系结构

在技术市场上有许多的 ETL 工具可以用来选择处理数据，本系统采用微软公司的 SSIS 工具来处理专利数据。SSIS 首先是在 1997 年的 SQL Server 7.0 中引入的，称为数据转换服务（DTS）。它是生成高性能数据集成解决方案，包括数据的抽取、转换、加载的一个平台。SSIS 由服务、对象模型、运行时和数据流四大部分组成，如图 6-7 所示。在进行专利数据进行 ETL 的过程中，涉及包、控制流和数据流的管理[24]。

基于已获得的专利数据，专利数据的 ETL 处理由三大部分组成：①基本专利事实处理；②发明人事实和专利权人事实处理；③授权专利和失效专利处理。

1）专利申请日和公开日处理

专利申请日和公开日处理的过程如下：首先从原始的专利数据源的公开日字段和申请日字段提取出日期数据，然后将这两个字段的记录合并成为一个数据集，由于这个数据集中有大量的冗余数据，为提供性能须去除重复的数据，这里采用聚合的方式去除冗余数据。由于原始数据中日期采用 2013.01.01 的形式来表示，这不是一种标准的日期格式需要转换。转换的具体算法是（SUBSTRING（[日期]，1，4）+ "–" + SUBSTRING（[日期]，6，2）+ "–" + RIGHT（[日期]，2）），在数据流的第四步还生成了一个日期键为以便日后关联和检查数据，日期键的生成算法是（DT_I4）（SUBSTRING（[日期]，1，4）+ SUBSTRING（[日期]，6，2）+ RIGHT（[日期]，2））。之后，再从生成的日期格式中提取出年、月、日等日期的拆分信息，如图 6-8 所示。

2）专利分类号处理

（1）专利分类号处理的方案。原始数据中的专利分类号表述形式为 C11B1/00（2006.01）I；C11B1/04（2006.01）I，以“；”为拆分符拆成多条记录存入数据仓库。这个步骤的处理将 IPC 数据首先存入 DimIPC 维度表，其次还要将 IPC 和专利申请号关联起来载入 FactIPC 事实表进行技术分析。专利分类号处理通常有 3 种方案，根据专利数据处理时间和结果，本书采用方案三，如图 6-9 所示。

（2）专利分类号处理的数据流。专利分类号的处理由 3 个数据流和 1 个包含在循环容器中的数据流所组成，这 4 个数据流的具体执行方式如图 6-10 所示。

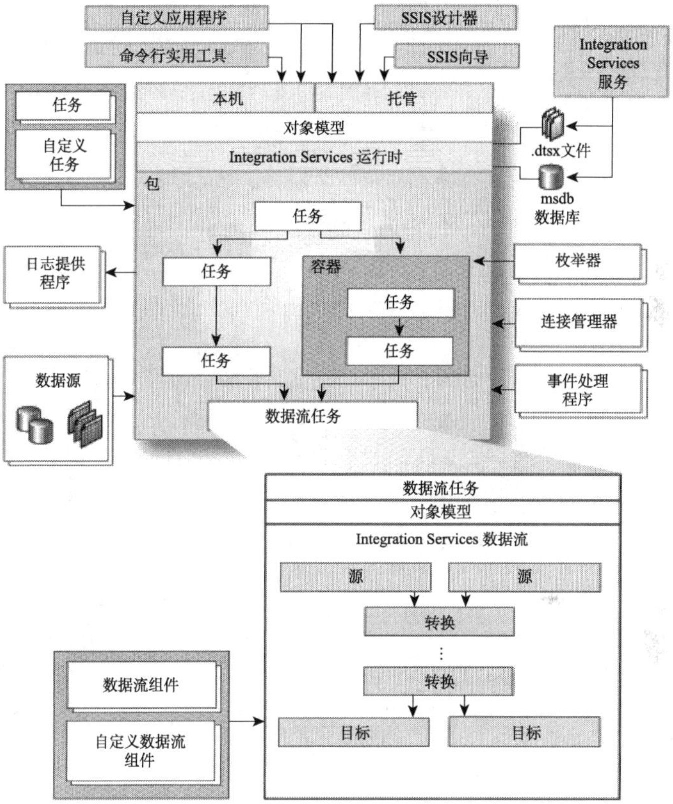

图 6-7　SSIS 体系结构

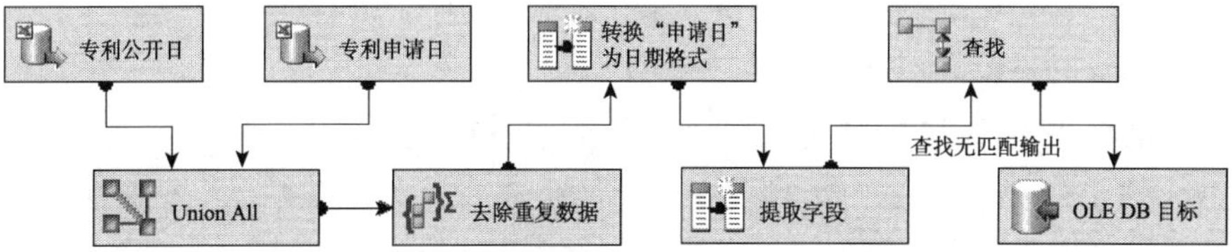

图 6-8　专利申请日和公开日处理数据流图

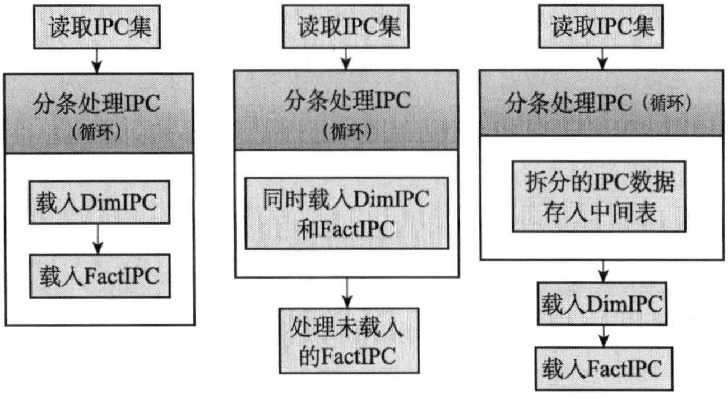

图 6-9 三种 IPC 处理方案

数据流 1 把原始数据中的专利申请号字段和分类号全部读取到临时的记录集中，但是在 FactIPC 中已存在的不再读取。这时记录集中记录是以“[专利申请号 | 分类号 1；分类 2；……]”的形式存储。

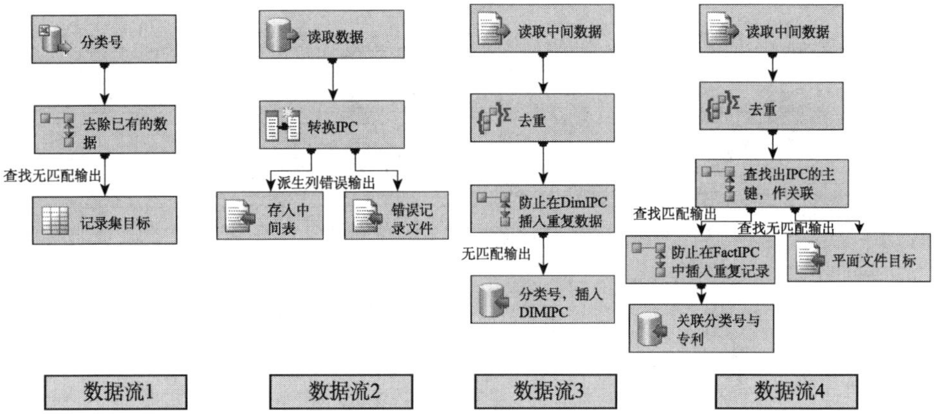

图 6-10 专利分类号处理的数据流

3）专利事实数据处理

专利事实数据处理可以包括三个方面：①专利申请区域处理；②专利代理机构处理；③其他数据规范化处理，如图 6-11 所示。

4）专利授权和专利失效数据处理

专利授权数据处理是比较简单的。先把 FactPatent 事实表中的专利是否授权字段置为 0，0 代表专利没有授权。在原始数据源中读取的专利数据都是已经授权的专利数据，这里只要把获得原始数据中的专利申请号与 FactPatent 事实表中的数据进行比对，如果存在则将 FactPatent 事实表中的专利是否授权字段置为 1，表示该条专利已经授权。专利失效的处理同专利授权。

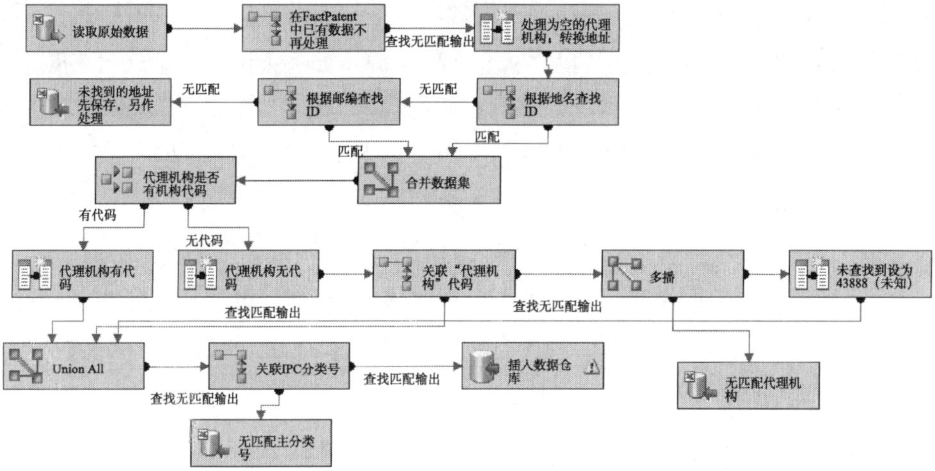

图 6-11　专利事实数据处理流程

5）其他处理

专利发明人的拆分处理和专利权人的拆分处理与专利分类号处理类似。另外，还需要对一些在上述步骤中存在但尚未入库的数据进行手工处理。比如，在进行专利事实数据处理的过程中，存在区域无法匹配的数据，要仔细检查这些数据的错误原因，然后修改再入库。

3. SSIS 包处理和数据检查

SSIS 包建立好后接下来就是执行。SSIS 包执行完以后，这时数据仓库中已有了专利数据，为了确保数据的准确性还需要对数据进行检查，看看是否存在异常。而最重要的一步检查是查看专利的记录数是否与搜集的数据吻合。

6.3　专利信息可视化分析系统的模型构建与实现

6.3.1　专利信息可视化分析系统的模型构建

数据库中的数据量越来越大且数据库之间的表结构越来越复杂，导致快速分析数据比较艰难，于是满足需要的 OLAP 数据库技术应运而生。本书采用

SSAS 2012 版建立多维分析 OLAP 数据库与数据挖掘模型。SSAS 为商业智能应用程序提供了联机分析处理和数据挖掘功能。Analysis Services 允许设计、创建和管理包含多维结构，使其包含从其他数据源（如关系数据库）聚合的数据，并通过这种方式来支持 OLAP。对于数据挖掘应用程序，Analysis Services 允许使用多种行业标准的数据挖掘算法来设计、创建和可视化从其他数据源构造的数据挖掘模型[25]。

建立完整的数据仓库并且填充好数据后，数据仓库就已经部署在 Microsoft SQL Server 2012 数据库管理系统上了。创建多维分析模型的第一步就是创建数据源和数据源视图[26]。数据源视图是物理源数据库和 OLAP 维度与多维数据集之间的逻辑数据模型，如图 6-12 所示。

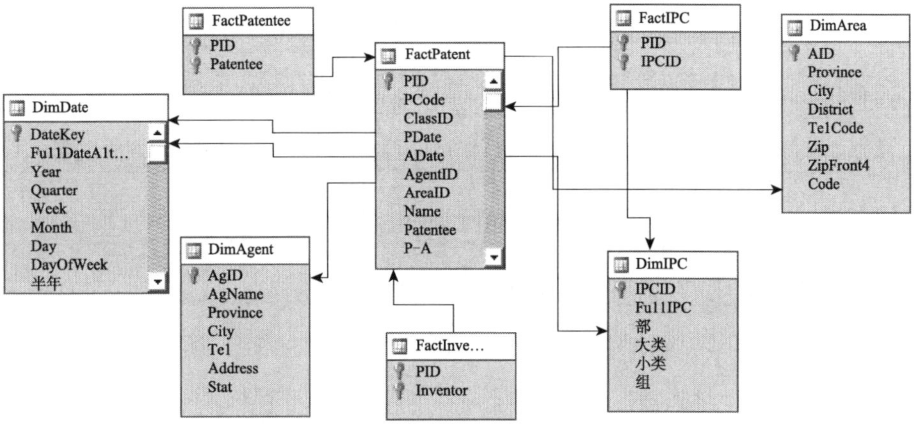

图 6-12　专利数据多维分析模型数据源视图

1. 维度分析模型构建

SSAS 中的维度可以分为标准维度、事实维度、多对多维度、引用维度等，本系统主要使用标准维度和引用维度。标准维度包含一个代理键、多个属性及属性层次，有时也包含多级层次。引用维度是可以被其他维度所引用的维度，引用维度主要应用于雪花形架构。

在 SSAS 中设计维度需要使用维度向导来创建维度的初始结构，在向导的运行步骤中需要选择数据源表、键、关键属性和其他需要包含在维度中的属性，同时还需要使用向导来配置其他一些重要属性的参数。在大多数的情况下，不可能一次性完成整个维度设计，还需要使用维度设计器来修改和优化维度。

1）日期维度构建

日期维度的数据来自日期维度表，即专利数据仓库中的 DimDate 表。专利信息可视化分析系统的日期维度包括两个方面：一个是表示专利的申请日期维度，另一个是表示专利的公开日期维度。在 SSAS 的解决方案资源管理器中，可简单直接地完成日期维度构建，如图 6-13 所示。日期信息有“年—半年—季度—月份—日”和“年—周—星期”两种层次结构，层次结构可以提供复杂数据结构的简单、直观的视图。在维度设计器中可以很方便设计这两种层次机构。在设计层次结构的过程中还需在维度设计器的属性关系卡中设计属性间关系，以防数据聚合失败。

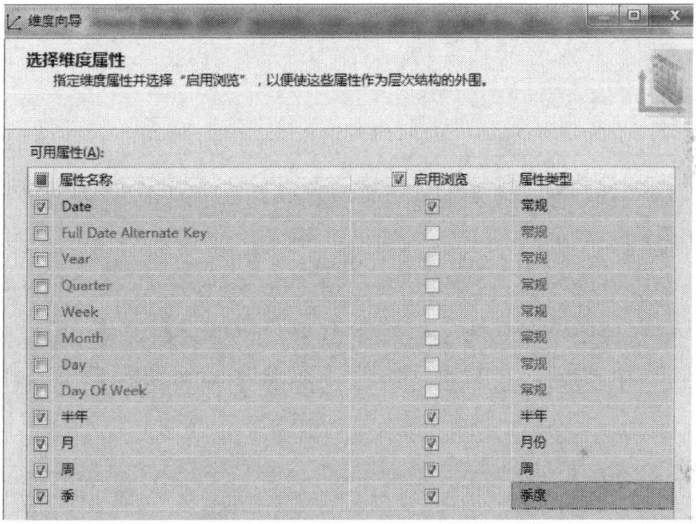

图 6-13　时间维度属性选择

2）区域维度构建

专利申请人和专利权人所在区域专利数量的多少代表了该区域技术的强弱。因此，区域维度可用于分析各地专利申请和授权状况。区域信息具有“省—市—县”地区行政层次结构。

3）IPC 维度构建

专利分类检索途径有多种，如国际专利分类法（IPC）、欧洲专利分类法（ECIA）、美国专利分类法（CCL）、日本专利分类法（F1/F-term）等。比较通用的是 IPC，我国采用 IPC。IPC 采用了功能和应用相结合，以功能性为主、应用性为辅的原则，采用等级结构，将技术内容按部→大类→小类→组逐级分类形成完整的体系。IPC 维度就是从国际专利分类的角度去分析专利信息，专利维度中存在着一个“部→大类→小类→组”的层次结构。

4）代理机构维度构建

专利代理机构是经省专利管理局审核、国家知识产权局批准设立的，可以接受委托人委托，在委托权限范围内以委托人的名义办理专利申请或其他专利事务的服务机构。专利代理机构的作用就是帮助个人或组织成功完成专利申请。中国现在有 800 多个专利代理机构，而这些专利代理机构代理专利的情况怎样，代理的专利授权率如何，哪些单位或个人喜欢使用专利代理机构代理专利，哪些技术使用的专利代理较多，这些都是我们非常感兴趣的问题。代理机构维度的建立就是为了解决这些问题。

5）专利基本信息维度构建

此外，还需要从专利是否授权、专利是否失效、专利类型等角度去分析专利信息。从 FactPatent 事实表可以发现，在事实表中除了有键列和外键列之外，还存在着 Patentee、Type、Invalid 等字段，每一个字段都代表着一项有意义的角度，专利基本信息维度就是这些有意义角度的一个集合。该维度的信息来自事实表，业内把这种维度称为事实维度，但是在分析专利发明人时，这个维度的 PID 作为代理键把日期、区域等维度与发明人事实表联系起来，该维度又充当了引用维度。

6）专利发明人维度构建

专利发明人维度是指从专利发明人的角度去看这些发明人参与了哪些专利的研发，对寻找关键领域技术发明人有着重大的意义。

7）部署和浏览维度

维度创建后，可利用维度创建 CUBE，并把维度部署到 SSAS 提供的 OLAP 服务器上。之后可使用维度设计器中的“浏览器”查看维度成员及层次数据，如图 6-14 所示。

2. 多维数据集构建

1）多维数据集初始结构构建

设计好分析模型，成功建立并部署维度后，接下来就是要构建多维数据集。多维数据集由维度和度量构成。在 SSAS 中设计多维分析模型需要使用多维数据集向导来创建模型的初始结构，然后再从多维数据集设计窗口优化模型[27]。

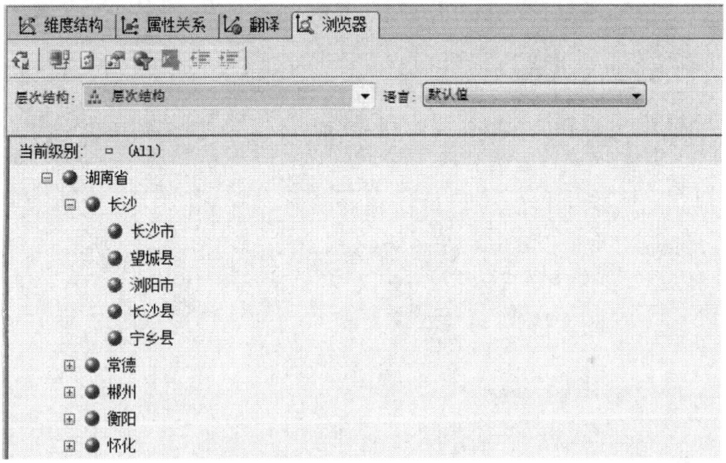

图 6-14　浏览区域维度

专利多维分析模型由专利申请事实、IPC 维度、区域维度、日期维度和代理维度构成的一个星形结构；发明人多维分析模型是以专利事实为中间维度与 IPC 维度、区域维度、日期维度和代理维度构成的一个雪花形架构。当然还可以专利权人为事实表建立一个专利权人的多维分析模型。在 SSAS 的解决方案资源管理器中使用“多维数据集”功能，选择“新建多维数据集”，即可完成多维数据集构建，如图 6-15 所示。

多维分析模型实现后，就出现了多维数据集设计器，可以显示专利多维数据集的完整结构，如图 6-16 所示。

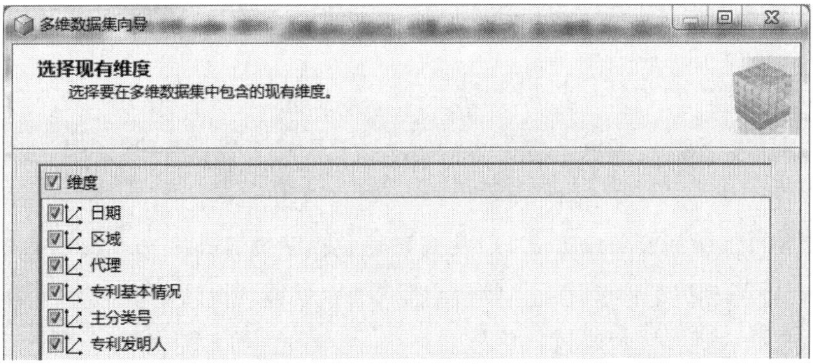

图 6-15　选择维度

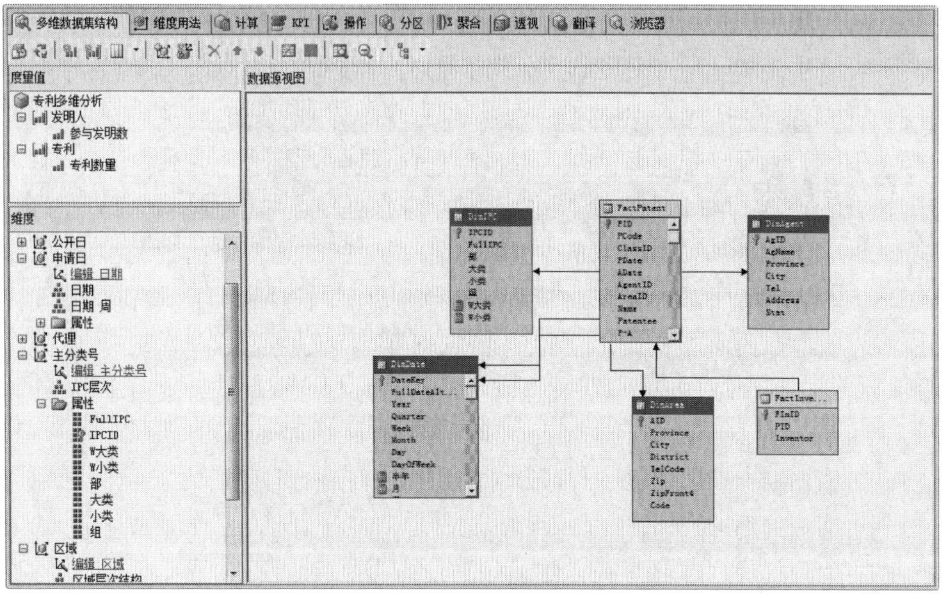

图 6-16　专利分析多维数据集初始结构

2）多维数据集维度用法构建

在建立好多维数据集维度初始结构后，需要把维度与度量值所在的事实表建立联系，即维度用法。维度与度量值组之间的关系包括参与该关系的维度和事实数据表以及一个指定特定度量值组中维度粒度的粒度属性。维度与事实之间常见的关系有[28]常规维度关系、引用维度关系、事实维度关系和多对多维度关系。

建立好维度与度量之间的关系后，多维分析模型已经建立好了，部署后可以去查看数据，但是要想获得更好的性能和设计查看其他目标还需对模型进行优化和设计计算。

3. OLAP 数据库性能优化

专利信息多维分析模型存储在 OLAP 数据库中。数据库设计一般分为逻辑设计和物理实现，一般情况下物理实现独立于逻辑设计。OLAP 数据库使用三种类型信息：数据库对象（维度、多维数据集、度量值组等）、维度数据和聚合值。OLAP 数据库的性能优化主要包括提高查询性能、提高处理性能、优化服务器资源三个方面。要提高这些性能，与 OLAP 数据的物理存储的选择、设计聚合、分区设计等紧密相关。

4. 专利分析指标构建

创建了基于 FactPatent 事实表的专利基本分析模型之后，在该模型中只创建了一个“专利数量”的度量值。需要引入“计算”在模型中查看专利的授权率、专利的失效率、专利申请同比环比数等指标。计算是一种多维表达式（MDX）或脚本，用于在 SSAS 中定义多维数据集中的计算成员、命名集或范围分配。使用计算，可以添加不是由多维数据集的数据而是由特定表达式（这些表达式可以引用多维数据集的其他部分、其他多维数据集，或者甚至引用 Analysis Services 数据库以外的信息）所定义的对象。

计算能够在已有的专利模型基础上创建各种专利评价指，包括发明专利分析指标和专利技术生命周期分析指标。

（1）发明专利分析指标。发明专利分析指标分为数量类、质量类和价值类三类[29]。

（2）专利技术生命周期分析指标。专利技术生命周期分析法是专利定量分析中最常用的方法之一，通过分析专利技术所处的发展阶段，可以推测未来技术的发展方向。技术生命周期理论认为，一项技术从进入市场到退出市场的生命周期过程中，一般分为导入期、成长期、成熟期和衰退期。各个周期对应的计算指数有技术生长率（V）、技术成熟指数（α）、技术衰老指数（β）和新技术特征指数（N）[30]。

5. 专利数据挖掘模型构建

数据挖掘是指从数据库的大量数据中揭示出隐含的、先前未知的并有潜在价值的信息的非平凡过程。数据挖掘主要有自动预测趋势和行为、关联分析、聚类、概念描述、偏差检测等五类功能[31]。专利分析中的数据挖掘需求主要体现在：分析专利发明人之间的关系去发现发明人之间的合作关系并找出核心技术人员；预测未来一段时间的技术发展趋势；对失效专利数据进行聚类并寻找专利失效的原因，等等。这些需求的解决就需要用到数据挖掘，数据挖掘应用到专利数据分析中最重要的意义在于从海量的专利数据中去发现模式，为专利战略的制定提供决策支持[32]。本系统采用 SSAS 提供的数据挖掘模型对专利数据进行挖掘。

1）关联分析模型构建

专利信息关联分析模型包括专利发明人关联分析模型、专利权人关联分析模型和 IPC 关联分析模型，其核心是通过关联规则算法生成关联网络。下面以专利发明人为例说明关联分析模型的构建过程，专利权人关联分析和 IPC 关联分析处理方式同专利发明人关联分析。

专利发明人（设计人）是对发明创造的实质性特点作出创造性贡献的自然人，是技术进步的最基本要素和财富创造的原动力。从技术研发的角度，通过专利发明人分析不仅可以迅速了解科技发展的前沿动向，还可以进一步掌握发明人的技术特点及其活动规律，以便于发现技术合作者或竞争者。从企业管理的角度，通过专利发明人分析可以有效掌控公司研发部门的运作绩效，从而有助于提升企业竞争力[33]。

对专利发明人进行分析的主要意义有以下几个方面。①聚焦领军人物。在当今的科学发明中谁是“大师”级的人物？他们将技术演进的魔棒指向何方？他们的周围又聚集着怎样的一批精英人物？②网罗最适人才。③评估研发绩效。④辅助战略决策。作为企业战略的重要体现，发明人力的投入可以真实反映竞争对手的发展战略。发明人更是企业的核心资产，在并购、转让等交易中具有关键价值。

本系统设计的多维分析模型可以很容易地从多个角度定量分析专利发明人的各项指标，如寻找技术领军人物、发明人所参与发明的技术分布等。然而，有些问题是不能从定量角度解决的，而必须用定性分析方式去发现。比如，一个专利有许多的专利发明人，而在大量的专利数据中就存在着大量的专利发明人，这些发明人的关系如何呢？企业准备做一项新产品，他要如何去寻找合适的技术发明人？这些问题可利用 Apriori 的关联规则算法来定性地解决。Apriori 算法的基本思想是：首先找出所有的满足最小支持度的频繁项集；然后由频繁项集产生强关联规则，这些规则必须满足最小支持度和最小置信度度[34]。

专利信息关联模型创立后，可直接生成专利发明人关联图，如图 6-17 所示。由图可知，湖南专利发明人之间有较强合作关系的发明人子网络大约有 11 个。

2）聚类分析模型构建

聚类的用途非常广泛。在商业上，聚类可以帮助市场分析人员从消费者数据库中区分出不同的消费群体来，并且概括出每一类消费者的消费模式或者说习惯。作为数据挖掘中的一个模块，聚类分析可以作为一个单独的工具用以发现数据库中分布的一些深层信息，并且概括出每一类的特点，或者把注意力放在某一个特定的类上以作进一步的分析。同时，聚类分析也可以作为数据挖掘

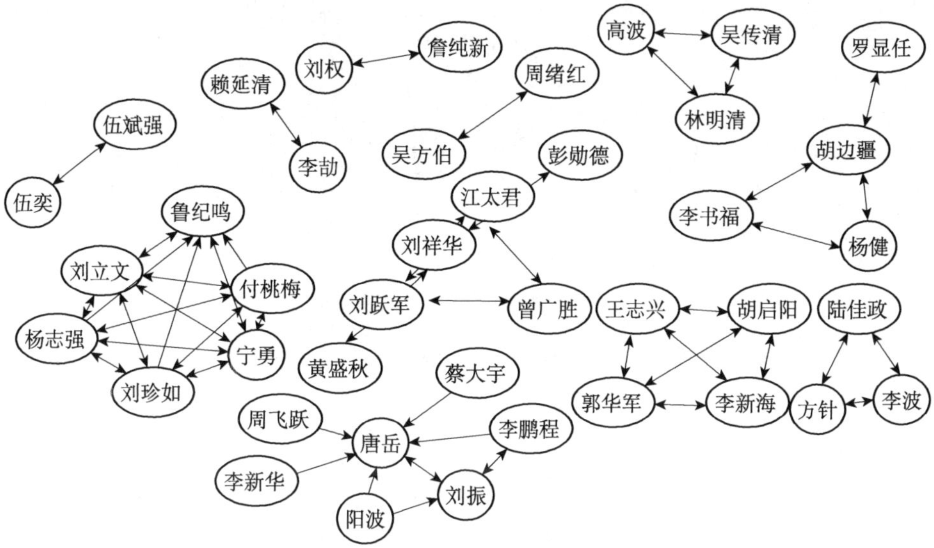

图 6-17　湖南省专利发明人关联图

算法中其他分析算法的一个预处理步骤[35]。

建立专利聚类分析模型的关键在于发现隐含在专利信息之间的分组情况。例如，可以通过聚类技术把专利数据集中的数据按照技术分类聚成不同的子类，以揭示该特定技术领域内各个子领域的分布情况，分析各主要竞争对手在各子领域内的专利分布情况[36]。本系统涉及聚类分析的功能可以允许用户随意地组合专利属性并制定相应的专利数据进行分析。对专利进行聚类分析主要可以概括为两大类：第一类以专利摘要信息字段为聚类数据的聚类模型，由于该模型的主要数据属性为离散型的数值，故采用最大期望（EM）算法进行设计开发；第二类以前面设计的多维分析系统为基础，利用其中的汇总数据如“专利授权率、申请量”等为聚类数据建立聚类模型，由于聚合的数据为连续型，采用 *k*-means 算法进行设计开发。

本系统的聚类分析设计与前面所说的发明人关联分析及下文所说的专利预测不同。关联分析和预测主要是利用已有的数据进行训练生成模型，该模型中包含许多的知识，用户输入自己的数据，模型利用自己已学习好的知识给用户提供可能的答案，如图 6-18（a）所示。当然，聚类也可以有类似的方式，比如进行异常点监测。但是本系统主要按照应用软件的设计方式，在定好的数据框架下，由用户自由的选择数据和数据属性进行聚类分析，如图 6-18（b）所示。

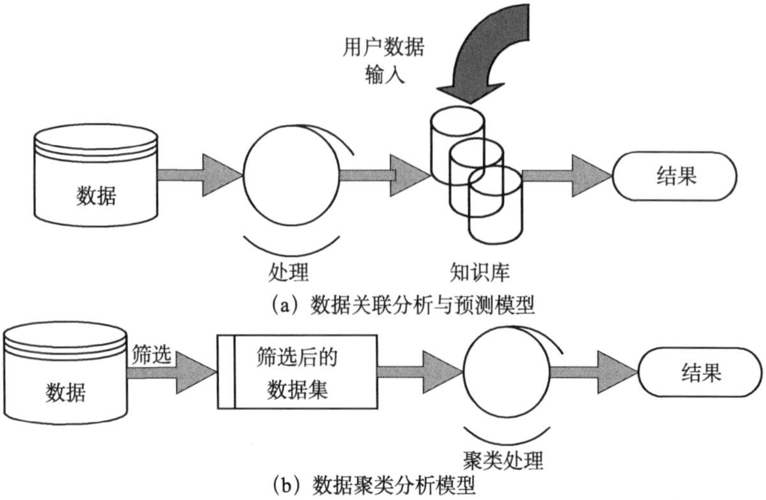

图 6-18　数据挖掘的应用方式

本系统已有的专利信息有两类：一类是存储在专利数据仓库中的事物数据，另一类是存储在专利 OLAP 数据库中的聚合数据。在系统中预定义的结构分别如图 6-19（a)、图 6-19（b）所示。因为聚类分析功能是以 SSAS 为平台的再开发，因此首先需要在 SSAS 中定义好预定义的挖掘结构并填充好训练数据。

3）数据预测模型构建

发明专利和实用新型专利能够大致反映一个地区的创新程度。有时候我们需要预测一个地区未来一段时间发明专利和实用新型专利的申请状况如何？从而预测一个地区的竞争优势，并为地区专利战略提供决策参考。如果以月为单位，我们设想以每个月的专利申请量为已知数据构建模型去预测下个阶段的专利申请数据。然而，我国的专利权法规定发明专利申请经初步审查合格后，自申请日（要求优先权的，自优先权日）起满 15 个月进行公布准备，并于 18 个月期满时公布。发明专利申请人要求提前公布其专利申请的，自初步审查合格之日起进行公布准备，并于 3 个月期满时公布。 这也就意味着，并不是所有进入知识产权机构申请的专利都是可以马上公开的，专利申请日和公开日有一个很大的时间差。已知的专利申请数会随着时间的推移而发生变化，也就是说以一个不稳定的已知数去预测未来的值是很不科学的。

通过专利权法可以确定，建立在专利公开日为时间段的专利数量是稳定的。专利的公开数量与专利申请数量是否存在某种关系，通过专利的公开数量能否

预定义的字段	类型
专利申请号	离散
IPC部	离散
IPC大类	离散
IPC小类	离散
发明人数	连续
代理名称	离散
是否失效	离散
专利类型	离散
专利权人	离散
专利申请年月	离散
专利所在城市	离散
公开申请日差	连续

(a) 专利数据仓库中事实数据结构

预定义的字段	类型
专利权人	离散
IPC小类	离散
发明专利量	连续
实用新型量	连续
专利授权量	连续
专利失效量	连续

(b) 专利OLAP数据库中聚合数据结构

图 6-19　专利聚类分析预定义的数据结构

推断出专利申请量？通过以专利申请数为横坐标、以公开数为纵坐标构建了一个散点图，从图 6-20 可知专利申请数和专利公开数存在着某种线性关系。把数据输入 SPSS，以自变量为专利公开数、因变量为专利申请数进行线性回归分析得到两回归方程：专利申请数（y）= 1.003 × 专利公开数（x）+76.350。其中 R^2 为 0.737，说明回归模型拟合程度较好，F 和 t 值检测发现专利公开数和专利申请数存在线性关系。

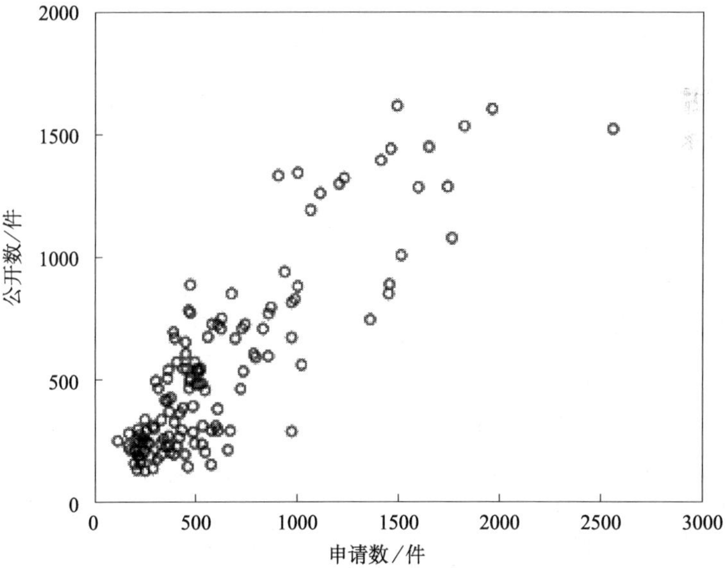

图 6-20　散点图

在理想状态下，可以先通过预测算法预测出下一阶段的专利公开量，然后按照上面回归方程式求解专利的申请量。由于有很多不确定的因素影响回归方程式，如果能够从知识产权部门获得每月的专利申请数据，则可以直接用时序算法预测未来的量。自回归移动平均模型（ARIMA）算法是计算机领域标准的预测算法已在 SSAS 的数据挖掘模块中实现，SSAS 时序模型中还可以结合自动回归树算法，微软把这些模型的结合用于预测时序数据的算法称作 Microsoft 时序算法。本系统在设计中结合了这两种算法。

6.3.2　专利信息可视化分析系统的实现

一个优秀的应用系统，必须有一个正确的设计思想，通过合理地选择数据结构、操作系统及开发环境，构成一个完善的体系结构，才能充分发挥计算机应用的优势。

1. 系统总体设计

本书所述专利信息可视化分析系统的开发采用生命周期法，运用软件工程的思想和工程化的方法，以充分满足用户需求为开发原则，进行需求分析和总体设计等工作，遵循“自顶向下、逐步求精”的结构化设计原则，在深入构思的基础上，严格实行了开发过程工程化。系统功能分配到不同的模块予以实现，从系统规划、开发、设计到实施、运用等过程形成业务流程图、系统说明书等文档资料。

1）系统总体模块

专利可视化分析系统由两部分组成：一部分是进行多维数据分析的 OLAP 模块，另一部分是对专利数据进行挖掘的数据挖掘模块。数据挖掘模型有聚类分析、时序分析和关联分析三个挖掘模型组成，如图 6-21 所示。

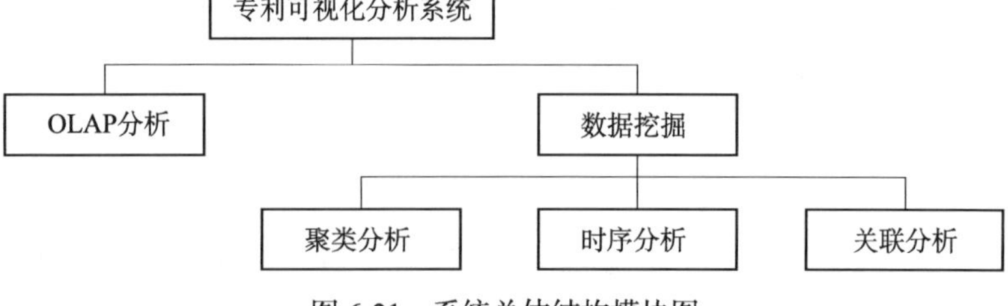

图 6-21　系统总体结构模块图

2）系统权限认证

为了简化开发步骤，本系统用户认证和权限管理模块采用 SSAS 提供的模块。在 SSAS 中，管理员可以使用角色为不同的 Windows 用户和组定义 Analysis Services 数据库中对象的不同安全级别。用户认证的权限如图 6-22（a）所示。用户在认证界面输入用户名和密码后，程序生成字符串连接 OLAP 服务器，如果服务器返回允许连接并成功的信息则系统批准该用户进入程序。图 6-22（b）显示了模块权限认证程序，用户选择对应的模块，由图 6-22（a）生成的连接字符串连接 OLAP 服务器，如果有授权则进入功能模块。

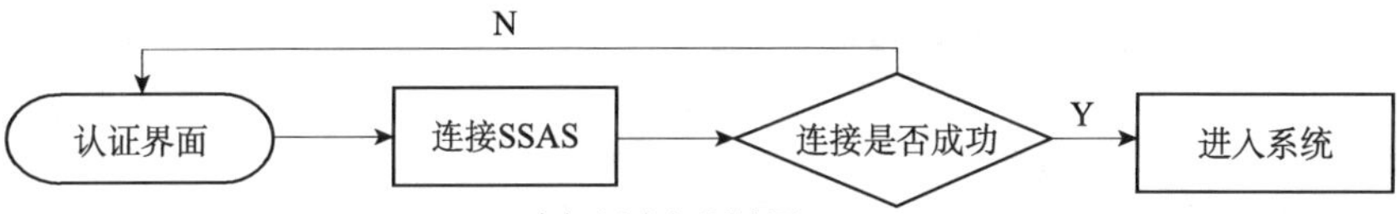

（a）用户权限认证

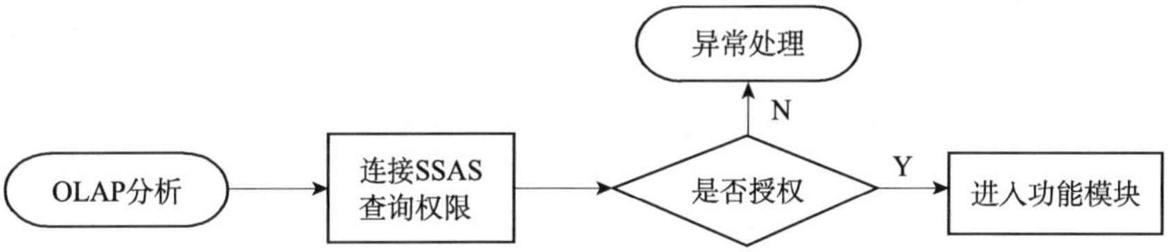

（b）模块权限认证

图 6-22　系统权限管理

3）开发组件选择

专利信息可视化分析系统最核心的技术工作是 ETL 和多维模型构建。这一部分的设计工作属于界面设计或用户接口设计。由于时间和经费限制，本系统界面的设计主要采用微软提供的控件，如表 6-4 所示。

表 6-4　专利信息可视化分析系统的模块及实现组件

模块	结果呈现组件
多维分析	Office Web Components（OWC 组件）
关联模块	Microsoft.AnalysisServices.AdomdClient.AssociationViewer
时序模块	Microsoft.AnalysisServices.AdomdClient.TimeSeriesViewer
聚类模块	Microsoft.AnalysisServices.AdomdClient.ClusterViewer

2. 系统测试

系统最后主要通过系统测试找出其中存在的缺陷和问题，评估系统质量并间接改进系统质量的手段。系统测试是保证软件质量的关键步骤，它是对软件规格说明、设计和编码的最后审核。系统测试是一个完整的过程，需要遵循一定的流程，如图 6-23 所示。

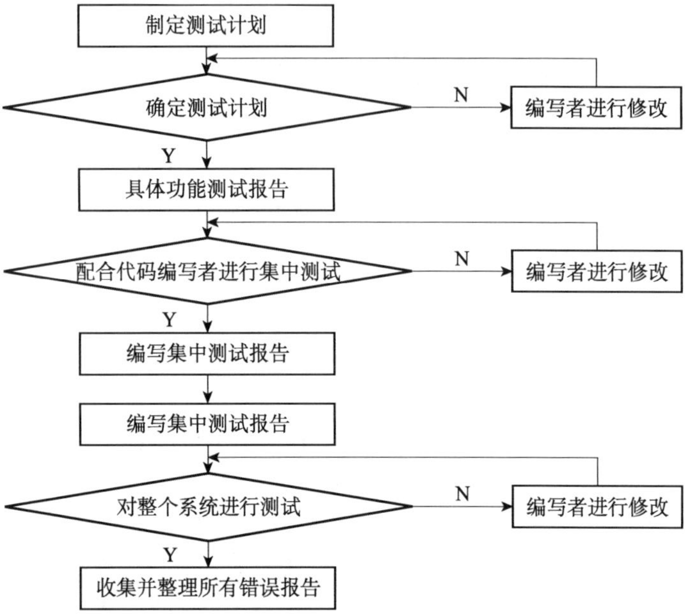

图 6-23　系统测试的一般流程

本系统采用了 C/S 模式设计。在同一台同时安装了 OLAP 服务器和专利可视化分析系统客户端完成测试工作，这台计算机同时扮演了服务器和客户端的角色。系统的测试操作及预期结果如表 6-5 所示。经过测试，专利信息可视化分析系统能完成需求分析中的所有功能和目标，结果显示正常。

表 6-5　系统测试操作及结果

执行的操作	期望的结果	实际结果	结论
1. 以用户名 admin（系统已经注册了 admin 账号）	检查授权用户名是否存在时，提示用户名已经存在	提示用户名已经存在	符合
2. 载入专利数据多维分析	应展现在模型设计中设计的专利多维分析菜单	成功显示多维分析模块	符合
3. 以长沙和 A 作计算专利数量	准确的结果应该是 6519 条	结果为 6519 条	符合
4. 聚类分析	根据选择的参数不同，生成不同的聚类结果	生成结果正常	符合
5. 关联分析	输入对应的技术类别，提供预测结果和概率	运行正常	符合

6.4 专利可视化信息分析系统的实际应用与实证分析

专利信息可视化分析系统设计与开发完成之后，接下来就是如何应用系统进行专利数据分析。本书以专利计量分析和专利数据挖掘为例进行实际应用和实证研究，以展示专利信息视化分析系统的功能和效果。

6.4.1 专利信息可视化分析系统在数据分析层次上的应用

进入前面开发完成的专利信息可视化分析系统后，选择数据分析菜单，得到如图 6-24 所示的字段列表。在这个列表中，上面的部分表示所建立的多维分析模型的度量和维度；报表筛选框表示可以对选择的维度数据进行筛选，选择自己需要的数据；列标签表示选择用来显示列数据的维度；行标签表示选择用来显示行数据的维度；数值框中用来存放表示度量的数据。

由于本系统提供了 10 个专利分析角度，如果做 2 维数据分析，不考虑行列排列方式的话，可以做 C（10，2）个分析组成；如果做 3 维分析，有 C（10，3）个分析组成。

1. 地区专利分布关系图谱绘制和可视化分析

在系统中按照如图 6-25 所示选择好字段，报表筛选的申请日选择 2000 ～ 2012 年，即根据 2000～2012 年湖南省已公开的全部专利在湖南各地区分布状况如图 6-26 所示，颜色较深的部分代表发明专利，较浅的部分代表实用新型专利。

从图 6-26 中可知，湖南省的创新主体主要分布在省会长沙，其次是株洲和湘潭，且长沙的专利数量远远多于其他各市州，处于湖南省偏远地区的张家界市和吉首市的专利申请量相当低。由此可知，湖南省专利地区分布差异非常大，科技发展极不均衡。长沙市发明专利和实用新型专利数量大体均等，而其他地区的专利申请中，实用新型专利占总专利申请的比重较大。

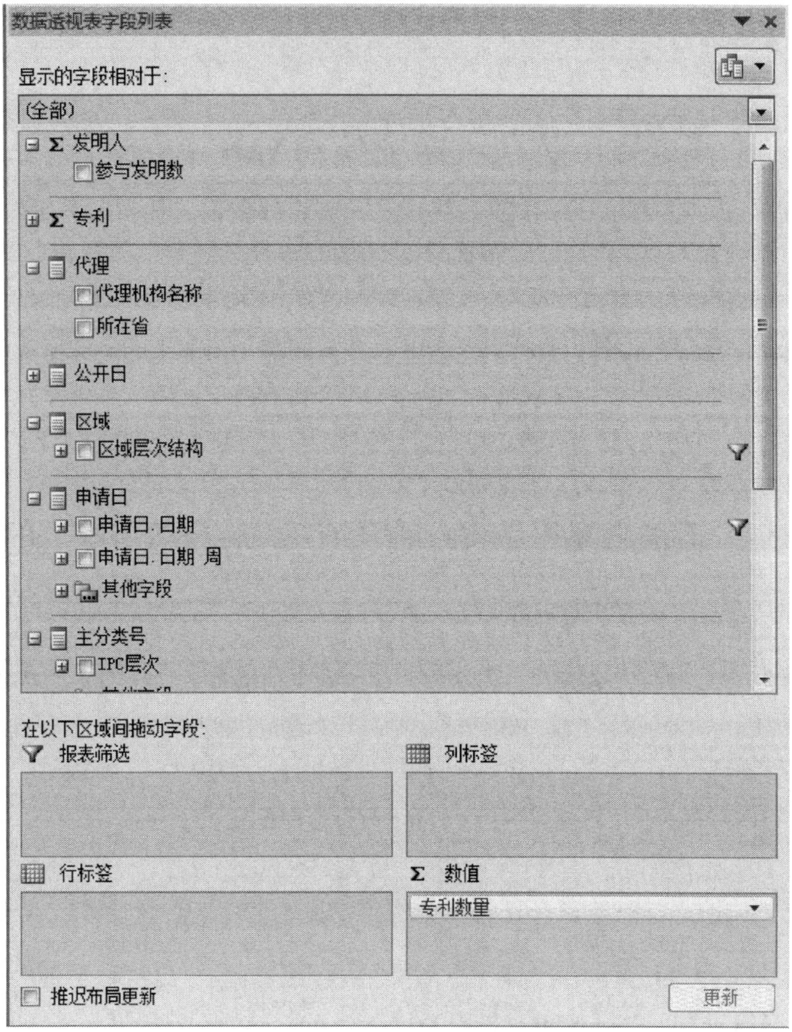

图 6-24 数据分析模块数据字段列表

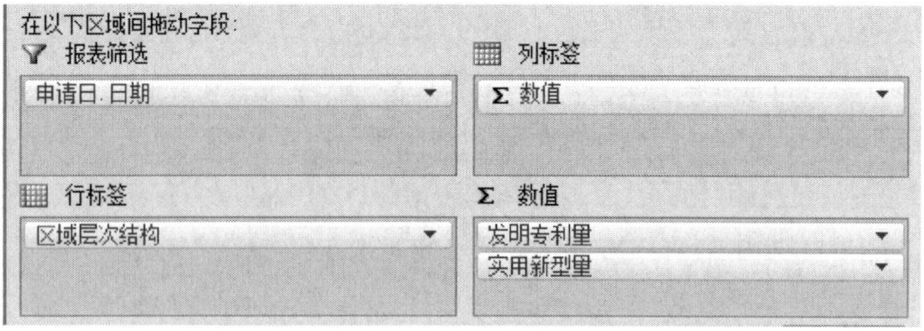

图 6-25 地区专利分布关系图绘制字段选择

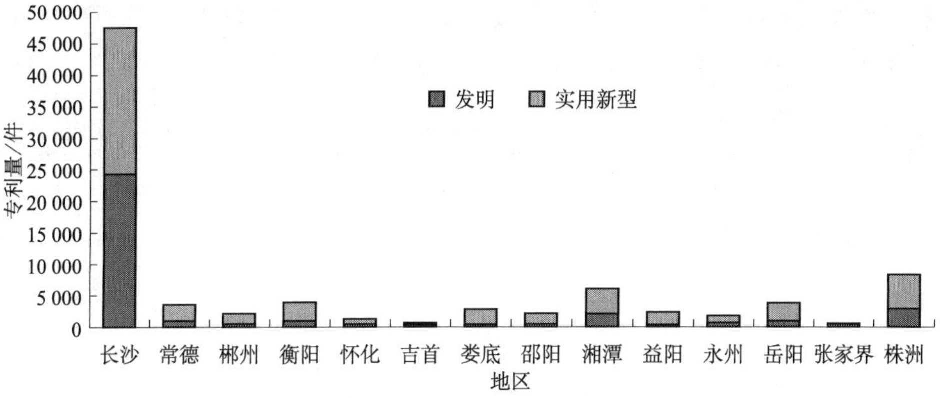

图 6-26　湖南省各地区专利分布可视化图

2. 专利质量分析图谱绘制和可视化分析

按照图 6-24 所示的选择，在“数值”框中选择“专利失效率”和“发明专利授权率”两个指标，可以生成如图 6-27 所示的图谱。从图 6-27 可知，湖南省各地区的发明专利授权率都不高，基本维持在 20% ～ 35%；长株潭地区的授权率最高，邵阳地区的授权率最低。从专利失效率角度来看，长株潭地区的失效率最高、邵阳地区的失效率最低。

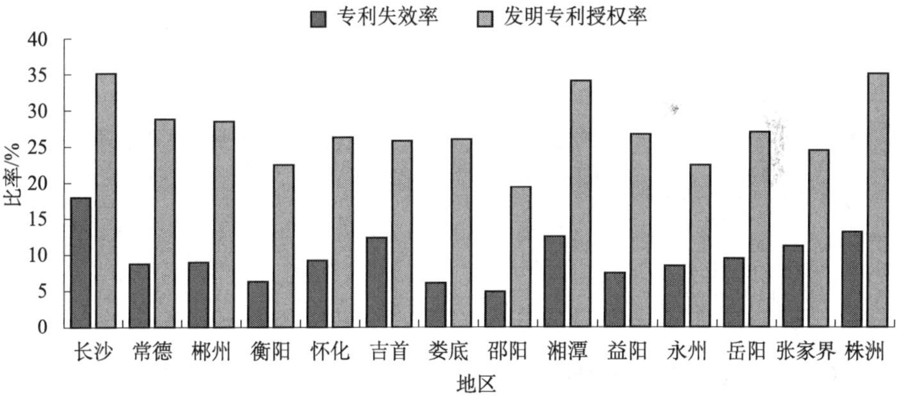

图 6-27　湖南省各地区专利质量可视化图

3. IPC 专利技术分析

IPC 国际专利分类号是分类各国专利文献的一种有效工具。通过检索湖南省 IPC 分类号分布情况可以较为全面地了解湖南省的专利技术研发领域、技术特点、技术优势等专利情报。在系统中筛选出 2000 ～ 2012 年的已公开的湖南专利，发现共有 89 762 条，这些专利共涉及 593 个小类号，其中专利申请数量大于 900 的小类号如表 6-6 所示。

表 6-6　湖南省技术分布

排序	IPC 分类号	专利数 / 件	比重 /%
1	E04B	3864	4.30
2	A61K	2409	2.68
3	G01N	1771	1.97
4	B01D	1161	1.29
5	E04G	1108	1.23
6	G06F	1106	1.23
7	B66C	1097	1.22
8	B28B	1047	1.17
9	B65D	1047	1.17
10	A23L	1022	1.14
11	A61J	987	1.10
合 计		16 619	18.50

4. 专利发明人可视化分析

通过对专利发明人进行计量分析，可以发现技术领军人物。通过图 6-28 可以发现邱则有为湖南省的多产发明人，拥有较多的专利发明，与其他重要发专利发明人的专利申请量差距较大。

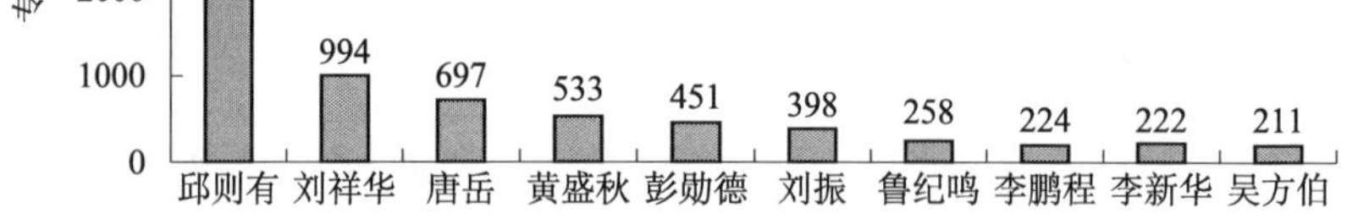

图 6-28　湖南省主要专利发明人

6.4.2　专利信息可视化分析系统在数据挖掘层次上的应用

专利数据挖掘层次上的应用是专利信息可视化分析系统应用的重要功能。本书主要从专利发明人关联网络和专利聚类分析两个方面为例进行实际应用和实证研究。

1. 专利发明人和专利权人关联网络分析

以置信度为 0.4，支持度为 80 对湖南省发明人进行关联分析，可以生成图 6-29。由图可知，湖南专利发明人中有较强合作关系的发明人网络大约可以分为 11 个网。刘立文等人组成了一个很大的关联网络，通过钻取操作可以发现这个网络中的专利发明人所发明的专利，其专利的专利权人都为刘立文；高波、吴传清和林明清组成的网络的专利发明专利权人为湖南中泰特种装备有限责任公司，可以判断这几个人是该公司的技术骨干。

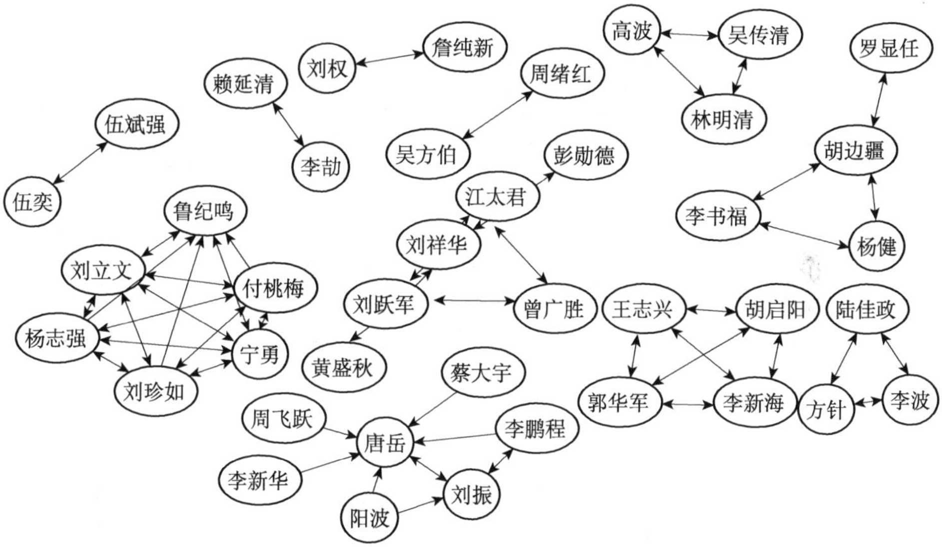

图 6-29　湖南省专利发明人关联图谱

如果想寻找 A61 专利领域的发明人，在筛选规则框中输入“W 大类 = A61”，在结果框中将展示提供的预测结果，其中概率说明了可能性，重要性说明了预测的相关性，如图 6-30 所示。

2. 专利聚类分析

在主菜单中点击“聚类分析”功能，弹出图 6-31 所示的界面。我们对长沙地区 IPC 分类号为 A 的专利数据进行聚类，聚类字段全选，点击提交。经过短

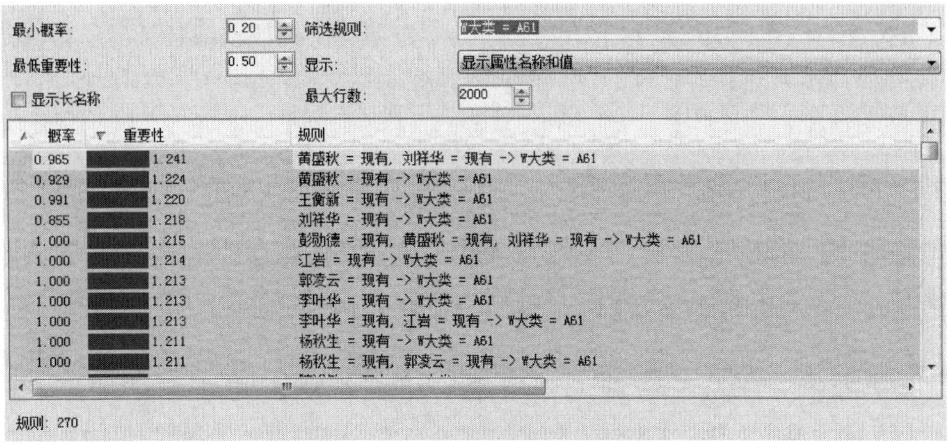

图 6-30　关联预测

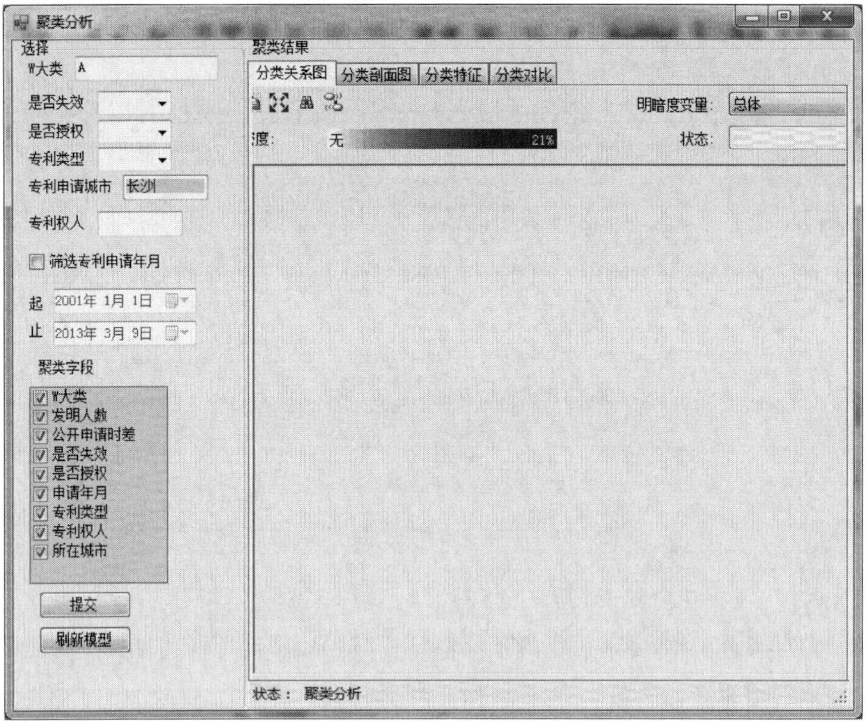

图 6-31　聚类功能

暂的模型处理后，在聚类结果框中将展现出最新的聚类结果。长沙地区、IPC 以 A 为首的专利数据可以聚为 9 个类别，各个聚类之间的关系网络如图 6-32 所示。图 6-32 展示了基本的关系拓扑图，如果要分清每个聚类的特征，须借助分类剖面图、分类特征和分类对比这个选项卡去看待数据，如图 6-33 所示。还可以对每个聚类进行数据钻取去发现聚类特征，如图 6-34 所示。

3. 专利申请趋势预测

系统还可以根据过去专利数据对 IPC 各类专利申请趋势进行预测。采用自动回归树算法对基于专利公开数据的专利申请数量进行预测。如图 6-35 所示，第一根竖线前的趋势图是湖南省各类专利的历史数据，后面的虚线部分为预测数据，挖掘图列给出了具体的预测结果。在预测结果中曲线上的竖线表示着预测的偏差。

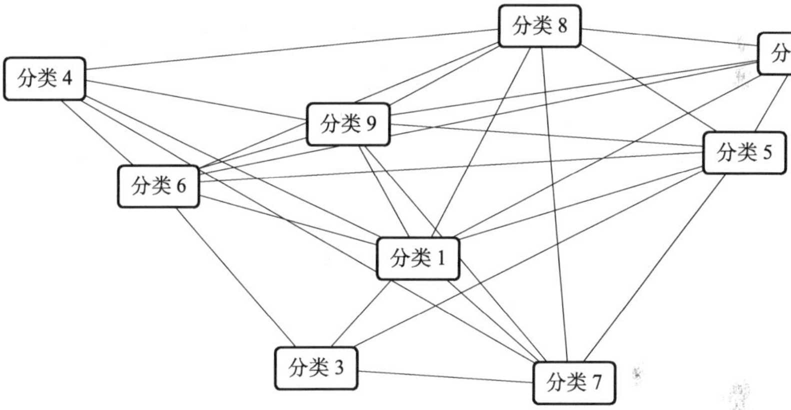

图 6-32　聚类结果

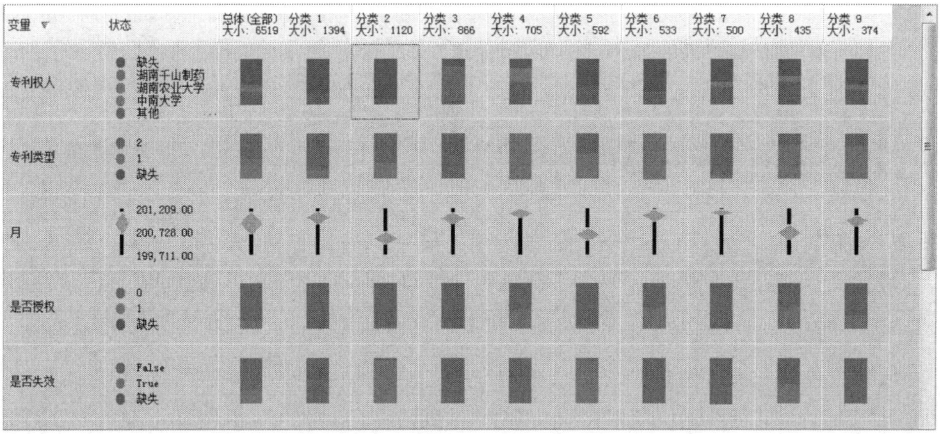

图 6-33　分类剖面图

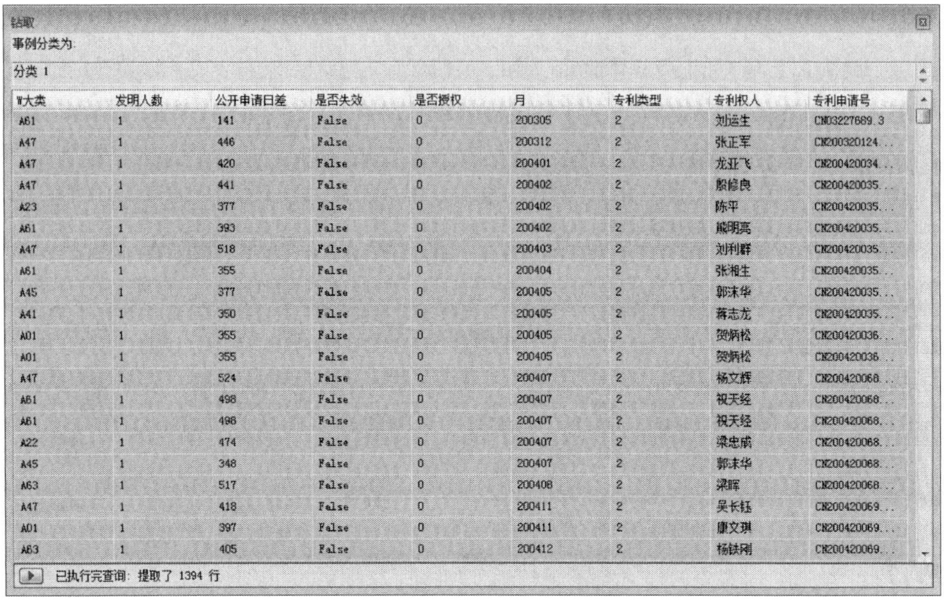

钻取

事例分类为:

分类 1

W大类	发明人数	公开申请日差	是否失效	是否授权	月	专利类型	专利权人	专利申请号
A61	1	141	False	0	200305	2	刘运生	CN03227689.3
A47	1	446	False	0	200312	2	张正军	CN200320124...
A47	1	420	False	0	200401	2	龙亚飞	CN200420034...
A47	1	441	False	0	200402	2	殷修良	CN200420035...
A23	1	377	False	0	200402	2	陈平	CN200420035...
A61	1	393	False	0	200402	2	熊明亮	CN200420035...
A47	1	518	False	0	200403	2	刘利群	CN200420035...
A61	1	355	False	0	200404	2	张湘生	CN200420035...
A45	1	377	False	0	200405	2	郭沫华	CN200420035...
A41	1	350	False	0	200405	2	蒋志龙	CN200420035...
A01	1	355	False	0	200405	2	贺炳松	CN200420036...
A01	1	355	False	0	200405	2	贺炳松	CN200420036...
A47	1	524	False	0	200407	2	杨文辉	CN200420068...
A61	1	498	False	0	200407	2	祝天经	CN200420068...
A61	1	498	False	0	200407	2	祝天经	CN200420068...
A22	1	474	False	0	200407	2	梁忠成	CN200420068...
A45	1	348	False	0	200407	2	郭沫华	CN200420068...
A63	1	517	False	0	200408	2	梁晖	CN200420068...
A47	1	418	False	0	200411	2	吴长钰	CN200420069...
A01	1	397	False	0	200411	2	康文琪	CN200420069...
A63	1	405	False	0	200412	2	杨铁刚	CN200420069...

已执行完查询：提取了 1394 行

图 6-34 对分类 1 进行钻取

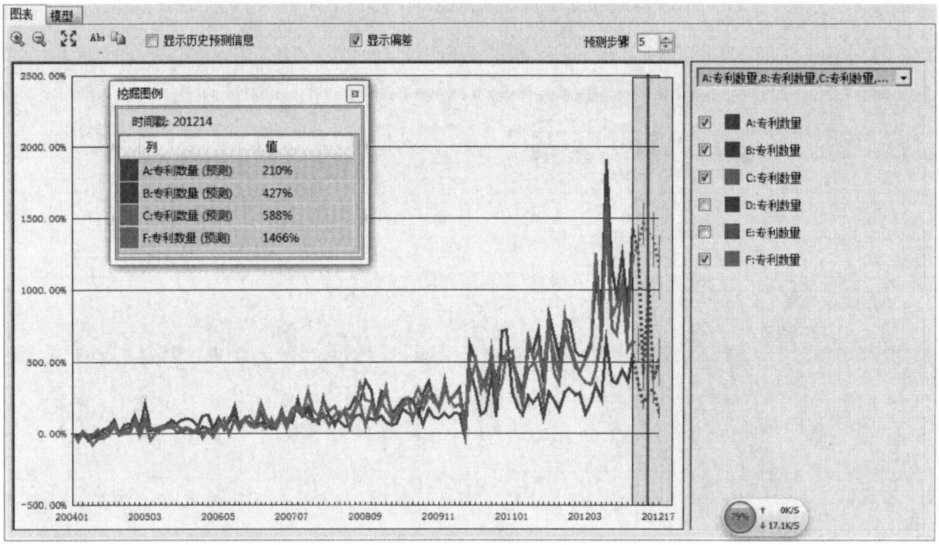

图 6-35 各部专利数据量预测

参考文献

[1] 李建蓉. 专利信息与利用[M]. 北京：知识产权出版社，2006.

[2] 郭吉安，李学静. 情报研究与创新[M]. 北京：科学出版社，2006.

[3] 卢慧生，何艳霞，任晓玲，等. WIPO《2007年专利报告》[J]. 中国发明与专利，2007，(11)：80-84.

[4] 赵焕芳，朱东华. 信息可视化在技术监测中的应用[J]. 情报技术，2005，(12)：46-48.

[5] 马建霞，孙成权. 专利情报分析软件的现状和趋势[J]. 现代图书情报技术，2006，(1)：66-70.

[6] Michel J，Bettels B. Patent citation analysis. A closer look at the basic input data from patent search reports[J]. Scientometrics，2001，51(1)：185-201.

[7] 张静. 面向多种信息源的专利分析系统建设[J]. 数字图书馆论坛，2010，(9)：31-35.

[8] Meyer M S. Patent citation analysis in a novel field of technology：An exploration of nano-science and nano-technology[J]. Scientometrics，2001，51(1)：163-183.

[9] Yang Y Y，Akers L，Klose T，et al. Text mining and visualization tools—impressions of emerging capabilities[J]. World Patent Information，2008，30(4)：280-293.

[10] W. H. Inmon. Building the Data Warehouse[M]. 4th ed. Hoboken：Wiley Publishing Inc.，2005.

[11] 荫蒙. 数据仓库(第1版，原书第4版)[M]. 王志海译. 北京：机械工业出版社，2006.

[12] Larson B. SQL Server 2005 商业智能实现[M]. 武海锋，赵志恒译. 北京：清华大学出版社，2008.

[13] 谢邦昌，郑宇庭，苏志雄. SQL Server 2008 R2：数据挖掘与商业智能基础及高级案例实战[M]. 北京：中国水利水电出版社，2011.

[14] 百度百科. 在线分析处理[BE/OL]. http：//baike. baidu. com/view/333091. htm[2014-05-20].

[15] 郑人杰，马素霞，殷人昆. 软件工程概论[M]. 北京：机械工业出版社，2010.

[16] 康宇航，苏敬勤. 基于专利引文的技术跟踪系统——理论模型与工具开发[J]. 科技政策与管理，2008，(4)： 24-27.

[17] 岑咏华，王雪芬，傅志诚. 在线专利分析软件开发的关键技术及实现[J]. 现代图书情报技术，2008，(11)：49-55.

[18] 康健，孙济庆. 基于专题的专利分析系统的设计与实现 [J]. 农业网络信息，2007，(10)：194-196.

[19] Kimball R. The Data Warehouse Lifecycle Toolkit [M]. 2nd ed. Hoboken：Wiley Publishing Inc.，2008.

[20] 湖南省专利信息公共服务平台 [BE/OL]. http：//www. hnipo. net/ [2016-02-18].

[21] 中华人民共和国知识产权局网站 [BE/OL]. http：//www. sipo. gov. cn/sipo2008/ghfzs/ [2016-02-18].

[22] 翟东升，禾文汇. 异构专利数据源集成方案设计与实现 [J]. 现代图书情报技术，2010，(9)：67-73.

[23] 熊利红. 竞争环境下因特网上专利数据库的新功能 [J]. 情报科学，2003，(10)：1098-1100.

[24] 耐特，弗尔曼. SQL Server 2005 Integration Services 专家教程 [M]. 冯飞译. 北京：清华大学出版社，2008.

[25] Melomed E，Gorbach I，Berger A，et al. SQL Server Analysis Services 2005 标准指南（中文版）[M]. 武桂香，孙赫雄，林宏旺，译. 北京：电子工业出版社，2008.

[26] 吕琳，朱东华，刘玉琴. 基于 OLAP 和聚类分析结合的美国专利挖掘系统 [J]. 计算机工程与应用，2008，(11)：186-187，217.

[27] 张少龙，周宁，吴佳鑫. 专利文献引用关联可视化系统的构建——以“美国专利数据库（USPTO）检索系统”为例 [J]. 现代图书情报技术，2007，(2)：64-65.

[28] MSDN [OE/BL]. http：//msdn. microsoft. com/zh-cn/library/ms175669（v=sql. 90）. aspx [2016-02-20].

[29] 黄庆，曹津燕，瞿卫军，等. 专利评价指标体系（一）——专利评价指标体系的设计和构建 [J]. 知识产权，2004，(5)：25-28.

[30] 袁辉，陈艳，李红梅. 专利技术生命周期图示法的应用研究 [J]. 专利文献研究，2010，(5)：46-50.

[31] 刘晓，刘大有. 数据挖掘专利综述 [J]. 电子学报，2003，(12)：1989-1993.

[32] Han J W，Kamber M. 数据挖掘概念与技术 [M]. 范明，孟小峰译. 北京：机械工业出版社，2007.

[33] 朱东华，杨丹，袁军鹏. 数据挖掘技术在科研成果评估系统中的应用 [J]. 科学学与科学技术管理，2003，(1)：31-33.

[34] MacLennan J. Data Mining with Microsoft SQL Server [M]. Hoboken：Wiley Publishing

Inc.，2008.

[35] 马芳，王效岳. 基于数据挖掘技术的专利信息分析[J]. 情报科学，2008,(11)：1672-1675.

[36] 郭炜，戴天，文贵华. 基于领域知识的专利自动分类[J]. 计算机工程，2005,(12)：52-54.

第七章

专利信息计量实证研究

通过前面对专利信息计量理论、指标、方法和工具的系统研究，并在此基础上构建了专利信息可视化分析系统，本章主要是利用上述理论研究成果和开发的专利信息可视化分析系统开展实证研究。从国家省区和组织机构（企业、高校）两个层面，重点选择了3D打印机、肿瘤诊断、生物医药、机械制造等几个行业进行专利信息计量实证分析。

7.1 国际 3D 打印技术专利信息计量分析

Innography 是 Dialog 公司推出的新一代专利信息检索和分析工具，利用它可以查询和获取 70 多个国家的同族专利、法律状态及专利原文。除此之外，系统还包含了来自 PACER 的最近 40 年近 6 万个专利诉讼数据，以及来自 D&B 和美国证券交易委员会的专利权人财务数据。这些商业数据可以帮助评估公司的市值和规模，有助于分析和对比专利权人的综合实力，了解市场竞争现状和趋势[1]。

3D 打印技术是一种以数字模型文件为基础，运用粉末状金属或塑料等可黏合材料，通过逐层堆叠累积的方式来构造物体的技术（即“积层造型法”）[2]。3D 打印技术极大地降低了生产非量产型零部件的时间和费用，因此被广泛应用于珠宝、鞋类、建筑、工程和施工、汽车、航空航天等工业设计领域和医疗、地理信息系统等领域[3]。但由于国内的 3D 打印技术起步较晚，即便是行业中较为出名的滨湖机电、紫金立德、金华闪铸科技等生产企业规模都还较小，无法与各跨国企业正面竞争，面对国际巨头所布下的专利障碍更显得有心无力[4-7]。

本部分主要利用 Innography 系统对国际 3D 打印技术专利的发展现状、技术分布和研究进展做了一个较为全面的分析，期望能为我国 3D 打印技术创新和专利布局提供依据。

1. 数据来源

利用检索式 @（abstract，claims，title）("3d print" or "Three dimensional print" or "stereo print" or "stereoscopic print" or "3d object" or "Three dimensional object" or "stereo object" or "stereoscopic object" or "3d model" or "Three dimensional model" or "stereo model" or "stereoscopic model" or "Fused Deposition" or "Direct Metal Laser Sintering" or "Selective Laser Sintering" or "Stereo Lithography" or "digital light processing"）@*（ipc_b41j or ipc_b29c or IPC_g02b or IPC_b22f）在 Innography 提供的专利数据库中共检索出 6292 篇专利，同族扩增后得到 12 397 篇专利，通过 refine 功能，最后得到 3D 打印技术专利申请量为 7395 篇。

2. 专利年度申请趋势分析

将 7395 篇专利按照专利优先权年（Priority Year）进行统计分析，可以发现 3D 打印技术专利申请量在 1994 ～ 2001 年呈缓慢增长的趋势，从 2002 年申请量激增后到 2010 年一直居高不下，其中略有回落，说明 2002 ～ 2010 年是 3D 打印技术的发展高峰期。将专利申请量按照国别统计可以发现，美国专利申请数量远远超过其他国家，在 2003 年达到了顶峰，之后几年的申请量下滑，到 2010 年申请量又得到回升，而日本、欧洲、世界知识产权组织等专利申请量相对较少，每年申请量差异不大。整体情况如图 7-1、图 7-2 所示。这说明美国在该领域占据着绝对领先地位，不仅拥有强劲的科研创新实力，而且市场规模较大，具有较高的商用价值，吸引了来自全世界的专利权人来美国申请专利。

3. 专利来源国家和地区分析

根据专利发明人的国家统计分析可以判断 3D 打印技术的主要来源国家和地区为美国、德国和日本。这说明来自这几个国家的发明人所在企业或研究机构

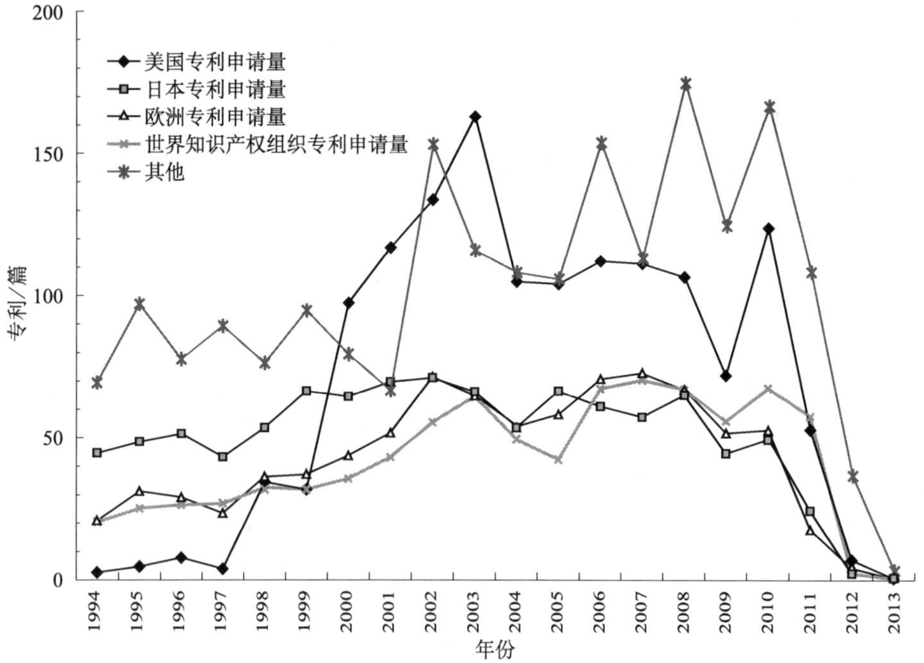

图 7-1　优先权年线性分析图

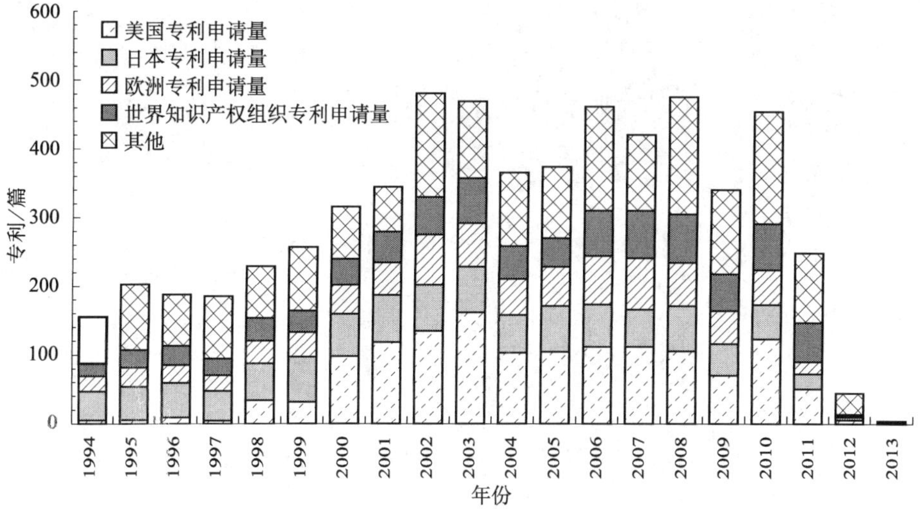

图 7-2　优先权年柱状分析图

占据了该领域专利申请量的主导，尤其是美国，在该领域技术优势明显，专利的数量达到 3000 多件，远高于其他国家。

4. 专利技术应用国家和地区分析

根据专利申请国家统计分析可以判断该技术的主要应用国家和地区。将检索结果按照 source jurisdiction 统计分析，发现专利申请国家和地区主要集中在美国、日本、欧洲和世界知识产权组织，中国紧跟其后，其他国家数量相对较少。值得注意的是，虽然在中国申请的专利数量位居第五，共有 640 件，但中国专利权人申请的专利却只有 234 件，也就是说其余的 406 件专利是由其他国家的专利权人在中国申请的同族专利，说明中国市场具有较大的潜力，专利权人也非常注重维护他们的技术在中国市场的投资回报。相反地，德国人在 3D 打印技术领域共拥有专利 1355 件，而在德国申请的专利却只有 332 件，说明德国相对比较重视海外市场的开拓。

5. 专利权人分布分析

1）全球主要专利权人统计

将检索结果 12 397 件专利按照 organization 统计分析，可以看出哪些企业或机构在该领域拥有领先地位，能够引领整个行业的发展，如图 7-3 所示。从图 7-5 中我们可以看到该领域全球专利申请量位居前三的专利权人为 3D Systems Corporation、Eos Gmbh Electro Optical Systems、Stratasys. Inc.，其中来自美国的 3D Systems 公司以拥有 1200 多件专利而遥遥领先。

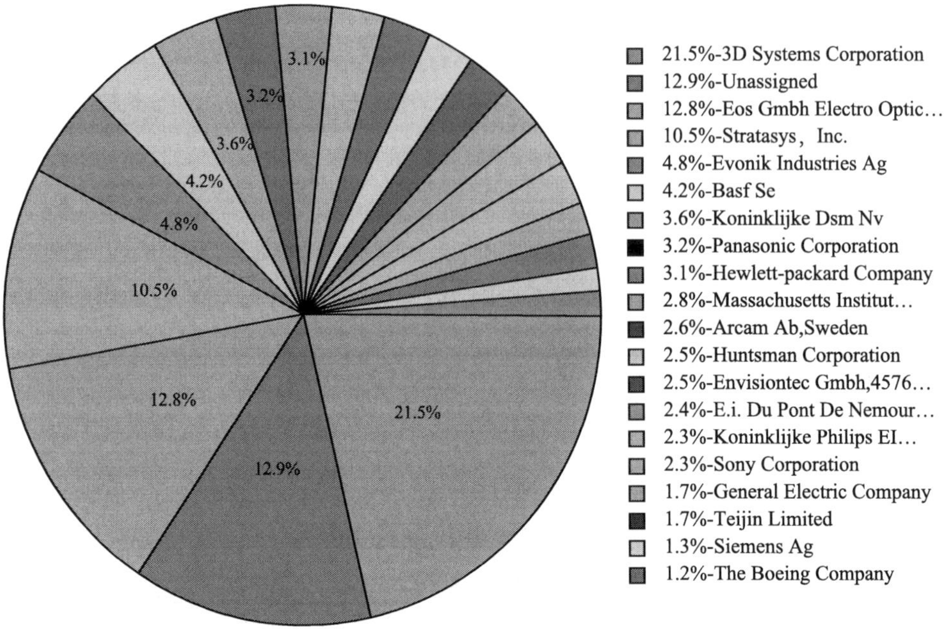

图 7-3　专利权人分布图（文后附彩图）

2）全球专利权人技术差距分析

Innography 专利权人气泡图通过横轴和纵轴生动反映了专利技术与经济实力的强弱。横轴是专利技术实力轴，包含三个要素：核心专利数量、技术适用广度、专利引用的相对数量。在专利技术实力轴中越靠右边，说明申请人的专利技术整体越领先。纵轴体现的是申请人的经济实力，包含三个要素：专利权人收入、诉讼能力和专利布局范围。一般说来，在纵轴中气泡的位置越高，说明该公司综合经济实力就越强。气泡的大小表示检索结果中该申请人的专利量，如图 7-4 所示。

由图 7-4 可知该领域专利技术较领先的专利权人为 3D Systems Corporation、Eos Gmbh Electro Optical Systems、Stratasys. Inc.。其中 3D Systems 公司气泡最大，说明其专利数量最多，3D Systems 公司和 Stratasys. Inc. 横坐标最大，说明整体专利强度越高，专利技术越领先；但这 3 个公司的气泡高度居中，说明它们的综合实力并不是最强的；另外，在图 7-4 中的左上角出现了 2 个小气泡分别代表 Sony Corporation 和 General Electric Company，气泡飞得高代表这两家公司综合实力强，气泡小说明公司对 3D 打印技术关注较少，不是公司的研究热点。

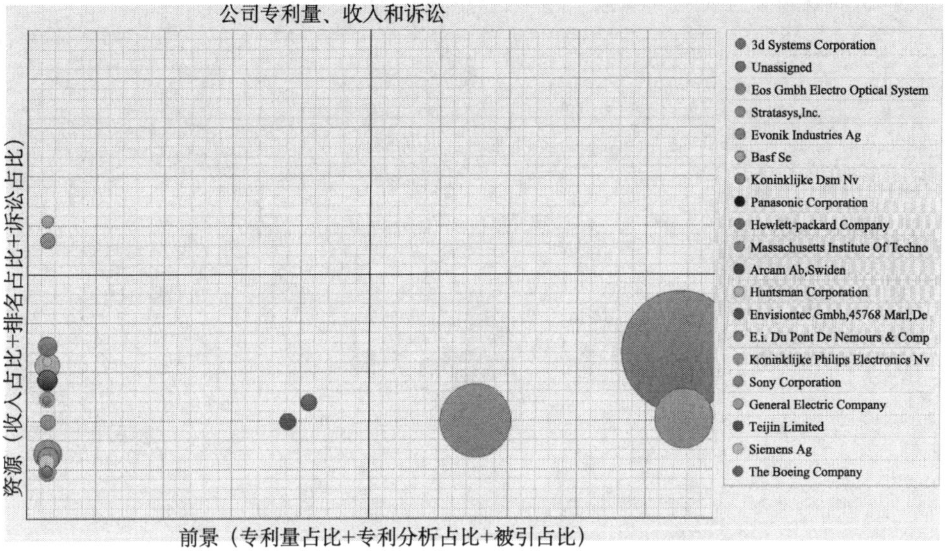

图 7-4　专利权人气泡分析图（文后附彩图）

3）中国专利权人技术差距分析

将 12 397 件专利按照 location 统计分析，勾选出中国发明人申请的专利并按 organization 进行统计分析，就会得到图 7-5 所示的结果。从图 7-5 可知，在该领域国内申请人浙江大学、华中科技大学及南京师范大学技术最领先。另外，Afc 虽然横坐标小，专利技术不如这三家机构，但它的气泡大，说明拥有的专利数量多，也是一个不可小视的竞争对手。

6. 主 IPC 和研究热点分析

通过国际专利分类法（IPC）对专利统计分析，可以帮助我们发现该领域的技术研究重点和方向。如图 7-6 所示，将检索结果按 IPC 分类统计发现，各技术领域的专利数量差距很大，专利数量最多的是 B29C 67/000，占专利总量的 34%，其技术主题是成型技术；紧随其后的是 B29C 35/000，技术主题是加热、冷却或凝固，占专利总量的 12.7%；接着是 B22F03/000、G02B27/000 分别占总量的 10.2% 和 7%。说明这些技术领域都是 3D 打印技术涉及的主要研究领域。

7. 核心专利挖掘

“专利强度”是专利价值判断的综合指标。它受权利要求数量、引用与被引用次数、是否涉案、专利时间跨度、同族专利数量等因素影响，其强度的高低

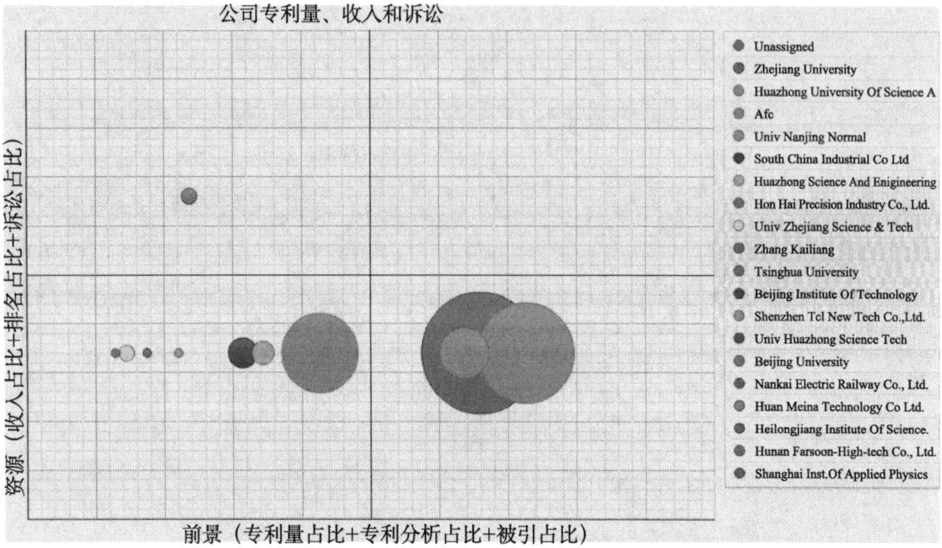

图 7-5　中国专利权人气泡分析图（文后附彩图）

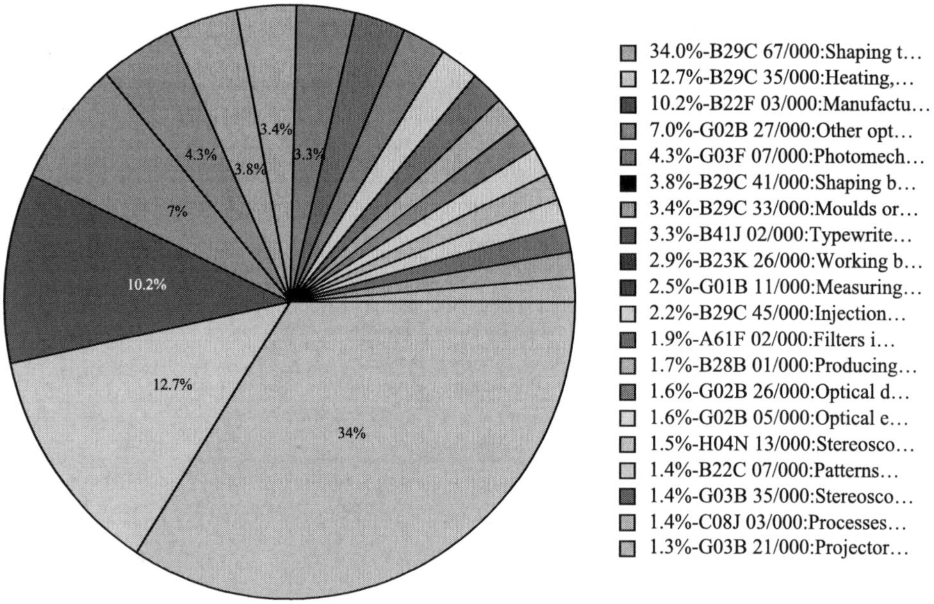

图 7-6　IPC 分布图（文后附彩图）

可以综合反映出该专利的文献价值大小。通过 Innography 的专利强度分析功能，我们可以快速从大量专利中筛选出核心专利。将 12 397 件专利按照专利强度筛选，保留强度大于 90% 的核心专利剩余 298 件，同族扩增后得到 2235 件专利。

1）核心专利主要来源机构分析

核心专利主要集中于 3D Systems Corporation、Stratasys、Eos Gmbh Electro Optical System 等几家大公司手中，如图 7-7 所示。

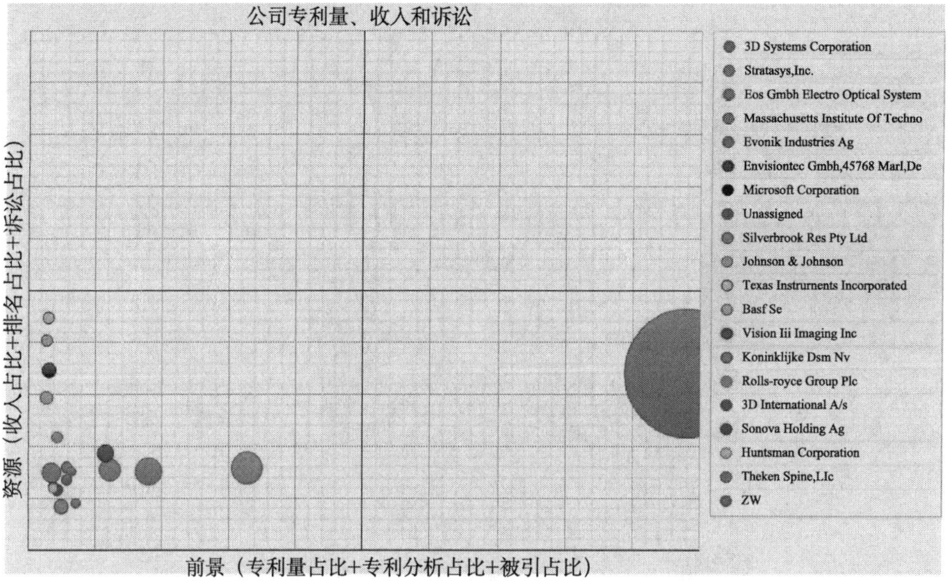

图 7-7　核心专利来源机构气泡分布图（文后附彩图）

2）核心专利主要来源国家分析

将 2235 件专利按照 inventor location 统计分析，发现 3D 打印技术的核心专利主要掌握在美国、德国、澳大利亚、以色列及日本等国的手中，尤其是美国以 1368 件专利遥遥领先于其他国家，而中国只有 1 件（图 7-8）。

3）核心专利主要技术分布

通过对专利的标题、摘要和权利要求进行分析，可以了解该领域近年来发明创造的热点技术。核心专利主要集中于三维物体、图像等领域，这也将是专利权人进行专利保护和侵权打击的重要领域，如图 7-9 所示。

8. 专利诉讼分析

在 12 397 件专利检索结果页面，通过 refine 功能，在 keywords 选项里输入“+litigated”即可得到相关诉讼情况，在 3D 打印技术领域共有 71 件专利涉及 42 起诉讼案件，如表 7-1 所示。其中近几年涉案较多，2008 年 7 件，2010 ～ 2013 年分别是 5 件、6 件和 5 件；在所有机构中，3D Systems Incorporation 诉讼最多，共涉案 8 起（表 7-2），其次是 Memory Pharm Corp、Memory Control Enterprise、LLC，分别是 4 起和 3 起。较近的一起诉讼是 2013 年 5 月发生的 Endo Pharmaceuticals Inc. 告 Roxane Laboratories Inc.，涉案专利达几十件。

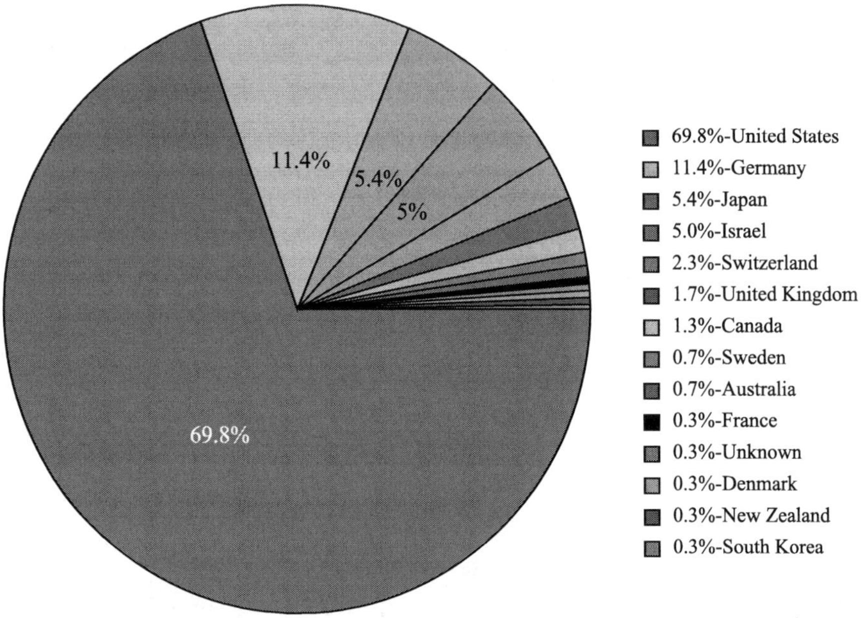

图 7-8　核心专利来源国分布图（文后附彩图）

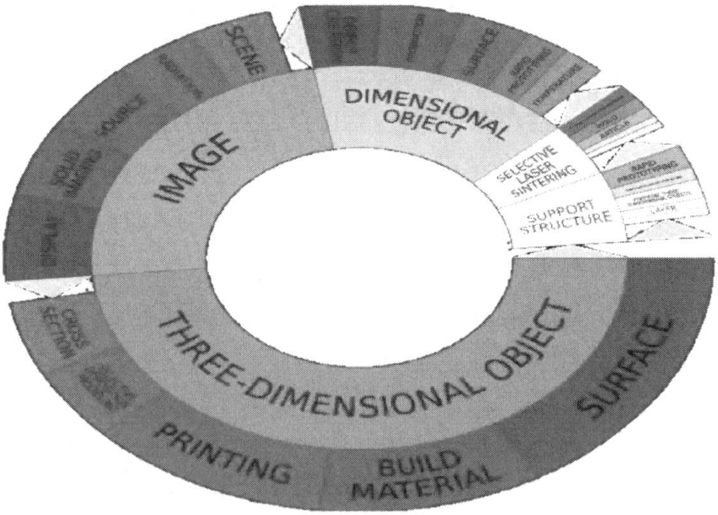

图 7-9　核心专利主要技术分布图

表 7-1 涉诉专利列表

专利号	公开日	标题	发明人
US7586662	2009-9-8	Three-dimensional light ray input apparatus	Momonoi Y，Taira K
US7851122	2010-12-14	Compositions and methods for use in three dimensional model printing	Napadensky E
US7824759	2010-11-2	Decorative architectural resin panels having three-dimensional patterns	Goodson R T
US7725209	2010-5-25	Three-dimensional object printing	Menchik G，Goihait H
US7615276	2009-11-10	Architectural resin panel with three-dimensional patterns	Goodson R

表 7-2 涉及案件列表

案件编号	原告	被告	日期
0：2012cv03323	3D Systems Inc.	Formlabs Inc.；Kickstarter Inc	2012-11-20
2：2000cv03166	3D Systems Inc.	James V Crivello；Rensselaer Polytechnic Institute	2000-3-27
2：2004cv05261	3D Systems Inc.	Stratasys. Inc.；Objet Geometries LTD	2004-10-27
8：2001cv00908	3D Systems Inc.	EOS GmbH Electro Optical Systems；EOS of North America Inc.	2001-9-17
1：2002cv00243	3D Systems Inc.	Advanced Manufacturing and Engineering Services	2002-4-16
2：2005cv74891	3D Systems Inc.	Envisiontec，Incorporated；Envisiontec GmbH；Sibco，Incorporated	2005-12-27
2：2008cv11734	3D Systems Inc.	Envisiontec，Incorporated；Envisiontec GmbH	2007-4-23
2：2012cv10141	3D Systems Inc.	S Joseph Green；McNeill Bishop	2012-11-28

通过以上分析，3D 打印技术相关专利主要集中在美国、日本和德国，尤其是美国，专利强度大于 90% 的核心专利，美国占了近 70%；各企业在该领域拥有的专利数量上和强度上差异悬殊，基本由美国的 3D Systems Corporation 所掌握，研究热点主要集中在三维物体、图像等领域；从市场方面来看，美国、日本、欧洲等各国和地区的市场相对成熟，我国虽然在专利数量上和美国、日本等有一定的差距，但中国的市场却也吸引了众多的专利权人，他们非常维护自己的技术在中国的投资回报，中国市场的潜力正在日益显露。中国的企业如何规避这些专利障碍，还有待进一步研究。

7.2 我国肿瘤诊断专利信息计量分析

早诊断与早治疗是防治肿瘤最有效的方法。肿瘤的发生和发展变化离不开基因的作用。肿瘤的基因诊断可以通过检测癌基因和抑癌基因的结构和功能变化来实现对肿瘤的早期诊断和筛选、肿瘤疗效检测和肿瘤的预后判断，从而指导临床实施个体化治疗策略，提高治疗效果[8-10]。

研究表明，人乳头瘤病毒 HPV-DNA 和宫颈癌的关系非常密切，HPV-DNA 筛查应用在 30 岁以上的女性比传统实验室检查更具有特异性[11]。*K-ras* 基因可早期诊断结直肠癌[12]。FAD 和欧盟批准了多种基因诊断项目应用于临床；NCCN 推荐应用多种基因诊断方法指导不同恶性肿瘤病种的临床治疗方案选择和预后预测。荧光定量 RT-PCR、基因芯片等技术已被广泛应用于恶性肿瘤基因诊断[13]。

本部分主要选择中国知识产权局专利数据库进行专利信息的收集和分析，对我国肿瘤基因诊断专利的年度申请量、授权量、地区分布、申请人、IPC 技术构成、专利技术内容、专利法律状态等多个专利计量指标进行分析。

1. 数据来源

选取中国知识产权局的专利数据库作为数据来源，在 Patent EX 的专利信息创新平台上利用中国知识产权局的专利数据库窗口，下载与肿瘤基因诊断有关的专利数据，本地建立中国肿瘤基因诊断专利数据库。

核心检索词选择：肿瘤、癌症、癌、基因诊断的方法及肿瘤的基因位点。

检索策略制定：

（1）（肿瘤 or 瘤 or 癌 or 恶性葡萄胎 or 白血病）and（诊断 or 鉴别 or 检测）and（基因 or DNA or RNA or PCR or 核苷酸 or 核酸 or 芯片 or 探针）

（2）癌基因类肿瘤标志物（myc、erb、ras、EGFR、BRCA）or 抑癌基因类肿瘤标志物（如 WT1、P53、RB、Erb-B-2）

检索时间：1985 年 1 月到 2013 年 3 月

2. 基于时间维度的专利计量分析

1）专利申请类型分析

在我国，专利法规定专利类型有发明、实用新型和外观设计这三种。通过检索共得到我国肿瘤基因诊断申请4833件。其中，发明专利申请4759件，占98.5%，实用新型专利74件，占1.5%，如图7-10所示。发明专利申请量远远大于实用新型，以下专利数据分析仅限于肿瘤基因诊断发明专利。

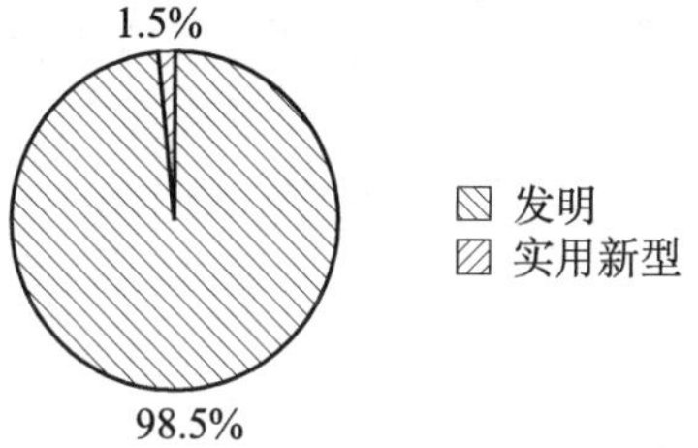

图7-10　1985～2013年我国肿瘤基因诊断专利类型分布

2）专利申请趋势分析

将我国1985～2013年肿瘤基因诊断专利申请各年数据生成趋势分布图，如图7-11所示。1985年，我国专利法开始实施，在我国肿瘤基因诊断专利的年度申请量仅为2件，1985～1992年的年度申请量都不超过6件。随着"人类基因组计划"的实施、全自动核酸序列测定仪的问世，研究人员对基因的了解进一步加深，1992～1998年专利年申请量开始小幅增加。1997～2009年专利年申请量增加明显，达到最大值。2009～2011年专利年申请量在500件之上。2011～2013年专利年申请量呈下降趋势，这是由于本书于2013年3月采集专利数据，考虑到专利从提交申请到公开存在着17～36个月的滞后问题，故2012年和2013年的专利数据有下跌，下面的专利分析仍存在类似现象。尽管2001年、2004年的专利年度申请量有所下降，但从整个趋势看，我国肿瘤基因诊断的专利申请总体呈逐年增长趋势。

3）专利授权趋势分析

我国肿瘤基因诊断专利历年授权数量也呈逐年增长趋势，与专利申请趋势相对应，如图7-12所示。我国肿瘤基因诊断专利首次得到授权是在1993年，1993～2002年授权量一直都低于10件；2002～2004年肿瘤基因诊断年授权量开始明显增加至70件，出现第一个峰值；2004～2010年肿瘤基因诊断专利年授权量基本稳定在80件左右，只有2005年的专利授权量比往年略低；

2010 ～ 2012 年肿瘤基因诊断专利的年授权量几乎呈直线大量增加。

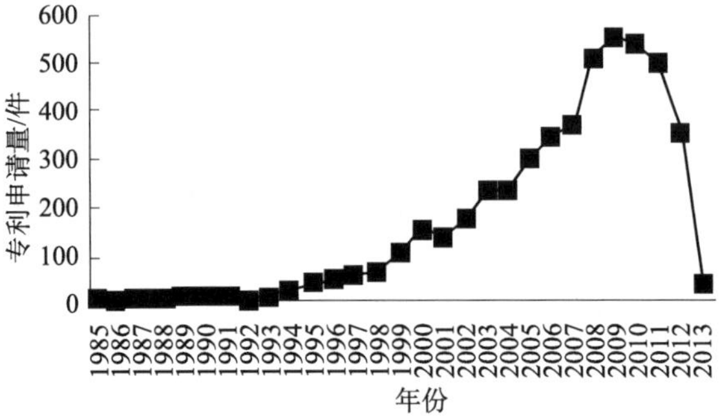

图 7-11　1985 ～ 2013 年我国肿瘤基因诊断专利申请趋势图

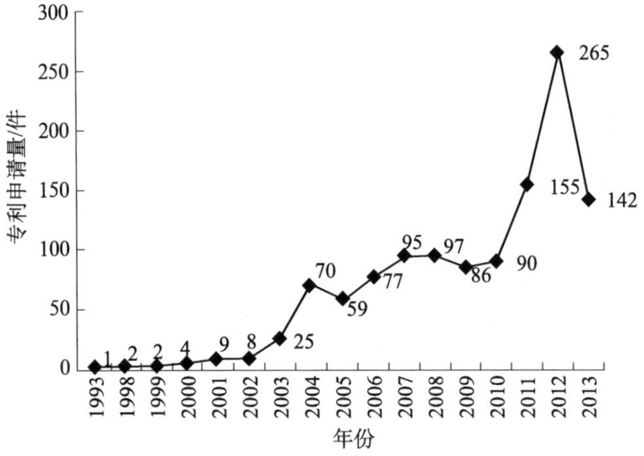

图 7-12　1993 ～ 2013 年我国肿瘤基因诊断授权专利申请变化趋势图

4）我国专利申请国家分析

我国肿瘤基因诊断专利申请人来自 30 多个国家，根据专利申请量的多少排列，发现排名前十的国家肿瘤基因诊断专利申请量占全部申请量的 95%，其中中国占 56.8%，美国占 19.0%，日本占 5.6%，瑞士占 4.1%，德国占 2.6%，韩国、加拿大、法国、英国、比利时分别占 1.7%、1.6%、1.6%、1.2%、0.8%，如图 7-13 所示。

从图 7-13 可以看出，在肿瘤基因诊断专利的申请量排名前十的国家中，中国的专利年申请量在 1998 年后上升速度非常快，远超美国、日本、瑞士等其他国家。美国的专利申请量逐年增加趋势也较为明显。大多数国家申请肿瘤基因诊断相关专利是在 2000 年之后。

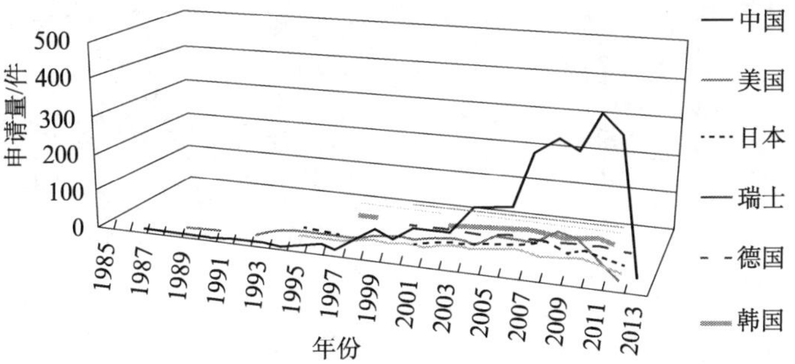

图 7-13　在我国肿瘤基因诊断专利申请量前十的国家分布图

5）我国专利申请地区分析

我国肿瘤基因诊断专利申请量前十的省（直辖市）分别是上海市、北京市、江苏省、广东省、浙江省、山东省、甘肃省、天津市、湖北省、湖南省，如图 7-14 所示。这些省（直辖市）从整体看上专利申请量都呈逐年上升趋势。专利年申请量排名第一的是上海市，2000 年专利年申请量就达到第一个峰值，肿瘤基因诊断技术在全国处于领先地位，并一直保持着这一优势，到 2009 年，上海市的专利年申请量达到了最高峰 161 件。北京市从 1996 年开始，专利年申请量保持着相对平稳的增长趋势，并在 2010 年达到最大值。江苏省则是在 2007 年以后专利年申请量开始快速增长，2011 年达到峰值。

3. 基于 IPC 维度的专利计量分析

在全部 4759 件肿瘤基因诊断专利申请中，C12、A61、C07、G01 四大类排名前四，占全部专利申请量的 97%，因此这四大类专利能充分代表肿瘤基因诊断技术的现状与趋势。其中 C12 代表与酶、微生物有关的生物化学技术；A61 代表与医学有关的技术；C07 代表与有机化学有关的技术；G01 代表与用物理、化学性质测定材料有关的技术。这说明肿瘤基因诊断技术涉及了生物化学、医学、有机化学、物理学等相关领域的理论和技术。

1）IPC 大类技术构成分析

在肿瘤基因诊断专利申请中，中国、美国、日本三国的专利申请数量所占比重很大，因此，这里特别对中美日三国的 IPC 大类组成进行对比分析，如图 7-15 所示。

由图 7-15 可以看出，中国的专利申请数量在四个大类占据绝对优势。尤其是在 C12（微生物、酶相关的生物化学技术领域）方面遥遥领先于美国和日本。

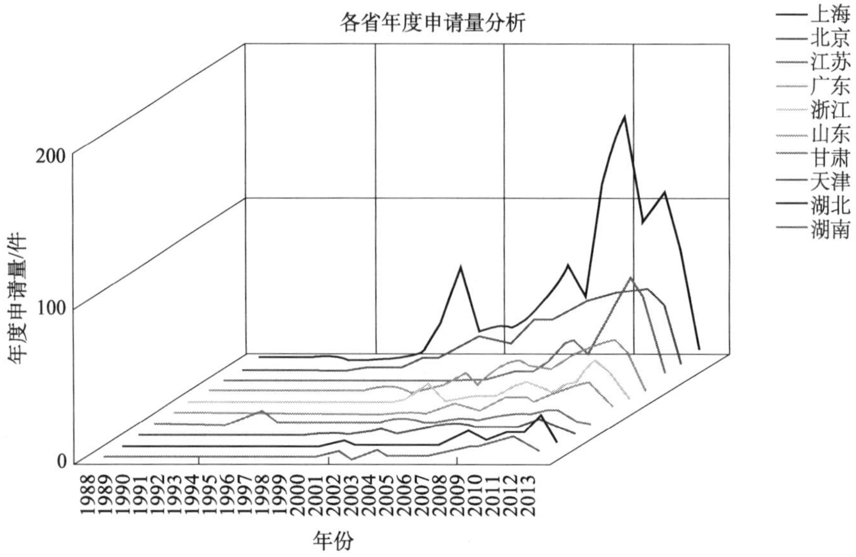

图 7-14　我国肿瘤基因诊断领域各省历年专利申请趋势图

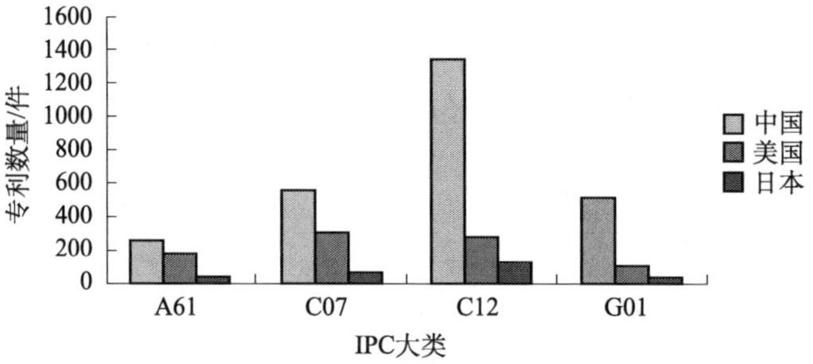

图 7-15　中国、美国、日本三国 IPC 大类分布

2）IPC 小类技术构成分析

我国肿瘤基因诊断专利申请排名前 5 位的 IPC 小类的技术构成如图 7-16 所示。

从图 7-16 可以看出，排在前五位的 IPC 小类占全部肿瘤基因诊断 IPC 小类的 89.2%，且排名第一位的 IPC 小类是 C12Q，代表酶或微生物检测技术。第二名到第四名的 IPC 小类之间所占比重差距不大，C07K 代表与肽、抗体有关的制备技术；G01N 代表物理测定相关技术；C12N 代表与微生物、酶有关的化学技术。排名第五的 A61K 代表与医药配制品有关的技术。这进一步说明肿瘤基因诊断专利技术涉及医药制备技术、微生物和酶有关的检测技术、物理检测技术、免疫学、基因工程等相关技术。

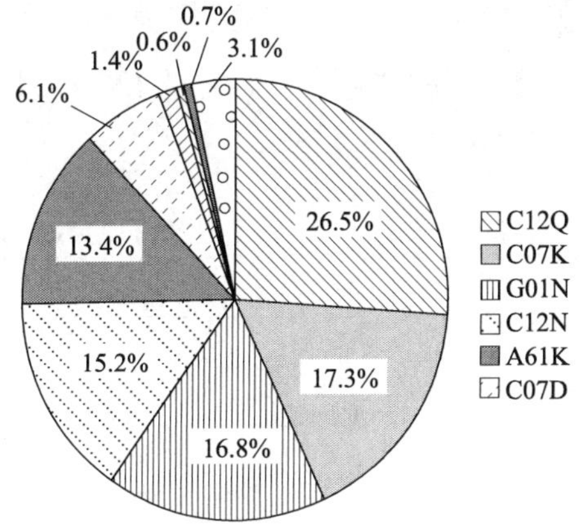

图 7-16 我国肿瘤基因诊断专利申请 IPC 小类技术构成

3）IPC 小类历年专利申请分析

1992 年之前，我国最早开始申请肿瘤基因诊断技术领域中的 G01N（化学或物理性质来测试或分析材料）和 C12N（微生物或酶；其组合物）专利。1992 ～ 2003 年，C12Q（酶或微生物的测定或检验方法）、C07K（肽）、G01N（化学或物理性质来测试或分析材料）和 A61K（医用、牙科用或梳妆用的配制品）五类专利申请数量逐年增加，发展态势可观。特别是 C07K 增长趋势明显。A61K 是从 2002 年后专利年申请量开始快速增长。C12N 在 1999 年时达到峰值，随后专利年申请量开始下滑。在 2003 年之后 C12Q 的专利年申请量开始井喷式爆发，遥遥领先于其他四类。G01N、C07K 保持增长趋势。C12N 也开始从下降转变为回升，一直保持着增长的趋势。而之前增长速度较快的 A61K 开始下滑，但在 2006 年之后专利年申请量也开始快速增长，如图 7-17 所示。

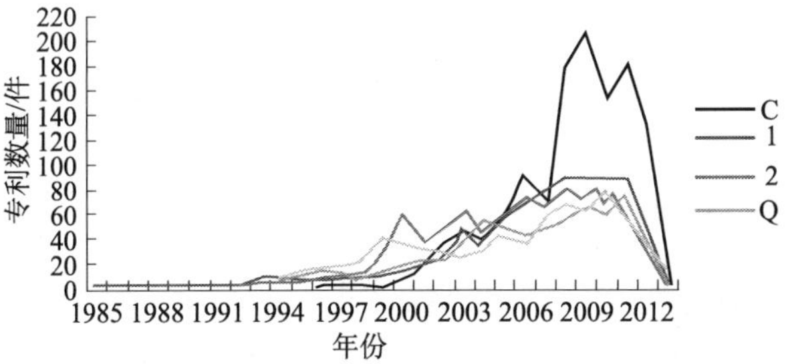

图 7-17 我国肿瘤基因诊断技术领域 IPC 小类历年申请趋势

4）IPC 小组技术构成分析

我国肿瘤基因诊断技术领域排名前 12 位的 IPC 小组占全部 IPC 小组数的 82%（6898/8410），详细排名如表 7-3 所示。

表 7-3　我国肿瘤基因诊技术断领域排名前 12 位的 IPC 小组技术内容

排名	IPC 小组	申请件数	技术内容
1	C12Q1/68	1710	核酸的测定和检测方法
2	A61P35/00	1114	抗肿瘤药
3	G01N33/574	776	用于癌症的免疫测定
4	A61K39/395	505	抗体制备
5	C12N15/11	435	DNA 或 RNA 片段；其修饰形成
6	C12N15/12	428	编码动物蛋白质的基因
7	A61K48/00	366	含有插入到活体细胞中的遗传物质以治疗遗传病的医药配制品；基因治疗
8	C12N15/63	362	DNA 重组，使用载体引入外来遗传物质；载体；其宿主的使用；表达的调节
9	C07K16/18	353	来自动物或人的免疫球蛋白、单克隆抗体
10	G01N33/68	299	涉及蛋白质、肽或氨基酸的材料分析
11	G01N33/577	278	涉及单克隆抗体的免疫测定
12	G01N33/53	272	免疫测定法；生物特有的结合方法的测定；相应的生物物质

从表 7-3 可以看出，C12Q1/68 小组专利申请数量所占比重最大，这是由于目前基因诊断技术特别是在核酸的测定和检测方面，研究相对成熟，癌基因和抑癌基因的基因位点也逐渐为人们所知晓，方便人们利用核酸测定方法来达到肿瘤早期诊断、早期预防和分型的目的。因此，相关专利申请数量最多。其次就是抗肿瘤药专利。可见，肿瘤的诊断与治疗是分不开的，肿瘤基因诊断专利申请中也会涉及与肿瘤治疗有关的技术，肿瘤基因诊断能为肿瘤的分级、分期及预后做出判断。

5）核心专利技术领域专利申请趋势分析

由表 7-3 可知，C12Q1/68（核酸的测定和检测方法）共有专利申请 1710 件，居各小组之首，可被认定为核心专利技术领域。1998 年之后，C12Q1/68 技术领域的专利申请量开始快速增长，到 2000 年出现第一个峰值。2001 ～ 2005 年专利年申请量增长缓慢，一直都低于 75 件。但 2005 ～ 2009 年专利年申请量激增，2009 年达到新的峰值 247 件。此后专利年申请数量开始下滑，但专利年申请量仍保持在 200 件左右，如图 7-18 所示。

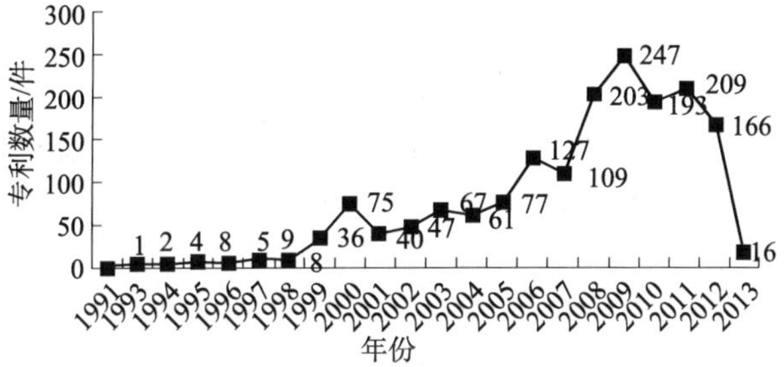

图 7-18　C12Q1/68 历年专利申请趋势

6）肿瘤基因检测专利技术领域分析

肿瘤基因诊断技术包含了肿瘤基因表达产物检测技术和肿瘤基因检测技术。前者指的是检测肿瘤组织中基因编码的蛋白产物的免疫组织化学方法、蛋白印迹技术、酶联免疫吸附实验技术等。这一方面的专利数量较多，技术分类复杂，而基因检测技术比较成熟、分类体系比较完善，因此选择肿瘤基因诊断技术中的子技术基因检测技术进行技术内容分析。这类技术主要由 PCR 及其改进技术、核酸分子杂交技术、DNA 序列测定技术和生物芯片技术组成，如图 7-19 所示。由图 7-19 可知，我国的肿瘤基因检测技术领域以 PCR 及其改进技术为主，其次是核酸分子杂交技术和 DNA 序列测定技术，数量稍少的是生物芯片技术。

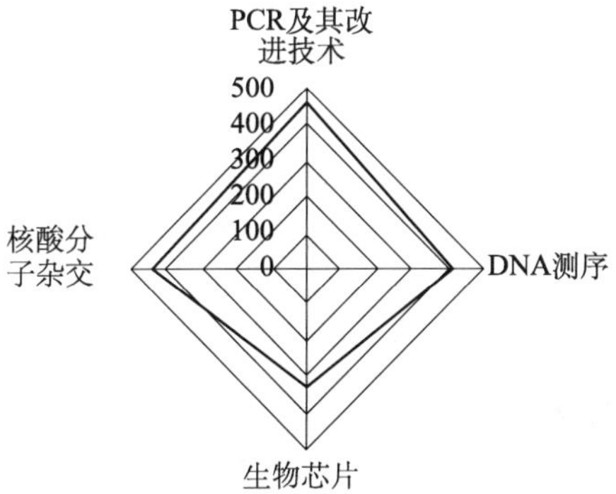

图 7-19　肿瘤基因诊断领域基因检测技术蛛网图

4. 基于申请人维度的专利计量分析

我国肿瘤基因诊断专利申请人排名前五的是芮屈生物技术（上海）有限公司、霍夫曼－拉罗奇有限公司、复旦大学、上海主健生物工程有限公司、健泰科生物技术公司等。其中芮屈生物技术（上海）有限公司遥遥领先，专利申请件数为 123 件，占总申请量的 2.6%；霍夫曼－拉罗奇有限公司专利申请件数为 95 件，占总申请量的 2.0%；复旦大学、上海主健生物工程有限公司、健泰科生物技术公司的专利申请量差别不大，分别为 58、57、54 件，分别占 1.2%、1.2%、1.1%，如表 7-4 所示。

表 7-4　肿瘤基因诊断主要专利申请人专利申请量排名

序号	主要申请人	专利申请数 / 件
1	芮屈生物技术（上海）有限公司	123
2	霍夫曼－拉罗奇有限公司	95
3	复旦大学	58
4	上海主健生物工程有限公司	57
5	健泰科生物技术公司	54
6	诺瓦提斯公司	54
7	肿瘤疗法科学股份有限公司	53
8	中国人民解放军第二军医大学	47
9	中国科学院上海生命科学研究院	44
10	上海人类基因组研究中心	42
11	上海市肿瘤研究所	39
12	上海博德基因开发有限公司	33
13	浙江大学	33
14	暨南大学	30
15	上海交通大学	30
16	阿里乌斯研究公司	24
17	北京大学	24
18	科里克萨有限公司	24
19	路德维格癌症研究所	24
20	加利福尼亚大学董事会	23
21	中南大学	22
22	上海生元基因开发有限公司	21

续表

序号	主要申请人	专利申请数 / 件
23	南京大学	20
24	人体基因组科学有限公司	20
25	四川大学	20

1）主要专利申请人分析

2002 年以后，我国肿瘤基因诊断技术领域的重要专利申请人开始涌现。特别是申请量排名第一的芮屈生物技术（上海）有限公司，从 2008 年首次在我国申请肿瘤基因诊断技术专利开始，因技术创新能力强，技术优势明显，专利申请量出现井喷式增长，专利申请量最大，发展前景看好。复旦大学研究肿瘤基因诊断技术起点较早，研发团队创新意识强，在我国申请数量较多，在肿瘤基因诊断技术领域具有相对优势，如图 7-20 所示。

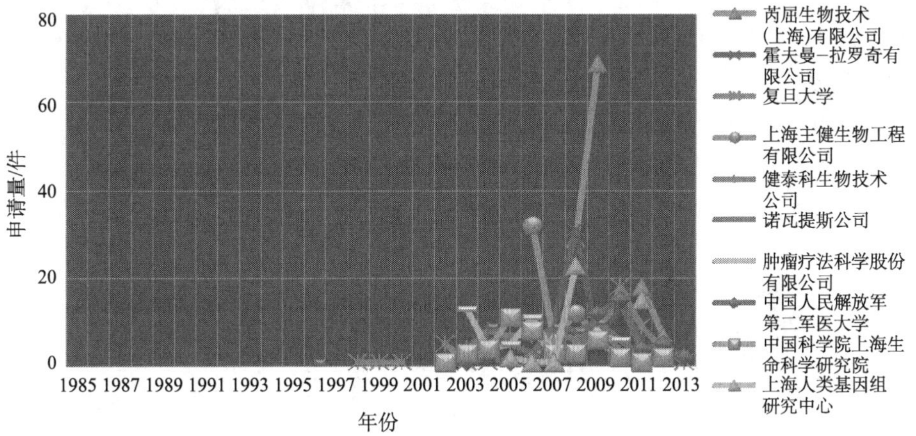

图 7-20　排名前十位的专利申请人历年专利申请趋势

2）申请人技术关联分析

合作申请专利代表专利申请人之间的技术关联。将在中国申请的肿瘤基因诊断专利按照 IPC 小组聚类后得到申请人之间的技术关联关系，如图 7-21 所示。节点越大表示申请的专利数量越多，连线越粗表示两者之间的联系越紧密。由图 7-21 可知，肿瘤基因诊断技术领域十分复杂，需要相互合作，共同研发，才能提高效率，攻克难题。芮屈生物技术（上海）有限公司与上海主健生物工程有限公司、上海人类基因组研究中心的技术关联程度高，三者连线构成了“黑色三角形”，这说明三者合作密切。不仅具有地域优势，还具有共同的研发方向。霍夫曼－拉罗奇有限公司、中国科学院上海生命科学研究院和肿瘤疗法科学股份有限公司也构成了“黑色三角形”，三者的技术关联性程度较强。复旦大学、上海市肿瘤研究所、中国人民解放军第二军医大学之间也构成了三角形，不过技术关联程度稍弱。这些黑色三角形说明技术关联不仅取决于地域优势，还取决于合作者之间的研发方向。

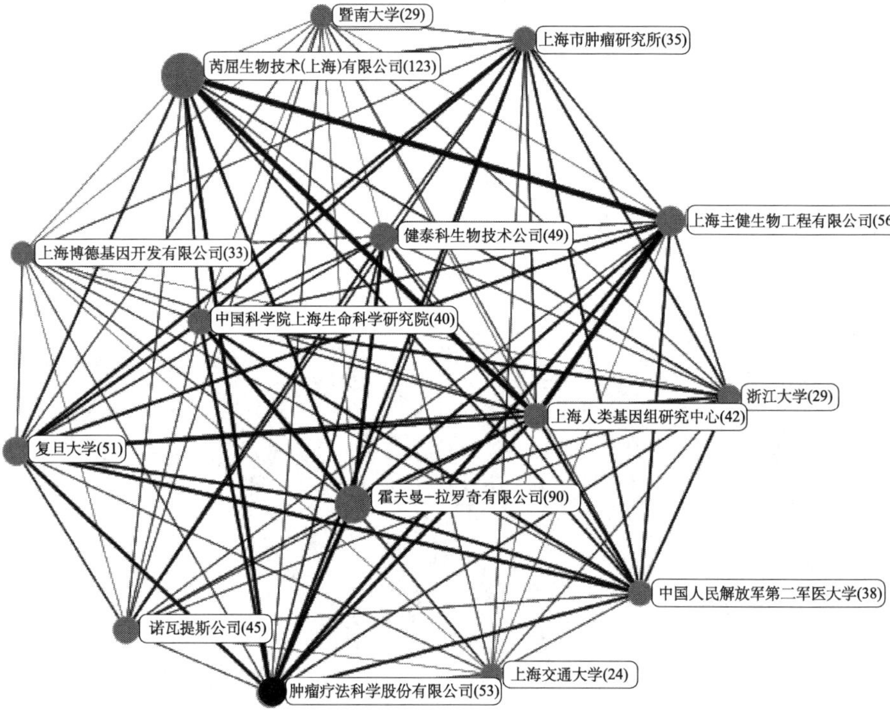

图 7-21　肿瘤基因诊断专利申请人技术关联分析

3）申请人专利授权率分析

专利授权率可反映专利申请中获得授权的比重，也能在一定程度上反映专利申请文件的撰写质量和技术的新颖性、创造性和实用性[14]。我国肿瘤基因诊断专利授权率整体不高，中南大学、四川大学、中国科学院上海生命科学研究院的专利授权率位列前茅，如表 7-5 所示。虽然中南大学、四川大学、清华大学的肿瘤基因诊断专利申请量不多，但专利授权率较高，表明所申请的专利质量较高。整体来看，科研机构、高校的专利授权率普遍高于生物医药企业，这是由于院校、科研单位具有较强的研发实力，研发团队力量强大，且在专利说明书的撰写方面具有优势。

表 7-5　肿瘤基因诊断专利授权率排名

排名	申请人	申请量 / 件	授权量 / 件	授权率 /%
1	中南大学	25	17	67.0
2	四川大学	20	11	55.0
3	清华大学	18	8	44.4
4	东京大学	19	8	42.1
5	中国科学院上海生命科学研究院	45	18	40.0
6	路德维格癌症研究所	25	10	40.0
7	山东大学	18	7	37.9
8	暨南大学	30	11	36.7
9	北京大学	27	9	33.3
10	上海市肿瘤研究所	40	13	32.5
11	浙江大学	35	11	31.4
12	上海交通大学	30	9	30.0
13	肿瘤疗法科学股份有限公司	54	14	25.9
14	科里克萨有限公司	24	5	20.8
15	复旦大学	72	15	20.8
16	芮屈生物技术（上海）有限公司	123	25	20.3
17	人体基因组科学有限公司	20	4	20.0
18	南京大学	21	4	67.0
19	霍夫曼－拉罗奇有限公司	106	17	55.0
20	中国人民解放军第二军医大学	47	7	44.4

5. 基于其他维度的专利计量分析

1）专利法律状态分析

从专利法律状态整体来看，在我国全部肿瘤基因诊断专利申请中，共有授权专利 970 件，占 20%；处于实质审查阶段的专利 1823 件，37.7%；已公开专利 243 件，占 5%；视撤、驳回、终止和期限届满专利[15]约占 37%，其中视撤专利 1223 件，占 25.3%；驳回专利 288 件，占 6%；终止专利 285 件，占 5.9%；期限届满专利 1 件，占 0.02%，如图 7-22 所示。可见，我国肿瘤基因诊断专利申请质量整体并不高，授权量仅为 20%，急待加强和提高。

其次从不同申请人的专利法律状态来看，在工矿企业、大专院校、机关单位、科研单位和个人分成五大机构类别中，工矿企业、机关单位和大专院校在我国肿瘤基因诊断方面专利申请最多，分别为 110 件、46 件、42 件。其中工矿企业授权专利最多，为 407 件，但其驳回的专利件数也最高，如表 7-6 所示。

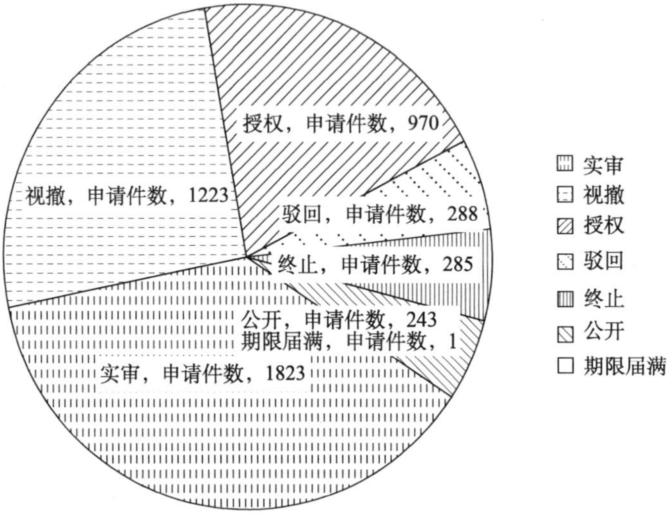

图 7-22　1985 ～ 2013 年我国肿瘤基因诊断专利法律状态整体分布

表 7-6　1985 ～ 2013 年我国肿瘤基因诊断专利申请机构的专利法律状态分布（单位：件）

申请数 \ 法律状态 \ 申请人类别	驳回	公开	期限届满	实审	视撤	授权	终止	合计
工矿企业	122	110	0	955	665	407	103	2362
大专院校	64	42	0	362	196	201	45	910
机关单位	40	46	0	220	126	121	45	598
科研单位	30	15	0	153	110	136	42	486
个人	22	20	1	111	114	95	40	403
合计	278	233	1	1801	1211	960	275	4759

2）专利申请人类型分析

职务发明是指企业、事业单位、社会团体、国家机关的工作人员执行本单位的任务或者主要是利用本单位的物质条件所完成的职务发明创造。在我国肿瘤基因诊断方面申请的专利中职务发明为 4415 件，占比 91.35%，而非职务发明只有 418 件，占比 7.65%。

6. 基本结论

通过以上分析，可以得出如下基本结论。

（1）我国肿瘤基因诊断专利申请呈逐年增长趋势，经历了四个时期：1985～1992年为萌芽期，主要以肿瘤基因诊断技术领域中的G01N（化学或物理性质来测试或分析材料）和C12N（微生物或酶；其组合物）为代表的技术为主；1993～1998年为生长期，C12Q（酶或微生物的测定或检验方法）、C07K（肽）、G01N（化学或物理性质来测试或分析材料）、A61K（医用、牙科用或梳妆用的配制品）这五类专利申请数量都在逐年增加；1999～2009年为快速增长期，C12Q的专利年申请量开始井喷式增长；2010～2012年为稳定期，肿瘤基因诊断专利年申请量在500件以上。与此同时，专利授权数量也呈逐年增长趋势。

（2）中国、美国、日本、瑞士、德国、韩国、加拿大、法国、英国、比利时等是在我国申请肿瘤基因诊断专利最多的国家。中国在1998年后专利年申请量大幅增长，远超美国、日本、瑞士等国。大多数国家在我国申请肿瘤基因诊断专利是在2000年之后。

（3）在我国肿瘤基因诊断专利申请地区分布中，上海市、北京市、江苏省、广东省、浙江省、山东省、甘肃省、天津市、湖北省、湖南省等省（自治区、直辖市）排名靠前。其中，上海市专利年申请量领先全国、北京市专利年申请量平稳增长、江苏省在2007年以后专利年申请量开始快速增长，2011年达到峰值。

（4）我国肿瘤基因诊断专利申请人主要有芮屈生物技术（上海）有限公司、霍夫曼-拉罗奇有限公司、复旦大学、上海主健生物工程有限公司、健泰科生物技术公司等。其中，芮屈生物技术（上海）有限公司2008年在我国首次申请肿瘤基因诊断专利，技术创新能力强，且与上海主健生物工程有限公司、上海人类基因组研究中心之间技术关联性较强。复旦大学研究肿瘤基因诊断技术较早，比较成熟。上海博德基因开发有限公司、诺瓦提斯公司、暨南大学和上海交通大学所涉肿瘤基因诊断技术新颖。

（5）我国肿瘤基因诊断专利技术主要集中在C12Q（包含酶或微生物的测定或检验方法）、A16K（医用、牙科用或梳妆用的配制品）、C12N（微生物或酶；其组合物）、G01N（借助于测定材料的化学或物理性质来测试或分析材料）等领域。

（6）研究肿瘤基因诊断技术的机构主要为工矿企业，其专利申请和授权量远远超过大专院校、机关单位等其他机构。但科研机构、高校的授权率高于生物医药企业。中南大学、四川大学、清华大学等高校专利申请量并不高，但专利授权率较高，表明专利申请质量高。

（7）目前我国肿瘤基因诊断技术研究存在着一些问题。肿瘤基因诊断研究人员主要以职务发明为主，非职务发明所占比例很小；院校、科研单位的专利申请量远远不及企业；重要专利申请人之间合作稀少，技术关联程度不强；专利不合格（视撤、驳回、终止和期限届满）率高，占37%。欲改善这一现象，需要相关部门加强政策诱导，科研机构和企业加大研发力度，研究人员加强同行合作与交流，拓展研发方向，提高技术创新能力。

7.3 基于专利计量分析的湖南省高校科技创新能力比较研究

专利计量分析也称为专利分析、专利统计分析、专利信息分析、专利情报研究等，以专利文献和专利信息为研究对象[16]。专利计量分析是将数学和统计学方法运用于专利信息定量研究，以探索和挖掘其分布结构、数量关系、变化规律等内在价值的研究领域[17，18]。专利计量分析源于文献计量学、信息计量学和科学计量学，但已经超越了“三计学”的研究范畴。因为专利是一种特殊的文献，专利文献中包含着技术、经济和法律等极为重要的专利信息，具有其独特性。通过专利计量分析可以发现专利信息的数量特征、分布规律和结构关系，在科学研究、技术创新、产业发展、技术贸易、市场竞争、专利价值评估、专利政策和专利战略制定、专利制度安排、专利管理实施等方面具有极为重要的作用[19，20]。科技创新能力是指企业、学校、科研机构或自然人等在某一科学技术领域具备发明创新的综合实力。而科技论文和专利是衡量主体科技创新能力的重要指标，特别是专利，是衡量技术创新能力和发明创新能力的直接指标[21，22]。本书试图以专利数据和专利信息的计量与统计分析为基础对湖南省各高校的科技创新能力进行比较分析，以期对湖南省产业发展方向选择和高校科技创新能力提升有所助益。

7.3.1　数据来源及说明

1）湖南省高校的确定

湖南省共有普通高校 106 所，其中本科院校 31 所，高职专科院校 75 所[23]。由于历史原因，有多所高校合并或名称变更，因统计分析需要，本书以高校作为专利权人进行了机构归并，建立“一级机构→二级机构”形式的层次结构，数据统计以一级机构为准。湖南省 106 所高校中仅有 58 所高校有专利申请数据，通过专利数据检索和处理后排除异常项，加上“中国人民解放军国防科学技术大学”，共得到有专利数据的湖南省高校 59 家。

2）湖南省高校专利申请数据

本书研究的专利申请数据源于湖南省知识产权网站（http：//www.hnipo.gov.cn/），以“43/CO and（20000101 to 20140331）/PD=［20000101-20140331］AND PA=（59 家机构名称，用 or 连接）”为检索式，专利类型限定为“发明专利”和“实用新型”，在中国专利数据库中进行检索。

3）湖南省高校专利授权数据

本书研究的专利授权数据源于湖南省知识产权网站（http：//www.hnipo.gov.cn/），以“43/CO and（20000101 to 20140331）/PD=［20000101-20140331］AND PA=（59 家机构名称，用 or 连接）”为检索式，专利类型限定为“发明授权”，在中国专利数据库中进行检索。

4）湖南省高校专利失效数据

本书研究的专利失效数据来源于上海知识产权（专利信息）公共服务平台检索系统（http：//www.shanghaiip.cn/），检索式为（docType=invention_view OR docType=utiltymodel_view）AND PD=［20000101-20140331］AND PA=（59 家机构名称，用 or 连接），获取字段为“专利申请号”和“法律状态”。法律状态描述中含有“终止”“撤回”和“放弃”等信息即视为失效专利。

5）关于湖南省高校专利数据的说明

因各种原因，本次研究所用的湖南高校专利数据可能会存在一定误差或出入，但不影响数据分析和结论，在此作如下说明：①本书在专利数据检索式中限定了国省代码为 43；②本书在分析湖南省高校专利申请和专利授权数据时，仅统计第一专利申请人是高校的专利。

7.3.2 湖南省高校科技创新能力整体分析

1. 湖南省高校专利申请总量分析

1）湖南省高校专利申请量变化趋势

专利是技术创新成果的主要保护手段之一，专利申请数量年度分布反映了各单位或机构技术创新成果或研发投入的变化趋势。2000 ～ 2006 年，湖南省高校专利申请量增长比较平缓，从 2007 年开始，湖南高校专利申请量出现较快增长。虽然 2012 年和 2013 年的专利申请量统计不完全，但就已公开的专利申请量来看，已呈现出较快的增长趋势，如图 7-23 所示。可见，湖南省高校科技创新能力逐渐提升，专利保护意识不断增强，日益重视专利申请和专利保护。

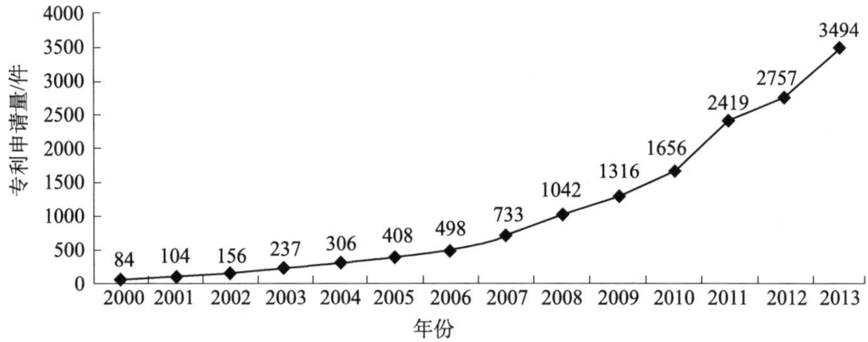

图 7-23 湖南省高校专利申请量变化趋势

注：中国专利申请制度规定，专利申请通常在 18 个月之后才予以公开，因此，2011 年之后的数据统计不完全

2）湖南省高校专利申请类型分布及变化趋势

我国《专利法》规定，专利分为发明、实用新型和外观设计三种。专利类型的差异一方面意味着专利法保护客体的差异，另一方面也意味着专利审查标准、授权条件和保护期限不同，更重要的是它反映了专利在技术价值和创新高度上的差异。通过统计分析特定技术领域的发明专利和实用新型专利，可以得知湖南省高校专利类型分布状况。通常认为，与实用新型相比，发明专利审查标准和授权条件更高，也代表着更高的创新程度和技术重要性。因此，发明专利越多，即可判断该主体在特定技术领域内可能投入了更多的研发经费，从而实现了较高的创新程度和较强的专利竞争力[24, 25]。

以公开日 2000 年 1 月 1 日至 2014 年 3 月 31 日为时间范围，湖南省高校共申请专利 15 295 件，其中发明专利申请 11 354 件，占 74%，实用新型专利申请 3941 件，占 26%，如图 7-24 所示。可见，湖南省高校的专利申请以发明专利为主，说明湖南省高校作为一个整体，其技术创新能力较强，专利创新程度较高，专利竞争力较强。

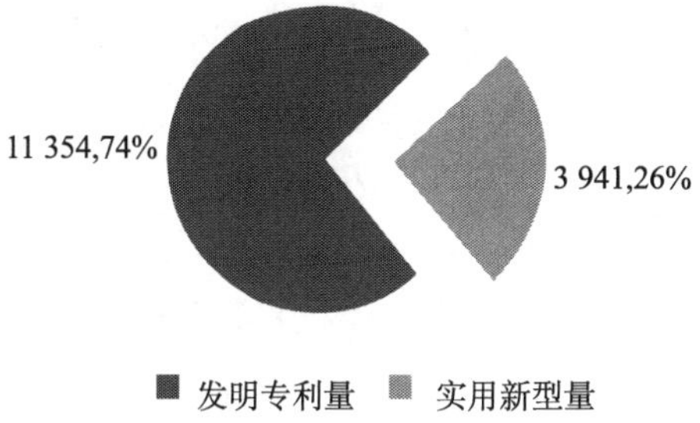

图 7-24　湖南省高校专利类型分布

湖南省高校发明专利和实用新型专利申请量年度分布如图 7-25 所示。由图可知，发明专利和实用新型专利申请量增长趋势一致；2005 年以前，湖南省高校发明专利和实用新型专利申请量差距不大，而从 2006 年开始，两类专利申请量差距逐渐拉大；湖南省高校发明专利申请量 2006 年之后进入快速增长期；湖南省高校实用新型专利申请量 2010 年之前增长较缓慢，2010 年之后也步入快速增长期。这与我国知识产权发展战略和八大战略性新型产业发展战略的提出密切相关。

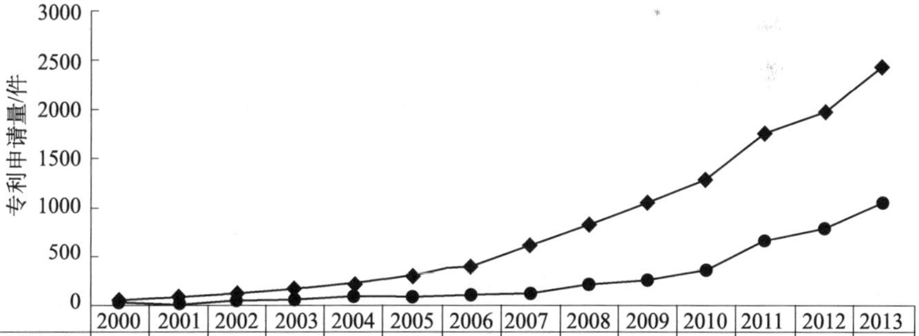

	2000	2001	2002	2003	2004	2005	2006	2007	2008	2009	2010	2011	2012	2013
发明专利申请量	63	84	110	170	208	312	396	610	826	1067	1293	1750	1967	2435
实用新型申请量	21	20	46	67	98	96	102	123	216	249	363	669	790	1059

年份

图 7-25　湖南省高校发明专利和实用新型专利申请量变化趋势

2. 湖南省高校发明专利授权和失效分析

我国《专利法》规定，国务院专利行政部门收到发明专利申请后，要经过初步审查、实质审查、授权并公告等一系列审批程序才能授权。因此，能够授权的发明专利一般而言都具有较高的创新程度和技术含量，专利价值也相对较高，尤其是发明专利。由表 7-7 可知，2011 年前，湖南省高校发明专利授权率都保持在 60% 以上，表现出较高的科技创新水平。

表 7-7 湖南省高校发明专利申请各年授权状况

年份	发明申请量 / 件	发明授权量 / 件	授权率 /%
2000	63	39	61.90
2001	84	57	67.86
2002	110	82	74.55
2003	170	124	72.94
2004	208	149	71.63
2005	312	215	67.91
2006	396	269	67.93
2007	610	371	60.82
2008	826	497	60.17
2009	1067	670	62.79
2010	1293	886	67.52
2011	1750	941	53.77
2012	1967	382	19.42
2013	2435	43	1.77
2014	12	0	0.00

注：中国专利制度规定，专利申请需经过一个漫长的过程才能获得专利授权，2011 年之后的数据统计不全。

专利失效是指所申请的专利不再受《专利法》保护，成为失效专利，进入公有领域，变成公共信息资源。专利失效的原因很多，主要有以下几种情形[26, 27]：专利超过了专利法保护的期限；专利权人提前终止专利权，如不按规定缴纳年费或公开书面申请放弃专利权；专利申请人申请了专利但放弃获得专利权；被专利管理部门宣告无效等。专利失效代表专利权人失去了在某技术领域的专有技术优势，同时在某种程度上反映了专利的价值。一般而言，专利权人会考虑收益和成本尽力维持具有较高价值的专利，而放弃价值低的专利。失效专利或者被新的专利技术所取代，或者失去了专利保护价值。专利失效包括专利申请失效和专利制授权失效，本书仅讨论专利申请失效，申请专利失效率是指一定时期内申请的各类专利中失效专利所占的比率，用当年检索得到的各类专利失效量除以专利申请量[28]。本书仅统计了发明专利申请失效率和实用新型专利申请失效率。由表7-8可知，湖南省高校发明专利和实用新型专利申请失效率普遍较高，但随着专利保护意识的增强，专利申请失效率正在逐年下降。专利失效率高一方面与专利保护期限密切相关，另一方面也因专利本身价值不高和专利权人专利保护意识不强，或因专利应用前景不大、专利市场转化不力造成。同时湖南省高校专利申请失效率逐年下降也表明专利技术含量和含金量在上升，专利保护意识在增强，科技创新能力在提升。

表7-8 湖南省高校发明专利和实用新型专利各年失效情况

年份	发明专利			实用新型			总计		
	申请量/件	失效量/件	失效率/%	申请量/件	失效量/件	失效率/%	申请量/件	失效量/件	失效率/%
2000	63	53	84.13	21	21	100.00	84	74	87.10
2001	84	74	87.10	20	20	100.00	104	94	90.38
2002	110	93	84.55	46	46	100.00	156	139	89.10
2003	170	143	84.12	67	67	100.00	237	210	87.61
2004	208	153	73.56	98	93	94.90	306	246	80.39
2005	312	226	72.44	96	87	90.63	408	313	76.72
2006	396	255	64.39	102	86	84.31	498	341	67.47
2007	610	347	56.89	123	105	85.37	733	452	61.66
2008	826	387	46.85	216	186	86.11	1 042	573	54.99
2009	1 067	384	35.99	249	203	81.53	1 316	587	44.60
2010	1 293	309	23.90	363	241	66.39	1 656	550	33.21
2011	1 750	276	15.77	669	360	53.81	2 419	636	26.29
2012	1 967	27	1.37	790	91	11.52	2 757	118	4.28
2013	2 435	6	0.25	1 059	2	0.19	3 494	8	0.23
合计	11 291	2 733	24.21	3 919	1 608	41.03	15 210	4 341	28.54

注：本表剔除了2000年以前的专利申请数据。

3. 湖南省高校专利申请涉及的主要技术领域

表 7-9 展示了湖南省高校专利申请量排名前 20 位的 IPC 专利技术领域、发明专利与实用新型专利申请量及发明专利授权率。由表 7-9 可知，湖南省高校专利申请的技术领域主要集中在 A、B、C、G、H 几大部类上，尤以 C（医学、生物、化学、冶金、材料等）和 G（测试、测量、计算等）部为突出。G01N（借助于测定材料的化学或物理性质来测试或分析材料）、G06F（电数字数据处理）、C22B（金属的生产或精炼）、H01M（用于直接转变化学能为电能的方法或装置， 如电池组）、B01J（化学或物理方法，如催化作用、胶体化学，以其有关设备）、C12N（微生物或酶；其组合物；繁殖、保藏或维持微生物；变异或遗传工程；培养基）等方面；在专利申请量排名前 20 的专利技术领域中，发明专利所占比例都比较高，说明了湖南省高校在主要专利技术领域的科技创新程度较高，科技竞争力较强；湖南省高校在主要专利技术领域的发明授权率比较稳定，专利授权率平均接近 40%，最高为 C04B，达到 54.07%，最低为 G05B，为 30.43%。

表 7-9　湖南省高校专利申请涉及的主要技术领域 IPC 前 20

IPC	专利量/件	发明专利/件	实用新型/件	发明专利授权率/%	IPC	专利量/件	发明专利/件	实用新型/件	发明专利授权率/%
G01N	914	589	325	35.65	H02J	253	174	79	40.80
G06F	641	598	43	36.29	A61K	226	225	1	47.11
C22B	427	416	11	49.04	C02F	212	182	30	54.40
H01M	296	285	11	31.23	G01M	210	140	70	37.57
B01J	285	260	25	35.00	C07C	205	202	3	47.03
C12N	283	283	0	42.76	G01R	194	134	60	36.57
C22C	279	279	0	49.82	C01G	179	178	1	45.51
C04B	271	270	1	54.07	G05B	167	92	75	30.43
H04L	262	245	17	37.55	C01B	165	160	5	45.63
C07D	255	255	0	40.39	B01D	161	103	58	44.66

图 7-26 展示了湖南省高校专利申请量排名前 10 位的 IPC 专利技术领域的发展趋势，由图 7-26 可知，G01N 和 G06F 两大技术领域呈现出较快增长，成为湖南省高校专利申请的 IPC 重点技术领域和优势领域，其他技术领域增长较平稳。

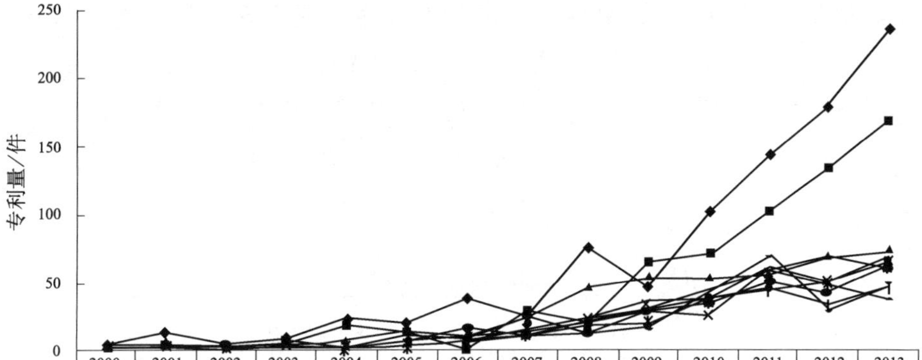

	2000	2001	2002	2003	2004	2005	2006	2007	2008	2009	2010	2011	2012	2013
◆ G01N	3	13	3	9	23	19	37	24	75	46	101	143	178	236
■ G06F	2	4	4	6	18	14	1	30	20	65	72	102	135	168
▲ C22B	5	6	3	4	6	15	12	24	46	53	53	55	68	73
× H01M		2	2	5	2	7	4	15	20	30	24	58	68	59
✱ B01J	3		1	2	1	4	8	10	19	20	33	62	49	70
● C12N	1	1	6			8	17	11	12	31	36	50	43	63
I C22C	5	1	1	7	3	6	8	28	22	36	37	43	34	46
- C04B	1		1		2	7	9	13	26	32	38	60	45	37
- H04L	1				3	9	9	24	14	16	40	69	28	49
● C07D	1	1	1	3	2	3	7	9	14	18	39	43	49	65

年份

图 7-26　湖南省高校专利技术领域 IPC 前 10 位专利发展趋势

7.3.3　湖南省高校科技创新能力比较分析

1. 湖南省高校主要专利申请人及专利技术领域分布分析

专利申请人是指向国家知识产权局提交专利申请书，希望用专利来保护其创新成果的主体。通过统计申请人数量，可以看出在特定技术领域内，主体对于该技术活动的热衷程度或参与程度，换个角度也说明该技术领域对于主体参与的吸引力，同时也可以得知该技术领域专利保护意识及发展历程。通过分析各申请人的专利活动，可以依此判断该技术领域湖南省各高校的专利活动、科技创新能力及科技竞争力的发展现状与趋势。结合 IPC 分类则可分析专利申请人关注的主要技术领域。

由表 7-10 和表 7-11 可知，湖南省高校专利申请前 20 强专利申请人的专利申请总量为 14 820 件，占到湖南全部高校专利申请量的 96.89%；其中发明专利为 11 092 件，占到湖南省全部高校发明专利申请量的 97.69%；实用新型专利为 3728 件，占到湖南省全部高校发明专利申请量的 94.60%。各高校的主要 IPC 专利技术领域都比较集中，中南大学的专利申请主要分布在C部各类，其他部类较少，在冶金、粉末、材料等技术领域具有较大优势；国防科学技术大学和湖南大学的专利申请主要集中在G部各类，其他部类不多，在电子数字数据处理技术领域优势明显；中南林业科技大学和湖南农业大学的专利申请主要要集中在A部各类，其他部类不明显，农林兽医等技术领域优势突出。

表 7-10 湖南省高校专利申请量前 20 强专利申请人及 IPC 专利技术领域分布

高校名称	发明/件	实用新型/件	总数/件	主要 IPC 专利技术领域
中南大学	3559	568	4127	C22(701)G01(414)H01(296)A61(286)C01(244)C12(147)C25(126)
湖南大学	2023	489	2512	G01(339)H02(232)C07(201)G06(156)B01(125)E04(118)H04(90)
国防科学技术大学	1772	172	1944	G06(483)G01(341)H04(240)H01(97)C04(81)H03(66)G02(42)
长沙理工大学	636	725	1361	G01(310)E01(79)F16(68)E02(60)B01(55)F15(50)H02(48)C07(44)
中南林业科技大学	435	490	925	B27(157)G01(72)A23(62)A01(59)C12(45)E04(42)H04(34)A47(29)
湖南农业大学	588	210	798	A01(268)A23(124)C12(97)G01(55)A61(38)C05(29)C07(26)
湖南科技大学	397	244	641	G01(108)E21(84)C07(39)C08(24)E04(23)B01(22)C01(17)F16(16)
湘潭大学	570	63	633	C07(76)H01(60)G01(52)B01(45)C01(41)B23(39)F16(32)C08(31)
湖南工业大学	198	145	343	G01(40)F28(32)B01(22)C08(18)H02(17)F24(16)C09(14)G09(13)
湖南师范大学	215	53	268	C12(40)C07(35)G01(32)A01(29)A61(16)C09(10)B01(10)
吉首大学	153	62	215	C07(36)B01(12)C22(11)A23(11)C12(10)C08(10)
湖南工程学院	45	131	176	H02(23)G01(19)G05(12)B60(10)G08(10)H04(10)
长沙学院	57	69	126	G01(15)H02(12)B01(8)E02(7)A23(6)C12(6)
湖南城市学院	31	95	126	B24(17)G10(9)G01(9)H04(8)A23(7)
衡阳师范学院	64	51	115	C07(26)G01(24)G05(9)G09(7)B01(7)

续表

高校名称	发明/件	实用新型/件	总数/件	主要 IPC 专利技术领域
湖南科技学院	38	71	109	G01（35）H02（8）G08（8）G05（5）F04（5）
南华大学	82	15	97	G01（17）C22（11）C12（8）C08（7）B01（6）
湖南文理学院	38	39	77	A01（9）A23（7）G01（7）E21（6）

表 7-11　湖南省高校专利申请量前 10 强专利申请人 IPC 专利技术领域小类分布

高校名称	IPC 小类
中南大学	C22B（388）C22C（241）G01N（210）H01M（197）C01G（116）C04B（105）B22F（98）B03D（84）A61K（82）C25C（80）
湖南大学	G01N（174）H02J（144）C07D（104）G06F（84）B01J（83）B24B（67）G01R（63）C02F（59）G01M（57）E04B（55）
国防科学技术大学	G06F（388）H04L（172）C04B（81）G01C（64）G01S（59）G01M（57）G06T（44）G06K（42）H01S（42）G01N（39）
长沙理工大学	G01N（197）F15B（50）E02D（50）F16F（48）E01C（41）G01M（32）H02J（31）E01D（31）C04B（27）B01J（26）
中南林业科技大学	B27D（64）A23L（49）B27N（40）B27K（37）G01N（27）E04F（23）B32B（23）C12N（22）C12P（18）A01D（18）
湖南农业大学	A01C（79）C12N（57）A01G（56）A23L（54）A23K（44）A01H（38）G01N（38）A01N（34）A61K（31）C05G（25）
湖南科技大学	G01N（52）E21D（40）E21F（30）C07D（19）C04B（15）B01J（14）G06F（12）G01L（12）C08F（12）A01G（11）
湘潭大学	H01M（40）G01N（38）C07C（35）B01J（33）B23K（31）C07D（27）C01G（23）F16D（22）C02F（18）G06F（16）
湖南工业大学	G01N（24）F28G（21）B01D（16）H02J（13）C09D（12）G09B（11）F24F（10）G01R（9）C08L（8）B08B（7）
湖南师范大学	C12N（32）A01K（22）G01N（19）A61K（14）C07C（13）C09K（9）H01L（9）B01J（9）C07K（7）A63B（7）

2. 湖南省高校主要专利发明人分析

专利发明人是指对发明创造的实质性特点作出创造性贡献的人，代表了某机构在特定技术领域的人才优势和技术优势[29]。发明人数量统计可以看出专利发明人的专利活动及技术优势，也可以据此判断湖南省各高校在科技创新中的人才优势和科技竞争能力。由表 7-12 可知，在湖南省高校专利授权量前 20 位专利发明人中，中南大学共有9位，科技创新人才整体优势明显；湖南大学有4位，且有2位居前列，在特定科技创新领域的人才优势突出；中南林业科技大学也有4位，在科技创新中表现出强劲的实力。

表 7-12 湖南省高校专利授权量前 20 位专利发明人及所在单位

发明人	参与发明数 / 件	所在高校	发明人	参与发明数 / 件	所在高校
曾光明	211	湖南大学	姜 涛	109	中南大学
罗 安	148	湖南大学	郭华军	108	中南大学
贺超英	148	中南林业科技大学	胡启阳	106	中南大学
李 劼	132	中南大学	王耀南	104	湖南大学
李新海	115	中南大学	赖延清	104	中南大学
张仲凤	114	中南林业科技大学	李光辉	103	中南大学
彭万喜	114	中南林业科技大学	杨永斌	98	中南大学
胡艾希	112	湖南大学	杨 洁	98	长沙理工大学
王志兴	111	中南大学	吴义强	98	中南林业科技大学
谢方平	110	湖南农业大学	吴明亮	97	湖南农业大学

注：不能排除专利发明人同名的情况。

1985年我国开始实施专利制度，第一件专利申请的时间反映了专利申请人的专利能力和专利保护意识。从表7-13可知，在湖南省高校申请量前10位的专利申请人中，中南大学、湖南大学、湘潭大学和湖南师范大学的第一件专利申请都于1985年4月1日提出，是湖南省专利申请人中最早专利申请者。从表10还可以发现湖南省高校申请量前20位专利申请人的主要专利发明人分布情况，这些专利发明人及其科研团队是各高校最宝贵的人才资源，其发明专利量几乎占到各高校发明专利总量的一半以上，其中国防科学技术大学、湘潭大学占到90%以上，中南大学、湖南大学、湖南师范大学占到80%以上，这一方面说明湖南省各高校在特定技术领域的技术优势和人才优势十分明显，但需要考虑均衡和可持续发展。

3. 湖南省高校专利技术竞争力分析

统计IPC各技术领域的专利申请数量分布，可以大致判断各高校在特定技术领域的技术创新能力和竞争力。由表7-14可知，湖南省各高校的专利申请主要集中在C、H、G三个部类中，九个大类的专利申请量比较集中，技术优势突

表 7-13 湖南省高校专利申请量前 20 强的主要专利发明人及第一件专利申请时间

高校名称	发明专利占比 /%	主要专利发明人	第一件专利申请时间
中南大学	86.24	李劼（132）李新海（115）王志兴（111）姜涛（109）郭华军（108）	19850401
湖南大学	80.53	曾光明（211）罗安（148）胡艾希（108）王耀南（104）罗胜联（78）	19850401
国防科学技术大学	91.15	戴一帆（76）李圣怡（69）王军（67）张民选（60）陈书明（56）	19850408
长沙理工大学	46.73	杨洁（98）肖忠良（68）曹忠（63）吴道新（57）付宏渊（50）	19861229
中南林业科技大学	47.03	贺超英（143）彭万喜（114）张仲凤（108）吴义强（98）林亲录（65）	19870603
湖南农业大学	73.68	谢方平（110）吴明亮（97）孙松林（77）罗海峰（74）蒋蘋（60）	19940805
湖南科技大学	61.93	冯涛（40）王卫军（39）王海桥（31）李学军（30）余以道（27）	19930109
湘潭大学	90.05	周益春（63）罗和安（57）周继承（42）潘勇（42）洪波（29）	19850401
湖南工业大学	57.73	俞秀民（47）俞天兰（47）彭德其（47）吴金香（45）蒋少青（36）	19950629
湖南师范大学	80.22	龚韬（22）刘少军（22）刘筠（22）夏立秋（20）丁学知（18）	19850401

注：主要发明人后面的数字代表的是发明人参与专利发明的数量。

出；湖南省各高校在 G01N 专利技术领域都有布局，其中中南大学、长沙理工大学和湖南大学优势明显，在其他几个 IPC 专利大类也都有一定程度的专利布局，竞争比较激烈；中南大学在 G01N、C22B、H01M、C22C、C04B 五个 IPC 专利技术领域具有绝对优势，在 G06F、B01J、H04L、四个 IPC 专利技术领域具有相对优势；国防科学技术大学在 G388、H04L 两个 IPC 专利技术领域具有绝对优势，在 G01N、C04B 两个 IPC 专利技术领域具有相对优势；湖南大学 B01J、C07D 两个 IPC 专利技术领域具有绝对优势，在 G01N、G06F、H01M、H04L 四个 IPC 专利技术领域具有相对优势；长沙理工大学在 G01N 专利技术领域具有较大优势。

表 7-14 湖南省高校主要 IPC 专利技术领域专利申请量前 10 强分布情况

院校名称	G01N	G06F	C22B	H01M	B01J	C22C	C12N	C04B	H04L	C07D
中南大学	210	65	388	197	59	241	76	105	25	29
国防科学技术大学	39	388	—	6	3	4	—	81	172	—
湖南大学	174	84	7	31	83	11	40	19	32	104
长沙理工大学	197	11	3	7	26	1	4	27	5	18
湘潭大学	38	16	2	40	33	2	4	7	3	27
湖南科技大学	52	12	3	3	14	11	6	15	4	19
湖南农业大学	38	4	—	1	10	—	57	2	—	9
中南林业科技大学	27	11	—	2	6	1	22	4	4	1
湖南师范大学	19	2	—	—	9	—	32	—	2	6
吉首大学	2	7	11	6	5	—	5	2	3	24
中国科学院	17	—	—	—	3	—	18	—	—	4
湖南工业大学	24	4	—	3	6	—	—	3	—	—
南华大学	10	—	11	—	5	—	4	—	—	2
湖南科技学院	22	2	2	—	—	—	—	—	1	—
长沙学院	3	5	—	—	8	1	1	—	1	—

7.3.4 湖南省高校科技创新活动关联分析

利用采集到的湖南省高校专利申请和专利制授权数据，并导入自己开发的专利信息可视化分析系统，生成图 7-27 和图 7-28，可以进行湖南省高校专利发明人和专利权人聚类分析。

1）湖南省高校专利发明人关联分析

由图 7-29 可知，湖南省高校专利发明人之间的合作关系比较松散，合作网络比较狭小，合作度比较低，合作团队较小。拥有 4 人的互联合作网络仅有 4 个，如袁礼顺、白国华、姜涛、范晓慧合作网络，易学武、易孟霞、王荣发、张铖铖合作网络，支校衡、彭德其、俞天兰、俞秀民合作网络，鲁纪鸣、李新桥、姜炎炼、曾广胜合作网络（不完全互动合作）；拥有 3 人的互联合作网络仅有 3 个，如谭兴龙、羊建高、戴煜合作网络，刘星陵、杨政、杨昌柱合作网络，李云召、陈喜红、卜旦霞合作网络（不完全互动合作）；

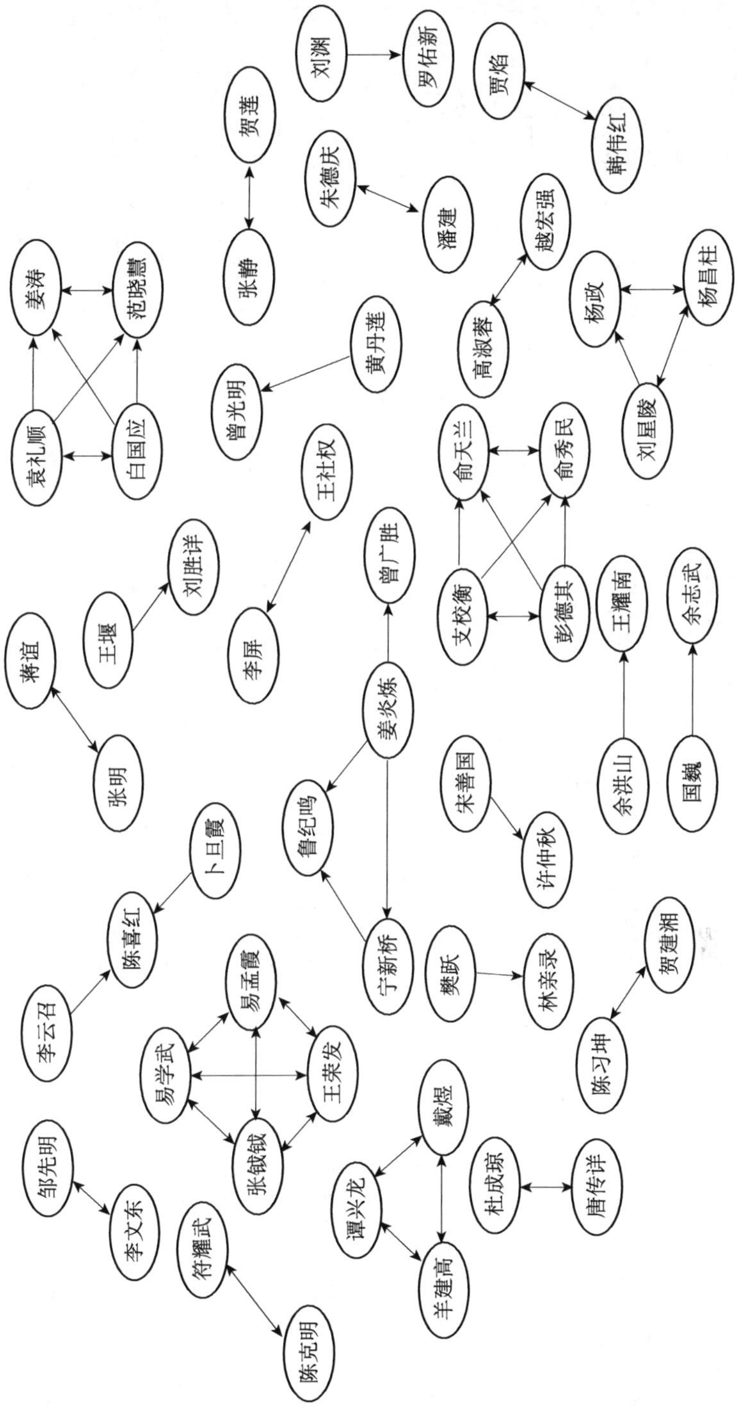

图 7-27　湖南省高校专利发明人关联聚类

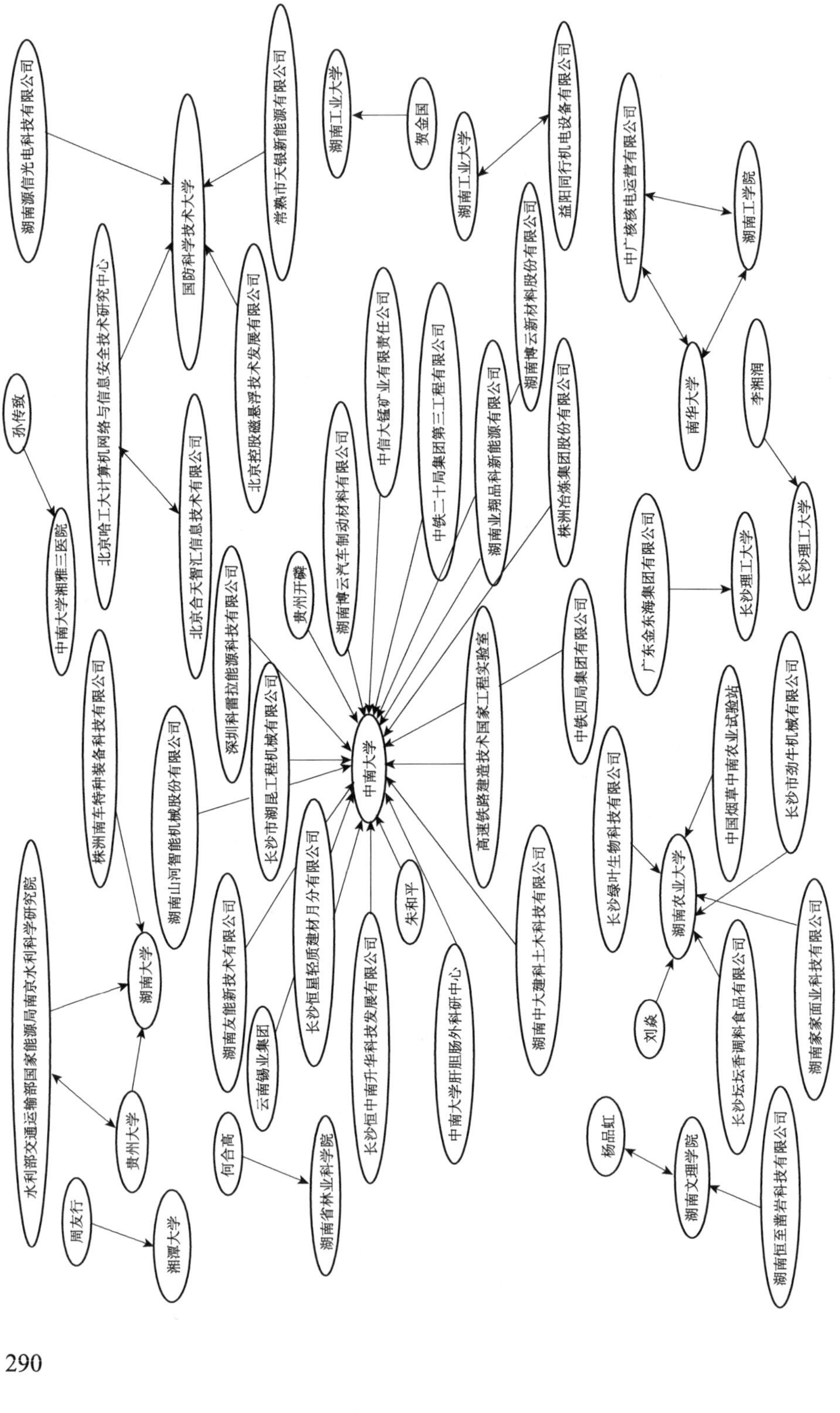

图 7-28 湖南省高校专利权人关联聚类

其他均为 2 人合作网络。这说明湖南省高校专利发明人以小范围合作或独立创新为主，科技创新合作和团队优势不明显，并且大部分合作都局限有各高校内，校际合作稀少。

2）湖南省高校专利权人关联分析

由图 7-28 可知，湖南省高校专利权人之间的合作关系较发明人密切，合作网络较发明人范围大，合作度比发明人高，湖南省各高校专利权人合作以企业为主，比较清晰地反映了湖南省高校专利权转让路线。中南大学专利权人关联网络最广泛，合作关系最密切，说明其专利技术转化最有效，专利价值也较高；国防科学技术大学、湖南农业大学和湖南大学次之。许多高校没有专利权人关联，说明其专利权转让不力或受阻，专利价值不高。

7.3.5　结论及建议

通过以上分析，我们可以得出如下几点结论。

（1）湖南省高校专利请量和专利授权量呈逐年增长趋势，其中发明专利所占比例较大，发明专利授权率较高，说明湖南省高校专利创新程度较高，专利保护意识不断增强，科技创新能力和科技竞争能力日益上升；而专利失效率较高则说明湖南省高校专利市场转化率不高或专利市场价值、应用前景不明。

（2）湖南省高校专利请和专利授权 IPC 技术领域比较集中，主要分布在 B、C、G、H 几大部类上，尤以 C（医学、生物、化学、冶金、材料等）和 G（测试、测量、计算等）部为突出。G01N（借助于测定材料的化学或物理性质来测试或分析材料）、G06F（电数字数据处理）、C22B（金属的生产或精炼）、H01M（用于直接转变化学能为电能的方法或装置，如电池组）、B01J（化学或物理方法，如催化作用、胶体化学，其有关设备）、C12N（微生物或酶；其组合物；繁殖、保藏或维持微生物；变异或遗传工程；培养基）等方面。

（3）湖南省 106 所高校中仅 58 所有专利数据，高校专利申请量在专利申请人上非常集中，前 20 强专利申请人的专利申请总量为 14 820 件，占到湖南省全部高校专利申请量的 96.89%。其中发明专利为 11 092 件，占到湖南省全部高校发明专利申请量的 97.69%；实用新型专利为 3728 件，占到湖南省全部高校发明专利申请量的 94.60%。中南大学、湖南大学、国防科学技术大学、长沙理工大学位居前 4 强，是湖南省高校专利大户，四所高校专利申请量之和占到湖南省全部高校专利申请总量的一半以上。

（4）湖南省高校专利申请人和专利权人分析表明，各高校的技术优势和人才优势十分明显，同时也显示出技术、人才、资源等分布的不均衡。另外，湖南省各高校在几个重要的 IPC 专利技术领域都有布局，竞争非常激烈。其中中南大学、湖南大学、国防科学技术大学在特定技术领域具有绝对优势，而在其他技术领域具有相对优势。

（5）湖南省高校主要专利发明人和专利权人之间的合作度较低，说明专利发明人以独立开展科技创新活动为主，专利价值不高，专利权转让受阻。特别是在 IPC 专利技术领域十分集中的前提下，造成恶性竞争，有限科技资源重复投入，资源利用效率不高，浪费严重。

对此我们提出以下几点建议。

（1）随着湖南省高校在科技竞争和人才竞争上的加剧及高校综合化趋势的加强，各高校在重点发展优势技术领域和特色技术领域的同时，应该积极拓展新的技术研究领域，特别是国家重点扶持的八大新兴战略产业技术领域，保持科技创新和科技竞争能力的持续增长。技术领域发展不均衡，资源过度集中，不利高校科技创新能力和科技竞争能力持续发展。

（2）湖南省几所重点高校在几个主要的 IPC 技术领域形成了绝对优势，其他高校应避免跟随，应在积极寻求合作的基础上，发挥优势和特色技术领域，或者开辟新的技术研究领域，形成竞争优势。

（3）湖南省高校应该加强科技创新合作，实现强强联合，既可以集中和节省科技资源，集体攻关，形成合力，又可在全国乃至全球形成群体和技术优势，为湖南省相关产业发展做出更多更大的贡献。

参考文献

［1］Innography［DB/OL］. http：//app. innography. com［2015-12-14］.

［2］Sherman L M. 3D printers lead growth of rapid prototyping［J］. Plastics Technology，2004（August）：382-391.

［3］广州奥凯信息咨询有限公司 . 光刻机照明装置专利态势分析报告［R］. 2013-7-25.

［4］余敏杰，田稷 . 海洋生物产业专利情报分析［J］. 情报杂志，2012，(9)：11-14，42.

［5］黄超，刘琼泽，仲伟俊 . 基于专利分析的机器人产业技术情报研究［J］. 情报杂志，

2012，（11）：99，100-105.

［6］滕蔓，王昊，杨慧波．基于DII检索数据的智能手机Wifi技术专利分析［J］．情报杂志，2013，（1）：32，33-36.

［7］陆萍，柯岚馨．Innography在学科核心专利挖掘中的应用研究［J］．图书馆工作与研究，2012，（4）：122-125.

［8］Miyagawa K，Sakakura C，Nakashima S，et al. Overexpression of Reg Ⅳ in peritoneal dissemination of gastric cancer and its potential as A novel marker for the detection of peritoneal micrometastasis［J］. Anticancer Research，2008，28（2B）：1169-1179.

［9］Nishino R，Honda M，Yamashita T，et al. Identification of novel candidate tumour marker genes for intrahepatic cholangiocarcinoma［J］. Journal of Hepatology，2008，49（2）：207-216.

［10］Engel B C，Podsakoff G M，Ireland J L，et al. Prolonged pancytopenia in a gene therapy patient with ADA-deficient SCID and trisomy8mo-saicism：A case report［J］. Blood，2007，109（2）：503-506.

［11］韩朵，吴小华．基因诊断技术在妇科恶性肿瘤中的应用［J］．中国实用妇科与产科杂志，2010，（9）：677-680.

［12］周建光，曹海涛，杨梅．基因诊断技术临床应用及研究进展［J］．医疗装备，2010，（8）：34-36.

［13］冯玉梅．肿瘤相关基因诊断——指导恶性肿瘤个体化治疗策略［C］．2012年全国肿瘤分子标志学术大会与国际肿瘤转化医学论坛暨第七届中国中青年肿瘤专家论坛论文集，2012：1.

［14］张广安．专利质量综合评价指数构建及应用［D］．北京工业大学硕士学位论文，2013.

［15］蒋君，凌锋，霍翠婷，等．我国专利法律状态分析及实证研究［J］．科技管理研究，2014，（3）：171-175.

［16］文庭孝．专利信息计量研究综述［J］．图书情报知识，2014，（5）：72-80.

［17］Narin F. Patents bibliometrics［J］. Scientometrics，1994，30（1）：147-155.

［18］Iversen E J. An excursion into the patent-bibliometrics of Norwegian patenting［J］. Scientometrics，2000，49（1）：63-80.

［19］栾春娟．专利计量与专利战略［M］．大连：大连理工大学出版社，2012.

［20］杨中楷．专利计量与专利制度［M］．大连：大连理工大学出版社，2012.

［21］徐晓亮．高校专利创造活动影响因素实证研究［D］．大连理工大学博士学位论文，2007.

[22] 吕金秀．高校专利技术开发的市场导向影响因素研究［D］．江苏科技大学硕士学位论文，2012.

[23] 湖南省普通高校名单（106 所）[EB/OL]．http：//www.gaokao.com/e/20120508/4fa88e473ca39.shtml［2014-05-16］.

[24] 肖沪卫．专利地图方法与应用［M］．上海：上海交通大学出版社，2011.

[25] 肖国华．专利地图研究与应用［D］．四川大学硕士学位论文，2006.

[26] 符颖．论失效专利的开发与利用策略［J］．研究与发展管理，2005,（3）：96-100.

[27] 刘丽军，宋敏．中国农业专利的质量：基于不同申请时期、申请主体和技术领域的比较［J］．中国农业科学，2012,（17）：3617-3623.

[28] 王立诚．失效专利的获取与利用［J］．现代情报，2001,（1）：67-68.

[29] 刘玉敏，张群．从专利申请看城市的技术创新和新技术发展：以江苏省苏州市为例［J］．科技进步与对策，2009,（22）：49-52.

彩图

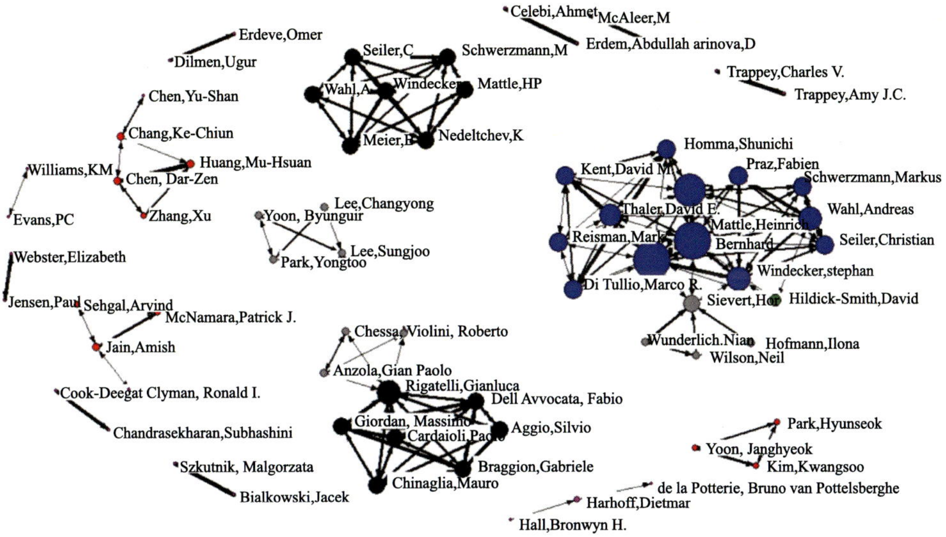

图 2-9　基于 Ucinet 的国际专利研究作者合作可视化图谱

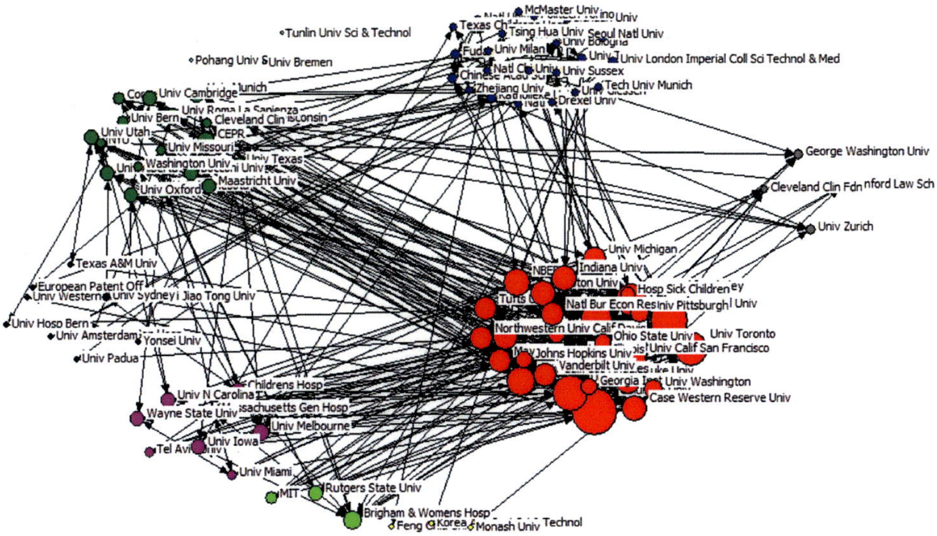

图 2-13　基于 Ucinet 的国际专利研究机构合作可视化图谱

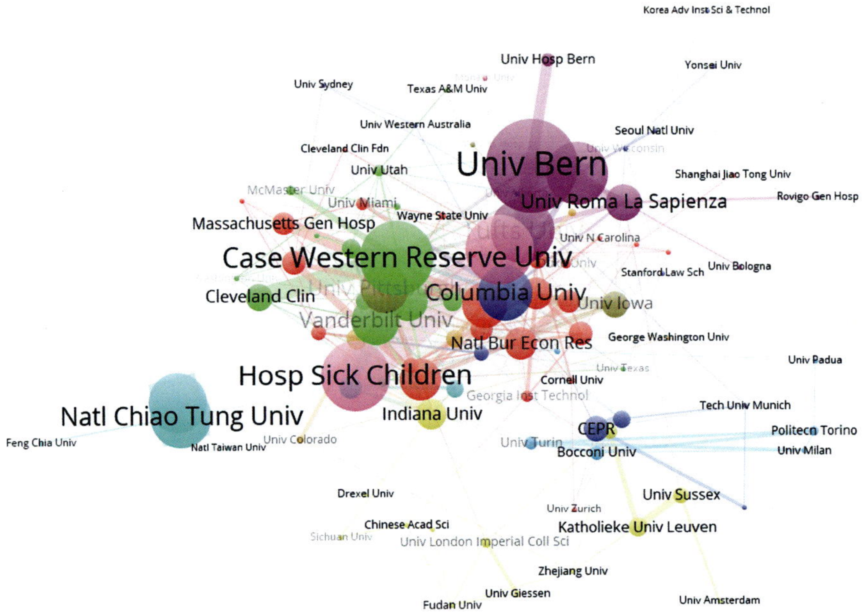

（a）可视化图谱

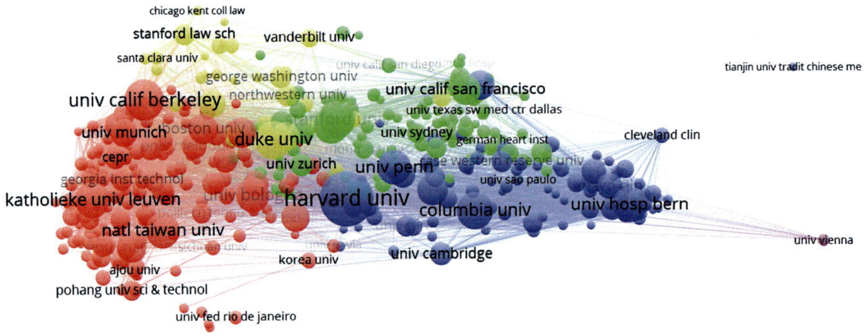

（b）聚类视图

图 2-14 基于 VOSviewer 国际专利研究机构合作可视化图谱和聚类视图

（a）知识图谱

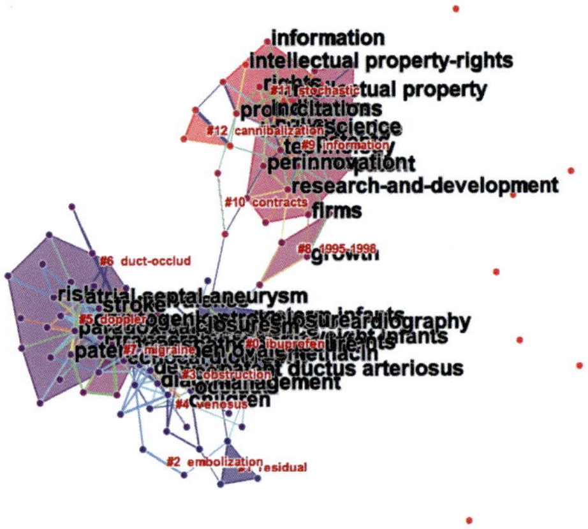

（b）聚类视图

图 2-15 基于 CiteSpace Ⅲ 的国际专利研究关键词共现知识图谱和聚类视图

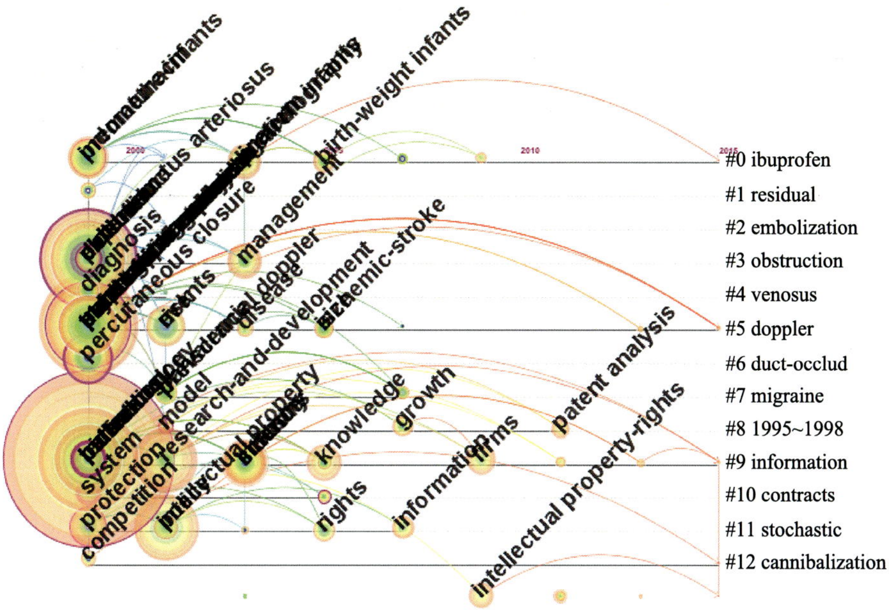

（a）时间线图谱

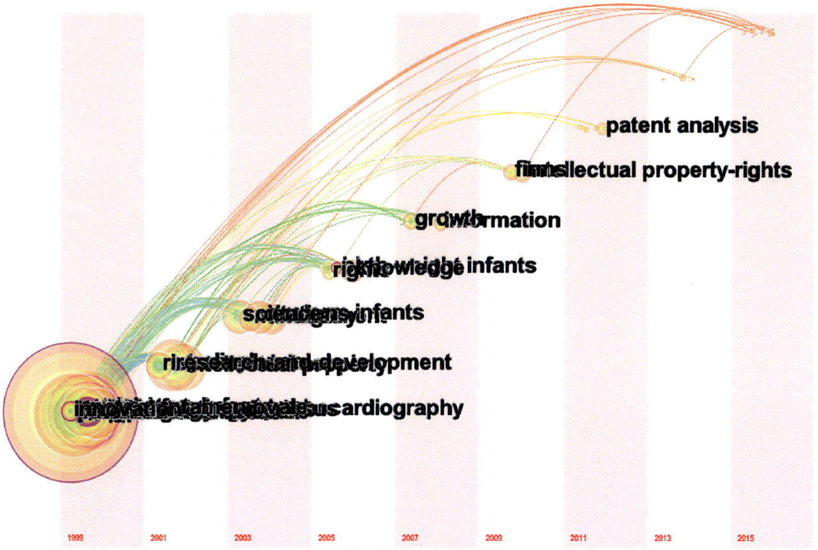

（b）时间区域图谱

图 2-16　基于 CiteSpace Ⅲ国际专利研究关键词演变时间线图谱和时间区域图谱

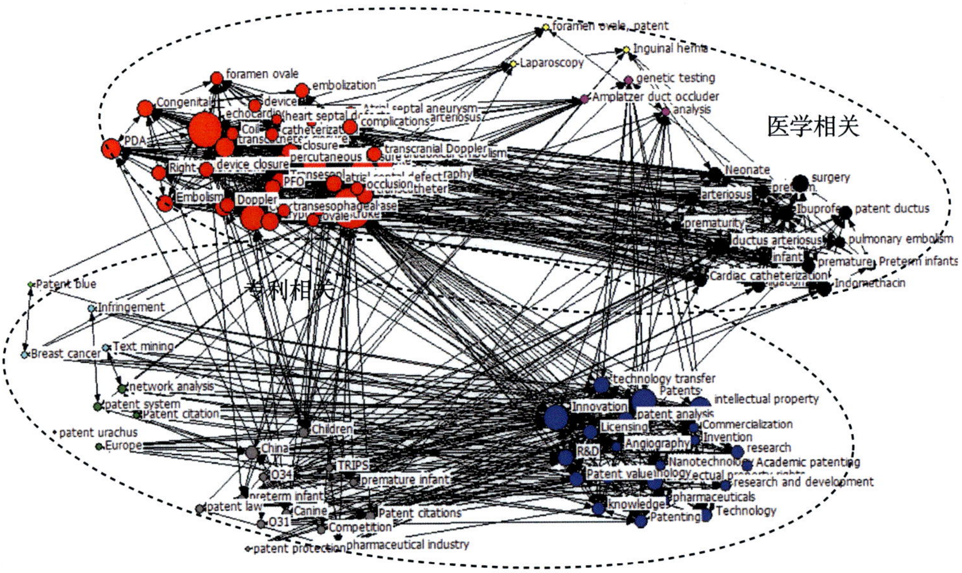

图 2-17　基于 Ucinet 的国际专利研究关键词共现可视化图谱

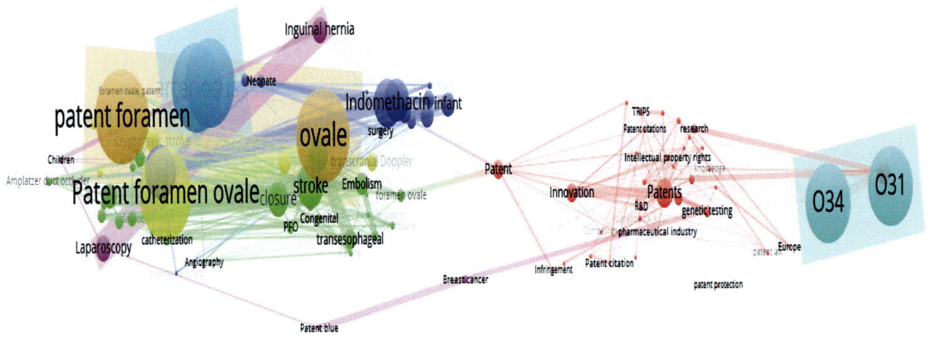

(a) 可视化图谱

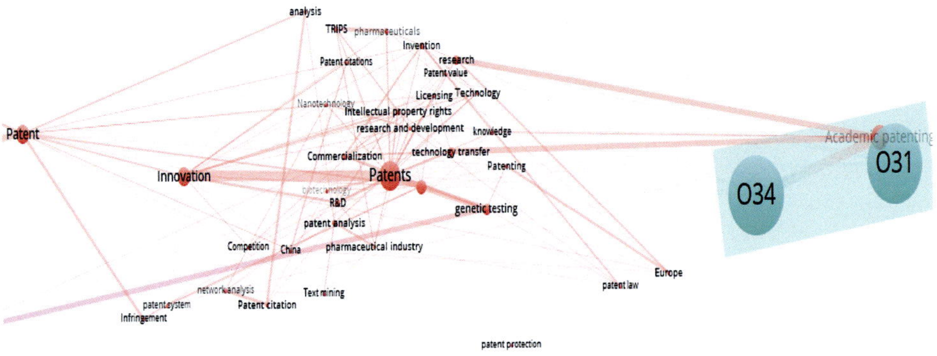

(b) 网络图谱

图 2-19　基于 VOSviewer 的国际专利研究关键词共现网络图谱

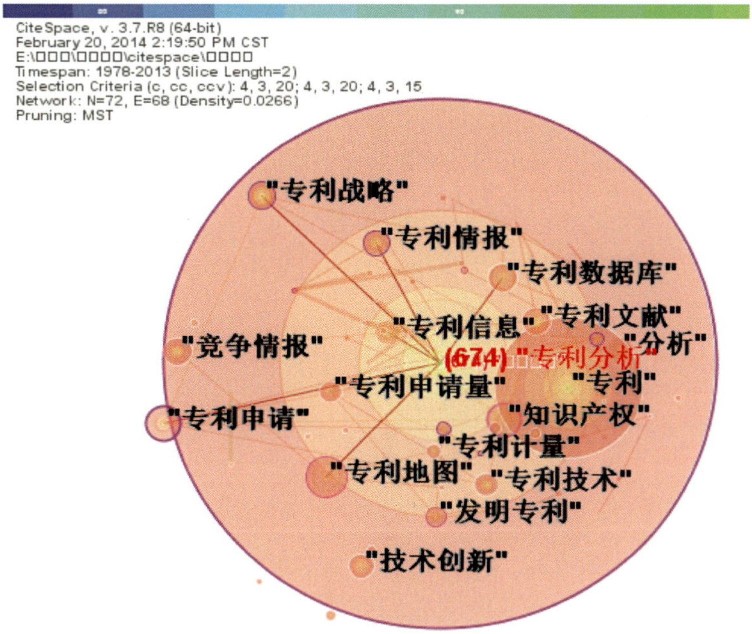

图 2-26　关键词共现知识图谱

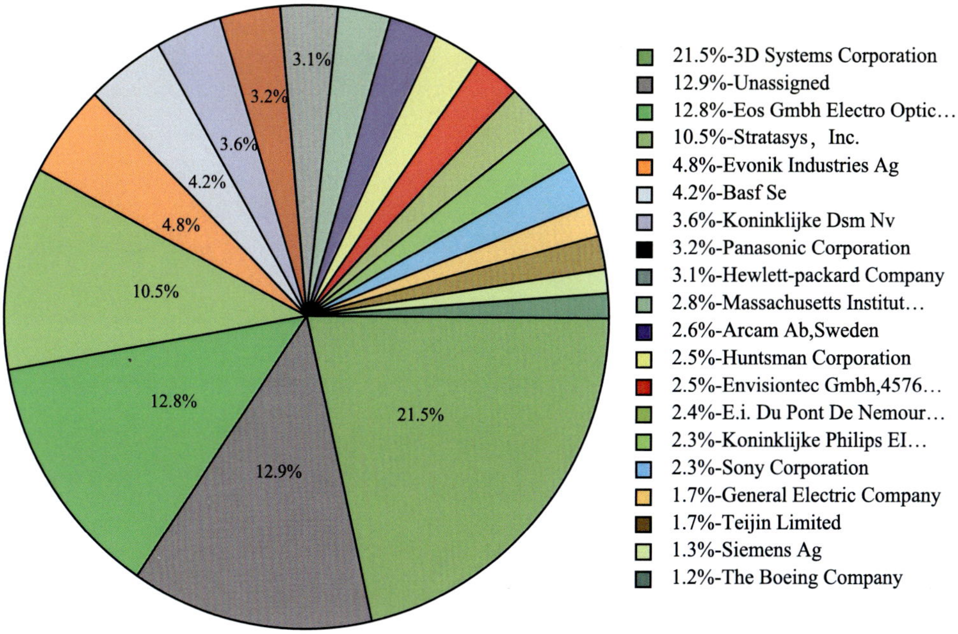

图 7-3　专利权人分布图

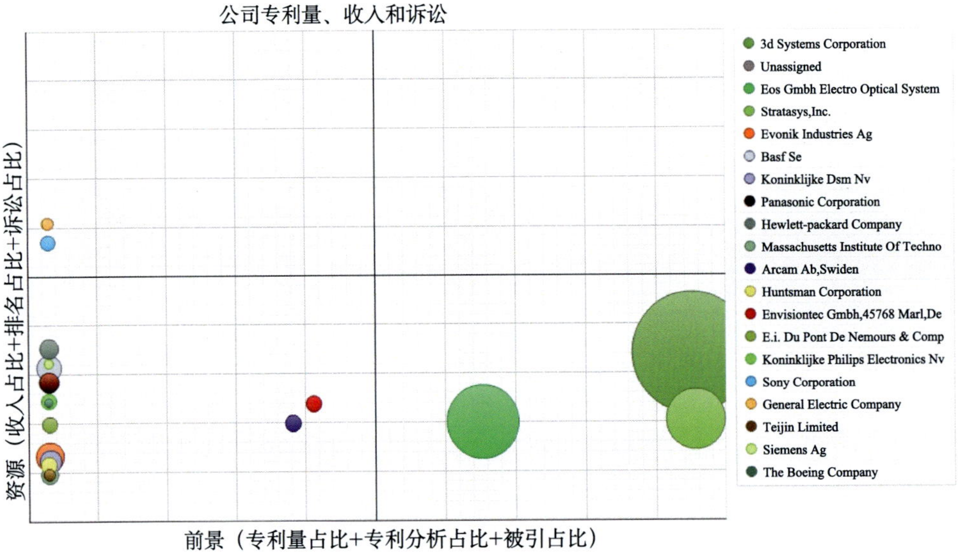

图 7-4 专利权人气泡分析图

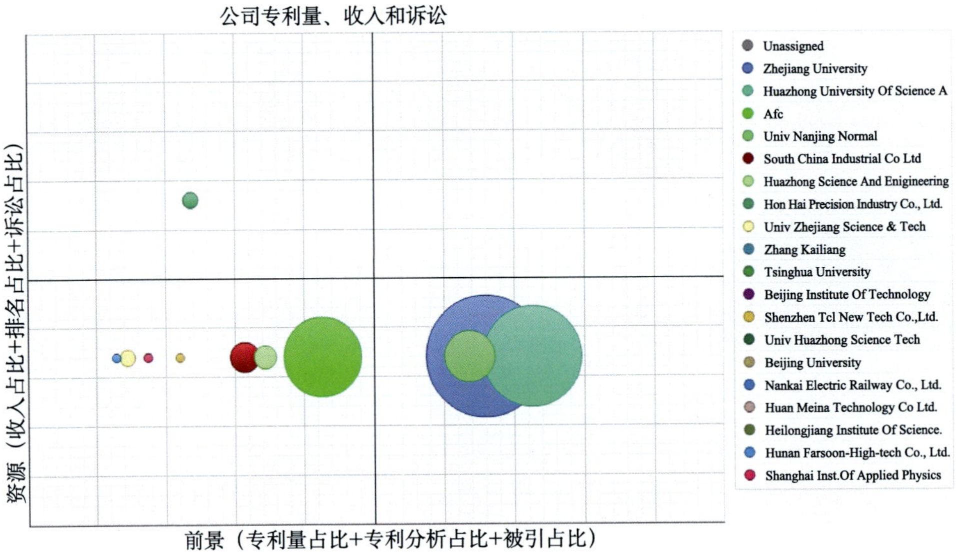

图 7-5 中国专利权人气泡分析图

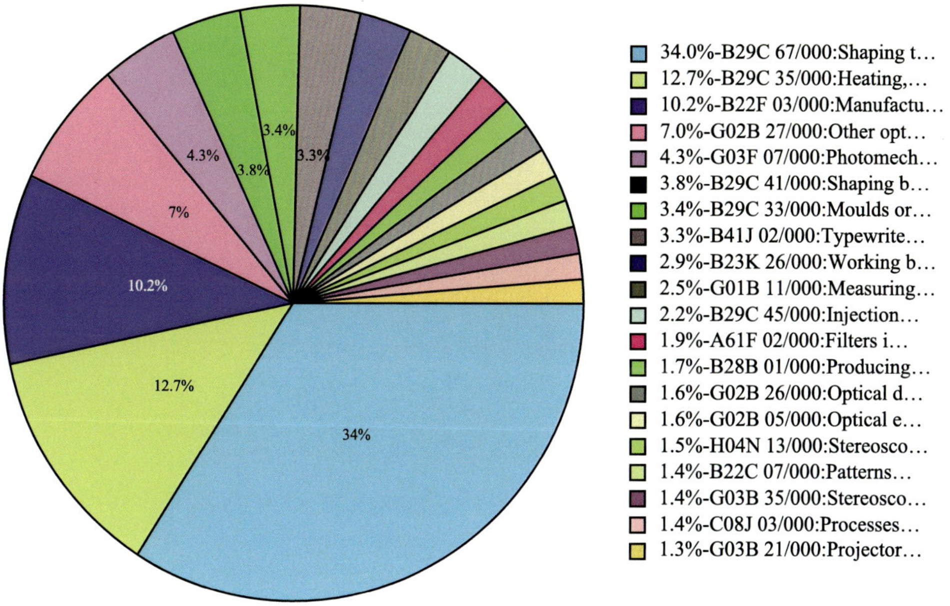

图 7-6　IPC 分布图

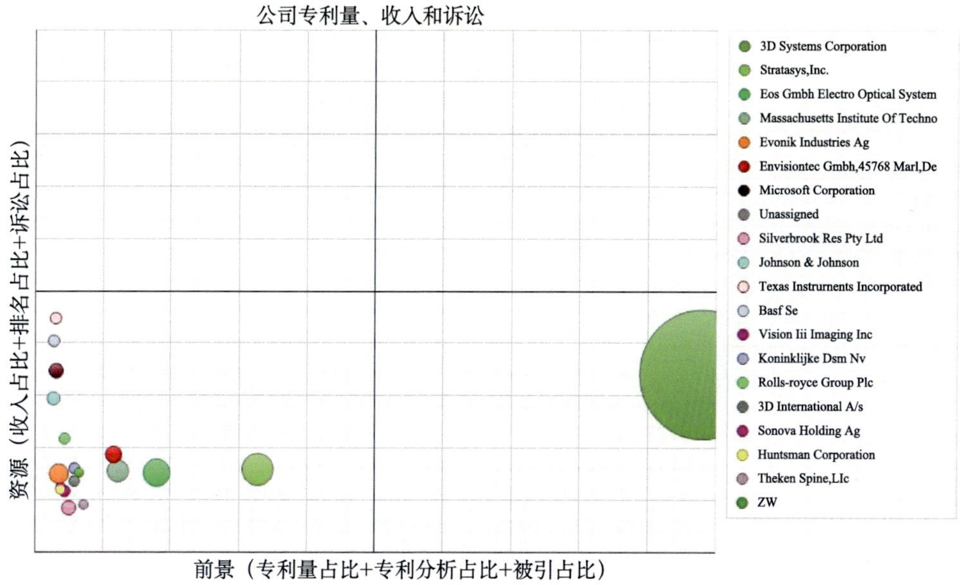

图 7-7　核心专利来源机构气泡分布图

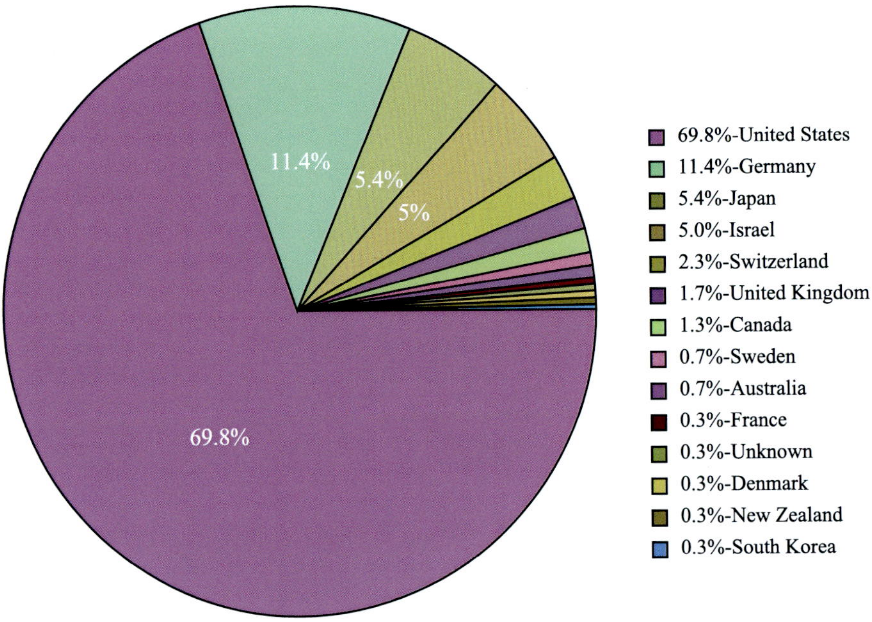

图 7-8　核心专利来源国分布图